How to Change the World

Tales of Marx and Marxism

如何改变世界

马克思和马克思主义的传奇

[英] 埃里克·霍布斯鲍姆 著
Eric Hobsbawm

吕增奎 译

中央编译出版社
Central Compilation & Translation Press

图书在版编目（CIP）数据

如何改变世界：马克思和马克思主义的传奇／（英）埃里克·霍布斯鲍姆著；吕增奎译. —4版. —北京：中央编译出版社，2024.3（2025.7重印）

书名原文：How to Change the World：Tales of Marx and Marxism

ISBN 978-7-5117-4584-2

Ⅰ.①如… Ⅱ.①埃…②吕… Ⅲ.①马克思主义-研究 Ⅳ.①A81

中国国家版本馆 CIP 数据核字（2024）第031957号

HOW TO CHANGE THE WORLD by Eric Hobsbawm
© Bruce Hunter and Christopher Wrigley, 2011

图字号：01-2024-1087

如何改变世界：马克思和马克思主义的传奇

责任编辑	周孟颖
责任印制	李　颖
出版发行	中央编译出版社
网　　址	www.cctpcm.com
地　　址	北京市海淀区北四环西路69号（100080）
电　　话	（010）55627391（总编室）　（010）55627318（编辑室） （010）55627320（发行部）　（010）55627377（新技术部）
经　　销	全国新华书店
印　　刷	北京文昌阁彩色印刷有限责任公司
开　　本	889毫米×1194毫米　1/32
字　　数	390千字
印　　张	19.375
版　　次	2024年3月第4版
印　　次	2025年7月第3次印刷
定　　价	98.00元

新浪微博：@中央编译出版社　微　信：中央编译出版社（ID: cctphome）
淘宝店铺：中央编译出版社直销店（http://shop108367160.taobao.com）
　　　　　（010）55627331

本社常年法律顾问：北京市吴栾赵阎律师事务所律师　闫军　梁勤
凡有印装质量问题，本社负责调换，电话：（010）55627320

谨以此书献给埃里克·霍布斯鲍姆
To the Memory of Eric Hobsbawm

埃里克·霍布斯鲍姆（Eric Hobsbawm, 1917—2012），享誉全球的思想大师、备受推崇的马克思主义史学大家，英国科学院院士及美国艺术和科学院外籍院士，先后被多个国家的大学授予名誉学位。

作为俄国十月革命的同龄人，他于1917年出生于埃及名城亚历山大城的一个中产家庭。父亲是移居英国的俄国犹太后裔，母亲来自哈布斯堡王朝统治下的奥地利。1919年，他们举家迁往维也纳，十年后父母相继去世，孤儿霍布斯鲍姆于1931年投奔叔父，徙居柏林，在"一战"后受创最深的德奥两国度过童年。希特勒上台后,他于1933年转赴英国,幸运地躲过之后的纳粹大屠杀,完成中学教育,并进入剑桥大学学习历史。"二战"爆发后,他投笔从戎,至1946年退伍,回到剑桥完成博士学位,博士论文题目是"英国费边社的历史"。1947年他成为伦敦大学伯克贝克学院讲师,1959年升任高级讲师,1978年成为该校经济和社会史荣誉教授。1982年退休后,他任纽约社会研究新学院政治和社会史荣誉教授。1998年,英国时任首相托尼·布莱尔为其颁发了名誉勋位(Order of the Companions of Honour)。2002年,他被任命为他一生执教的伯克贝克学院校长,由于他的辞职信一直未获批准,实际上他至死都是该校校长。2003年,他获得杰出欧洲史研究奖。2012年,中国国庆日凌晨,他因病在伦敦谢世。

自14岁在柏林念中学时加入共产党后,他一生未曾脱离,马克思主义成为他终生奉行的价值观。就读剑桥大学期间,他就是共产党内的活跃分子。无论历史如何变迁,他始终都认为自己是一个"不悔改的共产主义者"。在冷战时代,身为共产党员的霍布斯鲍姆,是"西方世界潜在的敌人"和被监控的对象,生活之路频遭窘困。幸好他在伯克贝克学院觅得教职,方能维持温饱。1946年,他和一批志同道合的朋友成立"共产党历史学家小组",持续举办马克思主义研讨会。1952年,在麦卡锡主义正盛之时,他参与创办了著名杂志《过去与现在》,该杂志成为西方影响深远的左派史学阵地。1956年,赫鲁晓夫在苏共二十大上对斯大林的批判和"匈牙利事件"的爆发，使得共产国际陷入分裂，西方共产党员纷纷退党。霍布斯鲍姆则选择继续留在党内，但从此不再积极过问政治，而是安心于学术世界。

作为共产党人，霍布斯鲍姆可谓生逢其时，一生目睹共产主义的兴衰和资本主义的变迁；作为一个有强烈的现实关怀的历史学人，其人生和学术经历可谓相得益彰，珠联璧合。虽然信奉马克思主义的政治背景令霍布斯鲍姆的教学生涯进展艰辛，但却使他与国际社会间有着更为广泛的接触和研究机会，从而最终建立了自己在国际上的崇高声誉。

霍布斯鲍姆的研究以19世纪为主，延伸至17、18世纪和20世纪；研究的地区从英国、欧洲扩展至拉丁美洲，也经常撰写当代政治、社会评论，历史学、社会学理论，以及艺术、文化批评等。其在劳工运动、农民运动和世界史范畴中的研究成果，堪称当代史学家的典范之作，极大地影响了学术界，迄今无人能出其右；其宏观通畅的写作风格，更是将叙述史学的魅力扩展至一般大众。

霍布斯鲍姆著作等身，一生写有40多本书，仅专著就有近20部，其中包括：年代四部曲《革命的年代》《资本的年代》《帝国的年代》《极端的年代》，自传《趣味横生的时光》，遗作《断裂的年代》（2013年3月由美国著名的利特尔&布朗出版社出版，初名为《破碎的春天》），以及《匪徒》《爵士风情》《原始的叛乱》《传统的发明》《工业与帝国》《1780年以来的民族和民族主义》等。

埃里克·霍布斯鲍姆代表作品

《革命的年代 1789—1848》 *The Age of Revolution 1789 - 1848*
《资本的年代 1848—1875》 *The Age of Capital 1848 - 1875*
《帝国的年代 1875—1914》 *The Age of Empire 1875 - 1914*
《极端的年代 1914—1991》 *The Age of Extremes 1914 - 1991*
《工人》 *Labouring Men*
《工业与帝国》 *Industry and Empire*
《原始的叛乱》 *Primitive Rebels*
《传统的发明》 *The Invention of Tradition*
《匪徒》 *Bandits*
《革命者》 *Revolutionaries*
《劳工的世界》 *Worlds of Labour*
《1780 年以来的民族和民族主义》 *Nations and Nationalism Since 1780*
《论历史》 *On History*
《论帝国》 *On Empire*
《非凡的小人物》 *Uncommon People*
《新千年访谈录》 *The New Century*
《全球化、民主和恐怖主义》 *Globalisation, Democracy and Terrorism*
《趣味横生的时光》 *Interesting Times*
《断裂的年代》 *Fractured Times*

对埃里克·霍布斯鲍姆的赞誉

进步主义政治史界的巨人,影响了整整一代政治和学术领袖。他的史学著作是最高等级的学术作品,但又饱含了深刻的同情和正义感。他孜孜不倦地鼓动人们创造一个更美好的世界。

——英国前首相 托尼·布莱尔(Tony Blair)

霍布斯鲍姆是一位非凡的历史学家,一个对于政治充满激情的人。他将英国悠久的历史呈现于成千上万的大众面前,他把历史从高头讲章上领进了寻常百姓家。他是一位杰出的学者,关切国家、关心政治。虽然颇受争议,但他将一生都奉献给了马克思主义理论研究。

——英国工党领袖埃德·米利班德(Ed Miliband)

霍布斯鲍姆不可多得地兼具了理性的现实感和感性的同情心。一方面是个脚踏实地的唯物主义者、提倡实力政治；另一方面又能将波希米亚、土匪强盗和无政府主义者的生活写成优美哀怨的动人故事。

——《新左派评论》的灵魂人物佩里·安德森
（Perry Anderson）

与这位瘦削的老者聊上几句，你就会被他带回波澜壮阔的革命与战争年代。再平庸的人，与霍布斯鲍姆相处过一段时间，都会变得睿智而心思缜密……

——英国历史学家、工党下院议员特里斯特拉姆·亨特（Tristram Hunt）

霍布斯鲍姆已经阐明了许多题材和论点，从17世纪到20世纪末、印度到拉丁美洲，其涵盖面之广令人诧异。他拥有极富创意的心灵和罕见的天赋，得以构思出新的概念并加以宣扬，而且这些新概念对之后的历史创作影响深远。就史学方面的才智而言，学界无人可出其右。

——英国凯斯·托马斯爵士（Keith Thomas）

霍布斯鲍姆百科全书般的知识面要归因于他对一切事物的无尽好奇心，以及他在维也纳、柏林和伦敦这样的世界主义大都市的成长经历。

——英国剑桥大学近现代史教授理查德·J. 埃文斯（Richard J. Evans）

任何他所涉猎的领域,霍布斯鲍姆都能写出更好的作品,因为他的阅读量更大,具有更宽广和精确的理解。而如果他没有成为一个终身的共产主义者,他将仅仅作为20世纪一位重要的历史学家而被人铭记。

——已故英国历史学家托尼·朱特(Tony Judt)

霍布斯鲍姆从来不是马克思列宁主义教条的奴隶……他的作品具有非凡的知识宽度和深度,优雅、明晰,同情小人物,喜欢讲述细节。不可否认,霍布斯鲍姆是同时代最伟大的历史学家之一……霍布斯鲍姆的论著是研究当代历史的出发点。

——美国哈佛大学历史系教授尼尔·弗格森(Niall Ferguson)

当你合上霍布斯鲍姆的某一本书时,感觉就像结束了一场激烈的壁球比赛,筋疲力尽而又倍受鼓舞。

——美国哈佛大学经济史学家戴维·S. 兰德斯(David S. Landes)

霍布斯鲍姆是现时代权威的史学家……他开创了对公众抗议、暴乱和起义的研究,他的著作对社会科学家和对历史学家一样重要。

——《泰晤士报》(Times)

埃里克·霍布斯鲍姆可以说是英国最受尊敬的史学家，是极少数真正在国内外享有盛誉的史学家之一……无论是在对细微末节的掌握上，还是在非凡的综合能力上无人能出其右。

——《卫报》(*Guardian*)

他似乎既从容不迫又熟练自在地徜徉于许多地点、主题和世纪之中，时而语带幽默并展现出难得一见的天分。尽管霍布斯鲍姆的特质与布罗代尔颇为不同，但他拥有同样宽阔的视野、深入的观察能力、朝气蓬勃的精神以及（不得不再度强调的）天分。

——《世界报》(*Le Monde*)

目前没有任何以英文进行撰述的历史学家在掌握事实与资料上的能力，堪与霍布斯鲍姆匹敌。他储存和检索细节的能力，已达到只有配备众多工作人员的庞大数据库才能够处理的程度。霍布斯鲍姆那种从众多资料中归纳出既令人惊讶又让人佩服的结论的天赋，这么多年来依然不断成长。他是一位历史学家，不是小说家，但是他细密头脑内的引擎，却具有劳斯莱斯等级的想象力。

——《独立报》(*The Independent*)

中文版序
探寻马克思的当代意义

埃里克·霍布斯鲍姆（Eric Hobsbawm，1917—2012）是英国著名的马克思主义史学家，尤其精于对工业资本主义、社会主义和民族主义的研究，他最有影响的著作是关于被延长了的19世纪的三部曲——《革命的年代：1789—1848》、《资本的年代：1848—1875》、《帝国的年代：1875—1914》和被缩短了的20世纪的力作——《极端的年代：1914—1991》。众所周知，上述著作均已由江苏人民出版社引进出版。此外，上海人民出版社也引进出版了他的《民族与民族主义》和《史学家：历史神话的终结者》两书，译林出版社引进出版了他和其他学者合著的《传统的发明》一书，而新华出版社则引进出版了由意大利学者安东尼奥·波立陶撰写的《霍布斯鲍姆：新千年访谈录》一书。由此看来，霍布斯鲍姆这个名字在中国史学界似乎并不是一个陌生的名字。

霍布斯鲍姆1917年出生于埃及亚历山大城一个犹太人

的家庭里，1919年全家移居维也纳。1929年，他父亲去世；1931年，他随母亲迁居柏林，同年母亲也去世了。两年后，由于希特勒掌握了德国政权，霍布斯鲍姆和他的妹妹又随收养他们的叔叔一家移居伦敦。作为青年人，他很快就适应了伦敦的生活。1939年，他从剑桥大学获得史学博士学位。不久，第二次世界大战爆发，他应征入伍。战争结束后，他于1947年开始担任伦敦大学史学讲师，1959年担任高级讲师，1970年开始担任史学教授，1971年被选为美国艺术和科学院外籍院士，1978年成为英国科学院院士。他于1982年退休，1984—1997年被聘为纽约社会研究新学院教授，2012年去世于伦敦皇家医院。①

霍布斯鲍姆勤于笔耕，堪谓著作等身。他晚年的主要出版物是《全球化、民主和恐怖主义》（2007）、《论帝国》（2008）和《如何改变世界：马克思和马克思主义的传奇》（以下简称《如何改变世界》，2011）。毋庸置疑，摆在我们面前的《如何改变世界》乃是霍布斯鲍姆生前整理出版的最后一部著作。它既是作者对自己一生所坚持的史学观念的概括和总结，也是他对自己史学研究的指导思想——马克思主义的当代意义的反思和探寻。正如作者在该书的"前言"中所说的："130年来，马克思主义一直是现代世界思想乐章的重要主题之一，由于它动员社会力量的能力

---

① 参阅http://en.wikipedia.org/wiki/Eric_Hobsbawm，并参阅"附录：霍布斯鲍姆小传"，载〔意〕安东尼奥·波立陶：《霍布斯鲍姆：新千年访谈录》，殷雄等译，新华出版社2001年版，第256—269页。

中文版序 探寻马克思的当代意义 >>>

而成为20世纪历史上一种至关重要的存在,在某些时期成为一种决定性的存在。我希望本书会帮助读者反思马克思主义和人类在21世纪将会拥有何种未来的问题。"事实上,正是这部著作展示出一个世纪老人对马克思主义的历史命运和未来走向的思索,值得我们认真地加以阅读。

首先,霍布斯鲍姆以生动的笔触分析、比较了马克思逝世前后其思想在国际理论界的迥然不同的遭遇。尽管马克思活着时,其思想已通过《共产党宣言》、《资本论》(第一卷)等重要著作产生了一定的影响,但晚年的马克思却徘徊于继续撰写《资本论》还是深入地探索民族学的"十字路口"上,正如霍布斯鲍姆所指出的:"在马克思生命的最后十年里,《资本论》的写作几乎没有任何进展。当一位拜访者向他询问他的著作时,马克思苦恼地问道:'哪一部著作?'自从1848年革命失败后,马克思的主要政治努力——所谓的1864—1873年第一国际——以失败告终。尽管马克思在英国流亡了大半生,但在英国政治或思想生活中却没有确立重要的地位。"然而,就像丹麦哲学家克尔凯郭尔一样,马克思在逝世以后却取得了巨大的哀荣。1918年后,许多国家的工人阶级政党成了执政党,到20世纪50年代,人类中的三分之一已生活在共产党执政的社会中,而这些政党几乎都宣称自己是代表马克思思想的,并正在为实现马克思的理想而奋斗。即使到今天,全世界仍然有百分之二十的人口生活在共产党执政的国家中。当然,除了极少数的例外,这些共产党已经吸取了以往的历史经验和教训，彻底改变了自己的政策。不管如何，"如果说有一位思想家在 20 世纪留下了不可磨灭的痕迹，那么他就是马克思。19 世纪的卡尔·马克思和赫伯特·斯宾塞都葬在海格特墓地。走进海格特墓地，令人非常惊讶的是两人的坟墓都在彼此的视线内。在两人都在世的时候，斯宾塞是公认的 19 世纪的亚里士多德，而马克思则是一位依靠朋友资助而生活在汉普斯德低坡的穷人。今天，无人知道斯宾塞也葬在那里，但是来自日本和印度的年老朝圣者络绎不绝地瞻仰马克思的坟墓，流亡的伊朗和伊拉克共产党人坚持葬在他的坟墓旁边"。

当然，人们无法漠视下面的现象，即 20 世纪 90 年代初，随着世界上第一个社会主义国家——苏联的解体，马克思主义似乎又像"幽灵"一样，返回到无人区。在有些社会主义国家中，马克思和列宁的立像被推倒，欧洲的报纸则充斥着"共产主义已经死亡"的标题，而弗朗西斯·福山也误以为资本主义获得最终胜利的时刻已经来临。与此同时，所有视马克思主义为敌对意识的理论家们也开始额手称庆，为自己见证这一历史时刻而欣喜若狂。正如霍布斯鲍姆所描绘的："因此，在马克思逝世 100 年后的第一个 20 年里，他已经彻底变成了历史人物，不再令人为之不安。"在这样的历史背景下，即使人们举行专门的讨论会来谈论马克思，似乎也只是在作无效的努力，即把马克思从"历史的垃圾堆"里拯救出来，或至多只是在怀旧而已。然而，令福山们始料不及并大跌眼镜的是，几乎是在转瞬之际，仿佛像变魔术一样，马克思又成了无人可以望其项背的21世纪的思想家。诚如霍布斯鲍姆所感叹的："英国BBC的调查表明，英国广播电台的听众把马克思选为最伟大的哲学家。我从这个调查中没有想到太多的东西。但是，如果你把马克思的名字输入Google进行搜索，就会发现他仍然是搜索量最大的伟大思想家之一，只有达尔文和爱因斯坦超过他，但却远远高于亚当·斯密和弗洛伊德。"

霍布斯鲍姆认定，马克思主义之所以在21世纪得到了复兴，主要基于下面两个原因：一是苏联官方马克思主义的终结解放了马克思。也就是说，由于苏联官方马克思主义的垮台，马克思主义从其长期处于扭曲状态的斯大林主义中被拯救出来了；二是滥觞于20世纪90年代的资本主义的全球化，在一些基本点上恰好与马克思在《共产党宣言》中所预见的情形相契合。匪夷所思的是，1998年是《共产党宣言》发表150周年，恰好也是全球经济剧烈动荡之年。公众的反应最清楚不过地体现出马克思在这本惊人的小册子中所作出的预见。然而，吊诡的是，这一次是资本家，而不是社会主义者重新发现了马克思。社会主义者们是如此之沮丧，以至于他们完全没有意识到这个纪念日。霍布斯鲍姆在谈到这样的历史现象时，又补充道："更令我惊讶的是，大约是在世纪之交的一次午餐会上，乔治·索罗斯问我怎么看马克思。我知道我们之间的观点没有什么共同之处，因而想避免争论，给出了一个含糊的回答。他说：'此人150年前发现了资本主义的一些事实，我们今天必须予以关注。'他的确是这样做的。"

其次，霍布斯鲍姆针对上述历史现象，提出了一个振聋发聩的问题：马克思在21世纪究竟具有什么意义？如果说，在20世纪最后的15年中，社会主义国家的发展遭遇了某种困境或挫折，那么，从21世纪初以来的十余年中，资本主义世界也面临着同样严峻的挑战。尽管全球化的发展加快了财富创造的速度，但贫富差异的加剧、文明冲突的升级、资源环境的破坏、资本主义制度的危机，也以前所未有的方式显现出来。在某种意义上，21世纪是由"9·11"恐怖事件拉开帷幕的，2008年以来由美国次贷危机引发的全球金融危机，不但粉碎了福山们心目中关于资本主义发展的理想图景，也重新唤起了人们对《资本论》的缅怀。发人深省的是，作为资本主义社会病理的出色的诊断书，《资本论》在问世141年后重又获得了它的殊荣。

在新世纪的地平线上，在变化了的历史环境中，人们应该怎样看待马克思主义，而马克思主义又会在历史舞台上扮演什么样的角色呢？霍布斯鲍姆认为："十分明显，马克思的许多论述已经过时，一些论述不再可能被人接受。同样明显的是，他的著作是尚未完成的作品，但像所有名副其实的思想一样，一项永远在发展中的工作。没有人再会把它变成一种教条，更不用说变成一种获得制度支撑的正统了。这无疑会使马克思本人感到震惊。但是，我们还应当拒斥那种认为'正确的'马克思主义与'不正确的'

马克思主义存在鲜明差别的观念。"在霍布斯鲍姆看来，复杂多变的社会环境和丰富多彩的历史经验都已经启示我们，不要轻易地对各种马克思主义派别的思想倾向做出政治上"正确"或"不正确"的简单化的断言。事实上，马克思本人也曾设想过在英国和荷兰实现权力的和平的过渡，设想过俄国的农村公社能够"跨过卡夫丁峡谷"而有一个美好的未来。换言之，马克思本人的许多想法是探索性的，他并没有给出一个解决问题的固定不变的模式。正如青年马克思在1843年9月致卢格的信中所表明的："新思潮的优点就恰恰在于我们不想教条式地预料未来，而只是希望在批判旧世界中发现新世界。"①

然而，霍布斯鲍姆清醒地意识到，马克思作为一个旷古未有的伟大思想家，他对资本主义的富有远见的诊断结果还远远没有被资本主义的最新发展所超越："马克思的分析仍然具有许多有效和有意义的核心内容。显然，第一个内容是对资本主义经济发展不可阻挡的全球动力和摧毁挡在它面前的一切——保护那些资本主义自身曾经受益的人类历史遗产，例如家庭结构——的能力的分析。第二个内容是对资本主义通过制造内部矛盾——无休止的紧张和临时的解决方案、造成危机和变革的增长，这一切在日益全球化的经济中带来了经济集中——实现增长的机制的分析。"毋庸置疑，今天仍然有相当一部分人不喜欢马克思的

---

① 《马克思恩格斯全集》第一版第1卷，人民出版社1956年版，第416页。

思想倾向和写作风格，但这一切都不会减弱马克思在21世纪的意义和作用。事实上，作为一个渊博的史学家，霍布斯鲍姆坦承："我们无法预见21世纪世界所面临的问题的解决方案，但是，倘若这些解决方案要获得成功的机会，它们就必须提出马克思所提出的问题，即便它们不愿意接受马克思的各类信徒所给出的答案。"几乎可以断言，马克思在21世纪的思想界中仍将继续演奏第一小提琴。

最后，作为一个卓越的史学家，霍布斯鲍姆高度肯定了马克思、恩格斯和马克思主义的追随者们思想上的诸多亮点，实际上等于以具体而微的方式阐明了马克思的当代意义。其一，充分肯定了恩格斯在24岁撰写的《英国工人阶级状况》一书的思想理论价值。尽管从恩格斯生活的那个时代到今天，工人阶级的状况已经发生了巨大的变化，但是"就像在1845年那样，今天恩格斯的《英国工人阶级状况》仍然是描述当时工人阶级状况的最优秀的著作。……在每一位19世纪历史学家和每一个关注工人阶级运动的人的藏书中，没有哪一本书能够取代它的地位。在争取人类解放的斗争中，《英国工人阶级状况》是一部不可缺少的著作，是一座路标"。其二，高度赞扬了马克思和恩格斯合著的《共产党宣言》，肯定它是法国《人权宣言》以来最有影响力的单篇政治文献，尽管它的某些具体结论已经不再有效，但是，"即使在苏联的共产主义终结之后，即使世界许多地方的马克思主义政党和运动衰落之后，《共产党宣言》仍然没有失去它的经典著作地位。在没有出版审查的国家，任何人进入一家优秀的书店，或者进入一所优秀的图书馆——更不用说互联网了，几乎肯定可以找到《共产党宣言》"。其三，重点阐述了马克思《政治经济学批判大纲》的当代意义："《大纲》包含了各种分析和洞见，例如关于技术的分析和洞见。这些分析和洞见使马克思对资本主义的分析远远超越了19世纪，进入了生产不再需要大量劳动的时代，进入了自动化、闲暇得以成为可能并在这样一些条件下消除异化的时代。《大纲》是在某种程度上超越马克思本人在《德意志意识形态》中对共产主义未来的暗示的唯一文本。"总之，在他看来，《大纲》是一个真正的思想宝库，其中蕴藏的许多思想有待于研究者们做更深入的发掘和领悟。其四，从以卢卡奇作为肇始人的西方马克思主义思潮中抉出葛兰西，对他的思想的当代价值作出了高度的评价："葛兰西已经成为我们思想世界的一部分。他作为原创性的马克思主义思想家的地位——在我看来是1917年以来西方最具原创性的思想家——已经得到相当普遍的承认。"在他看来，葛兰西对马克思主义的原创性贡献是创立了马克思主义的政治理论。虽然马克思和恩格斯都写过政治性的论著，但葛兰西把他们的观点系统化了，并使之适合于西方工业社会。

上面，我们简要地叙述了霍布斯鲍姆探寻马克思当代意义的思路历程。一方面，我们看到了他留下的原创性思想的踪迹。与德国史学家兰克不同，霍布斯鲍姆不是用编年史的方式去真实地再现资本主义的发展史，而是独具慧眼地超越了编年史加诸史学家们身上的机械的枷锁,他创制了"长19世纪"(long nineteenth century,1789—1914)和"短20世纪"(short twentieth century,1914—1991)的新术语,并在自己设定的时间框架里对资本主义的历史发展作出了独创性的考察。另一方面,毋庸讳言,我们也发现了霍布斯鲍姆作为史学家的"阿喀琉斯之踵"。尽管他思想渊博,旁征博引,但他对马克思本人及其追随者的思想却缺乏系统而深刻的理论反思。比如,他既没有注意到马克思思想在其青年、中年和晚期这些不同阶段上的差异和关联,也未对马克思和恩格斯思想之间的差异作出深入的解析。再如,他应该明白,西方马克思主义,乃至整个当代马克思主义的丰富的思想遗产不是葛兰西这个名字就可以完全无遗地加以概括的。事实上,当他单独地抉出葛兰西的思想加以论述时,已经违背了他自己前面提出的观念——不要简单地去区分"正确的马克思主义"和"不正确的马克思主义"。

不管如何,在阅读《如何改变世界》一书时,人们仍然可以深切地感受到霍布斯鲍姆与马克思主义的亲缘关系。作为中国的读者,我们完全同意他在书中引申出来的下述结论:"然而,马克思最终应该出人意料地回到我们的世界。在我们的世界中,资本主义已经让人想起,它的未来之所以遭到了怀疑,不是因为社会革命的威胁,而是因为它的无拘无束的全球运作的性质。事实已经证明,对于资本主义的全球运作性质,马克思是一位比自由市场的理性选择和自我纠正机制的信徒更敏锐的指导者。"

  是为序。

2013 年 12 月 8 日于沪上东方文苑

前　言

　　本书收集了我从 1956—2009 年在这一领域所写的许多作品，实质上是对马克思（和不可分开的恩格斯）思想发展及其后世影响的研究。1978—1982 年，意大利埃伊纳乌迪（Einaudi）出版社雄心勃勃地出版了多卷本《马克思主义史》，而我则是该书的联合策划者和联合主编。尽管本书的核心是上书的六章内容，但是本书不是传统意义上的马克思主义史。我对这六章进行了修改甚至全面的改写，补充了关于 1983 年以来马克思主义退却时期的一章。这些章节占到了全书一半以上的篇幅。此外，本书还包括：一些关于用学术行话来说的马克思和马克思主义"接受状况"的进一步研究；一篇关于 19 世纪 90 年代以来马克思主义与工人运动的文章，这篇文章原本是在林茨劳工历史学家国际大会上用德语发表的演讲；三篇为专门著作所写的导言：恩格斯的《英国工人阶级状况》、《共产党宣言》和马克思在 19 世纪 50 年代一部出版时被称为《大纲》的重要手稿中关于资本主义以前的社会形式的观点。安东尼奥·葛兰西是本书专门讨论的唯一一位马克思、恩格斯之后的马克思主义者。

本书大约三分之二的内容从未用英语发表过。第一章由在 2007 年犹太图书周上发表的一次公开谈话稿大幅扩充和改写而成。像第十二章一样，第十五章以前没有发表过。

当我过去写作这些章节的时候，当我现在把它们收集成书的时候，我想起的读者是谁呢？在有些情况下（第一章、第四章、第五章、第十六章，或许还有第十二章），只不过是那些想要更多地了解这些主题的人们。然而，本书大多数章节针对的是这样一些读者：他们对马克思、马克思主义以及历史环境同思想的发展和影响之间的相互作用具有更专门的兴趣。我竭力为这两类读者提供这样一种意识，即讨论马克思和马克思主义，不能拘泥于要么赞成、要么反对的争论，也就是说，要么赞成、要么反对各种不断变换招牌的马克思主义者及其对手所占据的政治和意识形态领地。130 年来，马克思主义一直是现代世界思想乐章的重要主题之一，由于它动员社会力量的能力而成为 20 世纪历史上一种至关重要的存在，在某些时期成为一种决定性的存在。我希望本书会帮助读者反思马克思主义和人类在 21 世纪将会拥有何种未来的问题。

埃里克·霍布斯鲍姆
2011 年 1 月于伦敦

目录

第一部分　马克思和恩格斯 …………………… 1

第一章　今天的马克思 …………………………… 3

第二章　马克思、恩格斯与马克思之前的
　　　　社会主义 ………………………………… 18

第三章　马克思、恩格斯与政治 ………………… 60

第四章　论恩格斯的《英国工人阶级状况》…… 114

第五章　论《共产党宣言》……………………… 129

第六章　发现《大纲》…………………………… 155

第七章　马克思论资本主义生产以前的各种
　　　　形式 ……………………………………… 162

第八章　马克思恩格斯著作的命运 …………… 225

第二部分　马克思主义

第九章　马克思博士与维多利亚时代的批判者 … 253
第十章　马克思主义的影响：1880—1914 年 …… 269
第十一章　反法西斯主义时代：1929—1945 年 … 336
第十二章　葛兰西 …… 405
第十三章　葛兰西的接受史 …… 428
第十四章　马克思主义的影响：1945—1983 年 … 441
第十五章　退却时期的马克思主义：1983—2000 年 …… 492
第十六章　马克思和工人：漫长的世纪 …… 509

索引 …… 533

译后记 …… 588

第一部分 马克思和恩格斯

第一章　今天的马克思

一

2007年，犹太人图书周在马克思逝世纪念日（3月14日）两周前举行，从举行地点出发，步行不久就到了伦敦与马克思关系最密切的地方——大英博物馆图书阅览室。两位立场截然不同的社会主义者我和雅克·阿塔利（Jacques Attali）在那里向马克思表达了我们的敬意。然而，只要想想这个图书周举行的地点和日期，这就令人倍感意外。人们不能说1883年马克思死于失败之中，因为他的著作已经开始影响德国尤其是俄国的知识分子，他的信徒所领导的运动已经开始主导德国工人运动。不过，1883年，这一切尚不能充分地展示出马克思终生的工作。他写作了一些卓越的小册子和未完成的重要著作《资本论》。在马克思生命的最后十年里，《资本论》的写作几乎没有任何进展。当一位拜访者向他询问他的著作时,马克思苦恼地问道:"哪一部著作?"自从1848年革命失败后,马克思的主要政治努力——所谓的1864—1873年第一国际——以失败告终。尽管马克思在英国流亡了大半生,但在英国政治或思想生活中却没有确立重要的地位。

然而,马克思在逝世后却取得了惊人的成功!在他去世后的25年里,欧洲工人阶级以他的名义成立或者接受其思想的政党在本国的民主选举中获得了15%~47%的选票——英国是唯一的例外。1918年后,许多工人阶级的政党成为了执政党,而不只是作为反对党存在,在法西斯主义灭亡之后仍然如此,但是它们由此急切地抛弃自己最初的思想来源。如今它们仍然存在于世。与此同时,马克思的信徒在非民主国家和第三世界建立了革命组织。在马克思去世70年后,人类三分之一的人口生活在共产党执政的政权下,而共产党则声称自己代表他的思想,要实现他的理想。目前世界仍然有超过20%的人口生活在共产党执政的政权下,但是除了少数例外,这些执政的共产党已经彻底改变了政策。简而言之,如果说有一位思想家在20世纪留下了不可磨灭的痕迹,那么他就是马克思。19世纪的卡尔·马克思和赫伯特·斯宾塞都葬在海格特墓地。走进海格特墓地,令人非常惊讶的是两人的坟墓都在彼此的视线内。在两人都在世的时候,斯宾塞是公认的19世纪的亚里士多德,而马克思则是一位依靠朋友资助而生活在汉普斯德低坡区的穷人。今天,无人知道斯宾塞也葬在那里,但是来自日本和印度的年老朝圣者络绎不绝地瞻仰马克思的坟墓,流亡的伊朗和伊拉克共产党人坚持葬在他的坟墓旁边。

随着苏联的解体,共产主义政权和共产主义政党的时代已经走向终结,即使在共产主义政权和共产主义政党仍然存在的地方,例如在中国和印度,它们实际上已经抛弃了列宁主义的马克思主义的旧规划。在这样一些地方,马克思发现自己再度进入了无人区。共产主义声称是马克思的唯一的真正继承人,他的思想也基本上被等同于共产主义。在1956年赫鲁晓夫批判斯大林之后,异议的马克思主义流派或者马克思列宁主义流派在世界各地都留下了少数足迹,现在无疑已经成为前共产主义者的绝响了。因此,在马克思逝世100年后的第一个20年里,他已经彻底变成了历史人物,不再令人为之不安。一些记者甚至认为,今晚的这场讨论是在努力把他从"历史的垃圾堆"里拯救出来。然而,今天,马克思再次成为一位21世纪的思想家。

英国BBC的调查表明,英国广播电台的听众把马克思选为最伟大的哲学家。我从这个调查中没有想到太多的东西。但是,如果你把马克思的名字输入Google进行搜索,就会发现他仍然是搜索量最大的伟大思想家之一,只有达尔文和爱因斯坦超过他,但却远远高于亚当·斯密和弗洛伊德。

在我看来,之所以会出现这种状况,有两个原因。第一,苏联官方马克思主义的终结把马克思解放了出来,马克思在理论上不再被公开地等同于列宁主义,在实践中不再被公开地等同于列宁主义政权。非常清楚的是,仍然有相当多的理由重视马克思对世界的看法。第二,尤其明显的是,20世纪90年代兴起的全球化的资本主义世界在一些关键的方面与马克思在《共产党宣言》中所预见的世界极为相似。1998年是这本惊人的小册子发表150周年,恰好也是全球经济剧烈动荡之年。公众的反应清楚地体现出马克思在《共产党宣言》中的预见。悖谬的是,这一次是资本家而不是社会主义者重新发现了马克思:社会主义者是如此地沮丧,竟然没有重视这个纪念日。我想起了我对美国航空公司飞行杂志编辑的采访所感到的惊讶之情,他们杂志的80%的读者是美国的商务旅客。我写了一篇关于《共产党宣言》的短文,他认为他的读者会对关于《共产党宣言》的辩论感兴趣,可他会采用我的短文吗?更令我惊讶的是,大约是在世纪之交的一次午餐会上,乔治·索罗斯问我怎么看马克思。我知道我们之间的观点没有什么共同之处,因而想避免争论,给出了一个含糊的回答。他说:"此人150年前发现了资本主义的一些事实,我们今天必须予以关注。"他的确是这样做的。此后不久,据我所知,那些从未成为共产主义者的著作家开始认真对待马克思,就像雅克·阿塔利的马克思新传记和马克思研究那样。阿塔利也认为,对于那些想把当前世界改变得更美好的人来说,马克思留下了许多思想。应当记住的是,即使从这种观点来看,我们今天也需要重视马克思。

第一章 今天的马克思

2008年10月,《金融时报》发表了题为"陷入灾变的资本主义"的头条新闻,这时无人再对马克思回到了公众视野中表示怀疑。当全球资本主义正在经历自20世纪30年代初以来最严重的动荡和危机时,马克思不可能退出公众的视野。另一方面,21世纪的马克思几乎必然不同于20世纪的马克思。

有三个事实支配了20世纪人们对马克思的看法。第一个事实是那些革命提上日程的国家与那些革命尚未提上日程的国家——宽泛地说就是北大西洋和太平洋地区以及其他地区的发达资本主义国家——之间的分化。第二个事实来自于第一个事实:马克思的遗产自然地分化成两种遗产:(1)社会民主主义和改良主义的遗产;(2)那种由俄国革命主导的革命遗产。这一点在1917年由于第三个事实而变得十分清楚:19世纪的资本主义和资产阶级社会堕入我所说的"大灾难时代",即从1914年到20世纪40年代的时期。那场危机是如此严重,使许多人怀疑资本主义能否复元。就像20世纪40年代非马克思主义者约瑟夫·熊彼特所预言的那样,资本主义不会注定被社会主义经济取代吗?事实上,资本主义确实复元了,但不是回到它的旧形式上。同时,苏联的社会主义选择似乎对崩溃具有免疫力。1929—1960年,苏联的社会主义看起来似乎合情合理,即使对许多不赞同这些政权的政治方面的非社会主义者来说,相信资本主义已经耗尽元气,相信苏联政治证明它会超越资本主义,似乎也不是不合乎情理的。在苏联人造卫星发射的那一年，这一观点听起来并不荒谬，在1960年后更明显如此。

这些事实及其对政策和理论的影响都属于马克思和恩格斯逝世后的时期，超出了马克思本人的经历和评价的范围。我们对20世纪马克思主义的评判不是依据马克思本人的思想，而是依据后世对其著作的阐释和修正。我们顶多能够声称，在19世纪90年代末期马克思主义的第一次思想危机期间，第一代马克思主义者，即那些曾与马克思、更可能与恩格斯进行过私人交往的马克思主义者，已经开始讨论一些与20世纪相关的问题，尤其是修正主义、帝国主义和民族主义。后来马克思主义者的许多讨论在马克思那里找不到思想来源，而是专属于20世纪，尤其是关于社会主义经济实际上可能或者应当是什么样子的问题，这个问题基本上诞生于1914—1918年俄国战时经济的经验和"一战"后的准革命危机或革命危机。

因此，马克思不可能主张，作为一种保证生产力最快速发展的方式，社会主义比资本主义更优越。这一主张属于两次世界大战之间资本主义危机面对苏联"五年计划"的时代。实际上，马克思主张的不是资本主义已经达到它推动生产力发展的能力的极限，而是资本主义增长的不均衡运动产生了周期性的生产过剩危机，这种生产过剩危机迟早会证明生产与资本主义管理经济的方式不相容，造成推翻资本主义的社会冲突。资本主义就其本质来说不可能适合随之而来的社会化生产经济。马克思认为，这必然会是社会主义经济。

于是，毫不奇怪，"社会主义"是20世纪关于马克思的辩论和评价的核心。这不是因为社会主义经济的规划明显是马克思主义的——事实上并不是，而是因为所有受马克思主义启发的政党都赞同这样一种规划，而且共产党实际上声称已经制定了这样一种规划。这种规划就其20世纪的形式而言已经死亡。苏联的"社会主义"和其他"中央计划经济"，即在理论上无市场的国家所有和控制的命令经济，已经成为过去，也不会复兴。社会民主党人建立社会主义经济的志向始终是未来的理想，但即使作为正式的志向，它们到20世纪结束也已经遭到了抛弃。

社会民主党人心中的社会主义模式和共产主义政权建立的社会主义究竟有多少内容属于马克思呢？这里十分关键的是，马克思本人非常慎重，避免对社会主义的经济和经济制度作出具体的阐述，也没有论及共产主义社会的具体形式，他只是指出，共产主义社会不可能人为地构想或设计出来，只能从社会主义社会中演变出来。他在这个主题上作出的一般性论述，例如他在针对德国社会民主党人的《哥达纲领批判》中的论述，没有给他的继承人提供具体的指导，事实上也没有给那些他们认为在革命之前属于学术问题或空想实践的问题提供严肃的思考。我们知道如下一点就已经足够了：共产主义将建立在——用著名的工党党章"第四条"的话来说——"生产资料公有制"的基础上，通常认为通过工业的国有化就可以实现"生产资料公有制"。

十分奇怪的是，关于中央计划的社会主义经济的最早理论并不是由社会主义者提出的，而是1908年由意大利的非社会主义经济学家恩里克·巴罗内（Enrico Barone）提出的。在"一战"结束时私人工业的国有化问题提上现实政治的日程之前，也没有其他人思考过社会主义计划经济理论。当时，社会主义者毫无准备地面对着他们的问题，从过去或其他人那里也得不到任何的指导。

"计划"包含在任何类型的由社会管理的经济中，但是马克思对此没有具体的论述。当苏俄在革命后尝试"计划"的时候，"计划"只能是临时的产物。在理论上，"计划"只能够通过设计出各种概念（例如列昂惕夫的投入产出分析）和提供相关统计数据才能实现。后来，非社会主义经济广泛地采用这些设计。在实践中，"计划"只有按照"一战"时同样临时产生的战争经济尤其是德国的战争经济才能实现，特别重视电气工业，这是德国和美国电气公司经理中的政治同情者告诉列宁的。战争经济仍然是苏联计划经济的基本模式，即一种事先确定某些目标——超速工业化、赢得战争、制造原子弹或者把人类送上月球——然后计划通过不顾短期代价地配置资源来实现这些目标的经济。这不是只有社会主义才有的状况。走向事先目标的工作可能带有或多或少的精密性，但是苏联的经济实践上从未超出这种状况。而且，尽管自1960年以来苏联经济一直尝试"计划"，但是从未摆脱在尝试使市场适应官僚的命令体系时所暗含的两难困境。

社会民主主义以一种不同的方式修正了马克思主义,要么推迟社会主义经济的建立,要么更现实地设计出不同形式的混合经济。就社会民主主义政党仍然致力于创立一种完全社会主义的经济而言,这包含着关于社会主义经济的一些思考。最令人关注的思考来自一些非马克思主义的思想家,例如费边主义者韦伯夫妇,他们设想通过一系列不可逆转的和累进的改革实现从资本主义到社会主义的逐步变革,因而,尽管他们没有对社会主义的经济运作提供任何思考,但却为社会主义的制度形式提供了一些政治思考。最主要的马克思主义的"修正主义者"爱德华·伯恩施坦主张,改良主义的运动就是一切,最终的目标没有任何实践的现实性,从而巧妙地处理了这个问题。事实上,大多数在"一战"后成为执政党的社会民主主义政党满足于修正主义政策,实质上使资本主义经济的运作满足了工人的一些要求。这种立场的权威著作是安东尼·克罗斯兰的《社会主义的未来》(1956)。他认为,随着1945年资本主义解决了建立丰裕社会的问题,公有企业(国有化的典型形式或其他形式)不是必要条件,社会主义者的唯一任务是保证国民财富的公平分配。这一切已经远离了马克思,事实上远离了传统社会主义者的构想:社会主义本质上是一种非市场的社会,这是马克思大概也会赞同的一种构想。

我只想补充一点:最近经济新自由主义者与其批判者之间关于国有企业和公有企业地位的争论,在原则上并不是一场专属于马克思主义乃至社会主义的争论。这场争论停留在20世纪70年代以来的一种企图上：通过国家全面退出对追求利润的企业活动的管制或控制，把自由放任原则的病变转化成经济现实。这种把人类社会交给（所谓的）自我控制和使财富乃至福利最大化的市场——充斥着理性地追求私利的行动者——的企图，在任何发达经济，甚至在美国的资本主义发展早期阶段上都没有任何先例。这是资本主义的意识形态学家对亚当·斯密的误读，就像苏联极端的100%国家计划的命令经济是布尔什维克对马克思的误读一样。毫不奇怪，这种更接近于神学而不是经济现实的"市场原教旨主义"也失败了。

中央计划的国家经济销声匿迹，而且非道德化的社会民主主义政党不再立志彻底改造社会。这些消除了20世纪关于社会主义的诸多争论。社会民主主义政党在一定程度上背离了马克思本人的思想，尽管它们受到他的很大启发，并以他的名义行事。另一方面，在三个方面马克思仍然是一种巨大的力量：作为一位思想家，作为一位历史思想家和分析家，作为一位公认的现代社会思想之父（与迪尔凯姆和马克斯·韦伯）。我没有资格谈论他作为一位哲学家所具有的持久但显然重要的意义。当然，从未失去当代意义的是他关于资本主义是一种一定历史时代的人类经济模式的看法与他对资本主义不断扩张、不断集中、不断制造危机和不断自我改造的运行模式的分析。

二

马克思在21世纪究竟具有什么意义？苏联社会主义模式，迄今为止建设社会主义经济的唯一尝试，已经不复存在。另一方面，全球化进程已经大大推进，不断加速进行，人类也已经具有十足的财富创造能力。这已经削减了民族—国家的经济和社会行为的力量和范围，因而削弱了社会民主主义运动——主要依靠向政府施加改革的压力——的经典政策。就市场原教旨主义的盛行而言，它也造成了国家内部和地区之间的极端经济不平等，把灾难的因素带回到资本主义经济的基本周期中，包括那些变成自20世纪30年代以来最严重的全球危机的因素。

我们的生产能力使大多数人可能——起码潜在地——从必然王国迈入到富裕、教育和不可想象的生活选择的王国，尽管世界上大多数人尚未进入这一王国。然而，20世纪的大多数社会主义运动和政权实质上仍然在这个必然王国中活动，即使在西方的富裕国家也是如此，尽管它们在1945年后的20年里出现了大众富裕的社会。然而，在丰裕的王国中，充足的食物、衣物、住房、提供收入的工作及保护人民摆脱生活风险的保障体系的目标，尽管是社会主义者的一条必要纲领，但不再是他们的一条充分纲领。

第三项发展是负面的。由于全球经济的大规模扩张破坏了环境，控制无限制的经济增长已经成为越来越迫切的需要。扭转或者至少控制经济对生物圈的影响与资本主义市场的命令——即追求利润的持续增长最大化——之间出现了明显的冲突。这是资本主义的"阿喀琉斯之踵"。我们目前不可能知道那枚致命之箭由谁射出。

因此,我们今天如何看待马克思呢?是全人类的而不只是某一部分人的思想家?当然是。是一位哲学家?是一位经济分析家?是现代社会科学的创始人和认识人类社会的指南?是的。不过,就马克思而言,阿塔利正确地强调的一点是马克思思想的普遍全面性。这不是传统意义上的"跨学科性",而是对所有学科的整合。正如阿塔利所说:"在他之前的哲学家们按照人的总体性思考了人,但他是第一个把世界作为政治、经济、科学和哲学的整体来理解的人。"

十分明显,马克思的许多论述已经过时,一些论述不再可能被人接受。同样明显的是,他的著作是尚未完成的作品,但像所有名副其实的思想一样,也是一项永远处在发展中的工作。没有人再会把它变成一种教条,更不用说变成一种获得制度支撑的正统了。这无疑会使马克思本人感到震惊。但是,我们还应当拒斥那种认为"正确的"马克思主义与"不正确的"马克思主义存在鲜明差别的观念。他的探究方式会带来不同的结果和政治视角。事实上,这对马克思本人来说也是如此,他曾经设想,英国和荷兰可能出现和平的权力过渡,俄国的村社也可能演变成社会主义。就像普列汉诺夫和列宁一样,考茨基甚至伯恩施坦也是马克思的继承人。由于这个原因,我对阿塔利对真正的马克思与一系列对其思想的简化者和伪造者——恩格斯、考茨基、列宁——之间的区分表示怀疑。对俄国人即《资本论》的第一批专心读者来说,把马克思的理论视为一种通过西方式的经济发展使像俄国这样的国家从落后走向现代的途径,是合理的,就像对马克思本人来说推测向社会主义的直接过渡是否不会在俄国村社的基础上发生是合理的一样。这甚至更可能符合马克思本人思想的一般发展。反对苏联实验的依据并不是只有全世界先进入资本主义后才能建设社会主义,马克思没有说过这样的话,我们也不能坚定地声称马克思曾经这样认为过。这是经验主义的。正是俄国过于落后,只能产生出对社会主义社会的拙劣模仿——就像据说普列汉诺夫曾经警告的那样——"红色中华帝国"。这在1917年本该成为包括大多数俄国马克思主义者在内的所有马克思主义者的普遍共识。另一方面,反对19世纪90年代所谓"合法的马克思主义者"——他们持有阿塔利所持有的看法,即马克思主义者的唯一任务是在俄国发展繁荣的工业资本主义——的依据也是经验主义的。在沙皇的专制统治下不可能出现一个自由资本主义的俄国。

然而,马克思的分析仍然具有许多有效和有意义的核心内容。显然,第一个内容是对资本主义经济发展不可阻挡的全球动力和摧毁挡在它面前的一切——保护那些资本主义自身曾经受益的人类历史遗产,例如家庭结构——的能力的分析。第二个内容是对资本主义通过制造内部矛盾——无休止的紧张和临时的解决方案、造成危机和变革的增长，这一切在日益全球化的经济中带来了经济集中——实现增长的机制的分析。毛泽东梦想一个通过不断革命而不停更新的社会；熊彼特（在马克思之后）所说的不断的"创造性破坏"带来了历史的变革，资本主义由此实现了上述规划。马克思相信，这一进程最终会——必然——通向一种大规模集中的经济，这就是阿塔利在最近一次的采访中说出如下论断时所要表达的意思：在所有人中，决定事情发生的人数是 1000 人，或者至多是 10000 人。马克思相信这将会推翻资本主义，这是一个在我看来仍然正确的预见，但在方式上却不同于马克思。

另一方面，马克思的预测，即只有庞大的无产阶级通过"对剥夺者的剥夺"实现社会主义，才能推翻资本主义，并不是建立在他对资本主义机制的分析之上，而是建立在孤立的先验假设上。最起码它是以如下预测为基础：就像当时的英国那样，工业化将会产生主要是体力雇佣劳动者的人口。这作为中期的预测是非常正确的，但正如我们所知的那样，作为长期的预测则是不成立的。19 世纪 40 年代之后，马克思和恩格斯也没有期望工业化会产生他们所希望的具有政治激进化作用的贫困化。对他们来说，大多数的无产阶级显然没有在绝对意义上变得更加贫困。事实上，就 20 世纪德国社会民主党历次非常无产阶级化的代表大会而言，一位美国观察家评论说，那里的同志看起来"比贫困多一两块面包"。另一方面，世界不同地区之间和不同阶级之间的经济不平等的明显加剧不必然导致马克思所说的"对剥夺者的剥夺"。简而言之，未来的希望隐含在他的分析之中，但并不是源自于他的分析。

第三点最好用已故诺贝尔经济学奖获得者约翰·希克斯（John Hicks）爵士的话来说。他说："大多数希望弄清历史一般进程的人会使用马克思主义的范畴或者这些范畴的某种修正形式，因为几乎没有其他的范畴形式可用。"

我们无法预见21世纪世界所面临的问题的解决方案，但是，倘若这些解决方案要获得成功的机会，它们就必须提出马克思所提出的问题，即便它们不愿意接受马克思的各类信徒所给出的答案。

第二章 马克思、恩格斯与马克思之前的社会主义

一

马克思和恩格斯是共产主义的后来者。1842年底，恩格斯才宣布自己是共产主义者，大约直到1843年下半年，马克思在对自由主义和黑格尔哲学进行漫长而深刻的清算之后才宣布自己是共产主义者。即使在政治落后的德国，他们也不是最早的共产主义者。在国外工作的德国工人已经接触到有组织的共产主义运动，产生了第一位真正的德国共产主义理论家——裁缝威廉·魏特林，他的第一本著作（《现实的人类和理想的人类》）于1838年出版。在德国的知识分子中，莫泽斯·赫斯确实比青年恩格斯更早地声称皈依了共产主义。然而，究竟谁是最早的德国共产主义者并不重要。到19世纪40年代早期，欣欣向荣的社会主义

第二章 马克思、恩格斯与马克思之前的社会主义

和共产主义运动,不论是理论运动还是实践运动,早已在法国、英国和美国存在一段时间了。青年马克思和恩格斯对这些究竟了解多少呢?他们的哪些思想来源于它们呢?他们自己的社会主义与这些先驱和同辈的社会主义之间究竟有何关系呢?这些是本章将要讨论的问题。

在讨论这些问题之前,我们先简短地谈一谈共产主义理论的史前人物,社会主义历史学家通常都尊重他们,因为即便是革命者也有自己的先祖。现代社会主义既不是起源于柏拉图或者托马斯·莫尔,也不是起源于康帕内拉。不过,青年马克思对康帕内拉的《太阳城》印象非常深刻,曾经打算把它收入流产的"外国杰出的社会主义者文丛"中,这是1845年他同恩格斯和赫斯一起制定的计划。① 19世纪的读者对这样一些著作具有一定的兴趣,因为对城市的知识分子来说,共产主义的主要困难之一是共产主义社会的实际运作似乎没有先例,也难以变得可行。事实上,莫尔的书名成为了用来描述任何勾画未来理想社会的尝试的术语:乌托邦。由于至少有一位空想共产主义者——卡贝——是莫尔的崇拜者,"乌托邦"并不是选择不当的名称。然而,如果充分研究的话,就会发现19世纪初期的社会主义和共产主义先驱们通常不是从某位历史久远的作家那里推导出自己的思想,而是在打算构建自己的社会批判和乌托邦时发现或关注先前某位理想城邦理论家的相关性,

---

① 参见 Marx-Engels, Collected Works, Vol. 4, Note 242, p. 719。

然后加以利用和赞扬。乌托邦——必然是共产主义——文学在18世纪的流行使人们非常熟悉这样一些著作。

尽管基督教共产主义组织的许多历史事例不同程度地为人所了解,但是它们也不是近代社会主义和共产主义的思想来源。古老的基督共产主义(例如16世纪再洗礼教派的各个流派)究竟在多大程度上广为人知是一个无法弄清楚的问题。青年恩格斯曾经把这样一些形形色色的公社当做共产主义是可行的证明,当然仅仅是选择了一些晚近的事例:震教徒(恩格斯认为他们是"最早在美国而且在世界上建立以财产公有为基础的公社的人"①)、拉普派(Rappites)和分离派。据他们所知,他们还首先证实了对共产主义的一种已经存在的渴望,而不只是激起了这种渴望。

我们不能如此轻描淡写地描述古代的宗教和哲学传统。随着现代资本主义的兴起,这些传统使社会批判获得或者展示出新的潜力,或者证实了一种已经存在的社会批判潜力,因为在无拘无束的个人主义的自由—经济社会中,革命的模式与每一种至今已知的公社的社会价值观相冲突。像其他的社会理论家一样,所有的社会主义理论家实际上都是少数受过教育的人。对他们来说,古代的宗教和哲学传统化身为一系列或一群哲学思想家,最明显地体现在那种追溯到古典时代的自然法传统中。18世纪的一些思想家修改了这样一些传统,使之适应自由主义—个人主义社会

---

① 恩格斯:《现代兴起的今日尚存的共产主义移民区记述》,见《马克思恩格斯全集》第一版第42卷,第222页。

的新渴望。尽管如此，但是哲学从过去中带来了强大的公社主义遗产，乃至在某些情况下带来了如下信念：没有私有财产的社会在某种意义上是更"自然的"，或者无论如何在历史上都是先于私有财产社会的。这一点在基督教思想中更为明显。人们最容易把"山顶布道的耶稣"看做"第一个社会主义者"或者共产主义者。尽管大多数早期社会主义者并不是基督徒，但是社会主义运动后来的许多成员发现这一反思有所帮助。"美好社会"和一个不建立在私有财产之上的社会的思想包含在一系列对先辈们进行评论、补充和批判的文本中，而那些先辈则是社会理论家们的正式和非正式教育的一部分，就此而言，这些思想至少是他们微不足道的思想遗产。卡贝容易遭到人们的嘲笑，他列出了从孔子经过莱库古、毕达哥拉斯、苏格拉底、柏拉图、普鲁塔克、波舒哀（Jacques-Bénigne Bossuet）、洛克、爱尔维修、雷纳尔和富兰克林到西斯蒙第的一系列思想家，好像认为他的共产主义体现出他们的基本思想。在《德意志意识形态》中，马克思和恩格斯嘲笑了这样一种思想谱系。① 然而，这一思想谱系代表传统社会批判的延续与对资产阶级社会的新批判之间连续性的一个真正因素，至少看上去是这样。

　　这样一些更古老的文本和传统包含公社思想，实际上反映出欧洲工业化前的——基本上是农业的——社会中的

---

① *Werke* 3，p. 508 ff.

一些强大因素,也反映出自16世纪以来欧洲人所接触的异域社会中更明显的公社因素。在西方尤其是18世纪社会批判的形成过程中,对这些异域社会和"原始"社会的研究发挥了明显的作用,因为它们证明了这样一种倾向:把这些社会——不管它们是"高贵的野蛮人"、瑞士和科西嘉的自由农还是其他的社会形式——理想化,反对"文明社会"。至少在卢梭和18世纪其他的思想家那里,这种对异域社会和"原始"社会的研究表明,文明还意味着某种先前的和在某些方面更正义、平等和博爱的人类状态的堕落。这种研究甚至表明,这些在私有财产出现之前的社会("原始共产主义")不仅为渴望应该再次实现的未来社会提供了模式,而且提供了证明它们是可行的证据。当然,这种思想方法也出现在19世纪的共产主义尤其是马克思主义中,不过悖论的是,它在19世纪末比在之前的20年里表现得更明显——这大概同马克思和恩格斯越来越熟悉和关注原始公社制度有关。[①] 除了傅立叶外,早期的社会主义者和共产主义者对那种"原始的快乐"毫无回顾的兴趣,甚至看也不看一眼——在某种意义上,"原始的快乐"可以充当人类未来幸福的模式。在从16世纪到18世纪对完美社会的想象中,最常见的模式是乌托邦小说,这些小说声称描述了旅行者在遥远异域旅行时的见闻。尽管如此,早期的社会主

---

① 尽管对马克思来说最早的所有制形式是"部落"所有制,但是他在早期著作中没有认为这代表"原始共产主义"的一个阶段。《共产党宣言》中关于它的著名脚注是在19世纪80年代添加的。

第二章 马克思、恩格斯与马克思之前的社会主义

义者和共产主义者对它们依然没有兴趣。在传统与进步之间的斗争中，在原始与文明之间的斗争中，他们坚定地信奉其中的某个方面。连认为人类的原始状况是伊甸园的傅立叶也相信进步的必然性。

"进步"一词使我们想起了那件明显是近代早期社会主义和共产主义社会批判的主要思想基础的事件，即18世纪（尤其是法国）的启蒙运动。至少这是恩格斯的坚定看法。[①]恩格斯首先强调的是它的全面的理性主义。理性为人的一切行为和社会的形成提供了基础，按照理性的标准，"以往的一切社会形式和国家形式、一切传统观念，都被当做不合理的东西扔到垃圾堆里去了；到现在为止，世界所遵循的只是一些成见；过去的一切只值得怜悯和鄙视。只是现在阳光才照射出来。从今以后，迷信、偏私、特权和压迫，必将为永恒的真理，为永恒的正义，为基于自然的平等和不可剥夺的人权所排挤"[②]。启蒙运动的理性主义还意味着一种对社会——逻辑上包括资产阶级社会在内——从根本上来说批判的理解。然而，启蒙运动的各个学派和流派不只提供了社会批判和革命变革的章程，而且还提供了对人的自我改善能力的信念，像杜尔阁和孔多塞一样提供了对

[①] 《反杜林论》（草稿）的开篇是下面这句话："现代社会主义，虽然实质上是由于对现存社会中有产者和无产者之间、工人和剥削者之间的阶级对立进行考察而产生的，但是，就其理论形式来说，起初却表现为十八世纪法国伟大启蒙学者所提出的各种原则的更彻底的、进一步的发展，社会主义的最初代表摩莱里和马布利也是属于启蒙学者之列的。"见《马克思恩格斯全集》第一版第20卷，第19页注①。

[②] 《马克思恩格斯全集》第一版第20卷，第20页。

人的完善性的信念，提供了对人类历史最终走向必定是最好的可能社会的信念，提供了比一般理性更具体的社会评判标准。人的自然权利不光是生命权和自由权，还包括"追求幸福"的权利，革命派正确地认识到了这一权利的新历史意义，并把它转变成如下信念："幸福是社会的唯一目的"①。即使在最资产阶级和个人主义的形式中，这样一些革命性的理解在时机有利的时候鼓励了社会主义者的社会批判。我们不能把杰里米·边沁视为某种类型的社会主义者。然而，青年马克思和恩格斯（或许后者比前者更晚）把边沁看做爱尔维修的唯物主义和欧文的唯物主义之间的一个环节：欧文"从边沁的体系出发去论证英国的共产主义"，然而"只有无产阶级和社会主义者才能越过边沁，迈步前进"。②事实上，马克思和恩格斯都尽力建议把边沁收入他们所计划的"外国杰出的社会主义者文丛"中，即使这仅仅是因为把葛德文的《政治正义论》收入这份文丛的结果。③

我们不必从这个角度讨论马克思对启蒙运动的各个思想学派所欠下的债务，例如在政治经济学和哲学的领域中。事实上，马克思和恩格斯正确地把他们的先辈们——"空想"社会主义者和共产主义者——视为先觉主义派。他们

---

① Advielle, *Histoire de Gracchus Babeuf*, Paris, 1884, II, p. 34.
② 《马克思恩格斯全集》第一版第2卷，第185、529页。
③ *Works* IV, p. 666; Engels to Marx 17. 3. 1845, *Werke* 27, p. 25. 然而，马克思对待这位思想家的态度不久变得明显不那么赞同，尽管《德意志意识形态》中的评价仍然是正面的。

第二章 马克思、恩格斯与马克思之前的社会主义

把社会主义传统追溯到法国大革命之外,在这个意义上,他们把社会主义传统追溯到哲学唯物主义者霍尔巴赫和爱尔维修,追溯到先觉主义者摩莱里和马布利——这两个从早期就列入他们的"外国杰出的社会主义者文丛"中的人物(康帕内拉除外)。

然而,有一位特殊的思想家似乎对马克思和恩格斯没有产生直接的影响,但我们必须简要地思考一下他在后来的社会主义理论形成过程中的作用,这位思想家就是卢梭。卢梭难以被称做是社会主义者,因为虽然他提出了私有财产是一切社会不平等的根源这个最广为人知的观点,但是他不认为美好社会必须把财产社会化,只是认为美好社会必须保证平等的分配。尽管他赞同"财产即盗窃"的理论思想,但是他没有详细地发展这一思想——后来蒲鲁东把这一思想变得广为人知,但是正如吉伦特·布里索(Girondin Brissont)所阐明的那样,这一思想本身也不蕴含着社会主义。① 然而,对于卢梭,我们必须作出两点评论。第一,从卢梭的观点中,自然可以推导出如下观点:社会平等必定建立在财产的公有制之上,并且对所有生产劳动必须实行中央管制。第二,更重要的是,卢梭的平等主义对雅各宾主义左翼——从中诞生出第一个近代共产主义运动——的政治影响是不可否认的。在自己的辩护词中,巴

---

① J. P. Brissot de Warville, *Recherches philosophiques sur le droit de propriété et le vol*, 1780; 参见 J. Schumpeter, *History of Economic Analysis*, NY, 1954, pp. 139-140。

贝夫诉诸了卢梭。① 马克思和恩格斯最早了解的那种共产主义把平等作为它的核心口号②；卢梭则是这种共产主义的最有影响的理论家。就19世纪40年代初期的社会主义和共产主义是——主要是——法国的社会主义和共产主义而言，卢梭主义者的平等主义是其原初内容之一。卢梭主义对德国古典哲学的影响也不应当被遗忘。

二

上文已经表明，共产主义作为一种现代社会运动的全部历史始于法国大革命的左翼。共产主义的直接谱系是从巴贝夫的《平等者的密谋》（Conspiracy of the Equals）经过邦纳罗蒂（Philippe Buonarroti）到19世纪30年代布朗基的革命团体，接下来通过德国流亡者受到他们启发成立的"正义者同盟"——"共产主义者同盟"的前身——而与代表它起草《共产党宣言》的马克思和恩格斯连接起来。自然地，1845年，马克思和恩格斯所计划的"外国杰出的社会主义者文丛"始于"社会主义"文献的两个流派：（1）代表公开的共产主义派的巴贝夫和邦纳罗蒂（在摩莱里和马布利之后）；（2）法国大革命形式平等的左翼批评者和"狂人"（"社会小组"、阿贝尔、勒鲁和雷克莱尔）。然而，马克思和恩格斯对恩格斯所说的"苦修苦炼的、斯巴达式的

---

① Advielle, *op. cit.*, II, pp. 45, 47.
② 参见"Anti-Dühring", English edn, p. 116.

共产主义"(《马克思恩格斯全集》第一版第20卷,第21页)没有多少理论兴趣。连19世纪30年代和40年代的共产主义著作家似乎也没有给马克思和恩格斯留下理论家的印象。确实,马克思认为,正是由于这种早期共产主义的粗俗性和片面性,"除了这种共产主义外,同时还出现了另一些如傅立叶、蒲鲁东等人的社会主义学说,这不是偶然的,而是必然的"①。尽管马克思读过他们——例如拉奥梯埃尔(Lahautiere,1813—1882)和皮佑(1809—1877)等较为次要人物——的著作,但是他显然没有得益于他们的社会分析,而社会分析在阐明阶级斗争是"无产者"与剥削者之间的斗争时具有极为重要的作用。

无论如何,巴贝夫主义的和新巴贝夫主义的共产主义在两个方面上具有重要的意义。第一,与大多数空想社会主义理论不同,这种共产主义深深地嵌入在政治之中,因而不仅包含一种革命理论,而且包含一种关于政治实践、组织、战略和战术的学说,无论内容上是多么有限。它在19世纪30年代的第一批代表拉波纳雷(Laponneraye,1808—1849)、拉奥梯埃尔、德萨米、皮佑和布朗基都是积极的革命者。这一点以及他们与法国大革命历史——马克思曾经广泛地研究过——之间的有机联系,使他们与马克思思想的发展具有高度的相关性。第二,尽管共产主义著作家主要是边缘化的知识分子,但是19世纪30年代的共产

---

① 《马克思恩格斯文集》第10卷,第8页。

主义运动显然吸引了工人。这个由洛伦茨·冯·施泰因（Lorenz von Stein）指出的事实明显给马克思和恩格斯留下了印象。后来，马克思和恩格斯曾经回忆过19世纪40年代共产主义运动的无产阶级特征，这一特征不同于大多数空想社会主义的中产阶级特征。① 此外，正是从法国的这种运动——大约1840年采取了"共产主义"的名称②——中，包括马克思和恩格斯在内的德国共产主义者才获得了自己观点的名称。

19世纪30年代从新巴贝夫主义传统，实质上从法国政治和革命传统中产生的共产主义，同处于工业革命初期的资本主义社会中的无产阶级新经验相结合，从而使共产主义变成了"无产阶级"运动，无论"无产阶级"的规模多么小。就其对无产阶级新经验的直接依赖而言，共产主义思想显然可能受到那个产业工人阶级已经作为大规模现象而存在的国家——英国——的影响。因而，法国当时最著名的共产主义理论家艾蒂安·卡贝（1788—1856）的思想来源不是巴贝夫主义，而是19世纪30年代他在英国的经历尤其是欧文，因而属于空想社会主义流派，这不是偶然的。然而，只有那些直接受到资产阶级"双重革命"——法国

---

① 参见 Engels' 1888 preface to the *Communist Manifesto*, *Werke* 21, p. 354ff。
② "第一次共产主义聚餐会"于1840年举行；卡贝的《共产主义社会》和《我的共产主义信条》（*Mon crédo communiste*）写于1841年；到1842年，洛伦茨·冯·施泰因在《现代法国的社会主义和共产主义》（*Der Sozialismus und Communismus des heutigen Frankreichs*）——在德国得到广泛的阅读——中第一次尝试清楚地区分共产主义和社会主义这两种现象。

第二章 马克思、恩格斯与马克思之前的社会主义

大革命和英国工业革命——这一方面或那一方面影响的地区的思想家,才能分析新的资产阶级工业社会,就此而言,这种分析与工业化的现实经验之间并不存在如此直接的关系,事实上它是在法国和英国同时分别进行的。这种分析构成了后来马克思和恩格斯思想发展的基础。顺便提一下,可以说,正是由于恩格斯的英国联系,马克思的共产主义从一开始就处在英国和法国思想的影响之下,而其他的德国社会主义和共产主义左翼几乎只熟悉法国的发展。①

"共产主义的"一词总是表示一种纲领。相比之下,"社会主义的"一词首先是表示分析和批判,经常用来描述那些坚持一种特殊的人性观(社会性或者"社会本能"的根本重要性)——蕴含一种特殊的人类社会观——的人,或用来描述相信某种特殊的社会行为方式——尤其是在公共事务中——是可能或必要的人。人们很快意识到,这样

---

① 关于恩格斯对"英国共产主义者"的了解和对德国"真正的社会主义者"的忽视,参见《德意志意识形态》(《马克思恩格斯全集》第一版第3卷,第542页)。这份名单——"莫尔、平均派、欧文、汤普逊、瓦茨、侯里欧克、哈尼、摩尔根、萨斯威尔、古德温·巴姆贝、格里夫斯、艾德门兹、霍布逊、斯宾斯"——之所以令人关注,不仅是因为它包含了哪些人,而且是因为它不包含哪些人。它没有提到成熟时期的马克思所熟悉的一些"工人经济学家",尤其是约翰·勃雷(J. F. Bray)和托马斯·霍吉斯金。相反,它包括现在已被遗忘但却为那些像恩格斯一样出入在19世纪40年代激进左派中的人所熟悉的人物,例如声称引入了"共产主义"一词的古德温·巴姆贝、"神圣社会主义者"詹姆斯·皮尔朋特·格里夫斯、欧文主义"社会传教士"约翰·瓦茨、侯里欧克(较为明确的人物)以及欧文主义积极分子和《新道德世界》《北极星》的出版商乔舒阿·霍布逊。欧文、威廉·汤普逊、约翰·敏特尔·摩尔根、T. R. 艾门德兹和托马斯·斯宾斯仍然应该在任何一部英国社会主义思想史上占有一席之地。

一些观点可能由那些倡导平等的人——例如卢梭的门徒——发展,或者吸引着他们,最终导致对私有财产的干涉,这一点早已由18世纪启蒙运动和"社会主义者"的意大利反对者提了出来。① 但是,对私有财产的干涉不完全等同于一种建立在生产资料完全集体所有和管理的基础之上的社会,事实上直到19世纪末期社会主义政党诞生后才在一般用法上完全等同于这样一种社会,但一些人直到今天仍然不这么认为。因而,即使在19世纪末,显而易见的非社会主义者(在现代意义上)仍然会自称是或被称为"社会主义者",例如德国的"讲坛社会主义者"或英国宣称"我们现在全都是社会主义者"的自由派政治家。这种纲领上的模糊性甚至扩展到社会主义者称之为社会主义的运动。我们不应该忘记,马克思和恩格斯所说的"空想社会主义"的主要流派之一,圣西门主义者,"关心的是工业的集体管理而不是财富的共同所有"②。欧文主义者是英国最早使用"社会主义"一词的人(1826),但也只是在几年后才自称为"社会主义者",他们把自己所渴望的社会称为合作社会。

作为"社会主义"的反义词,个人主义③本身意味着一种特殊的竞争的、无限制的市场经济模式:自由—资本主

---

① Franco Venturi, "Le mot 'socialista'", Second International Conference of Econo. Hist., Aix, 196; The Hague 1965, II, pp. 825 – 827.

② G. Lichtheim, *The Origins of Socialism*, NY, 1969, p. 219.

③ 圣西门主义者皮埃尔·勒鲁(1835)论述这个主题的第一篇文章包括了两个术语:个人主义和社会主义。

义经济模式。然而,在这样一种社会中,"社会主义",作为一切在社团主义或合作模式的基础上,即在合作而不是私有财产的基础上来组织社会的理想的通称,也应该带有一种纲领性的含义。自19世纪30年代以来,"社会主义"主要是指在这个意义上对社会进行或多或少的根本性重造,但是它仍然是一个不精确的词语。它的倡导者的范围是从社会改革家到狂热主义者。

于是,我们必须区分早期社会主义的两个方面:批判与纲领。批判的方面由两个要素构成:(1)关于人性和人类社会的理论(主要源于18世纪的各个思想流派);(2)在历史发展或"进步"的框架内分析由"双重革命"所建立的社会。马克思和恩格斯对第一个要素没有太大的兴趣,除非它通向(在英国而不是法国的思想中)政治经济学。我们在下文中将会思考这个要素。第二方面显然对他们产生了非常大的影响。社会主义的纲领方面也由两个要素构成:(1)各种关于在合作的基础上——极端的情况是通过建立共产主义公社——建立新经济的建议;(2)尝试思考由此产生的理想社会的性质和特点。在这里,马克思和恩格斯再一次地对其中的第一个要素没有任何兴趣。他们正确地指出,空想主义者的公社建设在政治上是无足轻重的,事实上也确实如此。在美国,空想主义者的公社建设不论是在世俗的形式上还是在宗教的形式上都非常流行,而在美国之外则从未成为重要的运动,顶多揭示了共产主义的可行性。政治影响更大的结社主义和合作社形式对英国和法国的工匠和熟练工人产生了巨大的吸引力。对于这些结社主义和合作社形式（例如19世纪30年代欧文派的"劳动交换"合作社），马克思和恩格斯要么知之甚少，要么充满怀疑。回想起来，恩格斯把欧文的"劳动银行"与蒲鲁东的建议进行了比较。① 在极为成功的《劳动组织》（1839—1848年出版了10版）一书中，路易·勃朗并不看重欧文的"劳动银行"和蒲鲁东的建议，而马克思和恩格斯则反对它们。

另一方面，空想主义者对共产主义社会性质的反思对马克思和恩格斯产生了实质性的影响，不过，由于马克思和恩格斯厌恶起草共产主义未来说明书的行为，使后来的许多评论家低估了这种影响。马克思和恩格斯关于共产主义社会具体形式的几乎所有看法，例如废除城乡差别（按照恩格斯的说法，来源于傅立叶和欧文)② 和废除国家（来自圣西门)③ 的思想，都是依据早期空想社会主义者的著作，或者建立在对空想社会主义各个主题的批判性讨论之上。

于是，马克思之前的社会主义包含在马克思和恩格斯后来的著作之中，但却以加倍扭曲的形式包含在其中。马克思和恩格斯非常挑剔地运用他们的前辈们，而且他们成

---

① *Anti-Dühring*, Werke 20, p. 246.
② *Anti-Dühring*, Werke 20, pp. 272–273.
③ 关于空想主义者的一般影响，参见 *Communist Manifesto* (Werke 4, p. 491)，其中列出了"关于未来社会的积极主张"。

第二章　马克思、恩格斯与马克思之前的社会主义

熟时期和晚期的著作不一定反映出早期社会主义者对他们思想形成所产生的影响。因此，与青年恩格斯相比，老年恩格斯显然对圣西门主义者怀有更深刻的印象，然而，恩格斯在1846年以前的著作中经常地提及卡贝，但在《反杜林论》中却根本没有提到他。①

然而，几乎从一开始马克思和恩格斯就挑选出三位"空想"思想家，认为他们特别重要：圣西门、傅立叶和欧文。在这一方面，恩格斯坚持了他在40年代初期的判断。② 欧文与其他两位空想思想家略有不同，因为恩格斯与英国的欧文派运动关系密切，显然是他把欧文介绍给了马克思（马克思不可能知道欧文，因为欧文的著作尚未翻译外文）。与圣西门和傅立叶不同，欧文被19世纪40年代初期的马克思和恩格斯说成是"共产主义者"。就像后来一样，当时恩格斯特别关注欧文设计空想公社的实践常识和商业方式，"各种细节的安排甚至从专家的眼光看来也很少有什么可以挑剔的"。（《马克思恩格斯文集》第9卷，第279页）欧文对阻碍社会改革的三大障碍——"私有财产、宗教和现在的婚姻形式"——的片面敌视也明显吸引了恩格斯。此外，欧文本人是一位资本主义企业家和工厂主，但却批判工业革命时期的现实资产阶级社会，这使他的批判具有一种法国社会主义者所缺乏的具体性。（19世纪二三十年代，欧文

---

① Engels, *Progress of Social Reform*, Werke 1, p.482；《德意志意识形态》为卡贝作出了详细的辩护，反击了格律恩对他的误解。

② 参见他们似乎共同计划的"文丛"。

还赢得了许多工人阶级的支持,恩格斯似乎没有认识到这一点,只了解19世纪40年代的欧文派社会主义者。)① 然而,马克思毫不怀疑,欧文在理论上显然不如法国人。② 就像马克思后来研究的其他英国社会主义者的著作一样,欧文著作的主要理论意义在于它们对资本主义的经济分析,例如以从资产阶级政治经济学的前提和论证中得出社会主义结论的方式。

"我们在圣西门那里发现了天才的远大眼光,由于他有这种眼光,后来的社会主义者的几乎所有并非严格意义上的经济学思想都以萌芽状态包含在他的思想中"③。毫无疑问,恩格斯后来的判断表明,马克思主义的许多思想来源于圣西门主义。不过,十分奇怪的是,恩格斯提到圣西门学派[阿芒·巴札尔(Amand Bazard)、安凡丹(Enfantin)等人]的次数并不多,而圣西门学派实际上把其导师的卓越但却模糊的直觉变成了一种社会主义制度。圣西门(1759—1825)对法国和其他国家各类重要和卓越的天才人物(卡莱尔、J. S. 穆勒、海涅、李斯特)产生了十分重要的影响,这是欧洲浪漫主义时代的一个文化历史事实,但今天那些阅读过圣西门著作的人并不总是容易认识到这一点。如果圣西门的著作包含一种连贯的学说,那么正是生产工业的核心重要性,必定使社会的真正生产性因素变成

---

① *Condition of the Working Class*, in Werke 2, pp. 451–452.
② Marx, *Peuchet on Suicide* (1846), in Works, Vol. IV, p. 597.
③ 《马克思恩格斯文集》第9卷,第275页。

社会和政治的控制者,并且塑造社会的未来:工业革命理论。"工业主义者"(圣西门主义者创造的术语)构成了人口的大多数,包括生产企业家(尤其包括银行家)、科学家、技术创新人员和其他知识分子以及劳动者。就"工业主义者"包含劳动者——后者意外地充当了前者的后备军——而言,圣西门的学说批判了贫困和社会不平等,但他完全拒绝承认,法国大革命的自由和平等原则是个人主义的原则,并导致了竞争和经济无政府状态。社会制度的目标是"使基本制度促进无产者福利的提高",而无产者则被简单地定义为"人数最多的阶级"。另一方面,就"工业主义者"是企业家和技术官僚型计划人员而言,他们不仅反对无所事事和寄生的统治阶级,而且反对资产阶级—自由资本主义的无政府状态——正是圣西门对此进行了最早的批判。在圣西门那里蕴含着如下认识:工业化与无计划的社会是根本不兼容的。

"工业阶级"的出现是历史的产物。圣西门的观点有多少是他本人的呢?有多少受到了他的秘书兼历史学家梯叶里(Augustin Thierry,1795—1856)的影响呢?对于这些问题,我们无须深究。不管怎样,社会制度由财产的组织方式决定,历史的演进取决于生产制度的发展,资产阶级的权力取决于它对生产资料的占有。圣西门似乎坚持一个相当简单的观点:法国的历史是阶级斗争的历史,可以追溯到法兰克人对高卢人的征服。他的信徒比马克思更早地把法国的历史阐述为更具体的被剥削阶级的历史:农奴取代了奴隶，而名义上自由但没有财产的无产者则取代了农奴。然而，圣西门更明确地意识到自己时代的历史。正如恩格斯后来赞许地指出的那样，圣西门把法国大革命视为贵族、资产阶级和无财产的大众之间的阶级斗争。（他的信徒发展了这一观点，认为法国大革命解放了资产阶级，但现在是应该解放无产阶级的时候了。）

除了历史学外，恩格斯还强调圣西门的其他两个重要洞见：政治从属于经济，事实上最终消融在经济之中，因而未来社会将会废除国家，即"对物的管理"取代"对人的统治"。不论马克思主义创始人的著作中能否找到这种圣西门主义的术语，但这种思想显然已经存在于其中。许多成为马克思主义和后来所有社会主义组成部分的其他思想，也能够追溯到圣西门学派，不过或许不能明确地追溯到圣西门本人那里。"人对人的剥削"是圣西门的术语，马克思略作出改变用来描述共产主义第一阶段的公式也是如此："各尽所能，按劳分配"；马克思在《德意志意识形态》中挑选出来的术语亦是如此："保证所有的人的天资得到最自由的发展"。简而言之，马克思主义显然从圣西门那里吸取了许多思想，但是，这种吸取的确切性质并不容易确定，因为圣西门的贡献一向无法与其他同时代人的贡献区分清楚。于是，任何研究过乃至经历过法国大革命的人都有可能发现历史上的阶级斗争。事实上，马克思把这一发现归功于法国大革命的资产阶级历史学家。与此同时，我们已经看到，其中最重要的人物（从马克思的观点来看）梯叶

第二章 马克思、恩格斯与马克思之前的社会主义 >>>

里曾经与圣西门的一段生活时期密切相关。此外,无论我们如何界定圣西门对马克思主义的影响,这种影响都是毫无疑问的。恩格斯对圣西门始终如一的好评已经不言自明地表明了这一点。恩格斯指出"圣西门确实吃了思想丰富的苦头",并且实际上把他比做像黑格尔一样"是当时最博学的人物"。①

成熟时期的恩格斯主要基于三个理由称赞傅立叶(1772—1837):傅立叶是资产阶级社会,更是资产阶级行为的卓越、机智和猛烈的批判者;② 妇女解放的主张;实质上辩证的历史观。(最后一点与其说属于傅立叶,不如说属于恩格斯。)傅立叶对马克思的第一个影响,或许也是在马克思的社会主义中留下最深刻印记的第一个影响,是他对劳动的分析。傅立叶对社会主义传统的贡献是气质上的贡献。与其他社会主义者不同,傅立叶对进步持有怀疑态度,接受了卢梭主义的信念,即人类大概选错了文明的方向。尽管傅立叶愿意接受并利用工业和技术进步,相信历史的车轮无法逆转,但是他仍然对它们持怀疑态度。就像其他一些空想主义者一样,他还怀疑雅各宾派的人民主权和民主。在哲学上,傅立叶是一个极端工业主义者,认为工业的最高目标是满足所有人的心理需要,实现个人的最大快乐。因为——恩格斯对他的第一次有记录的评论——"每

---

① 《反杜林论》,见《马克思恩格斯文集》第9卷,第27页。
② 青年恩格斯指出,傅立叶实际上直到很晚才谈到了工人及其状况。(*A Fragment of Fourier's on Trade in Werke* 2, p.608)

一个个人都爱好或者偏爱某种劳动,一切个人的这些爱好的总和,一般说来,必然会形成一种足以满足一切人的需要的力量。从这个原则得出下面的结论:如果每一个个人都凭自己的爱好做自己愿意做的事情,那么……将可以满足一切人的需要……傅立叶证明……绝对懒惰是胡说,这种情形从来没有过,也不可能有……他接着确立了劳动和享受的同一性,并且指出,现在的社会制度把这二者分裂开来,把劳动变成做苦工,把享受变成大多数劳动者得不到的东西,是不合理的。"① 傅立叶主张妇女解放,而激进的性别解放则是这一主张的明确推论。妇女解放的主张是其解放所有个人的本能和冲动的乌托邦的逻辑推论。当然,傅立叶不是早期社会主义者中唯一的女权主义者,但他的激情四溢的信念使他成为或许是最有影响的女权主义者,因而,圣西门主义者在这个方向上的激进转变中能够找到他的影响。

与恩格斯相比,马克思本人或许更明确意识到傅立叶劳动观中可能存在的冲突:劳动一方面本质上是人的本能的满足,与享受是同一的;另一方面又是所有人的天资的充分发展——马克思和恩格斯都相信共产主义将会保证这一点,尽管劳动分工(例如功能的永久专业化)的废除很有可能产生出那些可以按照傅立叶主义者方针来解释的结果("上午打猎,下午捕鱼,傍晚从事畜牧,晚饭后从事

---

① 恩格斯:《大陆上社会改革的进展》,见《马克思恩格斯全集》第二版第3卷,第477—478页。

第二章　马克思、恩格斯与马克思之前的社会主义

批判")。① 事实上,后来马克思明确地拒绝了傅立叶认为劳动"不过是一种娱乐,一种消遣"②的思想,由此含蓄地拒绝了傅立叶主义者把自我实现等同于本能解放的观点。傅立叶的共产主义个人像是自然所创造的男男女女那样,从一切的压迫中解放出来;马克思的共产主义男男女女却不只是如此。即便如此,成熟时期的马克思在对作为人类活动的劳动最严肃的讨论中专门地重新思考了傅立叶,这一事实表明了这位著作家对于他的重要性。至于恩格斯,他的持续称赞(例如在《家庭、私有制和国家的起源》中)证明了傅立叶的长久影响,证明了他对这位社会主义著作家的长久同情,而傅立叶则是今天唯一仍然能够像在19世纪40年代初期那样给人带来阅读的愉悦、启示和愤慨的社会主义著作家。

于是,空想社会主义者提供了一种资产阶级社会批判,提供了一种历史理论的提纲,提供了社会主义不仅可以实现,而且呼唤这一历史时刻的信心,提供了许多关于人类在这样一种社会中将会采取哪些制度安排(包括个人的行为)的思考。然而,他们仍然存在各种明显的理论和实践不足。他们存在一种既微不足道又重大的实践不足。客气地来说,他们具有形形色色的浪漫主义怪癖:从深刻的远

---

① 《德意志意识形态》,见《马克思恩格斯全集》第一版第3卷,第37页。
② 马克思:《1857—1858年经济学手稿》,见《马克思恩格斯全集》第二版第30卷,第616页。

见到精神的失常,从精神的混乱——这并不总是能用思想的过多涌现来开脱——到奇怪的狂热和高尚的准宗教宗派。简而言之,他们的信徒总是使自己成为嘲笑的对象,正如青年恩格斯对圣西门主义者的评论那样:"在法国,任何东西一旦成为嘲笑的对象就一定要毁灭。"① 尽管马克思和恩格斯把伟大的空想主义者的幻想因素视为其天才或原创性的必要代价,但是他们几乎不会为越来越古怪和孤立的怪人们在世界的社会主义变革中留下什么实践角色。

第二,更重要的是,他们实质上是非政治的人物,因而即使在理论上也没有提供实现社会主义变革的有效手段。就像早期一位圣西门主义者对拿破仑、沙皇亚历山大和巴黎大银行家们的呼吁一样,大批进入共产主义公社的人们也不可能产生出想要的结果。空想主义者(圣西门主义者除外,他们所选择的工具——充满活力的资本主义企业家——使他们偏离了社会主义)不承认任何特殊的阶级或群体是实现他们思想的工具,即使当(就像恩格斯后来在欧文的状况中所看出的那样)他们求助工人的时候,无产阶级的运动在他们的计划中也没有扮演独特的角色,而他们的计划是向所有应该认识到——但是通常都没有认识到——他们独自发现的显白真理的人提出的。然而,学说的宣传和教育,尤其是在抽象形式——这是青年恩格斯对英国欧文主义者的批判之所在——上的宣传和教育绝不可

---

① 恩格斯:《大陆上社会改革的进展》,见《马克思恩格斯全集》第二版第3卷,第476页。

第二章　马克思、恩格斯与马克思之前的社会主义

能凭借自身而获得成功。简而言之，正如恩格斯从他的英国经历中清楚地看到的那样："比法国共产主义的基础宽广得多，但在发展方面却落后于法国共产主义的英国社会主义，应当暂时回到法国的观点上来，以便将来再超过它。"①法国的观点是无产阶级的革命——政治——斗争的观点。正如我们将要看到的那样，马克思和恩格斯更加批判早期社会主义变成各类合作社和互助主义的非空想的发展。

在空想社会主义的诸多理论缺陷中，有一个缺陷极为突出：它缺少对私有财产的经济分析，"……在法国社会主义者和共产主义者的著作中，'财产'当然不仅受到各式各样的批判，而且也被以空想的方式'废除'"②，但他们没有把私有财产作为资本主义制度和剥削的基础进行系统的分析。由于受到恩格斯早期的《政治经济学批判大纲》(1843—1844)③ 一文的启发，马克思本人得出如下结论：这样一种分析必须是共产主义理论的核心。正如马克思后来在描述自己的思想发展过程时所说的那样，政治经济学是"对市民社会的解剖"(《〈政治经济学批判〉序言》)。这一观点在法国"空想"社会主义者那里是找不到的。因此，他推崇蒲鲁东（1809—1865），并（在 1845 年《神圣家族》中）继续为他辩护。1842 年底，马克思读到了蒲鲁东的著作《什么是财产?》，然后立即特地称赞蒲鲁东的"机智的

---

① 《马克思恩格斯全集》第一版第 2 卷，第 526 页。
② 《马克思恩格斯选集》第二版第 2 卷，第 613— 614 页。
③ *Werke* 1, pp. 499 –524.

著作"①。说蒲鲁东"影响了"马克思或者推动了马克思思想的形成是一种夸张。甚至在1844年,马克思还在某些方面不恰当地把蒲鲁东作为一位理论家与德国裁缝——共产主义者魏特林进行比较②,而魏特林唯一真正的意义在于(像蒲鲁东本人一样)他是一位真正的工人。然而,虽然马克思认为蒲鲁东在思想上不如圣西门和傅立叶,但是他仍然称赞蒲鲁东在他们的基础上所取得的进步,后来又把这种进步比做是费尔巴哈在黑格尔之后所取得的进步。尽管马克思后来越来越敌视蒲鲁东及其信徒,但是他从来没有改变自己的观点。③ 这并不是因为《什么是财产?》的经济学功绩,因为"在政治经济学的严格科学的历史中,这本书几乎是不值得一提的"。事实上,蒲鲁东不是且从来没有成为一位严肃的经济学家。马克思称赞蒲鲁东,并不是因为他从蒲鲁东那里学到了什么,而是因为他认为蒲鲁东是"政治经济学批判"的开创者,而马克思本人则认为"政治经济学批判"是核心的理论任务;马克思之所以比较慷慨地称赞蒲鲁东,是因为蒲鲁东是一位真正的工人,而且无疑具有一种原创的精神。在蒲鲁东理论的缺陷比它的优点给马克思留下更强烈的印象之前,马克思的经济学研究不会取得多大进步:《哲学的贫困》(1847)严厉地批判了蒲

---

① 《马克思恩格斯全集》第二版第1卷,第295页。
② *Kritische Randglossen zu dem Artikel eines Preussen*, in Werke 1, pp. 404–405.
③ Marx, *On P. J. Proudhon*, in Werke 16, p. 25ff.

鲁东理论的缺陷。

没有哪一位其他的法国社会主义者曾对马克思思想的形成发挥过任何重大的影响。

三

众所周知，法国社会主义、德国哲学和英国政治经济学是马克思社会主义的三个来源：早在1844年，马克思就看到了"欧洲无产阶级"①的这种国际思想分工。马克思之前的社会主义思想或工人思想中可以找到马克思思想的来源，因而也是马克思经济思想的最早来源或中介，或者说，马克思发现它们预示了自己的分析。本章仅在这个意义上讨论马克思思想的起源和他的经济思想。事实上，英国的社会主义思想通过两个途径产生于英国古典政治经济学：通过欧文产生于边沁的功利主义，但是首先产生于所谓的"李嘉图主义的社会主义者"（其中一些人起初是功利主义者），尤其是威廉·汤普逊（William Thompson，1775—1833）、约翰·格雷（John Gray，1799—1883）和托马斯·霍吉斯金（1787—1869）。这些人都是重要的社会主义作家，不仅是因为他们运用李嘉图的劳动价值理论提出了工人经济剥削理论，而且是因为他们与社会主义（欧文派）运动和工人运动保持积极的联系。事实上没有证据表明恩

---

① *Kritische Randglossen* in *Werke* 1, p. 405.

格斯在19世纪40年代初就了解了这些作家的许多著作，马克思也是直到1851年才读过霍吉斯金——"马克思之前最令人信服的社会主义作家"①——的著作，在1851年后，马克思以其惯有的学术良知表达了对霍吉斯金的赞赏。② 这些作家最终推动了马克思的经济学研究，这一点或许比英国人——激进派而不是社会主义者——对马克思经济危机理论的贡献更为人知。早在1843—1844年，恩格斯——似乎是从约翰·韦德（John Wade）的《中产阶级和工人阶级史》（1835）③ 那里——获得了如下观点：周期性的危机是资本主义经济运作的一个内在方面，他还运用事实批判了萨伊定理。

与这些同英国左翼经济学家的联系相比，马克思对欧洲大陆经济学家的思想债务要少得多了。就法国社会主义拥有一种经济理论而言，其发展与圣西门主义者有关，可能受到瑞士非正统经济学家西斯蒙第（Sismondi, 1773—1842）尤其是皮奎尔（Constantin Pecqueur, 1801—1887）的影响，后者被说成是"圣西门主义与马克思主义之间的一个环节"（利希特海姆语）。西斯蒙第和皮奎尔是马克思（1844）最早认真研究的两位经济学家。《资本论》第三卷

---

① E. Roll, *A History of Economic Thought*, London, 1948, p. 249.

② 参见 *Theorien über den Mehrwert* III（*Werke* 26, iii, pp. 261–316）和《资本论》对霍吉斯金的各种提及——在《资本论》中，也引述了勃雷、格雷和汤普逊。

③ *Umrisse einer Kritik*（*Werke* 1, p. 514）. 1845年在曼彻斯特时，马克思也阅读了这位作家以及勃雷和汤普逊的著作（*Grundrisse*, 1953 edn, pp. 1069, 1070）。

频繁引述西斯蒙第,也讨论了皮奎尔。然而,《剩余价值理论》却没有讨论他们,尽管马克思有时考虑是否要讨论一下西斯蒙第。另一方面,英国的李嘉图派社会主义者也是马克思最早认真研究的经济学家:毕竟,马克思本人是最后一位也绝对是最伟大的李嘉图派社会主义者。

即使我们可以简要地论及当时左派经济学中马克思所赞同和发展的东西,但是我们也必须简要地讨论马克思所拒绝的东西。马克思拒绝在他看来是"资产阶级"(《共产党宣言》)和"小资产阶级"(后来)或其他解决资本主义问题的错误尝试,例如信贷改革、货币控制、租金改革、通过废除财产继承权或其他手段来阻止资本集中趋势等手段,即使这些手段想要使在资本主义内运作的工人协会而不是小个体所有者受益,最终想要取代资本主义。这样一些建议流行于左派之中,包括在一些社会主义运动中。这种拒绝使马克思敌视西斯蒙第(马克思尊重他是经济学家)和蒲鲁东(马克思并不尊重他是经济学家),也使马克思批判约翰·格雷。当他和恩格斯形成自己的共产主义观点时,当时左派理论中的这些弱点没有阻止他们前进的步伐。然而,自19世纪40年代中期以来,马克思和恩格斯发现自己不得不在政治实践上并因此在理论上付出更多的努力来批判他们。

四

德国为马克思和恩格斯思想的形成作出了什么贡献呢?

马克思青年时代的德国是一个政治经济落后的国家，没有一位能使他学到重要东西的社会主义者。事实上，直到马克思和恩格斯转向共产主义之后，在某些方面直到1848年之后，德国仍然没有不同于民主派和雅各宾派的、从根本上反对德国反动势力和绝对君主制的社会主义或共产主义左派。正如《共产党宣言》所指出的那样，在德国（与法国和英国不同），共产主义者别无选择，只有与资产阶级一道共同反对绝对君主制、封建土地制度和小资产阶级的条件①，同时鼓励工人更加自觉地反对资产阶级。在政治和意识形态上，德国的激进左派把目光转向了西方。自18世纪90年代的德国雅各宾主义者以来，法国提供了革命的模式、政治和思想流亡者的庇护所以及进步思潮的信息来源：即使在19世纪40年代初洛伦茨·冯·施泰因对社会主义和共产主义的研究中，法国仍然主要是扮演这样的角色，尽管施泰因的初衷是批判社会主义和共产主义。同时，一个主要由在巴黎的德国流亡手工业工人组成的群体，脱离了1830年后流亡在法国的德国自由主义者，出于他们自己的目的而接受了法国工人阶级的共产主义。因此，第一个明确的德国版共产主义最初是革命的和无产阶级的。② 不管是黑格尔左派的激进青年知识分子想要止步于民主，还是希望在政治和社会上超越民主，法国都为他们的思想提供了

---

① 译为"小资产阶级"似乎是错误的。
② 1835—1836年和1837—1841年，魏特林居住在巴黎，阅读了皮佑的著作和各种共产主义杂志。

第二章 马克思、恩格斯与马克思之前的社会主义

知识范式和催化剂。

在这些手工业工人中,莫泽斯·赫斯(1812—1875)是一个重要的人物,他的重要性并不在于他的思想成就——他绝不是一位敏锐的思想家,而是因为他先于其他人成为社会主义者,成功改变了一代青年知识分子反叛者。1842—1845年,赫斯对马克思和恩格斯产生了至关重要的影响,但不久之后马克思和恩格斯都不再重视赫斯了。赫斯本人的"真正的社会主义"(实质上是一种换上费尔巴哈行话的圣西门主义)并不是注定具有重要的意义。它之所以被人记住,主要是因为马克思和恩格斯反对它的争论(在《共产党宣言》中)使之不被人遗忘,而马克思和恩格斯主要是反对本来已经被人遗忘和容易被人遗忘的卡尔·格律恩(1817—1887)。赫斯的思想发展一度与马克思趋于一致,以至于1848年他自认是马克思的追随者。然而,赫斯既不足以成为一位思想家,也不足以成为一位政治家,必定满足于永恒的先驱者的角色:马克思主义、德国工人运动和最终犹太复国主义的先驱者。

然而,如果马克思之前的德国社会主义不是马克思思想的重要起源——可以说除了在传记意义上外,那么我们必须谈谈德国对自由主义的非社会主义批判,这种批判在19世纪"社会主义"一词的模糊意义上大概可以归类为"社会主义的"。德国的思想传统包含着一种敌视任何形式的18世纪启蒙思想(因而敌视自由主义、个人主义、理性主义和抽象——例如任何形式的边沁主义和李嘉图主义观

点）的强大因素，致力于一种整体论的历史和社会观，德国的浪漫主义——最初是一种军事上的反动运动——就表现出这样一种历史和社会观，尽管黑格尔哲学综合了启蒙思想和浪漫主义思想。全能国家的管理活动支配了德国的政治实践，因而支配了德国的应用社会理论。作为一个发展迟缓的企业家阶级，德国的资产阶级总体上既不要求政治上的最高地位，也不要求不受限制的经济自由主义。总之，它的代言人主要是这种或那种形式的国家公务人员。无论是作为国家公务人员（包括大学教授）还是作为企业家，德国的自由主义者往往都不绝对地信仰不受限制的自由市场。与法国和英国不同，德国培养的著作家都希望，国家计划和社会改良的结合可以避开资本主义经济的完全发展——英国已经完全可以看到的状况，可以避开由此产生的大众贫困问题。这些著作家的理论实际上可能非常接近某种社会主义，例如保守的君主主义者 J. K. 洛贝尔图斯-亚格措夫（J. K. Rodbertus-Jagetzow, 1805—1875, 1848年曾短暂地担任普鲁士首相）。19 世纪 40 年代，洛贝尔图斯从消费不足的角度阐述了对资本主义的批判，并且根据劳动价值理论阐述了一种"国家社会主义"学说。出于宣传的目的，这在俾斯麦时代被当做是德意志帝国社会民主主义意义上的"社会主义"国家的证据，更不用说被当做是马克思本人抄袭一位正直的保守思想家的证据了。指责马克思抄袭洛贝尔图斯是荒谬的，因为马克思大约在 1860 年完全形成自己的观点时才读过洛贝尔图斯的著作，而且

第二章　马克思、恩格斯与马克思之前的社会主义 >>>

洛贝尔图斯"顶多也只能教导马克思怎样不去着手进行他的工作和怎样去避免最严重的错误"①。这场争论早已经被人遗忘。另一方面，我们完全可以说，洛贝尔图斯所树立的那种态度和观点影响了拉萨尔国家社会主义的形成（他们二人存在过短暂的联系）。

当然，更不用说的是，这些非社会主义形式的反资本主义不仅没有在马克思社会主义思想的形成过程中发挥过作用②，反而因为它们与保守主义之间的明显联系而遭到了这位德国青年左派的激烈反击。不论是从最不具有政治形式的"浪漫主义"——即恩格斯始终不怎么喜欢的"自然哲学"（参见《反杜林论》序言，1885 年）——来看，还是就其以黑格尔的形式融入到德国古典哲学中而言，所谓的"浪漫主义"理论都属于马克思主义的史前史。只有从工业国有化本身并不是社会主义的角度来看，国家干预经济——包括国家对工业的所有和管理——的保守主义和自由主义传统才支持那些非社会主义的反资本主义理论。

因此，无论是德国的经济、社会和政治经验，还是那些专门讨论德国经济、政治和社会问题的著述，都未曾对马克思的思想产生过任何重大的推动作用。事实上也只能是如此。正如有人——尤其是马克思和恩格斯——经常指出的那样，那些在法国和英国具体表现为政治和经济形式

---

① Schumpeter, *History of Economic Analysis*, p. 506.
② 《共产党宣言》的"封建的社会主义"一节讨论了类似的流派，没有提到德国的正统派，而只是提到了法国的正统派和迪斯累利的"青年英国"。

的问题,在青年马克思和恩格斯时代的德国,只能表现为抽象的哲学问题。相反,毫无疑问是由于这个原因,在这一时期,德国哲学的发展比其他任何国家的哲学都更为突出。这使德国哲学脱离了具体的社会现实,在马克思看来就是实际上没有提到"一无所有的等级",可是,这个等级的问题在1842年秋天之前已经是"曼彻斯特、巴黎和里昂大街上引人注目的事实"①。即便如此,德国哲学提供了一种概括和穿透直接现实的强大能力。然而,要充分实现德国哲学的全面潜能,哲学的反思就必须变成一种改变世界的手段,思辨的哲学概括就必须与对资产阶级社会现实世界的具体研究和分析相结合。没有这种结合,从哲学发展——主要是黑格尔哲学——的政治激进化中诞生的德国社会主义,充其量只能产生出马克思和恩格斯在《共产党宣言》中批判的德国社会主义或"真正的"社会主义。

这种哲学激进化首先采取了宗教批判的形式,后来采取了(由于宗教批判在政治上更加敏感)国家批判的形式,这两种批判是哲学直接涉及的两个主要"政治"问题。在马克思之前,这种激进化的两大里程碑是施特劳斯的《耶稣传》(1835)和费尔巴哈当时明显具有唯物主义思想的《基督教的本质》(1841)。费尔巴哈的重要意义在于他是黑格尔和马克思之间的中介,而且宗教批判在马克思和恩格

---

① Marx in *News Rheinische Zeitung* 1.1.1849, *Collected Works* Vol. 8, pp. 213 – 225. 参见 S. Avineri, *The Social and Political Thought of Karl Marx*, Cambridge, 1968, p. 54。

斯成熟时期的思想中继续占据核心的地位,人们对于前一点已经耳熟能详,但并非总是如此清楚地认识到后一点。无论如何,在激进化的这个重要阶段上,德国的政治—哲学青年反叛者可以直接利用激进的乃至社会主义的传统,因为最常见和最坚定的哲学唯物主义学派,即18世纪的法国唯物主义,不仅与法国大革命存在联系,而且甚至与法国早期的共产主义——霍尔巴赫和爱尔维修、摩莱里和马布利——也存在着联系。就此而言,法国的哲学发展推动或者至少鼓励了马克思主义思想的发展,就像英国的哲学传统通过其17世纪和18世纪的思想家——即直接地或间接地通过政治经济学——推动了马克思主义思想的发展一样。然而,从根本上来说,青年马克思"颠倒黑格尔"的过程发生在德国古典哲学内部,而且马克思之前的革命和社会主义传统除了方向的意义外对这一过程没有什么推动作用。

五

19世纪40年代,马克思综合、改造和超越了政治学、经济学和哲学,法国经验、英国经验和德国经验,"空想"社会主义和共产主义。这种改造发生在这一历史时刻,当然不是偶然的。

大约在1840年,欧洲的历史获得了一个新的维度:"社会问题"或者(从另一个角度来看)潜在的社会革命,这两者的典型表现是"无产者"现象。资产阶级作家全面地意识到，无产者是一个经验和政治问题，一个阶级，一种运动，归根结底是一种推翻社会的力量。一方面，这种意识在对这个阶级状况的系统——经常是比较的——研究（1840年维勒梅对法国的研究、1840年毕莱对法国和英国的研究、1843年迪克珀蒂奥对各个国家的研究）中找到了表现形式；另一方面，这种意识在一些令人想起马克思观点的历史概括中找到了表现形式：

> 但是，这就是历史的内容：除非新的对抗出现，否则任何重大的历史对抗都不会消失或消亡。于是，富人与穷人之间的普遍对抗最近已经尖锐化，变成资本家和雇主与所有产业工人之间的紧张。这种紧张产生出了一种对立，随着产业人口的相应增长，这种对立的各个方面也变得越来越具有威胁性。(《革命》，见罗托克和C. T. 威尔克尔：《国家科学大辞典》，"革命"词条，1842年)①

我们已经看到，法国这时出现了革命的和具有无产阶级意识的共产主义运动，而且事实上大概在1840年左右"共产主义的"和"共产主义"成为描述这种运动的流行词。与此同时，恩格斯密切关注的大规模的无产阶级运动

---

① 引自 Avineri *op. cit.*, p. 55。关于类似的引述，参见 F. J. Kuczynski, *Geschichte der Lage der Arbeiter unter dem Kapitalismus*, Vol. 9, Berlin, 1960, and C. Jandtke and D. Hilger (eds.), *Die Eigentumslosen*, Munich, 1965。

第二章 马克思、恩格斯与马克思之前的社会主义

在英国达到了高潮：宪章派运动。在此之前，西欧"空想"社会主义的早期形式退却到公共生活的边缘，而傅立叶主义则是例外，它在无产阶级的土壤中不紧不慢但却持续地发展。①

在明显日益壮大和动员起来的工人阶级的基础上，雅各宾主义—革命的—共产主义的经验和理论同社会主义—结社主义的经验和理论之间可能出现一种令人畏惧的新融合。黑格尔主义者马克思正在寻找那种将会否定现存社会并因此改造社会的力量，并在无产阶级那里找到了这种力量。尽管马克思对无产阶级没有具体的了解（除了通过恩格斯外），对资本主义政治经济的运作和政治经济学也没有太多的思考，但是他立即着手对这两者进行研究。那种认为在19世纪50年代之前他没有认真地集中全力研究经济学的看法是错误的。最迟到1844年，马克思开始了他对经济学的认真研究。

社会理论与社会运动之所以突然会出现这样一种结合，是因为在这一时期法国和英国发达的、明显具有典型意义的资产阶级社会获得了胜利，但同时也出现了危机。在政治上，1830年的各国革命和1832年英国相应的改革建立了这样一些政体：它们显然是为占主导地位的自由资产阶级的利益服务的，但是显然也缺乏政治民主。在经济上，已

---

① 傅立叶主义，例如通过《国际歌》的作者欧仁·鲍狄埃（Eugène Pottier），甚至通过奥古斯都·倍倍尔——迟至1890年他发表了一部关于傅立叶的著作《傅立叶的生平与理论》，在后来的马克思主义工人运动中留下了踪迹。

经在英国占据支配地位的工业化,明显正在欧洲大陆各个地区不断推进,但是当时的氛围却充满了危机和不确定性,这似乎使许多人怀疑资本主义作为一种制度的全部未来。正如社会主义和共产主义的第一个系统研究者洛伦茨·冯·施泰因(1842)所说:

> 令人不再抱有任何怀疑的是,欧洲政治改革和革命的最重要部分已经结束;社会革命已经准备就绪,就其可怕的力量和深刻的怀疑而言,超过了所有的大众运动。仅仅在几年后,我们如今所面对的一切似乎只是一种空影。现在,社会革命把一切法律视为敌人,而一切消灭它的努力都是徒劳的。①

或者,正如马克思和恩格斯几年后所言:"一个幽灵,共产主义的幽灵,在欧洲游荡。"

因此,18 世纪 40 年代以前,马克思对社会主义的改造没有历史的可能。或许,主要的资产阶级国家自身内部也不可能出现这种改造。然而,在这些国家中,不论是激进的政治和工人阶级运动,还是激进的社会和政治理论,都已经深深地嵌入到漫长的历史、传统和实践中,发现自身难以从这些历史、传统和实践中解放出来。正如随后的历

---

① 引自 W. Hofmann, *Ideengeschichte des sozialen Bewegung des 19. u. 20. Jahrhunderts*, Berlin, 1968, p. 90。

史将要表明的那样，尽管——事实上因为——本土的革命和结社主义传统具有强大的力量，但是法国的左派长期以来一直抵制马克思主义；尽管——事实上因为——英国的工人运动在本土成功地发展出自觉的阶级运动和对剥削的批判，但是它更长期地不接受马克思主义。没有法国人和英国人的贡献，马克思本不可能实现他的综合。正如上文所说，马克思与拥有独特的英国经验的恩格斯（尤其是作为一个实践的曼彻斯特资本家）建立了终身的伙伴关系是一件非常重要的历史事实。即便如此，更有可能的是，社会主义的新阶段不会在资产阶级社会的中心上发展起来，而是会通过重建包罗一切的德国思辨哲学体系，在资产阶级社会的边缘——德国——上发展起来。

马克思社会主义思想的实际发展过程不在本章的讨论范围之内。在这里，我们只需要记住，它在三个方面不同于它的先驱者。第一，在分析那些决定资本主义社会的根本关系（首先是经济关系）的基础上，它以对资本主义社会的全面批判取代了对它的局部批判。它在分析上更深入地穿透了经验批判所认识的表面现象，这蕴含着一种对那种发挥阻碍作用的"虚假意识"及其（历史）原因的分析。第二，它把社会主义放入到一种进化论的历史分析框架内，这既解释了为什么社会主义成为一种理论和一种运动的原因，又解释了为什么资本主义的历史发展最终必定会产生出社会主义社会的原因。（顺便说一下，对早期的社会主义者来说，新社会是一种完成了的东西，按照他们所偏爱的模式，只有以一种最终的形式在合适的时刻建立起来。与他们不同，马克思的未来社会本身在历史上继续演变，因此只能预测它的一般原则和轮廓，更谈不上对它进行设计了。）第三，它阐明了从旧社会到新社会的过渡方式：无产阶级将会成为它的承担者，通过阶级运动来进行阶级斗争，而阶级斗争只有通过革命才会实现它的目标，即"剥夺剥夺者"。社会主义不再是一种"空想"，因而变成了一种科学。

事实上，马克思对社会主义的改造不仅取代而且吸收了它的先驱者。用黑格尔的话说，马克思的社会主义"扬弃"了它们。除了学术论文的写作外，它们要么已经被人遗忘，成为马克思主义前史的一部分，要么（就像某些圣西门主义流派那样）沿着与社会主义无关的意识形态方向发展。像欧文和傅立叶一样，它们最多只存在于教育理论家中间。在马克思之前的社会主义作家中，只有一位作为理论家仍然在社会主义运动的一般领域内具有一定的重要性，他就是蒲鲁东，许多无政府主义者（更不用说法国极右翼和各种其他的反马克思主义者了）继续引述他的观点。在某种意义上，这对那些原创的思想家——即使在最优秀的空想主义者的光环下——来说并不公平，倘若今天有人提议的话，他们的思想常常会得到非常认真的对待。然而，事实上，作为社会主义者，他们今天主要是对历史学家来说才具有意义。

这不应当使我们误以为，在马克思形成自己的观点后，

第二章 马克思、恩格斯与马克思之前的社会主义

之前的社会主义就立即消亡了。即使在名义上,马克思主义直到19世纪80年代或者最早在70年代才对工人运动产生了影响。在马克思的余生中,他所批判、反驳和不得不忍受的工人运动流派基本上是在他之前的激进左翼的流派,或者从中产生的流派。只有记住这一点,我们才能理解马克思本人思想的历史,才能理解他的政治和思想争论的历史。不论是表现为激进民主和雅各宾主义的共和主义,还是表现为在布朗基的领导下继续存在的新巴贝夫主义的革命无产阶级的共产主义,这些激进左翼的流派都是法国大革命的后裔。(最后一种流派是马克思发现在政治上自己时不时地与之联合的一种流派。)有时,它们产生于马克思本人所经历过的左派黑格尔主义或费尔巴哈主义,或者至少受到这两者的推动,一些俄国革命家尤其是巴枯宁就是如此。但是,从根本上来看,它们是马克思之前的社会主义的后裔,事实上是它的延续。

事实上,最初的空想主义者在19世纪40年代后已经不复存在;但另一方面,除了傅立叶主义外,不论作为理论还是作为运动,各种空想社会主义在40年代初已经濒临消亡;直到1848年革命,傅立叶主义一直以温和的方式发展着,但是在1848年革命中,它的领袖维克多·孔西德朗(Victor Considérant)发现自己扮演了一个意外的和失败的角色。另一方面,各种类型的结社主义和合作社理论——部分地来源于空想社会主义[欧文和比谢(Buchez)],部分地在19世纪40年代不那么弥赛亚主义(路易·勃朗、蒲

鲁东）的基础上发展起来——继续繁荣兴盛。它们最初衍生合作社的思想，甚至以越来越虚幻的方式坚持按照这个路线来改造整个社会的理想。如果英国也是如此的话，那么它在其他生产者合作社占据主导地位的国家中则更为活跃；在英国，梦想着把工人从资本主义剥削中解放出来的合作社乌托邦已经沦落为合作社商店。在马克思的一生中，这对大多数工人来说就是社会主义；或者说，那种甚至在19世纪60年代赢得工人阶级支持的社会主义是这样一种社会主义：它设想没有资本家的独立生产者组织，这些组织由社会提供足够的资本来保证它们的生存，得到公共机构的保护和鼓励，但又对公众负有集体的义务。因此，蒲鲁东主义和拉萨尔主义具有重要的政治意义。在具有政治意识的成员主要由手工业工人或那些拥有类似手工业工人经历的人构成的工人阶级中，这是自然而然的事情。此外，关于独立的生产单位管理自己事务的梦想不仅仅属于那些尚未完全无产阶级化的男人（和更为稀少的女人）。在某些方面，这种原始的"工团主义"观念也反映出无产阶级在19世纪工作场所中的工作经验。

于是，说马克思之前的社会主义在马克思的时代已经消亡是错误的。它继续存在于蒲鲁东主义者、巴枯宁主义的无政府主义者当中，继续存在于后来的革命工团主义者和其他工团主义者当中，即使后来由于需要自己的完整理论，这些工团主义者出于自己的目的接受了马克思的许多分析，情况也是如此。然而，自19世纪40年代中期以来，

第二章　马克思、恩格斯与马克思之前的社会主义 >>>

马克思不再能够从以前的社会主义传统中获得任何东西了。在马克思详细剖析蒲鲁东（1847年《哲学的贫困》）之后，对马克思之前的社会主义的批判甚至不再能够在马克思思想的形成中发挥重要作用了。总而言之，这种批判成为马克思政治争论的一部分，而不是构成其理论发展的一部分。或许唯一重要的例外是《哥达纲领批判》（1875）。在《哥达纲领批判》中，马克思强烈反对德国社会民主党对拉萨尔主义者的不合理退让，这使他提出了一种即使不是全新，但也是以前从未公开表述的理论。同样可能的是，马克思信用和金融思想的发展大概是出于这样一种需要：批判在蒲鲁东主义工人运动中对货币和信用鬼话仍然流行的信仰。然而，到19世纪40年代中期，从整体上来看，马克思恩格斯已经吸取了他们从以前的社会主义中能够吸取的东西。"科学社会主义"已经奠定了自己的基础。

第三章　马克思、恩格斯与政治

本章将讨论马克思和恩格斯的政治思想和观点，即他们关于国家和国家机构的观点，以及他们在从资本主义向社会主义过渡的政治方面——阶级斗争、革命、社会主义的组织方式、战略和策略等问题上的看法。在某种意义上，这些从分析的角度来看都是次要的问题。"法的关系……不能从它们本身来理解……它们根源于物质的生活关系"，根源于"市民社会"（《〈政治经济学批判〉序言》），政治经济学就是对"市民社会"的解剖。从资本主义向社会主义过渡的决定因素是资本主义发展的内在矛盾，尤其是这样一个事实：资本主义不可避免地创造了自己的掘墓人，即无产阶级，"一个日益壮大的、由资本主义生产过程本身所训练、联合和组织起来的阶级"（《资本论》第一卷，第三十二章，第831页）。此外，尽管国家政权对阶级统治来说至关重要，但是资本家对工人的权威"的执掌者，只是作为同劳动对立的劳动条件的人格化，而不是像在以前的各

第三章 马克思、恩格斯与政治

种生产形式中那样,以政治的统治者或神权的统治者得到政治权威的"(《资本论》第三卷,第996页)。因此,政治和国家不需要纳入到经济基础分析之中,只能进入到后来的阶段上。①

当然,在实践上,政治问题对积极的革命者来说不是次要的问题,而是首要的问题。因此,对马克思著作的许多解释讨论了这些问题。然而,这些著作在性质上不同于他的主要理论工作。尽管马克思从未完成对资本主义的全面经济分析,但是这种分析的主要内容分散在各种用来出版或业已出版的庞大手稿中。19世纪40年代,马克思还系统地关注社会哲学批判以及对资产阶级社会和共产主义性质的所谓的哲学分析。对于政治,马克思没有作出同样系统的理论努力。在这一领域中,马克思的著作几乎完全采取了新闻报道、对现实政治的审视、对运动内部讨论的推动和私人书信的形式。然而,尽管恩格斯在这一主题上的著述主要是对现实政治的评论,但是他在《反杜林论》中尝试更系统地讨论政治问题,不过他基本上是在马克思逝世后所写的各种著作中才开始这样做的。

因此,马克思乃至恩格斯的观点究竟具有什么性质并

---

① 确实,《资本论》的最初计划包括三个论述"国家"、"对外贸易"和"世界市场"的分册(Roman Rosdolsky, *Zur Entstechungsgeschichte des Marxschen 'Kapital'* I, Frankfurt, 1968),但是"国家"分册似乎只想要考察"国家的各种不同形式对社会的各种不同的经济结构的关系"[《马克思致路德维希·库格曼(1862年12月28日)》,见《马克思恩格斯全集》第一版第30卷,第513页]。

不清楚，尤其是在那些并不是他们当务之急的问题和他们不愿鼓励讨论的问题上，因为"正是国家制度、法的体系、各个不同领域的意识形态观念的独立历史这种外观，首先迷惑了大多数人"[《恩格斯致梅林（1893年7月14日）》，见《马克思恩格斯选集》第二版第4卷，第727页]。恩格斯在晚年承认，尽管他和马克思强调首先"从基本经济事实中引出政治的、法的和其他意识形态的观念"是正确的，但是他们这样做的时候为了内容而忽略了形式。这不仅适用于对作为意识形态的政治的、法的和其他的制度的分析，而且正如那些注解唯物史观的著名书信所指出的那样，适用于这些上层建筑因素的相对自主性。马克思和恩格斯在这些主题上的已知的思想存在相当多的空白，因而他们的思想或本来的思想是什么存在诸多的不确定性。

显然，马克思和恩格斯并不担心这些空白，因为如果这种分析在他们的具体政治实践中被证明是必要的，他们无疑会填补这些空白。于是，马克思的著作几乎没有专门提到法律，但是恩格斯在需要时可以毫不费力地随时讨论法律（1887年和考茨基合作）。① 马克思和恩格斯为什么没有特地填补一些看上去似乎显而易见的理论空白呢？理解这一问题并不太困难。他们写作和研究的历史时代不仅完全不同于我们的时代，而且（除了恩格斯晚年的一些重叠

---

① 参见帕舒卡尼斯（Paschukanis）《马克思主义与法学通论》（*Marxism and the General Theory of Law*, French edn., EDI Paris, 1970）一书中具体引文的缺乏状况，这本书尝试为社会主义国家建构一种马克思主义法律理论。

外）也非常不同于马克思主义政党发展成为大众组织或其他重要政治力量的时代。事实上，只有偶尔的时候，马克思和恩格斯作为积极的共产主义者所处的实际境况，才类似于其马克思主义追随者所处的境况，后者领导着或在政治上积极参与后来的群众运动。因为尽管或许不只是恩格斯，还有马克思在现实政治中发挥了重要作用，尤其是在1848年革命时担任《新莱茵报》编辑期间和第一国际时期，但是他们从未领导过或者从属于第二国际群众运动所特有的那类政党。他们顶多是向这些政党的领导人提供过建议；虽然那些领导人（例如倍倍尔）非常崇拜和尊敬马克思和恩格斯，但是并非总是接受他们的建议。马克思和恩格斯担任过共产主义同盟的领导人，这是他们可以与后来一些马克思主义组织的经验进行比较的唯一政治经验（1847—1852）。由于这个原因，列宁主义者自1917年以后倾向于追溯这一点。尽管马克思和恩格斯的具体政治思考完全能够扩展和发展，面对其他的具体历史状况，但是不可避免地带有他们所处于具体历史状况的印记。

我们仍然应当对马克思和恩格斯的政治思想进行区分：其中一部分是特别简单的，另一部分由于是潜藏在这个简单部分之下的一种连贯分析，因此是累积性的，是根据连续的历史经验逐渐地形成、修改和阐明的。"国家"与"革命"显然是属于后一部分的两个问题，列宁在尝试系统地提出这种分析的时候正确地把它们连接起来。

马克思本人对国家的思考始于《黑格尔法哲学批判》

(1843)。在这部著作中,他尝试清算黑格尔的国家理论。在这一阶段,马克思是一个民主主义者,尚不是共产主义者,因此,他在方法上与卢梭存在一定的相似性,尽管一些人尝试确立这两位思想家之间的直接联系,但却因为一个毫无疑问的事实而失败了,即"马克思从未表明他对(这种对卢梭的所谓的债务)有一丝的意识"①,因而似乎误解了卢梭。《黑格尔法哲学批判》预示了马克思后来的一些政治思想:尤其是在某种不确定的意义上,把国家等同于生产关系的具体形式("私有财产"),国家是历史的产物;当民主消除了国家与人民之间的分离时,国家最终将会和"市民社会"一道消亡。然而,《黑格尔法哲学批判》首先是以它对正统政治理论的批判而著称,因而是马克思从宪政、代表等方面进行系统分析的唯一地方。我们注意到他的如下结论:各种宪政形式相对于社会内容来说是次要的,美国和普鲁士同样都建立在私有财产的社会秩序上。我们也注意到他对代议制(例如议会制)政府的批判,换而言之,代议制政府把民主确立为国家的"形式",而不承认民主是国家的本质。② 马克思构想了一种民主制度,在这种制度中,参与和代表之间不再存在任何差别,用马克思后来评论巴黎公社的话来说,民主机构是"一个实干的而不是

---

① L. Colletti, *From Rousseau to Lenin*, NY, 1972, pp. 187 – 188. 德拉·沃尔佩(G. Della Volpe)在《卢梭与马克思》(*Rousseau e Marx*, Rome, 1957)中第一次认真地尝试探寻卢梭—马克思的亲缘关系。

② *Werke* 1, p. 321.

议会式的机构"①，尽管1843年马克思对民主制度的具体形式的论述仍然像在1871年一样模糊不清。

在马克思的国家理论中，早期的共产主义形式勾画出了四个要点：国家的实质是政治权力，国家是阶级对立在资产阶级社会内的官方表现；因而，国家在共产主义社会不再存在；在当前的制度中，国家代表的并不是社会的普遍利益，而是统治阶级的利益；但是，随着无产阶级革命的成功，国家在所预期的过渡时期内不会马上消亡，而是暂时采取"把无产阶级组织为统治阶级"或者"无产阶级专政"（尽管直到1848年后马克思才使用这个术语）的形式。

尽管马克思和恩格斯此后一直坚持这些思想，但是他们相当详细地阐述了这些思想，尤其是在两个方面。第一，他们修正了国家是阶级权力的思想，尤其是按照拿破仑三世的波拿巴主义和1848年后不可以简单地称为革命资产阶级的统治（参见下文）的其他政体修正了他们的国家思想。第二，主要是在1870年之后，马克思尤其是恩格斯概述了国家——作为阶级社会发展的结果——的历史起源和发展得更一般的模式，最全面的阐述是在《家庭、私有制和国家的起源》（1884）中，这一文本后来意外地成为列宁讨论的起点。"这个社会陷入了不可解决的自我矛盾，分裂为不可调和的对立面而又无力摆脱这些对立面。而为了使这些

---

① 《马克思恩格斯选集》第二版第3卷，第55页。

对立面，这些经济利益互相冲突的阶级，不致在无谓的斗争中把自己和社会消灭，就需要有一种表面上凌驾于社会之上的力量，这种力量应当缓和冲突，把冲突保持在'秩序'的范围以内；这种从社会中产生但又自居于社会之上并且日益同社会相异化的力量，就是国家。"① 显然，"一般来说"，国家代表了最有力量和经济上占支配地位的阶级的利益，通过对国家的控制，这个阶级获得了镇压被压迫者的新手段。尽管如此，但是我们应当注意，恩格斯既承认国家的一般社会功能至少在消极的意义上是防止社会解体的机制，也承认通过神秘化或者国家凌驾在社会之上的表象中所暗含的虚假同意，一些因素掩盖了权力或者统治。于是，成熟时期的马克思国家理论更为精深，而不是这样一个简单的等式：国家＝强制力量＝阶级统治。

马克思和恩格斯相信，国家最终会消亡，过渡性（无产阶级）国家是必要的，而且至少直到共产主义初级阶段（"社会主义"）的时候，社会计划和管理也是必要的。既然如此，政治机构的未来提出了一些复杂的问题。无论在理论上还是实践上，马克思和恩格斯的继承人都没有解决这些问题。既然国家本身被定义为统治者的工具，因此，在国家消亡后继续存在的管理工具只能作为"对物的管理"而被接受，因而不再是国家。② 对人的统治和对物的管理之

---

① 恩格斯：《家庭、私有制和国家的起源》，见《马克思恩格斯选集》第二版第4卷，第170页。

② *Anti-Dühring*, Marx-Engels. *Collected Works* Vol. 49, pp. 34–36.

间的区分可能取自于早期的社会主义思想,尤其是圣西门使之为人熟知。这种区分不是一种语义学上的策略,更不是建立在某些空想或者至少乐观的假设之上,例如相信"对物的管理"在技术上会比迄今为止所表现的那样更简单,不那么精深复杂,因而属于非专业公民的范围——列宁的每一位厨师都能够治理国家的理想。毫无疑问,马克思似乎持有这种乐观的看法。① 然而,在过渡时期,对人的统治,或者用恩格斯更为准确的话说,"国家政权对社会关系的干预"(《反杜林论》),只会逐渐地消失。对人的统治在实践上何时和如何开始消失仍然是不清楚的。在《反杜林论》中,恩格斯的那句名言只是说国家"是自行消亡的"。从实践目的的角度来看,我们从下面这句纯粹重复性的形式论述中几乎不可能读出什么东西:这种自行消亡过程将会始于"国家真正作为整个社会的代表所采取的第一个行动",即把生产资料变成社会财产,因为这句话只是说,在代表整个社会时,国家不再可以被归类为国家。

马克思和恩格斯对国家消亡的关注之所以令人关注,不是因为实际上能够从中推导出的预测,而是因为这首先有力地证明了他们关于未来共产主义社会的希望和思想:

---

① 参见《法兰西内战初稿》:"从前有一种错觉,以为行政和政治管理是神秘的事情,是高不可攀的职务,只能委托给一个受过训练的特殊阶层……现在这种错觉已经消除……这一整套骗局被公社一扫而尽;公社主要是由普通工人组成,它组织着巴黎的防务,对波拿巴的御用军队作战,保证这座庞大城市的粮食供应,担负着原先由政府、警察局和省政府分担的全部职务。"《马克思恩格斯全集》第一版第17卷,第589—590页。

他们的希望和思想之所以更有说服力，是因为他们对未来共产主义社会的预见与他们通常不愿推测不可预测的未来的意愿形成了对比。在这个问题上，他们给自己的继承者留下了令人困惑和不确定的遗产。

我们应该简要地谈一谈马克思和恩格斯国家理论的一个更深层的模糊性。国家不仅仅是统治的机器，而且还是建立在领土之上的。在这个意义上，国家在资产阶级的经济发展中还有一种功能：充当这种发展的单位——"民族"，至少在许多这类辽阔的领土单位的形式上（参见下文）是如此。马克思和恩格斯没有讨论这些单位的未来，但是毫无疑问，他们主张革命之后应该维持某种集权形式的民族单位，尽管这提出了伯恩施坦注意到的、列宁所面对的问题。① 马克思始终拒斥联邦主义。

同样地，马克思的革命思想自然始于对其时代的主要革命经验——1789年以来法国的革命经验——的分析②。在马克思此后的生活中，法国是阶级斗争的革命形式的"典型"范例，也是革命战略和策略得以形成的历史经验实验室。然而，从马克思结识恩格斯那一刻起，无产阶级的大众运动经验就成为法国经验的补充，就这种无产阶级运动的经验来说，英国当时是而且数十年来一直是唯一重要的例证。

在马克思和恩格斯看来，法国大革命的关键时刻是雅

---

① Lenin, *State and Revolution*, III, 4.
② 1843—1844年在克罗茨纳赫和巴黎。

各宾派时期。它与资产阶级国家之间存在模糊的关系①，因为资产阶级国家的性质是为资产阶级/市民社会的无政府式运作提供自由领域，而在资产阶级国家的不同形式上，恐怖统治和拿破仑试图迫使资产阶级/市民社会进入到国家指导的共同体/民族框架内，前者的方式是使之服从"不断的革命"——马克思首次使用的术语（《神圣家族》，见《马克思恩格斯全集》第一版第2卷，第157页），后者的方式是使之服从永久的征服和战争。真正的资产阶级社会在热月政变后才首次出现，资产阶级最终在1830年革命中找到了它的有效形式，把"立宪的代议制国家"看做"自己的排他的权力的官方表现，看做自己的特殊利益的政治上的承认"。（《神圣家族》，见《马克思恩格斯全集》第一版第2卷，第158页）

然而，随着1848年革命的临近，雅各宾主义的另一个方面得到了重视。只有这一个方面才能彻底消除封建制度本来会持续存在数十年的遗迹。悖论的是，这主要归功于"无产阶级"对革命的介入，而这个"无产阶级"尚未成熟，无法实现自己的目标。②虽然今天我们不会把无裤党运动看做"无产阶级的"运动，但是上述观点仍然具有意义，

---

① 参见 *Holy Family*, Werke 2, pp. 127 – 131。
② *Die moralisierende Kritik*, Werke 4, pp. 338 – 339. 关于这个思想的起源，参见 H. Förder, *Marx und Engels am Vorabend der Revolution* (Berlin, 1960) and W. Markov, *Jacques Roux und Karl Marx* (Sitzungsberichte der deutschen Akad. d. Wissenschaften zu Berlin, Klasse für Philos., Geschichte, Staats-, Rechts- u. Wirtschaftswissenschaften, Jg 1965, Berlin 1965)。

因为它提出了至关重要的问题：大众阶级在资产阶级革命中的角色以及资产阶级革命和无产阶级革命之间的关系。这些问题是《共产党宣言》、1848年的著作和1848年后讨论的重大主题，仍然是马克思恩格斯政治思考和20世纪马克思主义的重大主题。此外，就资产阶级革命的到来——遵循雅各宾派的先例——可能带来超越资产阶级统治的政体而言，雅各宾主义还表明了这些政体的政治特征，例如集权制与立法权力的作用。

于是，雅各宾主义的经验揭示了过渡性革命国家问题，包括"无产阶级专政"——一个在随后的马克思主义讨论中备受争议的概念。"无产阶级专政"概念是否来源于布朗基并不重要，但是它在1848—1849年革命失败后——即在大概是新版的1848年革命成为可能的环境中——第一次进入到马克思的分析中。随后主要是巴黎公社之后和19世纪90年代，德国社会民主党才在各种观点中提及这个术语。尽管"无产阶级专政"始终是马克思分析中的重要因素①，但是讨论它的政治环境由此发生了深刻的变化。因此，随后的一些模糊性产生了争论。

马克思本人似乎从未使用"专政"一词来描述政府的特殊制度形式，而是始终仅仅用它来描述某个集团或阶级统治的内容而不是形式。因此，对马克思来说，无论有没

---

① 关键的提及是《马克思致约瑟夫·魏德迈（1852年3月5日）》（《马克思恩格斯全集》第一版第28卷，第503—510页）和《哥达纲领批判》。

第三章 马克思、恩格斯与政治 >>>

有普选权，资产阶级的"专政"都会存在。① 然而，在革命的形势下，新的无产阶级政权的主要目标必须是马上采取"必要的措施，把广大资产者威吓住，从而赢得首要的条件，即持续行动的时间"②，这样一种统治往往变成更公开的专政。马克思实际上称之为无产阶级专政的唯一政权是巴黎公社，而且他所强调的巴黎公社的政治特征是专政的对立面（在字面意义上）。恩格斯不仅引用"民主共和国"作为它的具体形式——"就像法国大革命已经证明的那样"③，而且引用巴黎公社作为它的具体形式。既然马克思和恩格斯都没有着手建构无产阶级专政形式的普遍适用模式，也没有预测使无产阶级专政得以实施的一切状况，那么我们从他们的评论中只能得出如下结论：无产阶级专政应该把大众政治生活的民主改造与那些防止失败的统治阶级进行反革命活动的措施结合起来。马克思和恩格斯对20世纪革命之后的政权会是什么态度呢？我们没有权威的文本来进行推测，但是有一点除外，即他们最重视的几乎肯定是保证革命的无产阶级政权能够防范被颠覆的危险。无产阶级的军队是无产阶级专政的前提条件。④

众所周知，巴黎公社的经验大大推动了马克思和恩格

---

① 参见 Wilhelm Mautner, *Zur Geschichte des Begriffes "Diktatur des Proletariats"* (Grünberg's Archiv), pp. 280–283。
② 《马克思恩格斯全集》第一版第 35 卷，第 154 页。
③ *Critique of the Erfurt Programme*, 1891, Werke 22, p. 235.
④ Marx, speech on the seventh anniversary of the IWMA (1871), in Werke 17, p. 433.

斯国家和无产阶级专政思想的发展。工人阶级不能简单地掌握旧的国家机器，必须打碎旧的国家机器。在这里，马克思似乎首先想起了拿破仑三世的集权化官僚机构以及军队和警察。为了防止"国家和国家机关由社会公仆变成社会主人——这种现象在至今所有的国家中都是不可避免的"，工人阶级"应当保证本身能够防范自己的代表和官吏"。① 在随后的马克思主义讨论中，这一变化首先被解释为必须保证革命能够防范旧国家机器复活的危险，但是所构想的危险适用于任何被允许建立自治机构的国家机器，包括革命本身的国家机器。自此之后，马克思根据巴黎公社讨论的随之而产生的制度成为激烈争论的主题。这种制度由"社会的负责勤务员"而不是"凌驾在社会之上的机构"② 构成。除此之外，关于这种制度的其他一切都不清楚。

无论无产阶级对失败的资产阶级进行统治的确切形式是什么，在资本主义社会逐渐转变成共产主义社会的时期内，在这个持续时间并不确定且无疑会改变的过渡时期内都必须坚持这样一种统治。很清楚，马克思期望政府或者它的社会成本在这一时期内"日益减少"③。马克思区分了"在经过长久阵痛刚刚从资本主义社会产生出来的共产主义

---

① 《马克思恩格斯选集》第二版第3卷，第12—13页。
② Marx, *Civil War*, Draft II, in *Werke* 17, p. 597.
③ 马克思："和生产没有关系的一般管理费用。和现代社会比起来，这一部分将会立即极为显著地缩减，并将随着新社会的发展而日益减少。"《哥达纲领批判》，见《马克思恩格斯全集》第一版第19卷，第20页。

社会第一阶段"和"高级阶段",后一阶段能够运用"各尽所能,按需分配"的原则,因为旧的动机以及对人的能力和生产能力的种种限制将会消失①,但马克思似乎没有设想这两个阶段之间存在任何明确的间隔。既然马克思和恩格斯严格地拒绝描绘未来的共产主义社会,因此,任何把他们在这个主题上的只言片语或一般评论拼凑成完整图画的企图都是误入歧途,必须予以避免。对于一份令人不满意的文件向马克思提出的一些观点,马克思的评论(《哥达纲领批判》)显然是不全面的,基本上只是重申一般的原则。

马克思和恩格斯始终认为,革命后的前景是一个漫长、复杂、绝不必然是线性的且实质上目前无法预测的发展过程。"法国资产阶级在1789年以前所提出的一般要求,除了必要的改变之外,大体上同无产阶级当前提出的最基本的直接要求一样明确,而无产阶级的这些要求在资本主义生产占统治地位的一切国家里大致相同。但是,在18世纪有哪一个法国人曾经事先、先验地哪怕是极模糊地意识到用什么方式实现法国资产阶级的要求呢?"② 正如马克思根据巴黎公社的经验所评论的那样,即使在革命之后,"以自由的联合的劳动条件去代替劳动受奴役的经济条件,只能随着时间的推进而逐步完成,目前'资本和地产的自然规律的自发作用'只有经过新条件的漫长发展过程才能被'自由的、联合的劳动的社会经济规律的自发作用'所代替,正如过去

---

① Marx, *Gotha Programme*, Ibid., p. 21.
② 《马克思恩格斯全集》第一版第36卷,第154页。

'奴隶制经济规律的自发作用'和'农奴制经济规律的自发作用'之被代替一样"①。革命只能开启这一过程。

这种对预测未来的谨慎态度主要是因为如下事实：革命的首要制造者和领导者即无产阶级本身是一个处于发展过程中的阶级。在《共产党宣言》中，马克思和恩格斯显然主要是根据恩格斯19世纪40年代的英国经验，粗略地提出了他们对无产阶级发展的一般看法：无产阶级的发展是这样一种进步过程：从通过地方和局部的经济斗争——首先是非正式的，然后通过工会日益组织化——而进行的个人造反发展到"一国范围内的阶级斗争"，这种阶级斗争也必须是夺取政权的政治斗争。"工人阶级"必须"从而组织成为政党"。实质上，马克思从此之后始终坚持这一分析，尽管根据1848年后资本主义的稳定和扩张以及有组织的工人运动的实际经验作出了轻微的修正。早在1845年，恩格斯就提出了工人的工资在某种程度上由惯常或者现有的生活标准和市场力量决定的观点②。尽管如此，但是随着那些直接导致工人起义的经济危机的前景逐渐变得渺茫，马克思和恩格斯对于工人斗争通过工会的行动或者实现有利于自己的立法而在资本主义的框架内取得成功的可能性变得稍微乐观了一些。③ 我们由此可以说，与马克思和恩格斯在

---

① 《法兰西内战初稿》，见《马克思恩格斯全集》第一版第17卷，第594页。

② 参见 chapter 4 and Marx, *Value, Price and Profit*, Werke 16, pp. 147–149。

③ Inaugural Address of the IWMA, *Werke* 16, p. 11.

第三章 马克思、恩格斯与政治 >>>

1848年以前的希望和期盼相比,工人阶级在革命前的发展将会更加漫长。

在讨论这些问题时,要避免把随后100年里的马克思主义争论重新塞入到经典著作的文本之中,是一件困难但却至关重要的事情。在马克思的一生中,关键的任务——正如他和恩格斯所认为的那样——是把工人运动提升为阶级运动,使工人的生存状况中所暗含的目标变成公开的目标,即以共产主义取代资本主义,最直接的任务是使工人运动变成一种政治运动,成为一个不同于所有占有阶级政党且以夺取政权为目标的工人阶级政党。因此,对工人来说,关键既不是躲避政治行动,也不是允许他们的"经济运动脱离他们的政治活动"①。另一方面,只要工人的政党是一个阶级政党,那么它的性质就是次要的。② 它不应该与后来的"政党"概念相混淆,而且他们的著作中也没有发现关于这些方面的连贯理论。"政党"一词最初是在19世纪流行的一般意义上使用的,既包括一组特殊政治观点或事业的支持者,也包括某个正式群体的组织化成员。尽管19世纪50年代马克思和恩格斯经常使用这个词来描述共产主义者同盟、以前的《新莱茵报》群体或这两者的残余,但是马克思仔细地解释说,像早期的革命组织一样,共产主义者同盟"不过是在现代社会的土壤上到处自然成长起来的

---

① Resolutions of the London Delegate Conference of the IWMA 1871, *Werke* 17, pp. 421 – 422; Notes for Engels' Speech, Ibid., pp. 416 – 417.

② Marx to Bolte 25. 11. 1871, *Werke* 33, p. 332.

政党的历史中的一段插曲而已","是指按伟大历史意义上来讲的党"。① 正是在这个意义上,恩格斯才说,工人的政党作为一种政治的政党"已经在大多数国家存在着"(1871)②。显然从19世纪70年代起,马克思和恩格斯尽可能支持建立某些形式的组织化的政党,只要它不是宗派。在由马克思和恩格斯的追随者成立或者在他们的影响下成立的政党中,内部组织、政党结构和纪律等问题自然引起了来自伦敦的适当表达的意见。在这样一些政党不存在的地区,恩格斯继续使用"政党"一词来描述那些表现出工人阶级独立性的政治(例如选举)团体的实质,而不管它们怎样组织起来;"不管怎样组织起来,只要它是一个真正的工人政党就行"③。除了偶尔的兴趣外,他们对后来思想家们最关注的政党结构、组织或社会学的问题几乎没有表现出什么兴趣。

相反,"必须避免宗派主义的'标签'……工人阶级的共同愿望和意向是从它所处的现实条件中产生的。正因为如此,这种愿望和意向为整个阶级所共有,尽管在工人的意识中运动以极其多样的形式反映出来,有的幻想性较多,有的幻想性较少,有的较多符合于这些现实条件,有的较少符合于这些现实条件。因此,只有最能理解我们眼前进

---

① 《马克思恩格斯全集》第一版第30卷,第481、488页。
② 《马克思恩格斯全集》第一版第17卷,第449页。
③ 《致弗·阿·佐尔格(1886年11月29日)》,见《马克思恩格斯全集》第一版第36卷,第566页。

行的阶级斗争的内在含义的人即共产党人,才会最少犯赞同或鼓励宗派主义的错误"①。党的目标必须是组织起来的阶级,而且马克思和恩格斯从未背离《共产党宣言》中的主张,即共产党人不成立一个同其他工人阶级政党相对立的独立的政党,也不提出任何用来塑造无产阶级运动的宗派主义原则。

马克思在晚年的所有政治论战都是为下面这个三位一体的概念辩护:(1)无产阶级政治上的阶级运动;(2)革命,这种革命不应该像某种宗派主义乌托邦所认为的那样被简单地视为一劳永逸的权力转移,而应该被视为一种关键的环节,开启了复杂但不可轻易预测的过渡时期;(3)随后对政治权力体系——"国家的革命的暂时的形式"②——的必要维持。因此,马克思特别激烈地反对拒绝这一切的无政府主义者。

因此,在马克思那里寻找对诸如"改良主义者"和"革命派"之间这样后来争论的预见,或者根据后来马克思主义运动中左派与右派之间的争论来解读马克思的著作,都是徒劳的。马克思的著作曾经被如此解读过,这是马克思主义历史的一部分,但属于马克思主义历史的后来阶段。对马克思来说,问题既不在于工人的政党是改良主义的还是革命的,也不在于这些术语究竟具有什么含义。马克思

---

① 《马克思致保尔·拉法格(1870年4月18日)》,见《马克思恩格斯全集》第一版第32卷,第658—659页。

② Marx, *Der politische Indifferentismus*, *Werke* 18, p. 300.

认为，工人为改善他们在资本主义制度下的状况而进行的日常斗争，同政治意识——构想资本主义社会被社会主义社会替代——的形成或实现这一目标的政治行动之间不存在任何的冲突。对马克思来说，问题在于如何克服阻碍无产阶级政党发展的各种不成熟性，例如使无产阶级政党处在各种（资产阶级或小资产阶级的）民主激进主义影响之下，或者试图使无产阶级政党认同各种实现社会主义的乌托邦或特殊公式，但最主要的不成熟性是使无产阶级不再注重经济斗争和政治斗争之间的必然统一。无政府主义把马克思等同于国际工人运动或其他任何工人运动中的"左翼"或者"右翼"、"温和派"或者"激进派"。因此，关于马克思在某个时候不再是革命者并变成了渐进主义者的争论不仅毫无意义，而且是荒谬的。

实际的权力转移和随后的社会改造将会采取何种形式？这取决于无产阶级及其运动的发展程度，这种发展程度既反映了无产阶级在资本主义的发展中所达到的阶段，又反映了无产阶级本身通过实践来学习和成熟的过程。这自然取决于当时的社会经济和政治状况。既然马克思没有公开建议等到无产阶级成为绝大多数和阶级两极分化达到高级阶段之时，他肯定认为阶级斗争在革命之后继续存在，尽管是"以最合理、最人道的方式"① 继续存在。在革命后的不确定时期，无产阶级由此必须在政治上充当阶级联盟的

---

① 《法兰西内战初稿》，见《马克思恩格斯全集》第一版第 17 卷，第 593 页。

核心和领导者，它的优势在于：由于其历史地位，它"被公认为能够发挥社会首倡作用的唯一阶级"，即使它仍然是少数派。无需赘言，马克思认为，他实际上分析过的唯一的"无产阶级专政"，即巴黎公社，在观念上注定要通过工人领导下的"不依靠他人劳动而生的社会各阶级"[①] 的人民阵线而前进。然而，这些都是具体评价的问题。它们仅仅确认：马克思和恩格斯依靠的不是历史力量的自发作用，而是在历史提供的可能范围内的政治行动。在他们一生的每个阶段上，他们总是用他们所想到的行动来分析各种形势。于是，我们必须思考对这些形势变化所作的评价。

我们可以区分马克思恩格斯的分析的三个发展阶段：（1）从19世纪40年代中期到50年代中期；（2）接下来的25年，在这一阶段，工人阶级的最终胜利似乎不可能马上提上议事日程；（3）恩格斯的晚年，在这一阶段，无产阶级群众政党的崛起似乎为发达资本主义国家的过渡开创了新的角度。在其他地方，对早期分析的修正仍然是有效的。我们在下文中将会分别思考马克思和恩格斯的战略的国际维度。

"1848年"视角既建立在一个已经被证明是正确的假设上，也建立在一个已经被证明是错误的假设上。正确的假设是旧政权的危机将会带来普遍的社会革命，错误的假设是资本主义经济已经发展到非常充分的程度，使社会革命

---

① 《马克思恩格斯全集》第一版第17卷，第363、593页。

可能带来无产阶级的最终胜利。无论如何定义,现实的工人阶级此时显然是人口中的少数,除了在英国之外,与恩格斯的预测相反,英国没有发生任何革命。此外,工人阶级既不成熟,也很少组织起来。因此,无产阶级革命的前景存在两种可能性。要么(正如马克思——在某种程度预示了列宁——预见的那样)德国资产阶级可能证明它不能够或者不愿意发动自己的革命,因而处于萌芽阶段的、由共产主义知识分子领导的无产阶级将会接过资产阶级的领导地位;① 要么(就像法国那样)由雅各宾派开创的资产阶级革命激进化将会继续下去。

第一种可能性显然已经证明是十分不切实际的。第二种可能性即使在 1848—1849 年革命失败后似乎仍然是可能的。作为从左派到资产阶级自由派的阶级联盟的从属但却重要的成员,无产阶级参加了 1848—1849 年革命。在这样一场革命中,各种各样的时刻都会出现激进化的可能性,例如当温和派断定革命已经走得足够远的时候,激进派想要继续前进,提出一些新的要求,"这些要求至少有一部分是符合广大人民群众的真正的或想象的利益的"②。在法国大革命中,这种激进化只是巩固了资产阶级温和派的胜利。然而,在资本主义时代,例如在 1848—1849 年的法国,在

---

① G. 利希特海姆(G. Lichtheim)在《马克思主义》一书中清晰地阐明了这一点,但是我们不能接受他对 1850 年前的马克思主义与 1850 年后的马克思主义所作出的根本区分,参见 G. Lichtheim, Marxism, 1964 edn, pp. 56–57。

② 恩格斯:《〈1848 年至 1850 年的法兰西阶级斗争〉导言》,见《马克思恩格斯全集》第一版第 22 卷,第 596 页。

如今联合起来的、反动的资产阶级统治阶级与围绕无产阶级组织起来的其他各阶级阵线之间,阶级对抗的潜在尖锐化第一次使如下一点成为可能:资产阶级的失败可能使"因失败而变得聪明的无产阶级成为决定性因素"。由于路易·波拿巴的成功,这种对法国大革命的历史回顾失去了它的许多意义。① 当然,许多——结果是太多——的东西取决于革命的政治发展的具体变化,因为欧洲大陆的工人阶级——包括巴黎人在内——落后于资本主义经济极其不充分的发展。

正因为如此,无产阶级的主要任务是把下一场革命激进化。在下一场革命中,一旦自由派资产阶级转变为"秩序党",更激进的"民主党"很可能成为胜利者。这就是成为1850年共产主义同盟首要口号的"不断革命"②,这一口号是马克思主义者与布朗基主义者之间短暂联合的基础。在民主派中,"共和派的小资产阶级"是最激进的,也最依赖无产阶级的支持。它是既必定会首先向无产阶级施加压力,又必定会与无产阶级进行斗争的阶层。然而,无产阶级仍然是极少数,因而需要盟友,即使在它试图取代小资产阶级民主派成为革命联盟领导者的时候也是如此。我们还要顺便指出的是,在1848—1849年,像大多数左派一样,

---

① L. Perini (ed.), *Karl Marx, Rivoluzione e Reazione in Francia 1848 – 1850*, (Turin, 1976), Introduzione LIV, perceptively analyses the differing historical references in Marx's *Class Struggles in France* and in the *18th Brumaire*.

② Address of the Central Council, *Werke* 7, pp. 244 – 254.

马克思和恩格斯低估了农村的革命或激进潜力，对农村几乎没有什么兴趣。只是在1848年革命失败后，在恩格斯的推动下（1850年他的《德国农民战争》已经表现出对这一主题的敏锐关注），马克思才开始设想，至少对德国来说，由"某种再版的农民战争"来支持无产阶级革命（1856）。由此所设想的革命发展是复杂的而且或许是漫长的过程。马克思也不可能预测革命的哪一个阶段会出现"无产阶级专政"。然而，基本的模式显然是大体上从最初的自由阶段经过激进—民主阶段快速地过渡到无产阶级领导的阶段。

直到1857年世界资本主义危机未能导致任何国家的革命之时，马克思和恩格斯依然希望——事实上是期盼——新的和修正版的1848年革命。在此后的大约20年里，他们对无产阶级革命的即将来临和成功不再抱有希望，尽管恩格斯比马克思更长期地坚持其青年时期的乐观主义。当然，他们对巴黎公社未曾抱有太高的期望，而且此后都一直谨慎地避免对此提出乐观的看法。另一方面，西欧和美国的资本主义经济尤其是工业化在世界范围内的快速发展，如今使世界各国产生了大规模的无产阶级。马克思和恩格斯现在寄予厚望的这些工人运动在力量、阶级意识和组织上都日益发展。我们不应当认为，这对马克思和恩格斯的观点产生了根本的影响。我们已经看到，在权力转移的意义上，现实的革命可能发生在工人阶级漫长发展过程的各个阶段上，接下来会开始漫长的后革命过渡进程。实际的权力转移延迟到工人阶级和资本主义发展的某个晚期阶段，

第三章 马克思、恩格斯与政治

这无疑会影响到随后过渡时期的性质,不过,尽管这可能会让渴望行动的革命者失望,但是也几乎不会改变所预测过程的本质特征。即便如此,就马克思和恩格斯的政治战略而言,这一时期的实质是,尽管马克思和恩格斯愿意计划任何最终的结果,但是他们认为权力不会马上或者不可能成功地转移到无产阶级手里。

在一些经济发达的国家,社会主义群众性政党的发展,尤其是在1890年之后的发展,第一次使在开始直接执政的无产阶级政府的领导下向社会主义直接过渡成为可能。这一进展发生在马克思逝世之后,因而我们不知道他会如何面对这一状况,尽管有一些迹象表明他可能比恩格斯采取的方式更灵活和更不那么"正统"①。然而,这是一个思辨的问题,因为在把马克思本人等同于德国无产阶级不断繁荣发展的马克思主义群众性政党成为一个巨大的诱惑之前,马克思已经逝世。有某种证据表明,正是倍倍尔说服恩格斯相信,直接的权力过渡现在已经成为可能,绕开"中间

---

① 比较马克思(drafts and letter to Zasulich, *Werke* 19, pp. 242 – 243, 384 – 406)和恩格斯(*Nachwort zu "Soziales aus Russland"*, *Werke* 22, pp. 421 – 435)对待俄国农民的态度,以及马克思坚持在革命后支持农民和中间阶层的极端关切(*Civil War*, draft I, *Werke* 17, pp. 549 – 554)和恩格斯对煽动性的反动势力俘获农民和小工业者的极端蔑视(*Die Bauernfrage in Frankreich und Deutschland*, 1894, *Werke* 22, pp. 485 – 505)。难以想象《路易·波拿巴的雾月十八日》的作者可能论述了不准备接受自身消亡预言的小农和独立手工业者:"这种人应有的地位是在反犹太主义者那里。让他们到反犹太主义者那里去吧,让他们向后者取得拯救他们的小经济的诺言吧。"(《法德农民问题》,见《马克思恩格斯全集》第一版第22卷,第598页)

的激进—资产阶级阶段"①，以前这一阶段在那些没有发生资产阶级革命的国家被视为必然的阶段。无论如何，工人阶级从此以后似乎不再是幸运地成为广泛革命联盟领导者的少数，而是一个日益成为多数的阶层，组织成为群众性"政党"，围绕这一政党聚集来自其他阶层的盟友。这里展示了新的状况与英国的状况（仍然是独特的）之间的差异。在英国，无产阶级在一个明显的资本主义经济中成为大多数，实现了"一定程度的成熟性和普遍性"，但由于那些马克思没有特地研究的原因，它没有发展出与这种状况相适应的、政治上的阶级运动。② 恩格斯晚年的著作致力于这种通过社会主义群众性政党可以实现"大多数人的革命"的观点，但是我们必须认识到这些著作在某种程度上是对这一时期具体（德国）情况的反应。

恩格斯现在尝试接受的新历史状况具有三个特点。新类型的社会主义工人阶级群众性政党实际上没有任何的先例，日益普遍的、唯一的、全国性的、没有左派竞争的

---

① Bebel to Engels 24.11.1884, in August Bebel's *Briefwechsel mit Friedrich Engels*, ed. W. Blumenberg, Hague, 1965, pp. 188 – 199. 也可参见 L. Longinotti, *Friedrich Engels e la " rivoluzione di maggioranza"*, Studi Storici XV, 4, 1974, p. 821。

② *Konfidentielle Mitteilung*, 1870, Werke 16, pp. 414 – 415. 在这里，恩格斯的分析更为深入。即使在1858年，他所提出的由英国世界垄断地位所创造的"资产阶级化的无产阶级"[《恩格斯致马克思（1858年10月7日）》，见《马克思恩格斯全集》第一版第29卷，第345页] 也已经预示了他在19世纪80年代和90年代的分析路线（参见 *England in 1845 and 1886*, Werke 21, pp. 191 – 197 and introduction to *Socialism, Utopian and Scientific*, Werke 22, pp. 309 – 310）。

"社会民主主义"政党也是如此,就像在德国那样。合法性、立宪政治以及投票权的扩大是这样一些政党得以发展并在1890年后变得日益普遍化的条件。相反,传统上构想的革命前景现在发生了实质性的变化(下文将会思考国际的变化)。第二国际时代社会主义者之间的辩论和争论反映出这些变化所带来的问题。恩格斯仅仅是部分地介入了这些争论的早期阶段,因而这些争论当然是在恩格斯逝世后才变得尖锐起来。事实上,可以说,恩格斯从未充分阐明新状况的可能影响。然而,他的观点显然与新状况的可能影响有关,帮助塑造了这些可能影响,因而应该成为重大文本争论的主题,因为不可能把这些可能影响等同于任何一种正在扩散的趋势。

特定的争议之所以产生,是因为恩格斯坚持普选权所包含的各种新的可能性,并且放弃了旧式暴动的观点——恩格斯在最后一篇著述即《〈1848年至1850年的法兰西阶级斗争〉导言》(1895)中清楚地阐述了这两点。正是这两点共同产生了一个富有争论的论述:德国资产阶级和政府"害怕工人政党的合法活动更甚于害怕它的不合法活动,害怕选举成就更甚于害怕起义成就"[①]。然而,尽管恩格斯在最后的著述中存在一定的模糊性,但是我们肯定不能认为他赞同或者暗示了后来德国和其他国家社会民主党人对合法活动和选举抱有的幻想。

[①] 恩格斯:《〈1848年至1850年的法兰西阶级斗争〉导言》,见《马克思恩格斯全集》第一版第22卷,第603页。

恩格斯放弃了对旧式暴动的希望，不仅是因为技术上的原因，而且是因为更清楚出现的阶级对抗，阶级对抗既使群众性政党成为可能，也使所有阶层都同情的旧式暴动变得更加困难。因此，反动派现在能够获得大多数中间阶层的支持："'人民'将总是分裂的，因而也就不会有一个在1848年那样非常有效的强大杠杆了。"① 然而，他拒绝——甚至对德国人来说——放弃武装斗争的思想，并且以其通常的和过分的乐观态度预言德国将会在1898—1904年爆发革命。② 事实上，1895年恩格斯的直接观点只是努力表明：在当时的状况下，像德国社会民主党那样的政党必须利用它们的合法机会，才能获得最大的利益。因此，暴动和武装斗争的发动者可能不是暴动者，而是来自反对社会党人的右翼。这延续了马克思早在19世纪70年代就已经提出的一个观点③，即他从社会党人的全国性政府当选不存在任何宪政阻碍的一些国家出发提出的一个观点。马克思认为，革命斗争在当时（就像在法国大革命和美国内战中那样）将会采取的形式是"合法的政府"与反革命的"叛乱"之间的斗争。毫无理由认为恩格斯不赞同马克思当时提出的如下看法："从来就没有一个伟大的运动不是经过流

---

① 恩格斯：《〈1848年至1850年的法兰西阶级斗争〉导言》，见《马克思恩格斯全集》第一版第22卷，第606页。

② To R. Fischer 8. 3. 1895, *Werke* 39, pp. 424 – 426; Introduction to *Class Struggles*, *Werke* 22, pp. 521 – 522; to Laura Lafargue, *Werke* 38, p. 545.

③ Speech on the Hague Congress, *Werke* 18, p. 160. Engels, preface to the English edition of *Capital*.

血而诞生的。"①恩格斯显然认为自己不是放弃革命,而只是为了适应变化的状况而调整革命的战略和策略。恩格斯的分析之所以遭到怀疑,恰恰是因为如下发现:社会民主主义群众性政党的发展壮大可能会造成运动以某种形式融入现存的体制之中,而不是带来某种形式的对抗。如果恩格斯要受到批评的话,那么是因为他低估了这种可能性。

另一方面,恩格斯敏锐地意识到机会主义的危险——"为了运动的现在而牺牲运动的未来"②,因而尽了最大努力来保证党能够抵制这些诱惑:他回顾了并确实在很大程度上系统化了现在被称为"马克思主义"的主要学说和经验,强调"社会主义科学"③的必要性,坚持社会主义发展从本质上来说是无产阶级的基础④,尤其是确立了为赢得选民支持而允许进行政治联合、妥协和纲领性退让的范围⑤。然而,事实上,与恩格斯的初衷相反,这——尤其是在德国社会民主党内——进一步加大了理论和学说同现实政治实践之间的鸿沟。正如我们现在能够看到的那样,恩格斯晚年的悲剧在于:他对运动具体状况的清楚易懂的、切合实

---

① 《卡尔·马克思同芝加哥论坛报通讯员的谈话记》,见《马克思恩格斯全集》第一版第45卷,第716页。

② 《马克思恩格斯全集》第一版第22卷,第274页。

③ To Bebel, 1891, *Werke* 38, p. 94, apropos of party objections to his publication of the *Critique of the Gotha Programme*.

④ 参见恩格斯:《未来的意大利革命和社会党》(1894):"直接去准备一种严格说来不是我们所代表的阶级的运动,那不是我们的事情。"《马克思恩格斯文集》第4卷,第499页。

⑤ 参见《未来的意大利革命和社会党》和《法德农民问题》。

际的和通常十分敏锐的评论，非但没有影响运动的实践，反而强化了一种日益脱离运动的一般学说。他的预言已经被证明是太准确了："这除了使党突然在决定性的时刻束手无策，使党在具有决定意义的问题上由于从未进行过讨论而认识模糊和意见不一外，还能有什么结果呢？"①

无论工人运动的前景如何，1848年革命失败后资产阶级政治出乎意料的变革，使夺取政权的政治条件变得复杂化了。在经历过革命的国家，资产阶级的"理想"政体——立宪的代议制国家——要么没有实现（例如在法国），要么为了新波拿巴主义而被放弃了。总而言之，资产阶级革命在1848年失败了，或者带来了未曾预料到的政权。这些政权的性质，而不是资产阶级国家的其他任何问题，大概是马克思最关注的事情：坦白地说，它们是为资产阶级利益服务的，而不是直接代表作为阶级的资产阶级。②这提出了一个更大的问题，一个仍然没有让人失去兴趣的问题：统治阶级与集权化的国家机器之间的关系。集权化的国家机器最初是由绝对主义君主制发展起来的，而资产阶级革命则为了实现"资产阶级的国家统一"强化了它。"国家统一"是资本主义发展的条件，但是往往确立了国家相对于包括资产阶级在内的所有阶级的自主性。③（这是如下

---

① 《马克思恩格斯全集》第一版第2卷，第273—274页。

② 关于马克思对待波拿巴主义的态度（主要是在《路易·波拿巴的雾月十八日》中阐述的，《法兰西内战》延续了其中的观点），参见 M. Rubel, *Karl Marx devant le Bonapartisme*, The Hague, 1960。

③ 18*th Brumaire* VII, *Werke* 8, pp. 196–197.

第三章 马克思、恩格斯与政治

观点的起点：成功后的无产阶级不能简单地接过国家机器，而是必须打碎它。）这种对阶级与国家之间、经济与"权力精英"之间趋同的洞见清楚地预示了20世纪的许多发展。马克思为法国波拿巴主义提供具体的社会基础的尝试也是如此。在这个例子中，法国波拿巴主义的社会基础是革命后的小资产阶级农民，即这样一个阶级："他们不能以自己的名义来保护自己的阶级利益……他们不能代表自己，一定要别人来代表他们。他们的代表一定要同时是他们的主宰，是高高站在他们上面的权威，是不受限制的政府权力，这种权力保护他们不受其他阶级侵犯，并从上面给他们雨水和阳光。"① 这里预示了后来各种形式的煽动性的民粹主义、法西斯主义等。

马克思和恩格斯没有清楚地分析这样一些统治形式占据主导地位的原因。马克思认为，资产阶级—民主的政府已经耗尽了自身的潜力，因而波拿巴主义制度——反对无产阶级的最后堡垒——也会是无产阶级革命前的最后统治形式。② 这个观点显然已经被证明是错误的。根据马克思对法国经验的各种论述，恩格斯最终（主要是在《家庭、私有制和国家的起源》）以更一般的形式阐述了关于这样一些波拿巴主义或绝对主义政权的"阶级平衡"理论。马克思的论述是各种各样的：从《路易·波拿巴的雾月十八日》

---

① 《马克思恩格斯全集》第一版第8卷，第217—218页。
② 18*th Brumaire*, *Werke* 8, pp. 196-197; *Civil War*, Draft II, *Werke* 17, pp. 336–338.

对1849—1851年"秩序党"的恐惧和内部分化如何"在反对其他社会阶级的斗争中亲手取消了自己的政治制度即议会制度的一切条件"的复杂分析到关于拿破仑政权"建立在两个敌对阶级的精疲力竭上"的简单论述。① 另一方面，恩格斯经常在理论上更谦逊但也更依据经验地继续指出，波拿巴主义对资产阶级来说是可以接受的，因为它不想费心直接进行统治，或者"没有自己直接进行统治的能力"②。恩格斯认为，俾斯麦对波拿巴主义是资产阶级宗教的嘲笑是恰如其分的，这个阶级会为了自己的利益而让（就像在英国那样）贵族寡头来管理现实的政府，或者在没有这样一个寡头的情况下承认波拿巴式的半专政是"正常"的政府形式。恩格斯直到后来才根据英国"资产阶级—贵族"③共生关系的特性阐明了这种具有丰富含义的暗示，但这是一个偶然的观察。然而，在1870年之后，马克思和恩格斯坚持或重新强调典型的资产阶级政权的立宪—议会特征。

但是，在1848年革命完全失败和旧制度复辟的国家中，资产阶级革命的旧视角发生了什么变化？"不断革命"应当

---

① 《马克思恩格斯全集》第一版第8卷，第201页和《1866年11月12日马克思致弗朗斯瓦·拉法格》，见《马克思恩格斯全集》第一版第31卷，第538页；关于更详细的观点，参见恩格斯：《去年十二月法国无产者相对消极的真正原因》，见《马克思恩格斯全集》第一版第8卷，第224—227页（原文页码）。

② 《马克思恩格斯全集》第一版第31卷，第209页。

③ "看来这似乎是历史发展的规律：资产阶级在欧洲任何一个国家都不能——至少是不能长时期地——像中世纪的封建贵族那样独自掌握政权。"《社会主义从空想到科学的发展的英文版导言》，见《马克思恩格斯全集》第一版第22卷，第356页。

第三章 马克思、恩格斯与政治 >>>

激进化和超越什么呢？在某种意义上，恰恰是革命已经发生这一事实证明了它提出的问题必须得到解决："一次革命的实际的、非幻想的任务总是可以通过这一革命而得到解决的。"① 对意大利、匈牙利和德国来说，这些任务"由革命的遗嘱执行人波拿巴、卡富尔、俾斯麦……予以解决了"。然而，就俾斯麦实现德国统一的"历史进步性"成就来说，马克思和恩格斯带着复杂的心情承认乃至欢迎这一事实，但是，他们没有充分阐明它的各种影响。于是，支持反动势力所采取的具有"历史进步性"的措施，可能与支持恰好反对这种措施的左派政治盟友相冲突。事实上，这种冲突发生在德法战争期间：李卜克内西和倍倍尔基于反俾斯麦的理由反对这场战争（得到了大多数前1848年左派的支持），而马克思和恩格斯私下里在某种程度上则支持这场战争。② 除了事后来看之外，不管谁是实施者而支持"具有历史进步性的成就"，这种做法存在着某种危险。（马克思对拿破仑三世的厌恶和蔑视使他在意大利统一的问题上摆脱了类似的困境。）

然而，更重要的是，有一个如何评价上层（例如俾斯麦）对资产阶级的不容置疑的让步——有时甚至被称为"来自上层的革命"③ ——的问题。尽管恩格斯把这些让步

---

① 《恩格斯致考茨基（1882年2月7日）》，见《马克思恩格斯全集》第一版第35卷，第260页。

② Engels to Marx 15.8.1870, Marx to Engels 17.8.1870, *Werke* 33, pp. 39–44.

③ *Nachwort zu "Soziales aus Russland"*, *Werke* 22, p. 433.

视为历史的必然,但是他——马克思几乎没有论及这个问题——逐渐地放弃了它们是临时让步的看法。要么俾斯麦会被迫采取一种更资产阶级化的解决办法,要么德国的资产阶级"将会再一次被迫履行自己的政治义务而反对现存制度,使事情哪怕稍微前进一点"①。从历史的角度来看,恩格斯是正确的,因为在接下来的75年里俾斯麦式的妥协和容克的权力被一扫而光,尽管是以他没有预料到的方式。然而,在短期内和在他们的一般国家理论中,马克思和恩格斯没有完全接受如下事实:对欧洲大多数资产阶级来说,1849—1871年的妥协方法实质上相当于另一场1848年革命,并不是1848年革命的蹩脚替代品。欧洲的大多数资产阶级没有表现出渴望或需要更多的权力或者一个更完全和更确定的资产阶级国家的迹象——就像恩格斯本人所暗示的那样。

在这样的条件下,争取"资产阶级民主"的斗争继续进行,但是缺少资产阶级革命的以往内容。这一斗争越来越转由工人阶级来领导,赢得了一些极其有利于工人阶级群众性政党进行动员和组织的权利。尽管如此,但是没有现实的证据证明恩格斯晚年的如下观点:民主共和国——"资产阶级统治的彻底的形式"——也将是无产阶级与资产阶级之间的冲突尖锐化并最终得到解决

---

① 《恩格斯致奥古斯特·倍倍尔(1886年9月13—14日)》,见《马克思恩格斯全集》第一版第36卷,第515页。

第三章 马克思、恩格斯与政治

的形式。① 在民主共和国及其类似的政体内，阶级斗争和资产阶级—无产阶级关系仍然具有模糊的特征。总而言之，必须承认，马克思和恩格斯的著作没有根据1849年后发达国家的历史经验来系统地思考在发达和稳定的资本主义中资产阶级国家的政治结构和政治功能问题。但是，这无损于马克思和恩格斯的洞见和评论的卓越性以及在许多情况下的深刻性。

然而，倘若没有从国际维度来思考马克思和恩格斯的政治分析，就好像上演故事不是发生在威尼斯的《奥赛罗》一样。对马克思和恩格斯来说，革命实质上是一种国际现象，不单单是各国变革的总和。他们的战略实质上是国际性的。最能表明这一点的是，在《国际工人协会成立宣言》的最后部分中，马克思要求工人要洞悉国际政治的秘密和积极参与国际政治。

国际政策和战略之所以是实质所在，不仅是因为国际性的国家体系已经存在，影响到了任何一次革命的成功机会，而且更是因为只有独立的社会政治单位出现，世界资本主义才能继续发展，马克思对"社会"和"民族"② 几乎可以互换的用法已经暗示了这一点。尽管资本主义所创

---

① 《恩格斯致爱德华·伯恩施坦（1883年8月27日）》和《恩格斯致爱德华·伯恩施坦（1884年3月24日）》，见《马克思恩格斯全集》第一版第36卷，第53—56、129—131页。当然，恩格斯可能只思考了未来革命本身的一个短暂阶段，参见《恩格斯致奥古斯特·倍倍尔（1884年12月11—12日）》，见《马克思恩格斯全集》第一版第36卷，第249—253页。

② 参见 S. F. Bloom, *The World of Nations*, p. 17ff。

造的世界越来越统一，但却是一个"各民族的各方面的相互依赖"的世界（《共产党宣言》）。此外，革命的命运取决于国际关系体系，因为历史、地理、不均衡的力量和不均衡的发展使各国的发展由其他国家发生的事情支配，或者使各国的发展产生国际性的反响。

马克思和恩格斯相信资本主义只有通过许多孤立的（"民族"）单位才能发展，但是，这种信念不应该同当时所谓的"民族原则"和今天的"民族主义"信念混为一谈。马克思和恩格斯最初发现自己参与了具有强烈的民族主义色彩的共和—民主左派，因为在1848年革命之前和期间这一派别无论是在民族内还是在国际上都是唯一真正的左派。虽然如此，但是他们拒不承认民族主义和民族自决是目的本身，就像他们拒不承认民主共和国是目的本身一样。[①] 马克思和恩格斯的许多追随者不像他们那样仔细地划清无产阶级的社会主义者与小资产阶级（民族主义）民主派之间的界限。恩格斯从未放弃年青时代的德意志民族主义和相关的民族偏见，尤其是对斯拉夫人的民族偏见，这是众所周知的事实。[②]（马克思很少受到这样一些情感的影响）然而，马克思对德国统一的进步性的信念，或者对德国在战争中的胜利的支持，都不是建立在德国民族主义之上的，

---

① Engels in *Neue Rh. Z.* 31. 8. 1848；参见《恩格斯致爱德华·伯恩施坦（1884年3月24日）》，见《马克思恩格斯全集》第一版第36卷，第129—131页。

② 参见 Roman Rosdolsky, *Friedrich Engels und das Problem der "Geschichtslosen Völker"*, Sonderdruck aus Archiv f. Sozialgeschichte 4/1964, Hanover。

尽管德国在战争中的胜利肯定使作为德国人的恩格斯感到高兴。在马克思和恩格斯一生中的大多数岁月里，他们认为法国而不是自己的祖国是对革命具有决定性意义的国家。俄国长期以来是他们攻击和蔑视的首要对象。然而，一旦俄国革命成为可能的时候，他们就改变了对待俄国的态度。

于是，马克思和恩格斯之所以会遭到批评，是因为他们低估了当时德国民族主义的政治力量，没有充分分析这种现象，而不是因为他们在政治或理论上的不一致。他们不支持各个民族本身，更不支持某个或各个民族自身的自决。正如恩格斯以其惯常的现实主义所评论的那样："欧洲没有一个国家不是一个政府管辖好几个不同的民族……这种情形大概还会继续存在下去。"① 作为分析家，马克思和恩格斯认识到，只有地方和地区的利益服从于更大的单位——可能他们自《共产党宣言》以来一直希望如此，资本主义社会才最终发展成为一个真正的世界社会。他们认识到并从历史的视角出发赞同许多"民族"的形成——上述历史过程和进步发生在"各个民族"中。由于这个原因，他们拒绝了联邦主义者的建议："代替在各个巨大民族那里虽然最初是用政治强力造成的，可是目前已经成为社会生产强大因素的统一"② 由于类似的原因，马克思和恩格斯最初承认并赞同发达的资产阶级国家对亚洲和拉美落后地

---

① 《马克思恩格斯全集》第一版第16卷，第175—176页。
② 《法兰西内战》，见《马克思恩格斯全集》第一版第17卷，第360页。

区的征服。于是,他们认为,许多更小的民族没有这样一种独立存在的理由,一些民族实际上也可能不再作为民族而存在;然而,他们在这里显然无视当时明显存在的一些相反的进程,例如在捷克人中存在的进程。正如恩格斯向伯恩施坦所解释的那样①,个人的情感是次要的。然而,当它们与政治判断(例如与恩格斯对捷克人的判断)一致的时候,它们为民族偏见的表达提供了不应有的空间——后来出现的情况就是如此,也为列宁所说的"大国沙文主义"提供了不应有的空间。

另一方面,作为革命政治家,马克思和恩格斯支持那些民族运动客观上有助于革命的大小民族,反对那些发现自身客观上站在反动一方的大小民族。在原则上,他们对国家的政策持有相同的态度。因此,马克思和恩格斯留给继承者的首要遗产是如下坚定的原则:民族和民族解放运动不应该被当做目的本身,而应该从世界革命的进程、利益和战略的角度来看待。在其他大多数方面,他们留下了充满问题的遗产,更不用说许多贬低性的判断了——那些努力在被创始人斥为非历史的、落后的或注定失败的民族中建立运动的社会主义者不得不通过解释来消除这些判断。除了基本原则外,后来的马克思主义者只能在没有经典著作帮助的情况下建构一种"民族问题"理论。必须指出的是,这不仅是因为帝国主义时代的历史条件发生了巨

---

① Engels to Bernstein on the Bulgarians, 27.8.1882, *Werke* 35, pp. 280–282.

大变化，而且是因为马克思和恩格斯没有全面分析民族现象。

历史决定了马克思和恩格斯国际革命战略的三个主要阶段：（1）1848年之前（包括1848年）；（2）从1848年到1871年；（3）从1871年到恩格斯逝世。

未来无产阶级革命的决定性舞台是资产阶级革命和发达资本主义发展的地区，例如法国、英国、德语地区乃至美洲的某个地方。除了偶尔的兴趣外，马克思和恩格斯几乎不关注那些较小的和政治上不具有决定意义的"发达"国家，除非那里的社会主义运动的发展需要他们对它们的事务进行评论。19世纪40年代，这类地区的革命可能成为合乎情理的预期，事实上也已经发生，但是，正如马克思所认为的那样①，由于没有英国的参与，这类地区的革命注定要失败。另一方面，除了英国外，任何真正的无产者或无产阶级的阶级运动都尚未出现。

在1848年后的时代里，快速的工业化既产生了日益壮大的工人阶级，也带来了日益壮大的无产阶级运动，但是，"发达"地区的社会革命前景变得越来越渺茫。资本主义依然稳固。在这一时期，马克思和恩格斯只能希望，国内政治紧张和国际冲突的某种结合可能创造出革命得以形成的形势，就像1870—1871年法国的实际情况那样。然而，在资本主义再一次出现全球性危机的最后时期，形势发生了

---

① *N. Rh. Z.* 1.1.1849, *Werke* 6, pp. 149–150.

变化。首先,那些受到马克思主义巨大影响的工人阶级群众性政党改变了"发达"国家内部发展的前景。其次,社会革命的新因素出现在发达资本主义社会的边缘地区,出现在爱尔兰和俄国。19世纪60年代末期,马克思本人第一次差不多同时意识到爱尔兰和俄国的情况(1870年马克思第一次具体地提到俄国革命的可能性①)。虽然爱尔兰在芬尼亚共和主义失败后不再在马克思的思考中发挥重要作用②,但是俄国变得日益重要:俄国革命"将成为西方无产阶级革命的信号而双方互相补充"(1882)③。当然,俄国革命的重大意义在于它改变了发达国家的形势。

革命视角中的这些变化使马克思和恩格斯对战争的态度发生了重大变化。他们在原则上既不是和平主义者,也不是共和主义民主党派或民族主义者。由于马克思和恩格斯知道战争是克劳塞维茨所说的"政治通过另一种手段的继续",他们也不相信经济是战争的唯一原因,至少在他们一生中是如此。他们的著作根本没有提出这一点。④ 简而言之,在前两个阶段,马克思和恩格斯期望战争直接推动他们的事业,并且对战争的希望在他们的思考中发挥了重大有时乃至决定性的作用。自19世纪70年代末期以来——转

---

① Marx to Paul and Laura Lafargue 5. 3. 1870, *Werke* 32, p. 659.
② Engels to Bernstein 26. 6. 82, *Werke* 35, pp. 337 – 339.
③ 马克思、恩格斯1882年为《共产党宣言》俄文第二版所写的序言,见《马克思恩格斯全集》第一版第19卷,第326页。
④ E. H. Carr, "The Marxist Attitude to War", in *History of the Bolshevik Revolution* III, London, 1953, pp. 549 – 566.

折点出现在1879—1880年①，他们认为大战在短期内是运动前进的障碍。此外，在逝世前的数年里，恩格斯越来越相信他所预测的新的、可能是世界性大战的可怕性。他预言说，这种战争"肯定无疑的结果只有一个：规模空前的大屠杀，整个欧洲空前未有的衰竭，最后是整个旧制度的崩溃"②。恩格斯期望这样一种战争最终带来无产阶级政党的胜利，但是，既然战争不再是实现革命的"必要"手段，因此，他自然希望"我们将能够避免这场屠杀"③。

战争最初之所以是革命战略——包括马克思和恩格斯的革命战略——的不可或缺的、必要的组成部分，主要是有两个原因。第一，征服俄国——欧洲反动势力的主要堡垒、保守现状的维护者和恢复者——是必要的。俄国自身在这一阶段不存在内部颠覆之虞——除了在波兰的西部侧翼外，波兰的革命运动因此长期以来在马克思—恩格斯的国际战略中扮演着重要的角色。只有革命变成欧洲反对俄国的民族解放战争，而这样一场战争将会瓦解东欧的各个帝国，反过来扩大革命的范围，革命才不会失败。1851年，恩格斯写道，1848年把革命扩到了华沙、德布伦岑和布加

---

① Engels to Marx 9.9.1879, Marx to Danielson 12.9.1880, *Werke* 34, pp. 105, 464; Engels to Bebel 16.12.1879, *Werke* 34, p. 431; Engels to Bebel 22.12.1882, *Werke* 35, p. 416.

② 《恩格斯致奥古斯特·倍倍尔（1886年9月13—14日）》，见《马克思恩格斯全集》第一版第36卷，第514页。

③ 《恩格斯致奥古斯特·倍倍尔（1885年11月17日）》，见《马克思恩格斯全集》第一版第36卷，第382页。

勒斯特；下一场革命必定会扩大到圣彼得堡和君士坦丁堡。① 这样一种战争必须不可避免地把俄国在东方的一贯支持者英国卷入进来，必须反对俄国在欧洲的主导地位。这将会带来另一个至关重要的好处：削弱现状的另一个巨大支柱，即主宰世界市场的、稳定的、资本主义的英国，或许甚至能使宪章派执政。② 俄国的失败是进步的关键国际条件。英国不愿意冒险通过一场大战来打破欧洲的势力均衡，马克思对英国的失望或许使他有些偏执地反对英国外交大臣帕默斯顿勋爵（Palmerston）。因为在欧洲革命没有发生的情况下，或许即使在欧洲革命发生的情况下，没有英国的参与，欧洲不可能发生反对俄国的大战。反之，当俄国革命成为可能的时候，这样一种战争不再是发达国家革命不可缺少的条件，然而，俄国革命没有发生，使晚年的恩格斯再次把俄国视为最后的反动堡垒。

第二，这样一种战争是欧洲各国革命联合起来和激进化——18世纪90年代法国革命战争为这一进程提供了先例——的唯一途径。革命的法国会回到雅各宾主义的内外传统，是这种反对沙皇俄国的战争联盟显而易见的领导者，这是因为法国发动了欧洲革命，并且将会拥有最强大的革命军队。这一希望也在1848年消失。尽管法国继续在马克思和恩格斯的思考中扮演重要的角色，尽管马克思和恩格斯总是低估第二帝国的稳定性和成就，尽管他们希望马上

---

① 引自 Gustav Mayer, *Friedrich Engels*, Hague, 1934, II, p. 47。
② Marx in *N. Rh. Z.*, 1. 118. 49.

推翻第二帝国，但是从19世纪60年代起，法国不再能够在欧洲革命中扮演以前所赋予它的核心角色。

然而，如果在1848年革命时期战争被视为欧洲革命的逻辑结果和延伸以及成功条件，那么在接下来的25年里，它必须被视为最重要的希望：动摇欧洲各国的现状，由此造成各国内部的紧张。1857年，对于经济危机将会导致上述状况的希望破灭了。① 自此之后，马克思和恩格斯再也没有认真地对任何一场经济危机抱有类似的短期希望，即使在1891年恩格斯也是如此。② 他们的思考是正确的：这一时期的战争已经产生了意料之中的结果，尽管结果不是以马克思和恩格斯所希望的方式产生的，因为这些战争没有在除了法国之外的任何欧洲大国中带来革命——正如我们已经看到的那样，法国的国际角色已经发生了改变。因此，正如已经指出的那样，马克思和恩格斯现在越来越被迫陷入新的境地：在现存大国——它们都是资产阶级或反动的国家——的国际政策之间进行决断。

当然，只要马克思和恩格斯仍然不能影响拿破仑三世、俾斯麦或其他任何政治家的政策，只要不需要考虑到任何社会主义运动或工人运动对待政府的态度，这基本上是一个学术问题。此外，有时具有"历史进步性"的政策是相

---

① 关于他们对即将到来的革命的希望，参见 Marx to Engels 26.9.1856, Engels to Marx "not before 27.9.1856", 15.11.1857, Marx to Engels 8.12.1857, Werke 29, pp. 76, 78, 212, 225。

② 参见 On the Brussels Congress and the Situation in Europe, Werke 22, p. 243。

当清楚的：应该反对俄国，应该在美国内战中支持北方和反对南方，但是，欧洲的各种复杂性为毫无结果的思辨和辩论提供了无尽的空间。绝非显而易见的是，在对待1859年意大利战争的态度上，马克思和恩格斯比拉萨尔更正确①，尽管在实践上双方的态度当时都没有多少重要性。当有一些社会主义群众性政党觉得不得不在资产阶级国家的冲突中支持某一方的时候，这样一些争论的政治含义就变得更为重要。恩格斯晚年（乃至马克思晚年）之所以开始不再认为国际大战可能是革命的工具，原因之一无疑是他发现，国际大战会"使所有国家的沙文主义加剧起来"②，进而会帮助统治阶级，削弱现在日益壮大的运动。

如果1848年后的时期没有良好的革命前景，那么这主要是因为英国是资本主义稳定性的主要堡垒，就像俄国是反动的堡垒一样。"俄国和英国是现代欧洲体系的两大支柱。"③ 长期地来看，一旦英国失去它的世界垄断地位，只会动摇起来。19世纪80年代英国的世界垄断地位开始走向结束，而且恩格斯在各种地方对此进行分析和表示欢迎。当俄国革命削弱了现代欧洲体系的一大支柱的时候，英国世界垄断地位的结束削弱了另一大支柱，尽管19世纪80年代恩格斯对英国的运动仍然抱有相当低

---

① 古斯塔夫·迈耶尔（Gustav Mayer）概述了这场争论，参见 Gustav Mayer, *Friedrich Engels*, Hague, 1934, II, pp. 81–93。
② 《马克思恩格斯全集》第一版第37卷，第162页。
③ 《马克思恩格斯全集》第一版第32卷，第646页。

的期望。① 短期地来看，马克思希望通过爱尔兰"加速英国的社会革命"，他认为这是国际工人协会的最重要的任务，而且完全不是一项不切实际的任务，因为它是"这种（工人阶级）革命所需要的物质条件在某种程度上业已成熟的唯一国家"②。爱尔兰使英国工人沿着民族的路线发生了分裂，使他们在剥削另一个民族时拥有明显的共同利益，为英国土地贵族提供了经济基础，而英国社会革命发展的第一步必须是推翻土地贵族。③ 马克思发现，在一个发达帝国的革命进程中，农业殖民地的民族解放运动可能发挥至关重要的作用。这一发现预示了列宁时代的马克思主义发展。同样并非偶然的是，在马克思的思想中，这一发现与另一个新发现——即农业俄国的革命潜力——有关。④

在马克思——或者更确切地说——恩格斯的国际战略的最后阶段，全球资本主义的长期萧条、英国世界垄断地位的衰落、德国和美国持续的工业发展与俄国革命的可能性从根本上改变了国际形势。此外，自1815年以来世界大战第一次明显地正在来临，恩格斯以其惊人的敏锐性预测和军事专业知识对此进行了分析和评论。然而，正如我们已经看到的那样，各个大国的国际政策在他们的思考中发

---

① Preface to English edition (1892) of *Socialism, Utopian and Scientific*, Werke 22, pp. 310 - 311.
② 《马克思恩格斯全集》第一版第32卷，第656页。
③ Marx to Kugelmann 29. 11. 1869, Werke 32, p. 638. More fully: General Council to Federal Council of Suisse Romande 1. 1. 1870, Werke 16, pp. 386 - 389.
④ Marx to P. and L. Lafargue 5. 3. 1870, Werke 32, p. 659.

挥的作用并不大，或者更确切地说是更为负面的作用。恩格斯首先从对日益壮大的社会主义政党的命运影响的角度思考了世界大战，认为它是社会主义政党发展的障碍，不可能起到帮助作用。

在某种意义上，恩格斯对国际政治的兴趣越来越集中在工人运动的内部上——在恩格斯的最后岁月中，工人运动又组织成立了"国际"。因为每一个运动的行动会加强、推动或阻止其他的运动。这从恩格斯的著作来看是非常清楚的，尽管我们不需要过多解读恩格斯偶尔对19世纪90年代的状况与1848年前的状况之间进行的比较。[①]此外，人们自然会认为，社会主义的命运将由欧洲决定（在美国缺乏强大运动的情况下），取决于欧洲大陆主要大国——现在还包括俄国——的运动（在英国缺乏强大运动的情况下）。无论多么欢迎它们，恩格斯都没有过多地思考斯堪的纳维亚或低地国家的运动，实际上更没有思考巴尔干地区的运动，并且往往把任何殖民地国家的运动视为大城市发展的无关紧要的附带现象或结果。恩格斯重申了如下坚定的原则："胜利的无产阶级不能强迫任何异族或人民接受任何替他们造福的办法"[《恩格斯致考茨基（1882年9月1日）》，见《马克思恩格斯全集》第一版第35卷，第353页]。除此之外，他几乎没有严肃地思考过殖民地解放问题。[②]事实上，令人惊讶的是，恩格斯对这些问题的关注是如此之少。几

---

① E. g. to Adler 11. 10. 1893, *Werke* 39, p. 134ff.
② To Bernstein 22/25. 2. 1882, *Werke* 35, pp. 279 – 280.

第三章 马克思、恩格斯与政治

乎就在恩格斯逝世之后,这些问题就以关于帝国主义的激烈争论的形式摆在国际左派面前。1882 年,恩格斯对伯恩施坦说:"我们应当为争取西欧无产阶级的解放而共同奋斗,应当使其他的一切都服从这个目的。"①

在无产阶级发展的这个核心地区,国际运动现在是各个民族性政党的运动,也必定会如此,这不同于1848 年以前的状况②。这导致了如下问题:如何协调这些运动的行动?如何处理各个运动的特殊民族主张和假设之间的冲突?其中一些冲突在战略上可以通过适当的原则——例如最终的自决③——延迟到无限期的未来,尽管俄国和奥地利—匈牙利的社会主义者比恩格斯更明确地意识到其他的冲突不可以延迟。在恩格斯逝世不到一年的时间里,考茨基坦承,不再坚持马克思关于波兰人、东方问题和捷克人的"旧立场"。④ 此外,各国运动力量的不均衡和战略重要性带来了一些很小但却令人烦扰的困难。法国人传统上负有"解放世界的使命,以及与此相联的领导运动的长子权利"⑤。但是,法国人不再能够承担这一角色,法国的运动充满了

---

① 《恩格斯致考茨基(1882 年 2 月 22、25 日)》,见《马克思恩格斯全集》第一版第 35 卷,第 272 页。
② To Kautsky 7.8.1882, *Werke* 35, pp. 269 – 270.
③ 例如阿尔萨斯与俄国和波兰之间的争端地区;To Zasulich 3.4.1890, *Werke* 37, p. 374.
④ G. Haupt, M. Lowy, C. Weill, *Les Marxistes et la Question Nationale*, Paris, 1974, p. 21.
⑤ 《恩格斯致考茨基(1882 年 2 月 7 日)》,见《马克思恩格斯全集》第一版第 35 卷,第261 页。

分裂、混乱和小资产阶级激进共和主义或其他分散因素，令人失望，不愿聆听马克思和恩格斯的教诲。① 有时，恩格斯甚至认为，奥地利的运动可能取代法国的运动成为"先锋"。

另一方面，德国运动的大规模发展，更不用说它同马克思恩格斯的密切联系，现在显然使它成为国际社会主义发展的主要力量。② 尽管恩格斯不相信其他的运动除了大概在马上行动时③外会服从另一个政党的领导，但是，显然只有德国运动的进步才能最好地为世界社会主义的利益服务。这一观点不仅限于德国社会主义者中间，还出现在第三国际的早期历史阶段上。另一方面，其他国家不存在19世纪90年代初恩格斯还提出的一个观点，即在欧洲大战中德国反对法国—俄国联盟的胜利将是合意的④，尽管列宁肯定会接受从失败中诞生革命的前景，这是恩格斯要求法国人和俄国人应该接受的前景。推测倘若1914年恩格斯仍然在世时会怎么想是徒劳之举，假定他应该会坚持他在19世纪90年代所坚持的相同观点也是毫无道理的。大多数社会主义政党也很可能决定支持本国的政府，即使德国社会民主政党已经不能够求助恩格斯的权威。然而，在国际关系问题

---

① To Adler, 17.7.1894, *Werke* 39, p. 271ff. 关于恩格斯除了和拉法格外与其他法国人几乎毫无交往的状况，参见 the register of correspondence in *Marx-Engels*, *Verzeichnis* I, pp. 581 – 684。

② To Adler 11.10.1893, *Werke* 39 p. 136.

③ To Kautsky 7.2.1882, *Werke* 35, p. 270.

④ To Bebel 29.9/1.10.1891, *Werke* 38, pp. 159-163; *Der Sozialismus in Deutschland*, *Werke* 22, p. 247.

上，尤其是在战争与和平问题上，恩格斯留给第二国际的是一份模棱两可的遗产。

我们如何总结马克思和恩格斯在政治思想上留给继承者的一般遗产呢？第一，它强调政治应当服从历史的发展。社会主义的胜利之所以是历史的必然，是因为马克思在《资本论》第一卷关于资本主义积累趋势的著名段落中所总结的过程，那段话最后以关于"剥夺剥夺者"① 的预言结束。社会主义者的政治努力没有创造出"日益壮大的、由资本主义生产过程本身的机构所训练、联合和组织起来的工人阶级的反抗"，没有建立在这种反抗之上。从根本上说，社会主义者政治努力的前景取决于资本主义发展在世界范围和具体国家所达到的阶段，因而，从这一观点出发对形势进行马克思主义分析就成为社会主义政治战略的必要基础。政治嵌入在历史之中。马克思的分析表明了倘若政治不嵌入到历史之中，政治是如何不能实现它的目的，另一方面也表明了工人运动如何是不可战胜的。

第二，必然胜利的工人阶级必须且将会在政治上组织起来（例如组织成为"政党"），将会以夺取政权为目标，随后将是无产阶级领导下的过渡性的国家机构体系，在这个意义上，政治仍然至关重要。因此，政治行动是无产阶级历史角色的实质。无产阶级活动于政治之中，例如在历史设定的范围内——选择、决定和自觉地行动。大概在马

---

① *Capital* I, chapter XXXII.

克思和恩格斯的一生中和在第二国际时期，把马克思主义者与其他大多数社会主义者、共产主义者和无政府主义者（除了雅各宾主义传统中的无政府主义者），与"纯粹"的工会或合作社运动区分开来的主要标准是相信政治在革命之前、期间和之后的关键角色。由于马克思同蒲鲁东派和巴枯宁派无政府主义者之间的争论，这一标准可能遭到了过分重视，但它无疑具有重大的意义。在革命后的时期，这种态度的各种影响仍然是学术上的；在革命前的时期，它们必然使无产阶级政党参与资本主义制度下的所有政治活动。

第三，马克思和恩格斯认为，这种政治实质上是在代表统治阶级或各个阶级的国家内进行的阶级斗争，除了诸如阶级平衡这样的一定的、具体的历史关头之外。正如马克思和恩格斯在哲学上赞同唯物主义、反对唯心主义一样，他们也一贯地批判这样一种观点：国家凌驾在各个阶级之上，代表全社会的共同利益（除了在消极意义上防止社会的崩溃外），或者在各个阶级之间保持中立。国家是阶级社会的一种历史现象，但是，当它作为国家存在时，它代表阶级的统治，尽管不是以煽动性的、简单化的"统治阶级执行委员会"的形式。这限制了无产阶级政党对资产阶级国家政治生活的参与，也限制了资产阶级国家可能对无产阶级政党作出的让步。于是，无产阶级的运动既在资产阶级政治的范围之内，又在它的范围之外运作。既然权力被定义为国家的主要内容，他们就会轻易地认为（尽管马克思和恩格斯不是如此）权力在政治中和在对国家的讨论中始终是唯一的重要问题。

第四，无论过渡性的无产阶级国家维持什么功能，它都必须消除人民与作为一组具体统治者的政府之间的分离。有人认为，无产阶级国家应当是"民主"国家，即使"民主"一词在日常的用法上不等于马克思所拒斥的、一种由定期选举的议会代表大会所产生的、特定制度类型的政府。此外，无产阶级的国家不等于具体的政府机构，并且令人想起卢梭的某些思想，在这个意义上，无产阶级的国家是"民主政体"。这是马克思留给继承人的最费解的遗产，因为由于那些不在本文讨论范围内的原因，至今一切沿着马克思的路线实现社会主义的实际尝试都发现自身加强了独立的国家机器（好像拥有非社会主义的政权），但马克思主义者不愿意放弃这样一个理想：马克思非常坚定地认为这个理想是新社会发展的一个关键方面。

最后，在某种程度上，马克思和恩格斯故意在他们的政治思想中给继承者留下许多空白或模糊的空间。只有革命前的政治结构和立宪结构的实际形式促进或阻碍运动的发展，它们才会与马克思恩格斯相关。因此，尽管马克思和恩格斯随意地评论各种各样的具体事例和状况，但是他们几乎没有系统地关注革命前的政治结构和立宪结构的实际形式。由于马克思和恩格斯拒绝猜测未来的社会主义社会及其制度安排的细节，甚至拒绝猜测革命后过渡时期的细节，所以，他们只给继承者留下了少数用来面对未来社会的一般原则。因此,在诸如经济社会化的性质或者经济计划的制度安排这样的问题上,马克思和恩格斯没有提供任何具有实际作用的具体指导。此外,还有一些主题,他们没有提供任何一般的、模糊的哪怕是过时的指导,因为他们从未觉得有必要思考这些主题。

然而,必须强调的与其说是后来的马克思主义者能否从创始人的遗产中作出详尽的推测,或者他们将不得不自己思考出什么,倒不如说是创始人遗产的极端原创性。马克思和恩格斯一贯地、强烈地和在辩论中拒绝当时包括早期社会主义者①在内的革命左派的传统路径,一种仍然没有失去诱惑力的路径。他们拒绝那些以好社会代替坏社会、以理性代替非理性和认为非黑即白的人的简单二分法。他们拒绝各色左派的先天纲领性模式,指出尽管每一类左派都拥有这种模式,有时甚至包括最详尽的乌托邦蓝图,但是这些模式很少是相互一致的。他们还拒绝那种设计固定不变的运作模式的倾向,例如这样一些倾向:规定革命变革的确切形式,宣称其他一切形式都是不合法的,拒绝或者只依靠政治行动,等等。他们拒绝非历史的意志主义。

相反,马克思和恩格斯坚决地把运动的行动放到历史发展的环境下。要想看清未来的形式和行动的任务,只有揭示它们得以产生的社会发展进程,这种揭示本身只有在

---

① 这在恩格斯《反杜林论》尤其是作为《社会主义从空想到科学的发展》单独发表的部分中得到了特别清楚的证明。

第三章 马克思、恩格斯与政治

一定的发展阶段上才成为可能。倘若这使对未来的想象仅限于少数粗略的结构原则，排除了思辨性的预测，那么这使社会主义的希望获得了历史必然性意义上的确定性。在具体的政治行动上，只有在分析历史发展和具体状况之后，才能判定什么是必然的和可能的（无论是在世界范围内还是在具体的地区和国家）。因此，政治的决定嵌入在历史变革的框架内，而历史变革的框架则不依赖政治的决定。这不可避免地使共产主义者在政治上的任务变得模糊而又复杂。

共产主义者的任务之所以模糊，是因为马克思进行分析的一般原则过于宽泛，无法在需要时提供具体的政策指南，特别是在革命问题和随后的社会主义过渡问题上。为了弄清"无产阶级专政"究竟是什么样子，几代评论家详细考察了经典文本，但最终却归于失败，因为马克思主义创始人首先关心的是确立这个过渡时期的历史必然性。共产主义者的任务之所以复杂，是因为马克思和恩格斯对待政治行动和组织的各种形式——不是它们的内容——的态度，对待它们在其中运作的正式制度的态度，在很大程度上是由具体的现实状况决定的；在具体的现实状况中，他们发现政治行动和组织的形式不可能归结为一系列永恒的法则。在一定的时代和在任何具体的国家或地区，马克思的政治分析可以表述为一系列政策建议（例如，就像在1850年中央委员会报告中那样），但是，这些政策建议从根本上说不适用于那些与它们制定时不同的状况，就像恩格斯后来在关于马克思《1848年至1850年的法兰西阶级斗争》的思考中所指出的那样。然而，马克思之后的各种状况必然不同于马克思在世时的状况，但是，就它们包含一些相似性而言，只有对马克思所面临的状况和后来马克思主义者向马克思寻求指导的状况进行历史的分析，才能发现那些相似性。这一切使后来的马克思主义者实际上不可能从经典著作中获取战略和策略指导手册之类的东西，甚至使把经典著作当做一组先例来使用都是危险的，尽管它们曾经被这样使用过。从马克思那里能够学到的东西是他从事分析和完成行动任务的方法，而不是从经典文本中得出的现成教诲。

这无疑是马克思希望他的信徒应该学到的东西。然而，把马克思的思想转变成群众运动、政党和组织化的政治群体的灵感，就不可避免地带来 E. 莱德雷（E. Lederer）曾经说过的"粗暴对待思想的众所周知的、缩减的、简单化的公式化，倘若每一个伟大的思想要使群众行动起来，它就会并且必定会遭遇到这种公式化"①。行动的指南总是受到诱惑，放任自己变成教条。这在马克思的任何理论中都没有像在马克思和恩格斯的政治思考领域中那样对理论和实践产生了如此巨大的破坏。但是，公式化代表马克思主义已经变成的东西，或许是不可避免的，或许是可以避免的。它代表了对马克思和恩格斯的背离，自从马克思主义

---

① 引自 E. Weissel, *Die Ohnmacht des Sieges*, Vienna, 1976, p. 117。

创始人的文本获得经典或权威地位以来更是如此。它不代表马克思和恩格斯的所思和所写，有时也不代表他们的所作所为。[88]

第四章　论恩格斯的《英国工人阶级状况》

难以想象，弗里德里希·恩格斯在写作《英国工人阶级状况》时只有 24 岁。他拥有异常优越的条件来完成这一工作。恩格斯出身于莱茵省巴门市一个富有的纺织厂主家庭。这是一个非常精明的家庭，在工业资本主义经济中心曼彻斯特建立了一家分厂［欧门 & 恩格斯（Ermen & Engels）棉纺厂］。青年恩格斯不仅憎恨早期资本主义的悲惨状况，而且反抗家庭的狭隘而又自以为是的宗教虔诚主义，因而走上了 19 世纪 30 年代末德国进步青年知识分子通常所走的道路。像比他稍微年长的同代人卡尔·马克思一样，恩格斯成为了一个"左翼黑格尔主义者"（黑格尔的哲学当时主宰着普鲁士首都柏林的高等教育），越来越倾向于共产主义，开始为各类杂志和出版物撰稿。在这些杂志和出版物上，德国的左派尝试阐述它的社会批判。不久，恩格斯自认是一个共产主义者。不过，暂时定居英国究竟是恩格斯还

第四章 论恩格斯的《英国工人阶级状况》

是他父亲的决定并不清楚。可能两人出于不同的理由都赞同这一决定：老恩格斯是为了使自己革命的儿子摆脱德国人的蛊惑，使之成为一个纯粹的商人；小恩格斯是为了前往现代资本主义的中心，接近英国无产阶级的伟大运动，当时他已经认定英国的无产阶级是现代世界中至关重要的革命力量。

1842年秋天，恩格斯前往英国，途中与马克思进行了第一次私人接触。在此后的两年里，恩格斯大多数时间都是待在英国，观察、研究和阐述马克思的思想。① 到1844年初，恩格斯无疑已经正在撰写《英国工人阶级状况》，尽管大多数的写作工作完成于1844—1845年冬天。1845年夏，定稿后的《英国工人阶级状况》在莱比锡出版，书前是"致大不列颠工人阶级"的献词（英文）和序言。② 这本书在1887年和1892年出了英文版（美国版和英国版），恩格斯对序言的改动并不多，但这些改动却具有实质性意义。于是，这本关于英国早期工业化的杰作花费了大约半

---

① 除了《英国工人阶级状况》外，恩格斯在曼彻斯特的主要成果是《政治经济学批判大纲》（一部对马克思主义经济分析的早期而又不完善的勾画）和为欧洲大陆报纸撰写关于英国的文章以及为欧文派的《新道德世界》所写的关于欧洲大陆发展的文章，参见 Werke 1, pp. 454 – 592。

② *Die Lage der arbeitenden Klasse in England*. Nach eigener Anschauung und authentischen Quellen von Friedrich Engels. Leipzig. Druck und Verlag von Otto Wigand. 1845. 德文第二版发表于1892年。标准版载于《马克思恩格斯全集》（*Gesamtausgabe*, section I, Vol. 4, pp. 5 – 286, Berlin 1932），纠正了许多疏漏和印刷错误。本章所有的英文本是1892年的英文版。最全面的英文版是W. O. Henderson 和 W. H. Chaloner（Oxford, 1958）翻译的英文版。这一版审查了恩格斯的所有参考文献，进行了必要的纠正，增添了补充资料，重新翻译了原文。不幸的是，译文并不总是可靠，而且编者强烈而又自负地贬低恩格斯的想法损害了翻译。

个世纪的时间,才抵达作为研究对象的国家。然而,自此之后,每一个研究工业革命的学者都知道《英国工人阶级状况》,即便只是知道它的名字。

写作一本关于劳动阶级状况的著作本身并不是新颖的想法。到19世纪30年代,每一位睿智的观察家都清楚地知道,欧洲的经济发达地区面临着一个社会问题,这个问题不再单单是"穷人"问题,而且还是一个史无前例的阶级即无产阶级的问题。19世纪30年代和40年代是资本主义和工人运动发展的决定性时期,因而关于工人阶级状况的书籍、小册子和研究在整个西欧成倍地增长。虽然维勒梅(Villerme)的《工人物质和精神状况之概述》(*Tableau de l'etat Physique Moral des Ouviers*, 1840)称得上是一项非常著名的社会调查,但是恩格斯的《英国工人阶级状况》是其中最杰出的著作。同样清楚的是,无产阶级问题不纯粹是地方性的或民族的问题,而且还是国际性的问题。欧仁·毕莱(Eugene Buret)比较了英国工人和法国工人的状况[《法国及英国劳动阶级的悲惨命运》(*La misere des classes laborieuses en France et en Angleterre*), 1840]。1843年,迪克珀蒂奥(Ducpetiaux)编辑了关于整个欧洲青年工人状况的资料。因此,恩格斯的著作并不是一个孤立的文献现象,这一事实经常使反马克思主义者在无法更好地思考问题时指责恩格斯剽窃。①

---

① 尤其是毕莱的指责。古斯塔夫·迈耶尔在《弗里德里希·恩格斯》一书中讨论了这一指责,其部分依据是毕莱的观点与恩格斯的观点没有任何相同之处,部分依据是更无懈可击的,即没有证据表明恩格斯在从英国回来之前了解毕莱的著作,参见 Gustav Mayer, *Friedrich Engels* Vol. I, Hague, 1934, p. 19。

第四章 论恩格斯的《英国工人阶级状况》

然而,《英国工人阶级状况》在一些方面明显不同于类似的同时代著作。第一,正如恩格斯本人正确指出的那样,它是英国或其他国家第一本研究整个工人阶级而不是特殊部门和工业的著作。第二,更重要的是,它不只是对工人阶级状况的调查,而且是对工业资本主义发展、工业化的社会影响以及工业化的政治和社会后果——包括工人运动的兴起——的一般分析。事实上,它是把马克思主义方法应用于社会具体研究的第一次巨大尝试,大概是第一本被马克思主义创始人认为具有重大价值因而值得永久保存的马克思或恩格斯的著作。① 无论如何,正如恩格斯在1892年序言中所阐明的那样,《英国工人阶级状况》尚不代表一种成熟的马克思主义,"只是它的胚胎发展的一个阶段"。要寻找对马克思主义成熟和充分阐述的解释,我们就必须到马克思的《资本论》那里去。

论点与分析

工业革命不仅改造了英国社会,而且创造了它的主要产物——无产阶级。《英国工人阶级状况》首先简要地勾勒了工业革命(第一章和第二章)。这是恩格斯的第一个开拓

---

① 在恩格斯的一生中,他认为在《共产党宣言》之前的时期其他称得上名作的是马克思的《关于费尔巴哈提纲》和《哲学的贫困》(1847)。对恩格斯的这本著作之所以出现怀疑,是因为我们不确切地知道1845年春马克思起草了伟大的《关于费尔巴哈提纲》。在3月15日恩格斯为《英国工人阶级状况》的序言签名时,马克思几乎不可能写作《关于费尔巴哈提纲》。

性成就，因为《英国工人阶级状况》可是最早在工业革命概念的基础上进行系统分析的著作。当时，工业革命是一个全新的和尝试性的概念，只是在19世纪20年代英国和法国的社会主义讨论中才被发明出来。恩格斯对这一变革的历史解释称不上具有历史原创性。尽管仍然有所裨益，但是它已经被后来更全面的著作所取代。

恩格斯认为，工业革命所带来的社会变革是一种集中和两极分化的大规模过程，其趋势是在一个日益城市化的社会中创造一个数量越来越多的无产阶级和一个数量越来越少而财富越来越多的资本家阶级。资本主义工业主义的兴起消灭了小商品生产者、农民和小资产阶级，而这些中间阶层的消亡剥夺了工人成为小所有者的可能性，使之只能停留在无产阶级的地位上，因而，成为"一个有限的阶级，因而只是进入中产阶级的过渡阶段"。因此，工人阶级发展了自己的阶级意识——恩格斯没有使用过这个术语——和工人运动。用列宁的话说："恩格斯第一个指出，无产阶级不只是一个受苦的阶级，正是它所处的那种低贱的经济地位，无可遏止地推动它前进，迫使它去争取本身的最终解放。"[①]

然而，这种集中化、两极分化和城市化的过程并不是偶然。大规模商业化的工业需要越来越多的资本投资，由此形成的劳动分工需要积累大量的无产者。生产单位的规

---

① 《列宁文集》第一卷，第55页。

第四章 论恩格斯的《英国工人阶级状况》

模是如此之大,即便是建在乡村也吸引了周围的社区,这些社区将会提供剩余的劳动力,造成了工资下降,吸引了其他的工业家。于是,工业村变成了持续扩张的城市,因为它们为工业家提供了经济优势。虽然工业往往会从工资高的城市地区迁往工资低的农村地区,但是这接下来会在乡村地区播下城市化的种子。

对恩格斯来说,大城市由此成为最典型的资本主义地点,并在第三章中讨论了它们。在那些地方,无限制的剥削和竞争表现为最赤裸裸的形式:"在任何地方,一方面是不近人情的冷淡和铁石心肠的利己主义,另一方面是无法形容的贫穷;在任何地方,都是社会战争,都是每一个家庭处在被围攻的状态中;在任何地方,都是法律庇护下的互相抢劫。"在这种无政府的状态中,那些不占有生活资料和生产资料的人变成了失败者,只能为了勉强糊口的工资而工作,如果找不到工作,那么等待他的就是饿死。更糟糕的是完全不确定的生活,在这种生活中,工人的未来是完全未知的和不稳定的。事实上,恩格斯在第四章中所讨论的资本主义经济竞争规律支配了工人的未来。

工人的工资在最低生存率和由资本家在劳动力短缺时期的相互竞争所决定的最高值之间起伏不定,而最低生存率——但对恩格斯来说这不是一个严格的概念——是由工人之间的相互竞争决定的,但是受到工人在工资低于维持生存的情况下无法工作的条件限制。平均工资可能略高于最低工资:多少则取决于工人的惯常或现有的生活标准。

但是，某些种类的劳动，尤其是在工业中的劳动，需要更高素质的工人，因而他们的平均工资水平高于其他工人，但这也反映出城市更高的生活成本。（这种更高的城市和工业工资水平吸引了农村和外国——爱尔兰的移民，帮助扩大了工人阶级。）然而，工人之间的相互竞争创造了一种永久的"过剩人口"——马克思后来称之为"产业后备军"，从而降低了所有工人的生活标准。

技术进步降低了商品的价格，增加了对商品的需求，把许多由于技术进步而失业的工人重新吸纳到新的产业中。商品价格的下跌和英国工业的世界垄断带来了整个经济的扩张，但是工人之间的竞争仍然创造了"过剩人口"。因此，人口增长，生产增长，对劳动力的需求也随之增长。即便如此，由于繁荣和危机的周期性循环的作用，"过剩人口"仍然继续存在。恩格斯是最早看出这一循环是资本主义内在组成部分的人之一，也是最早提出准确的周期性的人之一。[①] 关于产业后备军是资本主义永久的实质组成部分的认识和关于商业周期的认识，是恩格斯理论开创性的两个更重要部分。既然资本主义通过繁荣和危机的波动来运作，因此，除了在繁荣的顶峰时期外，它必须拥有一支永久性的工人后备军。这支后备军部分来自于无产者，部分

---

① 在这里，他本该把某种东西归于西斯蒙第，更应该归于约翰·韦德的《中产阶级和工人阶级史》（John Wade, *History of the Middle and Working Classes*, 1833），这是一本恩格斯准备写作时所利用的著作。韦德提出了5年到7年的周期，恩格斯接受了这个观点，尽管后来他赞同10年的周期，抛弃了这个周期。

第四章 论恩格斯的《英国工人阶级状况》

来自于潜在的无产者——农民、爱尔兰移民和经济不活跃地区的人民。

资本主义生产了哪一种类型的工人呢？工人的生活条件是什么样子的呢？这些物质条件又造就了哪一种类型的个人和集体行为呢？恩格斯在这本书中花费了更大的篇幅（第三章、第五章和第十一章）来描述和分析这些问题，由此为社会科学作出了最重要的贡献——对资本主义工业化和城市化的社会影响的分析，这一贡献在许多方面上仍然是现在无法超越的。我们必须详细地加以阅读和研究。恩格斯的观点可以简要概括如下。资本主义把新的无产者——通常由那些来自前工业环境的移民构成——抛入到社会地狱之中：他们饱受折磨，工资低下，忍饥挨饿，生活在贫民窟中，腐化堕落，无人关注，遭人蔑视，不仅受到非人格的竞争力量的压迫，而且受到作为阶级的资产阶级的强迫，资产阶级把他们当做是物，而不当做是人，当做是"劳动力"或"人手"，而不当做是人类（第十二章）。在资产阶级法律的支持下，资本家把工厂的纪律强加在他们身上，惩罚他们，把他们投入监狱，随意地把自己的意志强加给他们。作为一个阶级的资产阶级歧视他们，针对他们发展出了马尔萨斯的人口理论，把1834年马尔萨斯式的"新济贫法"的残酷行为强加在他们身上。然而，这种全面的非人性化也使工人摆脱了资产阶级的意识形态和幻想——例如资产阶级的利己主义、宗教和道德。进步性的工业化和城市化促使工人了解自己所处的社会状况，并在把他们集中起来的过程中使他们意识到自己的力量。"工人与工业的关系越密切，他们就越先进"。（不过，恩格斯还指出了大规模移民——例如爱尔兰移民——的激进化效应。）

工人以不同的方式来面对他们所处的状况。一些工人屈服于自己的社会状况，自甘堕落；不过，酗酒、罪恶、犯罪和挥霍的增加是一种社会现象，是资本主义的产物，而不应该归咎于个人的弱点和无能。另一些工人消极地服从命运的安排，尽可能成为令人尊敬的守法公民，不关心公共事务，因而实际上帮助中产阶级收紧束缚工人的锁链。但是，只有在反对资产阶级的斗争中，只有在工人的状况不可避免地带来的工人运动中，才能找到真正的人性和尊严。

工人运动经历了几个不同的阶段。个人的造反——犯罪——可能是一个阶段，捣毁机器是另一个阶段，尽管这两种形式都不是普遍的现象。工会和罢工是工人运动所采取的第一种普遍形式。它们的重要性不在于它们的效力，而在于它们所教导的团结和阶级意识课程。宪章派的政治运动标志着工人运动已经发展到了更高的水平。与这些运动同时演变的是中产阶级思想家的社会主义理论。恩格斯认为，那些思想家直到1844年仍然处在工人运动之外，尽管他们俘虏了少数最优秀的工人。但是，随着资本主义危机的爆发，工人运动必定会走向社会主义。

正如1844年恩格斯所看到的那样，这场危机将会不可避免地以两种方式中的某种方式发展。要么美国（或者可能还有德国）的竞争将会终结英国的工业垄断，带来革命的形势；要么社会的两极分化将会继续下去，直到工人——当时占英国人口的绝大多数——认识到自身的力量并夺取政权。(有趣的是，我们看到，恩格斯的观点没有强调无产阶级的长期绝对贫困化。)然而，就工人不可忍受的状况和经济危机而言，革命可能发生在这些趋势自发地展现出来之前。恩格斯期望革命发生在下两次经济萧条之间，例如在1846—1847年与19世纪50年代中期之间。

尽管《英国工人阶级状况》不是一部成熟的著作，但是恩格斯的科学成就仍然惊人。他的缺点主要是青年人所特有的那些缺点，在某种程度上也是由于历史短暂所造成的缺点。在恩格斯写作《英国工人阶级状况》的时候，英国的资本主义处在其第一次长期大危机的最严重阶段，并且他在19世纪无疑是最灾难性的经济衰退的最严重时期——即1841—1842年——来到英国。认为19世纪40年代的危机时期是资本主义的最终时刻和革命的前奏，这绝不是完全不切实际的想法。恩格斯并不是唯一这样认为的观察家。

我们现在知道，这不是资本主义的最后危机，而是资本主义进行扩张的重大时期的前奏。在这一时期，资本主义扩张的部分基础是资本密集型工业，即与早期的纺织业不同的铁路、钢铁业，部分基础是资本主义活动在至今不发达的国家中征服了更广阔的地域，部分基础是农业特权阶级的失败，部分基础是找到剥削工人阶级的新的有效方法，这种方法意外地使工人阶级最终可能大幅度提高自己的实际收入。我们也知道,恩格斯相当准确地预见的1848年革命危机没有影响到英国。这在很大程度上是因为恩格斯没有预见到的不均衡发展现象。因为尽管1846—1848年资本主义在欧洲大陆上陷入了最严重的危机,但是英国早在1841—1842年就已经经历了相同的阶段。到1848年,新的扩张时期已经展开,它的第一个征兆是1844—1847年的"铁路大繁荣"。1842年宪章派的大罢工就是英国的1848年革命。促使欧洲大陆爆发革命的危机,仅仅使英国中断了快速复苏的时期。特别不幸的是,恩格斯写作《英国工人阶级状况》时,恰逢这一点不可能明朗之时。即使今天统计学家们仍然在争论1842—1848年间英国资本主义的"黯淡岁月"与维多利亚黄金繁荣期之间的分界线究竟位于何处。我们不能责怪恩格斯没有更清楚地预见到那一点。

然而,毫无偏见的读者只会认为《英国工人阶级状况》的缺点是次要的,必定会对它的成就留下更为深刻的印象。这些不仅是因为恩格斯个人显而易见的天赋,而且是因为他的共产主义思想。正因为如此,他才非常明显地比资本主义的当代辩护士具有更敏锐的经济、社会和历史洞察力。正如恩格斯所表明的那样,只有摆脱资产阶级社会的幻想,才能成为优秀的社会科学家。

恩格斯对1844年英国的描述

恩格斯对1844年英国工人阶级的描述究竟具有多大程

第四章 论恩格斯的《英国工人阶级状况》

度的可靠性和全面性？随后的研究在多大程度上证实了恩格斯的陈述？我们对《英国工人阶级状况》的历史价值的判断在很大程度上必定取决于这些问题的答案。从19世纪40年代到冷战时期，恩格斯经常遭到批评。19世纪40年代，V. A. 胡贝尔（V. A. Huber）和 B. 西尔第布兰德（B. Hildebrand）虽然同意恩格斯所描述的事实，但是认为他的解释过于灰暗，而在冷战时期，编辑们认为"历史学家不再会把恩格斯的这本书当做一部描绘出19世纪40年代英国的宝贵画面的权威著作"①。前一种评论是成立的，但是后一种评论则是胡说。

恩格斯的描述是建立在第一手观察和其他可靠资料的基础上的。他清楚地了解兰开郡尤其是曼彻斯特地区的工业，多次访问过约克郡的主要工业城镇——利兹、布拉福德、谢菲尔德，也在伦敦度过数周的时间。没有人真的以为恩格斯错误地描述了他所看到的现象。在描述性的几章中，很清楚的是，第三、四、六、九和十二章依据的是第一手的观察，而且这些了解也直接证明了其他的章节。我们不应该忘记，恩格斯（与大多数其他的外来访问者不同）并不是单纯的游客，而是一位曼彻斯特商人，一位了解自己生活环境的商人，是一个共产主义者，认识宪章派和早

---

① V. A. Huber（Janus, 1845 II, p. 387）; Bruno Hildebrand（*Nationaloekonomie d. Gegenwart u. Zukunft*, Frankfurt, 1848）; Henderson and Chaloner（eds.），*Engels' Condition of the Working Class*（Oxford, 1958, p. xxxi）. 关于当代德国人对恩格斯这本著作的反应，参见 J. Kuczynski, *Die Geschichte der Lage der Arbeiter unter dem Kapitalismus* Vol. 8（Berlin, l960），该书重印了几篇评论。

期的社会主义者,并与他们一道工作过(至少通过他与工厂的爱尔兰女工玛丽·伯恩斯及其亲戚和朋友的关系),是一个对工人阶级生活拥有相当多的第一手知识的人。因此,我们要想了解当时的英国工业,《英国工人阶级状况》是重要的一手资料。

就《英国工人阶级状况》的其他内容和对其观察的证明而言,恩格斯依靠其他资料和书面证据,考虑到了这样一种证据的政治偏见,谨慎地引用那些可能同情资本主义的资料(参见序言的最后一段)。尽管恩格斯的记录没有包罗一切,但也是出色而又全面的。尽管有许多誊写疏漏(恩格斯后来纠正了其中一些疏漏),尽管有一种概述官方资料而不是逐字翻译的倾向,但是指责恩格斯选择性地和错误地引用证据是站不住脚的。敌视恩格斯的编辑们在一本厚厚的著作中只能找到极少数他们认为是"错误描述"的例子,而且其中大多数指责不是微不足道的就是错误的。[1] 事实上,恩格斯没有利用一些可以利用的资料,如果他利用其中一些资料的话,就可以描绘出一幅更具讽刺性的画面。无论按照哪一种合理的标准,《英国工人阶级状况》都是一部极为出色的、正确地处理证据的记录性著作。

我们能够证明一些指责是错误的,例如,他以不必要的阴暗色调描绘了无产阶级的状况,或者没有认识到英国资产阶级的仁慈。细心的读者会发现如下看法是没有根据

---

[1] 关于对这些指责的讨论,参见 E. J. Hobsbawm, *Labouring Men*, London, 1962, chapter 6。

第四章 论恩格斯的《英国工人阶级状况》

的：恩格斯把所有工人都描绘成贫困或饥饿的，把他们的生活标准说成是难以维持生计的，把无产阶级说成是一群毫无差别的穷人。细心的读者也会发现，一些批评者并不总是阅读恩格斯的文本，因而他们推到恩格斯头上的许多极端陈述也是没有根据的。恩格斯没有否认，工人阶级的状况已经得到了改善（参见第三章结尾时的总结）。他也没有把资产阶级说成是一个完全黑心的群体（参见第七章结尾的长篇脚注）。他憎恨资产阶级所代表的东西，憎恨那种使资产阶级成为资产阶级的东西，这种憎恨不是那些怀有恶意而不是善意的人的幼稚的憎恨。这是对资本主义非人道性的一种批判，资本主义自动地把剥削者集体地变成一种"极度堕落、自私自利到不可救药、腐朽的阶级"。

批评者反对恩格斯，经常只是因为他们不愿意承认恩格斯所描述的事实。不论是共产主义者还是其他人，凡是当年从外国来到英国的人，无不意识到令人震惊的恐怖景象。许多令人尊敬的资产阶级自由派像恩格斯一样来描述英国的病症，但却没有像他那样进行分析。托克维尔在提到曼彻斯特时写道："文明创造了奇迹，文明人却重新成为野蛮人。"美国人亨利·科尔曼（Henry Colman）写道："我每天都感谢上帝，庆幸自己不是一个生活在英国家庭中的穷人。"我们能够找到许多关于工业家触目惊心的功利主义冷漠的陈述，这些陈述与恩格斯的描述相比并不逊色。

事实上，就像在1845年那样，今天恩格斯的《英国工人阶级状况》仍然是描述当时工人阶级状况的最优秀的著作。除了近来一群由意识形态上的厌恶而驱动的批评者外,后来的历史学家一直这样认为。当然,《英国工人阶级状况》并不是对工人阶级的最终定论,125年来的研究已经使我们更加了解工人阶级的状况,尤其是那些恩格斯没有亲自了解的地区。《英国工人阶级状况》是一部关于其时代的著作。不过,在每一位19世纪历史学家和每一个关注工人阶级运动的人的藏书中,没有哪一本书能够取代它的地位。在争取人类解放的斗争中,《英国工人阶级状况》是一部不可缺少的著作,是一座路标。

第五章 论《共产党宣言》

一

1847年春,马克思和恩格斯同意加入所谓的正义者同盟。流亡者同盟是正义者同盟的前身,是19世纪30年代德国手工业工人——主要是裁缝和木匠——在法国革命影响下在巴黎成立的秘密革命团体,而正义者同盟仍然主要由这样一些流亡的手工业工人激进派组成。由于被马克思和恩格斯的"批判的共产主义"所说服,正义者同盟建议发表一份由他们起草的宣言作为自己的政策文件,并建议按照他们的方针把自己的组织现代化。事实上,1847年夏,正义者同盟进行了改组,更名为共产主义者同盟,致力于"推翻资产阶级,建立无产阶级统治,消灭旧的以阶级对立为基础的资产阶级社会和建立无阶级、无私有制的新社会"① 的目标。1847年11—12月，正义者同盟在伦敦举行了第二次代表大会，正式接受了这些目标和新的章程，并邀请马克思和恩格斯起草阐明同盟目标和政策的新宣言。

尽管起草是由马克思和恩格斯共同准备的，并且这份文件显然代表了两人的共同观点，但是在正义者同盟执行委员会的紧急催促后，最终的文稿几乎肯定是由马克思写作的，因为当时就像后来一样，马克思发现，除非在毫无商量余地的最后期限的压力下，否则他难以完成最终的文稿。人们实际上已经找不到最初的文稿，这表明文稿是一气呵成的。② 以"共产党宣言"（*Manifesto of the Communist Party*，1872年后通常被称为 *Communist Manifesto*）为题的、23页的最终文件"发表于1848年2月"，由设在伦敦市利物浦街46号的工人教育联盟总部（即通常所知道的Communistischer Arbeiterbildungsverein，它一直存在到1914年）印刷。

我们几乎可以肯定说，自从法国大革命的《人权宣言》以来，这本小册子是迄今为止最有影响的单篇政治文献。《共产党宣言》面世一两周后，恰逢1848年革命爆发，这

---

① 关于共产主义同盟的最全面介绍，参见 Martin Hundt, *Geschichte des Bundes der Kommunisten 1836—1852*, Frankfurt am Main, 1993；关于《共产党宣言》的背景，参见 Gareth Stedman Jones, *The Communist Manifesto*: *With an Introduction and Notes*, Penguin Classics, 2000；关于第一版，参见 Wolfgang Meiser, *Das Manifest der Kommunistichen Partei vom Februar 1848*; "Zur Entstehung und Ueberlieferung der ersten Ausgabe" in *MEGA Studien*, 1996, Vol. 1, pp. 66 – 107。

② 目前只发现了其中的两个材料，关于《共产党宣言》第三节的计划和一页草稿。Karl Marx and Frederick Engels, *Collected Works*, Vol. 6, pp. 576 – 577.

第五章　论《共产党宣言》

场革命像森林大火一样从巴黎蔓延到整个欧洲大陆。尽管《共产党宣言》具有坚定的国际视野——它的第一版充满希望但却错误地宣布即将以英文、法文、意大利文、佛莱芒文和丹麦文发表，但是它最初的影响仅限于德国人。尽管共产主义者同盟的成员数量非常少，但是它在德国革命中发挥了重要的作用，至少通过马克思所编辑的《新莱茵报》（1848—1849）发挥了这样的作用。《共产党宣言》的第一版在几个月内重印了三次，在《德意志伦敦报》上进行连载，并在1848年4月或5月以30页的篇幅修订出版，但却随着1848年革命的失败退出了人们的视线。到1849年马克思安于在英国的终生流亡生活时，马克思已经觉得不应该在他的伦敦杂志《新莱茵报·政治经济评论》（几乎没有任何读者）最后一期（1850年11月）上重刊《共产党宣言》的第三部分"社会主义和共产主义的文献"。

　　没有人会预料到《共产党宣言》在19世纪50年代和60年代迎来了惊人的未来。大概在1864年，一家德国流亡出版商私下出版了新的小型版本，1866年柏林又出版了另一个小型版本，这实际上是《共产党宣言》第一次在德国出版。在1848—1866年间，除了大约1848年底的瑞典文版和1850年的英文版外，《共产党宣言》似乎没有其他译文版出版。1850年的英文版之所以在《共产党宣言》的文献史上具有重要地位，仅仅是因为译者似乎咨询了马克思，或者（因为译者居住在兰开夏郡）更可能是咨询了恩格斯。这两个版本如同石沉大海，没有留下任何踪迹。到19世纪

60年代中期,实际上马克思不再发表过去的著作。

马克思在国际工人协会(所谓的"第一国际",1864—1872年)获得了崇高的威望,而且两位尊崇马克思的前共产主义者同盟成员创建了两个重要的工人阶级政党。这使《共产党宣言》像马克思的其他著作那样重新获得了关注。特别是,马克思为1871年巴黎公社作出的雄辩(通常称为《法兰西内战》)使他赢得了危险的国际颠覆分子领袖——让一些政府恐惧——的名声。更特别的是,1872年3月对德国社会民主党领袖威廉·李卜克内西、奥古斯都·倍倍尔和鲁道夫·赫普纳的叛国罪审判使《共产党宣言》获得了意想不到的宣传。起诉书把《共产党宣言》的内容写进了法庭审讯笔录,因而使社会民主党人第一次有机会把《共产党宣言》作为法庭审理记录的一部分合法地大量出版。由于这份在1848年革命以前的文件显然可能需要某种更新的和解释性的评论,马克思和恩格斯发表了《共产党宣言》诸多序言中的第一个序言①。自此之后,新版的《共产党宣言》通常都会有新的序言。由于法律的原因,序言当时不可能广泛地发行,但是事实上,1872年版的《共产党宣言》(以1866年的版本为基础)变成后来所有版本的

---

① 在马克思主义创始人的一生中,它们是:(1) Preface to the (second) German edition, 1872;(2) Preface to the (second) Russian edition (1882),巴枯宁翻译的第一个俄文版发表于1869年,可以理解是不会有马克思或恩格斯的祝福的;(3) Preface to the (third) German edition, 1883;(4) Preface to the English edition, 1888;(5) Preface to the (fourth) German edition, 1890;(6) Preface to the Polish edition, 1892; and (7) Preface "To Italian Readers" (1893)。

基础。与此同时,在1871—1873年间,《共产党宣言》至少以6种语言出版了9个版本。

在接下来的40年里,《共产党宣言》由于新的(社会主义)工人政党的崛起而不断前进,征服了全世界。19世纪80年代,马克思主义在那些工人政党中的影响与日俱增。这些工人政党都没有选择称自身为共产党,直到十月革命后俄国的布尔什维克恢复原来的名字。但是,《共产党宣言》(*Manifesto of Communist Party*)的名称仍然没有改变。即使1917年俄国革命之前,《共产党宣言》已经以大约30种语言出版了数百个版本,包括3个日文版和1个中文版。然而,《共产党宣言》所影响的地区是欧洲的核心地带,从西部的法国到东部的俄罗斯。毫不奇怪,版本数量最多的是俄文版(70个版本),其中包括沙皇帝国时代出版的35个版本:11个波兰文版、7个意第绪文版、6个芬兰文版、5个乌克兰文版、4个格鲁吉亚文版和2个亚美尼亚文版。哈布斯堡帝国时代出版了55个德文版,另外还有9个匈牙利文版和8个捷克文版(但只有3个克罗地亚文版、1个斯洛伐克文版和1个斯洛文尼亚文版);英文版共有34个(包括美国出版的版本,美国第一个英文版发表于1871年),法文版有26个;意大利文版直到1889年才第一次翻译出版,共有11个版本。[①]《共产党宣言》对西南欧的影响很小:西班牙文只有6个版本(包括在拉丁美洲出版的版

---

① Paolo Favilli, *Storia del marxismo italiano*: *Dalle origini alla grande Guerra*, Milan, 1996, pp. 252 – 254.

本），葡萄牙文只有1个版本。东南欧也是如此：7个保加利亚文版、4个塞尔维亚文版、4个罗马尼亚文版和大概在萨洛尼卡（Salonica）出版的1个拉迪诺文版。《共产党宣言》对北欧的影响相当温和：6个丹麦文版、5个瑞典文版和2个挪威文版。①

这种不均衡的地理出版状况不仅反映出社会主义运动以及马克思本人影响——不同于诸如无政府主义等其他革命思想——的不均衡发展，而且提醒我们注意到，社会民主主义政党和工人政党的规模和力量与《共产党宣言》的发行之间不存在强有力的联系。因此，直到1905年，拥有数十万党员和数百万选民的德国社会民主党才刊印了不超过2000至3000册的新版《共产党宣言》。从1895年到1905年的11年里，它的1891年《爱尔福特纲领》发行量达到12万册，而《共产党宣言》的发行量似乎不超过1.6万册，1905年它的理论刊物《新时代》的发行量就达到6400册。② 我们不会期望一个群众性的马克思主义社会民主党的普通党员通过理论上的考察。相反地，俄国革命前《共产党宣言》的70个版本数代表了各类组织——大多数是非法组织——出版的总数，而这些组织的成员总数不超过数千人。同样地，34个版本的英文版《共产党宣言》是由英语

---

① 这些数字感谢 Bert Andréas, *Le Manifeste Communiste de Marx et Engels. Histoire et Bibliographie* 1848 – 1918, Milan, 1963。

② 资料来源是德国社会民主党代表大会的年度报告。但是，关于理论出版物的数据资料是1899年和1900年给出的。

第五章　论《共产党宣言》 >>>

世界分散的马克思主义派别为自己出版的，这些马克思主义派别活动在现有工人政党和社会主义政党的左侧地带上。这是"一位同志的信仰程度总是可以从他在《共产党宣言》上作出的标记来衡量"① 的环境。总而言之，尽管《共产党宣言》的一部分读者来自新的、正在崛起的社会主义工人政党和运动，但是他们几乎肯定不是这些政党和运动的代表性成员。他们是对支撑这些运动的理论拥有特殊兴趣的男男女女。现在的情况大概仍然如此。

十月革命后，这种状况在所有的共产党中最终发生了改变。与"第二国际"（1889—1914）时期的群众性政党不同，"第三国际"（1919—1943）的群众性政党希望它们的党员能够理解马克思主义理论，或者至少表现出一定的了解。实际上的政治领导人对著书立说不感兴趣，而像考茨基这样的"理论家"——被称为和尊为"理论家"——却不是实际的政治决策者。在"第三国际"时期，这两者之间的差别逐渐消失。在列宁之后，所有的领导人如今都应该是重要的理论家，因为所有的政治决策之所以是合理的，是由于它们依据了马克思主义的分析，或者更可能是因为它们借助了"经典作家"的文本权威：马克思、恩格斯、列宁，当然还有斯大林。于是，与"第二国际"时期相比，马克思和恩格斯文本的出版和广泛发行成为运动更为核心

---

① Robert R. LaMonte, "The New Intellectuals", in *New Review* II, 1914, 引自 Paul Buhle, *Marxism in the USA: From 1870 to the Present Day*, London, 1987, p. 56。

的任务。这些文本包括从一系列小册子——大概从德国魏玛共和国时期的《共产主义基本著作》(*Elementarbücher des Kommunismus*) 开始——和适当选编的读本（例如《马克思和恩格斯书信选》）到两卷或三卷本的《马克思和恩格斯选集》和准备出版的《马克思恩格斯全集》(*Gesamtausgabe*)。这些都得到了（出于这些目的）苏联共产党的无限支持，并且经常以各种外国语在苏联出版。

《共产党宣言》在三个方面受益于这种新的状况。毫无疑问，它的发行量出现了增长。1932年，美国共产党和英国共产党的官方出版社出版了"成千上万"册价格低廉的《共产党宣言》，这个数字可以说是"曾经以英文出版的最大数量"①。它的标题不再是一种历史的残存物，而如今则是与当前的政治直接相关。自从一个大国声称代表马克思主义思想以来，《共产党宣言》提高了它在政治科学中的文本地位，并因此进入了大学的教学大纲中。在"二战"后，大学注定会迅速扩大，因而20世纪60年代和70年代，知识分子读者的马克思主义在大学中会找到最热情的公众。

苏联从"二战"中崛起成为世界上的两个超级大国之一，领导着拥有共产党国家和依附国家的广大地区。西方的共产党（除了德国共产党这个著名例外之外）在"二战"中变得比他们过去或者本来更强大。尽管"冷战"已经拉开大幕，但是在发表一百周年之际，《共产党宣言》不再只

---

① Hal Draper, *The Annotated Communist Manifesto*, Center for Socialist History, Berkeley, 1984, p. 64.

是由共产党或其他马克思主义者编辑出版,非政治性的出版商也大规模出版带有知名学者撰写导言的版本。总而言之,《共产党宣言》不再只是经典的马克思主义文件,还完全变成了一种政治经典。

即使在苏联的共产主义终结之后,即使世界许多地方的马克思主义政党和运动衰落之后,《共产党宣言》仍然没有失去它的经典著作地位。在没有出版审查的国家,任何人进入一家优秀的书店,或者进入一所优秀的图书馆——更不用说互联网了,几乎肯定可以找到《共产党宣言》。因此,新版本的目标并不是普及这份惊人的名著,更不是重温百年来关于这份马克思主义根本文件的"正确"解释的教义争论。这是为了提醒我们自己注意:《共产党宣言》对于21世纪的世界仍然有许多话要说。

二

对于21世纪的世界,《共产党宣言》应该说什么呢?

当然,它是一份为了一定的历史时代而写作的文件。它的一些内容几乎在写作后就马上过时了,例如它向德国共产主义者推荐的策略,这些策略在1848年革命期间及其之后并不是他们实际上运用的策略。随着时间使读者越来越远离《共产党宣言》写作的时代,过时的内容越来越多。基佐和梅特涅早就不再领导政府,变成了历史人物,沙皇(尽管不是教皇)也不复存在。至于对"社会主义的和共产主义的文献"的讨论,马克思和恩格斯本人在1872年承认即使在当时也已经过时了。

更重要的是,随着时间的流逝,《共产党宣言》的语言不再是读者熟悉的语言。例如,它的许多内容充满了这样的词句:资产阶级社会的发展"使很大一部分居民脱离了农村生活的愚昧状态"。可是,尽管毫无疑问马克思当时像普通市民一样蔑视和不了解农村生活,但是在现实和分析上更令人关注的德语词组"Idiotismus des Landlebens entrissen"不是指"愚蠢",而是指"狭隘的眼界"或者农村居民"脱离更广泛的社会"的孤立生活状态。它响应了希腊语词"idiots"的原初含义,"idiot"或者"idiocy"的当前含义就是从其衍生出来的,即"一个只关心自己的事情而不关心广大的共同体的公共事务的人"。在19世纪40年代后的数十年里,在成员不像马克思那样受过古典教育的运动中,"Idiotismus"的原初意义已经消失,并遭到了误解。

这种状况在它的政治词语中更为明显。诸如"地产"(Stand)、"民主"(Demokratie)和"民族/民族的"(Nation/National)这样的术语要么不适用于当今的政治,要么不再具有它们在19世纪40年代的政治或哲学话语中所具有的含义。举一个明显的例子,"共产党"——我们的文本宣称是它的宣言——与现代民主政治的政党或列宁主义的共产主义的"先锋队政党"——更不用说苏联和中国式的国家政党了——没有任何关系。这样的政党当时尚未

第五章　论《共产党宣言》

存在。"党"实质上仍然意味着一种意见或政策的倾向或流派，尽管马克思和恩格斯认识到，一旦这种倾向或流派在阶级运动中找到了自己的表现形式，它就发展成为某种类型的组织（"无产者组织成为阶级，从而组织成为政党"）。因此，这就是第四节中所说的"已经形成的工人政党……英国宪章派和北美土地改革派"① 同尚未形成的其他政党之间的差别。正如《共产党宣言》所阐明的那样，马克思和恩格斯在这一阶段所说的"共产党"不是任何类型的组织，也不试图建立这样一个组织，更不用说一个拥有不同于其他组织的特殊纲领的组织了。② 顺便说一下，马克思和恩格斯代表其写作《共产党宣言》的实际组织——共产主义者同盟——在《共产党宣言》中一句也没有提到。

此外，很清楚的是，《共产党宣言》不仅是在特定的历史形势下和为了特定的历史形势而写作的，而且它还代表了马克思主义思想发展的一个阶段，即相对不成熟的阶段。它的经济学方面最明显地体现出了这一点。尽管马克思从1843年起开始认真研究政治经济学，但是直到1848年他流亡到英国并在1850年可以利用大英博物馆的丰富藏书时，他才认真着手发展《资本论》所阐述的经济分析。因此，

---

① 德文本的这一节首先讨论了"共产党人同已经形成的工人政党的关系……同英国宪章派和北美土地改革派的关系"。1887年由恩格斯修订的官方英文本也弱化了这种对比。

② "共产党人不是同其他工人政党相对立的特殊政党……他们不提出任何宗派的原则，用以塑造无产阶级的运动。"（《共产党宣言》第二节）

如何改变世界：马克思和马克思主义的传奇

《共产党宣言》尚未清楚地区分无产者向资本家出卖劳动与出卖劳动力之间的区别，而这一区别则是马克思剩余价值理论和剥削理论的关键。成熟时期的马克思也不会认为，"劳动"这种商品的价格是它的生产费用，即维持工人生存的最低生理需要的费用。简而言之，马克思在写作《共产党宣言》时与其说是一位马克思主义经济学家，不如说是一个共产主义的李嘉图主义者。

然而，虽然马克思和恩格斯提醒读者说《共产党宣言》是一份历史文献，在许多方面已经过时，但是他们推动并帮助了这份1848年文件的出版，仅仅作了少量的修改和说明。① 他们认为，《共产党宣言》仍然是一种对如下分析的主要陈述：这种分析使他们的共产主义与所有其他建立更美好社会的计划区分开来。实质上，这种分析是历史的分析。它的核心是揭示各个社会尤其是资产阶级社会的历史发展。这些社会取代了先前的社会，使世界革命化，接下来必然为自身不可避免地被其他社会所取代创造了条件。与马克思的经济学不同，作为这一分析基础的"唯物史观"已经在19世纪40年代中期找到了成熟的表述，后来也没有

---

① 其中最著名的修改，也是列宁所强调的修改，是1872年序言中所提出的观点，即，"巴黎公社已经证明：'工人阶级不能简单地掌握现成的国家机器，并运用它来达到自己的目的。'" 在马克思逝世后，恩格斯补充了一个脚注，改变了第一节的第一句话，把史前社会排除在阶级斗争的普遍范围之外。然而，马克思和恩格斯都没有想要注解或修改《共产党宣言》的经济论述。人们可能怀疑马克思和恩格斯实际上是否考虑过对《共产党宣言》作更全面的"修改或补充"（1883年德文版序言），但是，毫无疑问，马克思的逝世使得这样一种修改变成了不可能。

出现实质性的改变。① 在这一方面,《共产党宣言》已经是马克思主义的一份决定性文献。它体现了历史的视野,尽管它的一般论述仍然需要更全面的分析来丰富。

三

《共产党宣言》将会如何打动第一次阅读它的读者呢?这本令人惊异的小册子具有激情洋溢的信念、高度精炼的简洁性以及思想和风格的力量,几乎不可能不俘虏新的读者。它的写作好像是一次创造性的爆发,语句精雕细琢,几乎自然地化为令人难忘的格言,其知名度已经远远超出了政治辩论的世界:从开篇的"一个幽灵,共产主义的幽灵,在欧洲游荡"到结尾的"无产者在这个革命中失去的只是锁链。他们获得的将是整个世界"。② 在19世纪的德语写作中同样不同寻常的是,《共产党宣言》使用了论证明确的简短段落,基本上由1到5句组成,在200多个段落中只有5个段落由15句左右组成。不管其他的方面如何,《共产

---

① 比较《共产党宣言》第二节("人民的观念、观点和概念,一句话,人民的意识,随着人们的生活条件、人们的社会关系、人们的社会存在的改变而改变,这难道需要经过深思才能了解吗?"《马克思恩格斯文集》第2卷,第50—51页)的一段话与《〈政治经济学批判〉序言》相对应的那段话:"不是人们的意识决定人们的存在,相反,是人们的社会存在决定人们的意识。"(《马克思恩格斯文集》第2卷,第591页)

② 尽管这是恩格斯认可的英文版,但是它并不是对德文原文严格意义上的正确翻译:"Mögen die herrschenden Klassen vor einer kommunistischen Revolution zittern. Die Proletarier haben nichts *in ihr* ('in it', i. e. 'in the revolution'; my emphasis) zu verlieren als ihre Ketten"。

党宣言》在政治修辞上具有一种圣经式的力量。总之，不可否认它具有像文学一样迷人的力量。①

然而，毫无疑问，《共产党宣言》对"资产阶级社会"的革命特征和影响的惊人诊断也会打动当代的读者。关键不单单在于，让后来许多反对红色威胁的资本主义辩护士惊讶的是，尽管马克思憎恨资产阶级社会，但却承认并赞扬它的惊人成就和活力；而且还在于1848年马克思以阴郁、简洁的笔调生动描述的资本主义所改造的世界，恰恰就是21世纪初的世界。令人奇怪的是，两位分别年届28岁和30岁的革命者在政治上非常不现实的乐观主义，已经被证明是《共产党宣言》的最持久的力量。因为尽管"共产主义的幽灵"确实困扰着政客们，尽管欧洲当时正在经历一个经济和社会危机的重要时期，尽管欧洲即将爆发历史上最大的大陆范围内的革命，但是《共产党宣言》的如下信念显然没有充分的根据：推翻资本主义的时刻正在来临（"德国的资产阶级革命只能是无产阶级革命的直接序幕"）。恰恰相反，正如我们现在知道的那样，资本主义为迎接它的第一个全球胜利进军时代做好了准备。

《共产党宣言》的力量来源于两个方面。一是它即使在资本主义胜利进军之初就具有的视野：这种生产方式不是永恒不变的，不是稳定的，不是"历史的终结"，而是人类

---

① 关于文风的分析，参见 S. S. Prawer, *Karl Marx and World Literature*, Oxford, NY, Melbourne, 1978, pp. 148 – 149. 我所知道的《共产党宣言》英译本缺少德文原文所具有的文学力量。

第五章　论《共产党宣言》

历史的一个暂时阶段，像以前的生产方式一样，注定会被另一个社会取代（除非——《共产党宣言》所说的阶段尚未得到太多的注意——它与"斗争的各阶级同归于尽"）。二是它认识到资本主义发展的一些必然的、长期的历史趋势。资本主义经济的革命潜力已经是显而易见的了；马克思和恩格斯没有声称他们是唯一认识到这种革命潜力的人。自法国大革命以来，他们观察到的一些历史趋势显然带来了巨大的影响，例如"各自独立的，几乎只有同盟关系的，各有不同利益、不同法律、不同政府、不同关税的各个地区，现在已经结合为一个拥有统一的政府、统一的法律、统一的民族阶级利益和统一的关税的统一的民族"。然而，到19世纪40年代末，"资产阶级"取得的成就远远不如《共产党宣言》归于它的那些奇迹。毕竟，1850年，世界的钢铁产量只有7.1万吨（英国大约占到70%），铁路里长不到2.4万公里（英国和美国占到三分之二）。历史学家们毫不费力地表明，19世纪50年代之前，即使在英国，工业革命（1844年以来恩格斯专门使用的一个术语）① 也没有创造一个工业或城市占主导地位的国家。马克思和恩格斯不是描述1848年已经被资本主义改造的世界，而是预言了世界在逻辑上如何注定被资本主义改造。

现在，我们生活在一个很大程度上已经被资本主义改造的世界，即使西历第三个千年的《共产党宣言》读者也

---

① *Die Lage Englands. Das 18. Jahrhundert*, *Werke* 1, pp. 566–568.

无疑会看到这一改造的持续加速。在某些方面,与从《共产党宣言》发表时到我们这个时代之间的数代人相比,我们甚至能够更清楚地看到它的各种预言的力量。因为直到"二战"以来交通运输革命发生之时,生产的全球化——"使一切国家的生产和消费都成为世界性的"——仍然存在诸种限制。直到20世纪70年代,工业化仍然只限于它的起源地区。马克思主义者的某些学派甚至会认为,资本主义,至少以帝国主义形式出现的资本主义,到目前为止仍然"迫使一切民族——如果它不想灭亡的话——采用资产阶级的生产方式",就其本质而言造成甚至永久化了所谓的"第三世界"的"欠发达"状况。当三分之一的人类生活在苏联共产主义类型的经济中的时候,资本主义好像绝不会成功地迫使一切民族"变成资产者"。资本主义不会"按照它自己的面貌为自己创造出一个世界"。还有,20世纪60年代之前,《共产党宣言》关于资本主义消灭家庭的预言似乎没有得到证实,即使在发达的西方国家也是如此。但在今天,西方国家大约一半的儿童出生于或成长于单身妈妈的家庭,而且大城市中一半的家庭由单身人士组成。

  总而言之,1848年给心灵未被禁锢的读者留下深刻印象的是《共产党宣言》的革命言论,或者至少是其看似合理的预言,今天可以说它们简洁地描述了新千年之始的资本主义。19世纪40年代的其他文献敢这么说吗?

四

然而，倘若我们今天惊讶于《共产党宣言》如此敏锐地预见到当时大规模全球化的资本主义的遥远未来，那么我们也会对它的另一个失败预言感到惊讶。今天，资产阶级显然没有在无产阶级中"首先产生出自己的掘墓人"。"资产阶级的灭亡和无产阶级的胜利"尚未被证明是"同样不可避免的"。与《共产党宣言》诞生100周年时相比，"资产者与无产者"一节中这两种分析之间的差异在150年后需要更多的解释。

问题并不在于马克思和恩格斯对资本主义的预想：资本主义必然把生活在这种经济中的大多数人变为依赖劳动工资而生活的人。毫无疑问，资本主义倾向于如此，尽管今天一些收入来自于工资的、在技术上属于雇佣人员的工人——例如公司经理——几乎不可能算是无产者。问题实质上也在于马克思和恩格斯相信劳动人口大多数将会由产业工人的劳动大军构成。作为一个体力雇佣工人构成绝大多数人口的国家，英国仍然是一个相当例外的国家。尽管如此，在《共产党宣言》发表100多年后，工业生产的发展需要投入大规模的、越来越多的体力劳动。毫无疑问，这不再是现代资本密集型的高科技生产——《共产党宣言》不曾考虑到的发展——的状况，尽管事实上在更成熟时期的经济学研究中，马克思本人构想了至少在后资本主义时代可能发展出一种越来越不需要劳动的经济。① 即使在资本主义的旧工业经济中，制造业雇佣的人数直到20世纪70年代仍然相当稳定，除了美国之外，美国的这个数字较早地开始下降。事实上，1970年，除了英国、美国和比利时等少数例外，产业工人在工业化世界和正在工业化世界总人口中前所未有地构成了人口的绝大多数。

无论如何，《共产党宣言》所构想的推翻资本主义不取决于大多数人口率先转变成无产者，而是取决于如下假设：无产阶级在资本主义经济中的状况达到了这样的地步，即一旦它组织成为一种必然具有政治性的阶级运动，它就能够发挥领导作用，迅速把其他阶级的不满者团结在自己的周围，因而作为"绝大多数人的、为绝大多数人谋利益的独立的运动"而获得政治权力。于是，无产阶级将会"上升为民族的领导阶级……把自身组织成为民族"。②

既然资本主义尚未被推翻，因此，我们倾向于贬低这个预言。然而，尽管1848年看起来最终不可能推翻资本主义，但是组织化的政治运动应该改变了大多数欧洲资本主义国家的政治。具有阶级意识的工人阶级是上述政治运动的基础，但是几乎很少出现在英国之外的国家。19世纪80

---

① 例如，参见 "Fixed capital and the development of the productive resources of society" in the 1857–1858 manuscripts, *Collected Works* Vol. 29, London, 1987, pp. 80–99。

② "sich zur nationalen Klasse erheben"（"上升为民族的领导阶级"）这句德语具有黑格尔主义的含义，而恩格斯认可的英文翻译则改变了这种含义，大概是因为恩格斯认为19世纪80年代的读者不会理解这句话。

第五章 论《共产党宣言》

年代,工人和社会主义的政党出现在"发达世界"的大多数地区,并且成为那些拥有民主选举权——它们努力争取的结果——的国家的群众性政党。在"一战"期间及其后,当"无产阶级政党"的一个分支走上布尔什维克的革命道路的时候,另一个分支变成民主化的资本主义的长期支柱。布尔什维克主义的政党不再是欧洲的重要政党,或者演变成社会民主主义政党。20世纪90年代,倍倍尔时代乃至艾德礼时代所理解的社会民主主义正在进行一场无望取胜的战斗。然而,20世纪末,在西欧除了两个国家(西班牙和德国)外的所有国家中,"第二国际"社会民主主义政党的后裔们——有时以它们的最初名字——都曾经是执政党,要么过去曾经执政,要么可能再次执政。

总而言之,《共产党宣言》的错误之处并不在于它预言了以工人阶级为基础(和有时就像英国、德国、挪威和澳大利亚工党那样仍然背负阶级之名)的政治运动将会具有核心的地位,而在于它的如下主张:"在当前同资产阶级对立的一切阶级中,只有无产阶级是真正革命的阶级",它的必然使命包含在资本主义的本性和发展中,即推翻资产阶级;"资产阶级的灭亡和无产阶级的胜利是同样不可避免的"。

即使在臭名昭著的"饥饿的四十年代",机械论——保证上述论点,即工人不可避免的贫困化[①]——也不完全令人

[①] 贫困化不应该理解为"贫穷"的同义词。从英语用法中借用过来的德语词汇是"Pauper"("穷人……依靠救济或某种公共供应生活的人",*Chambers' Twentieth Century Dictionary*)和"Pauperismus"(贫困化:"处于贫困的状态"—Ibid.)。

信服，除非按照即使当时也是不可信的一个假设，即资本主义陷入最终的危机之中，并且马上就要被推翻。这是一种令人怀疑的机械论。除了对工人运动的影响外，贫困化还证明，"资产阶级不能统治下去了，因为它甚至不能保证自己的奴隶维持奴隶的生活，因为它不得不让自己的奴隶落到不能养活它反而要它来养活的地步"。因此，劳动不再能够提供驱动资本主义发动机的利润，现在已经逐渐干涸。可是，就《共产党宣言》极其生动地阐述的资本主义的巨大经济潜力来说，资本主义不能保证它的大多数工人阶级哪怕是悲惨的生活，或者它不能担负得起一个福利制度，为什么是不可避免的呢？（严格意义上的）"贫困比人口和财富增长得还要快"？[①] 如果资本主义在此之前还拥有漫长的生命——就像在1848年革命后不久变得明显一样，那么情况并非必然如此，事实上也不是如此。

《共产党宣言》对"资产阶级社会"——包括它所产生的工人阶级——的历史发展的构想并不必然得出如下结论：无产阶级将会推翻资本主义，并因此为共产主义的发展开辟道路，因为这个构想和结论并不是源自于相同的分析。马克思在成为"马克思主义者"前所接受的共产主义目标，并不是来源于对资本主义的性质和发展的分析，而是来源

[①] 悖论的是，今天资本家和自由市场政府广泛地使用马克思在1848年的观点来证明，如果那些GDP每几十年就增长一倍的国家不废除在贫穷时代建立的收入转移制度（福利国家，等等）——借助它们，那些赚钱的人养活那些不能赚钱的人，那么它们的经济将会破产。

第五章 论《共产党宣言》

于一种关于人性和人类命运的哲学论证——事实上是一种救世论的论证。自那时以来,对马克思来说,根本的思想是无产阶级不解放整个社会,就不能够解放自身。这一思想最初似乎是"一种哲学推演,而不是一种观察的结果"①。正如乔治·利希特海姆所说:"在马克思的著作中,无产阶级首先是以实现德国哲学目标的社会力量面目出现的",就像1843—1844年马克思对它的看法那样。②

这时,马克思对于无产阶级的了解,仅限于知道"德国无产阶级只是通过兴起的工业运动才开始形成",而且这恰恰是无产阶级作为解放力量的潜力,因为与传统社会的贫民不同,无产阶级是"社会的急剧解体"的产物,因此,它"宣告迄今为止的世界制度的解体,只不过是揭示自己本身的存在的秘密"。尽管马克思非常熟悉法国大革命的历史,但是他不了解工人运动。在恩格斯那里,马克思找到了伙伴。早在19世纪40年代初,恩格斯生活和工作在英国,非常了解英国工人阶级的生活和工作状况。他把"工业革命"概念——对英国已经存在的资本主义经济动力的理解——和经济分析的萌芽带到他们的合作关系中③,使马克思预言了由现实的工人阶级所创造的未来社会革命。马克思和恩格斯对"无产阶级"和共产主义的理解是相互补

---

① Leszek Kolakowski, *Main Currents of Marxism* Vol. 1, *The Founders*, Oxford, 1978, p. 130.
② G. Lichtheim, *Marxism*, London, 1964, p. 45.
③ 1844年发表为"Outlines of a Critique of Political Economy", *Collected Works* Vol. 3, pp. 418 – 443。

充的,他们关于阶级斗争是历史的发动机的思想也是如此;就马克思而言,阶级斗争思想主要来源于对法国大革命时期的研究;就恩格斯而言,阶级斗争思想来源于英国在后拿破仑时代的社会运动经验。毫不奇怪,马克思和恩格斯发现(用恩格斯的话说)他们"在一切理论领域中都显出意见完全一致"①。恩格斯不仅使马克思了解那种表明资本主义经济具有波动性和自我毁灭性的模式的基本因素——尤其是经济危机理论的纲要②,而且使马克思了解关于英国工人阶级运动崛起及其在英国可能扮演的革命角色的经验材料。

19世纪40年代,社会处在革命边缘的结论并不是一个不合理的结论。工人阶级——无论多么不成熟——将会领导革命的预测也是如此。毕竟,在《共产党宣言》发表后的数周里,巴黎工人运动推翻了法国君主王朝,并向半个欧洲发出了革命的信号。然而,对资本主义本质和发展的分析不可能推导出资本主义发展将会产生出一个实质上革命的无产阶级的趋势。这种趋势是资本主义发展的可能结果之一,但不可能被证明是唯一可能的结果。此外,更不可能表明的是,无产阶级成功地推翻资本主义必然会为共产主义的发展开辟道路。(《共产党宣言》只是主张,它由

---

① 恩格斯:《关于共产主义同盟的历史》,见《马克思恩格斯文集》第4卷,第232页。
② *Outlines of a Critique*, *Collected Works* Vol. 3, p. 433ff。这似乎源于英国的激进作家,尤其是 John Wade, *History of the Middle and Working Classes*, London, 1833, p. 428。恩格斯从这个角度提到了约翰·韦德。

此会开启一个逐渐变革的过程。)① 在马克思看来，无产阶级的本质使它注定要推翻资本主义，从而解放全人类，结束阶级社会。这种无产阶级观念代表了他的资本主义分析中所包含的一种希望，但不是那种分析所必然强加的一个结论。

毫无疑问，就自我毁灭力量已经成为资本主义发展的一部分而言，《共产党宣言》中的资本主义分析，尤其是在被马克思对1848年尚未显露迹象的经济集中的分析所扩展时，将会得出一个更一般的、不那么具体的结论。资本主义的发展必定会达到这样一个地步，而且今天不仅仅马克思主义者会对此表示接受："资产阶级的生产关系和交换关系，资产阶级的所有制关系，这个曾经仿佛用法术创造了如此庞大的生产资料和交换手段的现代资产阶级社会，现在像一个魔法师一样不能再支配自己用法术呼唤出来的魔鬼了……资产阶级的关系已经太狭窄了，再容纳不了它本身所造成的财富了。"

市场体系是一种剥削和永不停止积累的体系，建立在"人和人之间除了赤裸裸的利害关系，除了冷酷无情的'现金交易'，就再也没有任何别的联系了"的基础之上，绝不可能克服它自身所固有的"矛盾"；在一系列变革和重组的某个时候，这种本质上自我不稳定的体系的发展只会通往

---

① 这从恩格斯在《共产党宣言》两份草稿中的表述来看更为清楚：*Draft of a Communist Confession of Faith*, Collected Works Vol. 6, p. 102 and *Principles of Communism*, Ibid., p. 350。

一种不能再被称为资本主义的状态;这并不是一种不合理的结论。或者,用晚年马克思的话说:"生产资料的集中和劳动的社会化,达到了同它们的资本主义外壳不能相容的地步。这个外壳就要炸毁了。资本主义私有制的丧钟就要响了。"① 以什么名称来描述随后的状态是无关紧要的。然而,正如世界经济扩张对世界环境的影响所表明的那样,这必然会标志着从私人占有到全球性社会管理的急剧转变。

这样一种"后资本主义社会"决不可能符合传统的社会主义模式,更不可能符合苏联时代的"现实存在的"社会主义。它会采取何种形式和在多大程度上体现出马克思和恩格斯共产主义的人道主义价值观,将会取决于实现这一变革的政治行动。因为正如《共产党宣言》认为的那样,这是历史变革过程的核心。

五

按照马克思的观点,无论我们如何描述"资本主义私有制的丧钟就要响了"的历史时刻,政治都将是其中的一个实质性因素。《共产党宣言》首先被视为一份具有历史必然性的文献;事实上,它的力量主要在于它使读者相信,资本主义不可避免的命运是被它的掘墓人所埋葬,并且是现在而不是以前的任何历史时期形成了解放的条件。然而,

---

① 《资本论》第一卷,见《马克思恩格斯全集》第一版第23卷,第831—832页。

第五章 论《共产党宣言》

与普遍的假设相反,由于《共产党宣言》相信历史的变革是通过自己创造自己历史的人们进行的,因此,它并不是一份历史决定论的文献。资本主义坟墓的挖掘者只能是人类的行动。

人们确实有可能对《共产党宣言》的观点进行决定论的解读。有人认为,恩格斯比马克思更自然地倾向决定论,这对马克思去世后马克思主义理论和马克思主义工人运动的发展产生了重要的影响。然而,尽管恩格斯本人先前的草稿被用来当做证据[①],但是事实上《共产党宣言》不可能读出那种证据。当《共产党宣言》离开历史分析的领域进入当下的时候,它是一份关于选择、政治可能性而不是各种概率——更不用说确定性——的文献。"发展的进程"将会是"这样一个联合体,在那里,每个人的自由发展是一切人的自由发展的条件"。政治行动的王国就位于这样一个不可预测的时代与"现在"之间。

《共产党宣言》的核心思想是通过社会实践、集体行动实现历史的变革。它认为,无产阶级的发展是"组织成为阶级,从而组织成为政党"。"由无产阶级夺取政权"("争得民主")是"工人革命的第一步",而且未来的社会取决于新政权随后的政治行动("无产阶级"如何"利用自己的政治统治")。对政治的信奉是马克思的社会主义同无政府主义者,那些《共产党宣言》明确地批判的、拒绝一切政

---

① G. Lichtheim, *Marxism*, pp. 58 – 60.

治行动的社会主义者的继承人之间的历史区别。即使在列宁之前，马克思的理论不仅论述了"历史向我们表明的未来"，而且论述了"必须做的事情"。诚然，20世纪苏联的经验带给我们的教训是：在实际上不可能取得成功的历史条件下，最好不要做"必须做的事情"。可是，我们也本该从思考《共产党宣言》的各种含义中学到这个教训。

但是，《共产党宣言》至少具有卓越的品质，是一份设想到失败的文献。它希望资本主义发展的结果将是"整个社会受到革命改造"。可是，我们已经看到，它没有排除另一种选择："同归于尽"。许多年后，另一个马克思主义者把这改述为社会主义与野蛮之间的选择。哪一个选择将会取得胜利是必须留给21世纪来回答的问题。

第六章 发现《大纲》*

在许多方面,《政治经济学批判大纲》(Grundrisse) 不仅在马克思的全部著作中占据独特的地位,而且具有独特的命运。第一,《大纲》是马克思成熟时期的一系列重要著作的唯一例证。由于现实的原因,《大纲》在马克思逝世后的半个世纪里完全不为人知,事实上直到这些手稿写作将近一个世纪以后才以这个名称被收集到一起,才完全能够为人所得。显然,1857—1858 年的著作是准备《资本论》的一部分思想努力。无论在它们的重要性上存在何种争论,它们都代表成熟时期的马克思,至少代表作为经济学家的马克思。这使《大纲》不同于马克思的文集——即 1932 年《马克思·历史唯物主义·早期著作》——中的其他早期著作。在马克思的理论发展中,19 世纪 40 年代初的这些著作究竟具有什么地位是一个被正确地或错误地激烈争论的问

---

* 本章是为《大纲》第一个英译本所写的导言,引文的页码是原版的页码 (Lawrence & Wishart, 1964)。

题。但是，1857—1858年著作的成熟性不可能存在这样的争论。

第二，稍微令人惊讶的是，《大纲》的完整出版发生在肯定可以说是最不利于马克思研究和马克思主义思考的原创性发展的条件下，也就是说，《大纲》于斯大林时代的高潮时期在苏联和德意志民主共和国出版。即使在后来马克思和恩格斯著作外文版的编辑们有理由出版那些手稿的时候，马克思和恩格斯手稿的出版仍然是需要政治当局批准的事情。现在仍然不清楚的是当时如何克服出版的障碍，包括对马克思恩格斯研究院的清洗以及对研究院的创始人和院长的清除和最终谋杀，或者从1925年到1939年负责手稿编辑工作的保罗·韦勒（Paul Weller）如何度过1936—1938年的恐怖而完成出版工作的。政治当局不是非常了解这部庞大而又费解的手稿的情况，这或许帮助了它的出版。然而，它们显然怀疑手稿的确切地位，至少是因为斯大林认为，手稿的重要性不如反映出马克思成熟时期立场观点的三卷本《资本论》。事实上，直到1968—1969年，《大纲》才出版了俄文全译本。无论是1939—1941年（莫斯科）的德文原文版还是1953年（柏林）的重印版，都不是作为通常被简称为"MEGA"（不完全的，仅仅按照"MEGA格式"出版）的苏联版马克思恩格斯全集或者"Marx-Engels Werke"的一部分出版的。然而，1844年的"早期著作"在MEGA中首次出版后就从官方的马克思恩格斯全集中消失了，与之相反的是，实际上，即使在斯大林时代的高潮时期，苏联也出版了《大纲》。

第三个独特性是长期无法确定 1857—1858 年手稿的地位。20 世纪 30 年代，苏联马列研究院对手稿的命名一直起伏不定，直到付印前才匆忙地命名为"大纲"，就反映了上述状况。事实上，1857—1858 年手稿与由马克思写作和由恩格斯编辑的、公开发表的《资本论》文本之间，与由考茨基从马克思 1861—1863 年笔记中编辑的四卷本《剩余价值理论》之间的关系究竟是什么性质，仍然是备受争论的问题。从头到尾阅读了手稿的考茨基似乎不知道如何处理它们。他在《新时代》杂志上发表了其中的两篇摘文，但就不再做什么了。这两篇摘文是《巴师夏与凯里》的片断（几乎没有产生影响）和所谓的《〈政治经济学批判〉导言》(1903)。《〈政治经济学批判〉导言》从未完稿，因此也没有发表在 1859 年同名的著作中。对那些希望在流行的正统观点外扩展马克思主义解释的人尤其是奥地利马克思主义者来说，《〈政治经济学批判〉导言》变成了一个早期的文本。到目前为止，《〈政治经济学批判〉导言》大概是《大纲》受到最广泛讨论的一部分内容，尽管至少有一位评论者在探讨这一问题的新书中怀疑那两篇摘文是否属于《大纲》的组成部分。手稿的其他部分仍然没有出版，事实上也不为人知，直到 1923 年梁赞诺夫及其在莫斯科的同事获得了手稿的缩微胶卷，为它们编排次序，计划在 MEGA 中出版。倘若手稿按照原计划在 1931 年出版，它们将会产生何种影响呢？思考这一问题是很有意思的。它们的实际出版日期——1939年底和1941年希特勒入侵苏联一周后——意味着直到1953年它们在东柏林重印时，它们在西方几乎完全不为人知。但是，有几本进入了美国。1948年，《大纲》伟大的阐释先驱罗曼·罗斯多尔斯基（Roman Rosdolsky,1898—1956）穿过奥斯维辛集中营和其他各种集中营来到美国，对《大纲》进行了分析，但在1967—1968年前，他没有公开出版《大纲》。令人难以置信的是，大量的德文初版"被送往前线，当做激怒德国士兵的材料，后来又被送往集中营作为战俘的学习材料"，实现了它们的理论或实践目标。

1939/1941年的全本重印本变成了国际接受的主要《大纲》版本。为什么1953年东德在《马克思恩格斯全集》出版几年前出版它并故意使之与全集摆脱关系呢？我们不知道，但是有人已经提出了一些合理的看法。除了一个例外之外，直到20世纪60年代马克思研究才得到了严肃的评论。这个例外就是《资本主义生产以前的各种形式》部分。1938年，它第一次以俄文出版（就像稍早出版的《货币》那样），1947年以日文出版，1952年以德文出版，随后立即被翻译成匈牙利文和意大利文（1953—1954），英语世界的马克思主义历史学家肯定也进行了讨论。带有说明性导言的英文版（1964）不久翻译成西班牙文在阿根廷和佛朗哥的西班牙出版（1966—1967）。大概是《资本主义生产以前的各种形式》对于马克思主义历史学家和社会人类学家具有特别重要的意义，因而帮助解释了这一文本在《大纲》

第六章　发现《大纲》

全本出版前的广泛发行,也帮助解释了它在对第三世界社会备受争议的马克思主义分析方面的特别意义。它揭示了由魏特夫《东方专制主义》(1957)等著作而在西方重新兴起的"亚细亚生产方式"争论。

1857—1858年手稿的接受史实际上始于1956年危机之后的重大努力:在不再坚如磐石的各个共产党内部和外部,使马克思主义摆脱苏联正统的束缚。既然1844年的著作和1857—1858年手稿虽然毫无疑问是马克思的著作,但并不属于"经典著作"之列,因此,共产党的内部可能认为它们为合法地打开迄今为止的封闭立场提供了基础。国际上几乎同时对葛兰西著作的发现——苏联第一次出版葛兰西著作是在1957—1959年——产生了相同的效果。法国人文科学出版社(the French Editions Anthropos)改良主义者的译本(1968)和马丁·尼古劳斯在《新左派评论》帮助下的译本(1971)等非官方的自由译本表明了对于《大纲》的异端潜力的信念。在共产党外部,《大纲》具有这样一种功能:证明有一种非共产主义的但又无可置疑的马克思主义;但是,这直到20世纪60年代的学生造反时代才在政治上具有重要意义,即使20世纪50年代靠近法兰克福学派传统而不是政治行动主义的学者已经认识到了《大纲》的重要性,例如利希特海姆和青年哈贝马斯。在规模快速扩大的大学中,学生的激进化也为诸如《大纲》这样极其费解的文本带来了比过去预期更多的大量读者。要不是因为如此,像企鹅图书公司这样的商业出版社本来肯定不会准备出版《大纲》，即使它是"鹈鹕马克思文库"的一部分。与此同时，苏联或多或少不情愿地承认了《大纲》是马克思全集的完整组成部分，并在1968—1969年把它加入到之前编辑的马克思恩格斯著作版本中，尽管是在比《资本论》规模更小的版本中。不久，匈牙利和捷克斯洛伐克出版了《大纲》，并且中国在毛泽东逝世后也出版了《大纲》。

于是，我们难以把关于《大纲》的争论同发生和激起争论的政治环境区分开来。20世纪70年代，当那些争论最激烈的时候，它们也遇到了代际的或文化的障碍，即失去了大多数（主要是中东欧的）永远忠诚和博学的马克思文本学学者先驱，例如梁赞诺夫和罗斯多尔斯基。为了加强以前对1857—1858年手稿在马克思思想发展中的地位的分析，尤其是为了更一般地分析它们在后来成为《资本论》主体部分的总体计划中的地位，更年青的托洛茨基主义知识分子确实作出了一些认真的努力。然而，由于马克思的文献显然不是完成的形态，因此，像法国的阿尔都塞和意大利的内格里那样的作家发动了著名的马克思主义理论争论。一些青年人本身很可能尚未充分了解这些文本，或者还没有能力评判过去关于它们的争论——即便仅仅是因为语言上的原因，但却接受了那些争论。

目前的全文本出版于这样一个时代：马克思主义政党和运动尚未成为全球性的重要行动者，而且关于其学说、战略、方法和目标的争论不再是关于马克思、恩格斯及其追随者的著作中争论的必然框架。然而，它也出现在这样

第六章 发现《大纲》

一个时代：世界似乎已经证明，马克思对资本主义制度经济运作方式具有无比敏锐的洞察力。或许，这是重新研究《大纲》的恰当时刻，现在左派政治在赫鲁晓夫对斯大林的批判与戈尔巴乔夫的失败之间的权宜考虑已经不再是一种束缚了。无论从哪个方面来看，《大纲》都是一个非常难以理解的文本，但也是一个具有巨额回报的文本，因为《大纲》不仅为《资本论》只是其中一部分的全部著作提供了唯一的指南，而且也是马克思成熟时期方法论的独特介绍。《大纲》包含了各种分析和洞见，例如关于技术的分析和洞见。这些分析和洞见使马克思对资本主义的分析远远超越了19世纪，进入了生产不再需要大量劳动的时代，进入了自动化、闲暇得以成为可能并在这样一些条件下消除异化的时代。《大纲》是在某种程度上超越马克思本人在《德意志意识形态》中对共产主义未来的暗示的唯一文本。总之，《大纲》已经被正确地描述为"马克思的最丰富的思想"。[126]

第七章　马克思论资本主义生产以前的各种形式

一

1857—1858年，马克思为《政治经济学批判》和《资本论》写作了大量的手稿。1939—1941年，这些手稿以《政治经济学批判大纲》（以下简称《大纲》）为题在莫斯科出版，不过1903—1904年《新时代》杂志发表了其中一些片断。出版的时间和地点造成它直到1952年和1953年实际上都不为人知。1952年，《大纲》的一部分作为一本小册子在柏林出版，1953年，全本的《大纲》也在柏林重新出版。长期以来，1953年的德文版是唯一能够利用的版本。《大纲》是马克思和恩格斯生前从未发表的庞大手稿的一部分，是自1930年以来可以进行充分研究的一部手稿。马克思和恩格斯的大多数手稿，例如《1844年经济学哲学手

第七章 马克思论资本主义生产以前的各种形式

稿》——大量出现在后来的讨论中——既属于马克思青年时代的著作,也属于马克思主义青年时代的著作。不过,《大纲》属于马克思完全成熟时期的著作。它是马克思在英国数十年来全力研究的结果,显然代表19世纪60年代初期马克思写作《资本论》之前的思想阶段。我们已经看到,《大纲》为此提供了初步的准备工作。因此,《大纲》是马克思成熟时期最新一部进入公众视野的重要著作。

这样一来,对《大纲》的忽视非常令人吃惊。这对《资本主义生产以前的各种形式》(以下简称《形式》)的部分来说尤为真实。在这一部分中,马克思尝试解决资本主义生产以前的历史演变问题。因为这些不是无关紧要的或者偶然的笔记。《形式》不仅仅代表——就像马克思在给拉萨尔的信(1858年11月12日)中自豪地所说的那样——"十五年的、即我一生的黄金时代的研究成果",而且表明了马克思的最卓越和最深刻的能力,在许多方面也是卓越的《〈政治经济学批判〉序言》不可缺少的姊妹篇。《〈政治经济学批判〉序言》(以下简称《序言》)是不久后写作的,以最丰富的形式描述了历史唯物主义。我们可以毫不犹豫地说,任何不考虑到《大纲》的马克思主义历史讨论,即1941年前几乎所有这样的讨论和(不幸地)此后的许多讨论,必须根据它们重新思考。

然而,对《大纲》的忽视有许多显而易见的原因。正如马克思在给拉萨尔的信中所说的那样,《大纲》是"在相隔很久的几个时期内完成的,目的不是为了付印,而是为了自己弄清问题"。《大纲》不仅需要读者非常熟悉马克思的思想风格,即他的整个思想演变过程尤其是黑格尔主义,而且它们也是以某种私人的思想速记方法——有时难以理解——以粗略的笔记形式来写作的。在马克思的笔记中,有一些方面对马克思来说无论多么熟悉,但是对我们来说经常是模糊不清的。凡是尝试过翻译乃至研究和解释《大纲》的人,都会知道有时不可能使某个预言性段落的含义摆脱一切合理的怀疑。

即使马克思不辞辛苦地阐明他的含义,但是这仍然不是容易的事情,因为他的分析具有高度的概括性,也就是说,是以高度抽象的术语来表述的。第一,马克思想要——就像在《序言》中那样——确立所有社会变迁的一般机制:与物质生产力发展的一定阶段相适合的社会生产关系的形态;生产力与生产关系之间的冲突的周期性发展;生产关系再次使自身适应生产力水平的"社会革命的时代"。无论如何,这种一般分析不包含关于具体的历史时期,即生产力和生产关系的任何论述。因此,《序言》甚至没有提到"阶级"一词,因为各种阶级只是特定历史时期——尽管无可否认是十分漫长的时期——社会生产关系的具体状况。而且,唯一关于历史形态和时期的实际论述只简短地、未经论证地和没有解释地列出"经济的社会形态演进的几个时代",即"亚细亚的、古代的、封建的和现代资产阶级的生产方式",其中资产阶级的社会形态是社会生产过程的最后一个"对抗"形式。

第七章　马克思论资本主义生产以前的各种形式

与《序言》相比，《形式》既是更一般的分析，又是更具体的分析，尽管它们都不是——从一开始注意到这一点非常重要——严格意义上的"历史学"。在某种意义上，草稿试图在对社会演进的分析中揭示在一切主题上的某种辩证理论或者事实上某种令人满意的理论的特点。《形式》谋求拥有且事实上确实拥有思想简洁、一般性和完整的内在逻辑的品质——科学家倾向于称之为"优美"或"优雅"，而且它通过运用黑格尔的辩证方法——尽管在唯物主义而不是唯心主义的基础上——来追求这些品质。

这立即把我们带到第二个方面面前。《形式》试图阐明历史在其最一般形式上的内容。这个内容就是"进步"。不论是那些否认历史进步存在的人，还是那些（经常以马克思不成熟时期的著作作为他们的依据）认为马克思的思想仅仅是一种人类解放的伦理要求的人，都不会在这里找到支持。对马克思来说，进步是客观上可以定义的东西，而且同时表明了值得追求的东西。马克思主义相信所有人的自由发展的胜利，这一信念的力量不取决于马克思对于它的希望的力量，而是取决于如下分析的所谓的正确性：这确实是历史发展最终带领人类到达的地方。

马克思对作为社会动物的人的分析是其人道主义的客观基础，当然同时也是其社会和经济演进理论的客观基础。人类，或者毋宁说是人，完成了劳动，即他们在日常实践中生产和再生产出他们的存在，吃、穿、住、爱等。他们通过在自然中的活动来完成这一切，为了这个目的而取自于自然（最终自觉地改变了自然）。人与自然之间的这种相互作用不仅本身是而且导致了社会的演变。取自于自然或者决定利用自然的东西（包括人自身的身体）能够被且通常确实被看做是占有，因此占有最初只是劳动的一个方面。占有表现为财产概念（与私有财产的历史具体事例绝不是一回事）。马克思说，一开始，"工人与自己劳动的客观条件之间的关系是财产关系；这是劳动同劳动的物质前提的天然统一"（《马克思恩格斯全集》第二版第30卷，第465页）。作为社会的动物，人既发展了合作，又发展了"社会劳动分工"（即功能的专业化）。"社会劳动分工"不仅因为生产出超过维持个人及其所属共同体生存需要的剩余而成为可能，而且增加了生产出这样一种剩余的可能性。剩余和社会劳动分工的存在使交换成为可能。可是，生产和交换最初都只把使用当做它们的目标，即维持生产者及其共同体的生存。这些是构建理论的主要分析材料，事实上都是人作为一种特殊类型的社会动物这个原创性思想的延伸和推论。①

当然，在人从自然不断解放的过程中和在人对自然的控制中我们可以看到进步。这种解放——即从原始人谋生时被给予的环境中解放出来和在从动物到人的进化过程中产生的原始和自发的（或者马克思所说的"自然形成的"）

---

① 关于恩格斯对从猿到人的进化过程的解释和因此对人与其他灵长类动物之间差别的解释，参见《自然辩证法》中的"劳动在从猿到人转变过程中的作用"草稿。

第七章 马克思论资本主义生产以前的各种形式

关系中解放出来——不仅影响到生产力,而且影响到生产关系。《形式》讨论的正是这后一个方面。一方面,人由于劳动专业化的结果而形成的关系——和尤其是交换——逐步变得明确和复杂,直到"货币"的发明以及"商品生产"和随之产生的交换,为以前不可想象的过程——包括资本积累——提供了基础。(这一过程尽管《形式》一开始就提到了,但不是它的主题。)另一方面,当人类进一步摆脱他与自然之间的"自然形成的"或自发演变的原始关系时,就逐步打破了劳动—财产的双重关系。劳动—财产的双重关系所采取的形式是"自由劳动同实现自由劳动的客观条件相分离,即同劳动资料和劳动材料相分离,可见,首要的是,劳动者同他的天然的实验场即土地相分离"(《马克思恩格斯全集》第二版第30卷,第465页)。劳动—财产的双重关系在资本主义的条件下得到了最终的澄清。这时,工人被归结为单纯的劳动力,而且相反我们还可以补充说,财产被归结为对同劳动完全相分离的生产资料的控制,但是,在生产过程中,使用(没有直接的相关性)同交换和积累(积累是生产的直接目标)完全相分离。这就是——在其可能变化的类型中——马克思试图分析的过程。尽管特定的社会和经济形态——表现为这种演进的特定阶段——是非常相关的,但是马克思想起的是横跨数个世纪和大陆的整个过程。因此,马克思的框架只有在最宽泛的意义上才是编年史的框架,而且让我们说,他最关心的问题并不是从某个历史阶段向另一个历史阶段的过渡,除非这些问题揭示了长期的变革。

但与此同时,人从最初的自然生产条件中解放出来的这个过程是人的孤立化的过程。"人只是在历史过程中才孤立化的。人最初表现为类存在物,部落体、群居动物……交换本身就是造成这种孤立化的一种主要手段。它使群的存在成为不必要,并使之解体。"(《马克思恩格斯全集》第二版第30卷,第489页)这自然包含着个人同最初使他发挥作用的共同体之间的关系的转变。以前的共同体变成了——在资本主义的极端情况下——非人化的社会机制。尽管这种非人化的社会机制实际上使孤立化成为可能,但是它外在于并敌视个人。可是,这个过程对人类来说是无数的可能性之一。正如马克思在一段充满希望和赞美的话中所指出的那样(《马克思恩格斯全集》第二版第30卷,第479—480页):

> 古代的观点和现代世界相比,就显得崇高得多,根据古代的观点,人,不管是处在怎样狭隘的民族的、宗教的、政治的规定上,总是表现为生产的目的,在现代世界,生产表现为人的目的,而财富则表现为生产的目的。事实上,如果抛掉狭隘的资产阶级形式,那么,财富不就是在普遍交换中产生的个人的需要、才能、享用、生产力等的普遍性吗?财富不就是人对自然力——既是通常所谓的"自然"力,又是人本身的自然力——的统治的充分发展吗?财富不就是人的

第七章　马克思论资本主义生产以前的各种形式 >>>

创造天赋的绝对发挥吗？这种发挥，除了先前的历史发展之外没有任何其他前提，而先前的历史发展使这种全面的发展，即不以旧有的尺度来衡量的人类全部力量的全面发展成为目的本身。在这里，人不是在某一种规定性上再生产自己，而是生产出他的全面性；不是力求停留在某种已经变成的东西上，而是处在变易的绝对运动之中。

在资产阶级经济以及与之相适应的生产时代中，人的内在本质的这种充分发挥，表现为完全的空虚化；这种普遍的对象化过程，表现为全面的异化，而一切既定的片面目的的废弃，则表现为为了某种纯粹外在的目的而牺牲自己的目的本身。

即使这种最不人道和明显矛盾的形式，也比过去的一切历史阶段更接近人道主义的个人自由发展理想。这个理想只有等待从马克思以精心选择的词语所说的人类社会的史前阶段即资本主义是其最后阶段的阶级社会时代向人掌握自己命运的时代即共产主义时代的过渡。

因此，马克思的构想是一种不可思议的统一力量。他的社会和经济发展模式是一种（与黑格尔的模式不同）能够应用于历史并产生出富有成效和原创性的结果，而不是同义反复的模式；但与此同时，它能够被说成是一些逻辑可能性的展开，这些逻辑可能性隐藏在少数关于人性——劳动/财产的辩证解决——和劳动分工的基础和几乎公理式的陈述中。① 它是一种事实模式，但从一种稍微不同的角度来看，这同一个模式为我们提供了价值判断。正是马克思理论的这种多维性，才使得除了愚蠢或带有偏见的人之外的所有人尊重和敬佩作为思想家的马克思，即使在他们不赞同马克思之时也是如此。同时，尤其是在马克思本人绝不对外部读者的要求作出退让的时候，这无疑增加了这一文本的困境。

我们应该专门提一下这种复杂性的一个例子：这就是马克思拒绝把不同的学术学科相分离。有人可能替他这样做。于是，已故的熊彼特——马克思的比较睿智的批评者之一——试图区分作为社会学家的马克思和作为经济学家的马克思，而且人们可以轻而易举地辨别出作为历史学家的马克思。但是，这样一些机械的划分具有误导性，与马克思的方法完全相反。正是资产阶级的学院派经济学家试图划清静态分析和动态分析之间的界线，希望通过把某些"动态化"的因素注入到静态体系中，把一种分析变成另一种分析，就好像正是学院派的经济学家仍然建立一个最好可以用公式表达的、精致的"经济增长"模型，把一切不适合模型的东西都抛给"社会学家"的领域。学院派的社会学家在下一层的科学研究领域上作出了类似的区分，历

---

① 与黑格尔不同，马克思没有受到如下可能性——事实上在思想的某些阶段上是必然性——的欺骗：抽象地和先天地叙述他的理论。参见《〈政治经济学批判〉导言》关于政治经济学方法——像马克思在其思想的这个重要时期所写的一切那样卓越、深刻和令人激动——的内容，在这里，马克思讨论了这种方法的价值。

第七章 马克思论资本主义生产以前的各种形式 >>>

史学家们则又在更下一层的领域上做了同样的事情。但是，这不是马克思的方法。物质生产力不可能同与之相适应的社会生产关系（即最宽泛意义上的社会组织）相分开。"这些生产关系的总和构成社会的经济结构"（《〈政治经济学批判〉序言》）。经济发展不可能用现代庸俗经济学家的方法简化为"经济增长"，更不能简化成诸如生产率或资本积累率等孤立要素的变化，现代庸俗经济学家使用这样的方法来论证，当超过5%的国民收入用于投资时，就会带来经济增长①。除非从特定的历史时代和特定的社会结构出发，否则不可能讨论经济发展。在这一点上，马克思对资本主义以前的各种生产方式的讨论是一个卓越的范例，而且也顺便揭示了那种认为历史唯物主义是对历史的经济（或者由此是社会学）解释的观点为何是完全错误的。②

然而，即使我们坚定地意识到不应该按照我们这个时代的学术专业化把马克思的思想分成各个片断，但是我们仍然可能很难把握住马克思思想的统一性，部分原因在于仅仅试图系统和明晰地阐明马克思的思想，往往使我们逐

---

① 马克思完全清楚这些简单化的可能性，尽管他认为它们并不十分重要，但是也认识到了它们的价值。因此，他认为，研究生产力的历史增长，就能够是一种使亚当·斯密所说的停滞的和前进的经济状态具有某种科学重要性的方法。《〈政治经济学批判〉导言》，见《马克思恩格斯全集》第二版第30卷，第27页。

② 更能干的马克思主义批评者承认这一点。因此，G. 利希特海姆正确地指出，马克斯·韦伯——关于宗教和资本主义或东方社会——的社会学理论并不是马克思理论的替代物，要么已经由马克思预示到了，要么能够容易地符合马克思的框架。G. Lichtheim, *Marxism*, 1961, p. 385; "Marx and the Asiatic Mode of Production", *St Antony's Papers*, 14, 1963, p. 106.

次地而不是同时地讨论它的不同方面,部分原因在于科学研究和证明的任务在一定阶段上必定使我们做这样的事情。这是恩格斯的一些著作——把清晰的阐述当做目标——给人留下把马克思思想过度简单化的印象的一个原因。后来,马克思主义者的阐释,例如斯大林的《辩证唯物主义与历史唯物主义》,沿着这一方向走得太远了。相反,想要强调马克思思想的辩证统一和相互依赖,这只会产生对辩证法的含糊概括,或者产生下面这样的评论:上层建筑不是机械地或者在短期内由经济基础决定,反而会对经济基础产生反作用,有时甚至会支配它。这样一些陈述可能具有教学意义上的价值,充当对马克思主义的各种简单化观点的警示(而且恩格斯在给布洛赫的著名书信中作出的论述就是这样),但实际上不会使我们更进一步。正如恩格斯在给布洛赫的书信中所说,有一个令人满意的方法来避免这些困难。这就是"根据原著来研究这个理论,而不要根据第二手的材料来进行研究"[1]。正是由于这个原因,《形式》——在其中读者会跟随马克思的实际思考——值得进行仔细和赞赏性的研究。

大多数读者会关注《形式》中的一个重大方面:马克思对历史发展的各个时代的讨论。这个讨论构成了《序言》中所给出的简明历史时代列表的背景。历史发展的各个时代本身是一个复杂的主题,不仅要求我们了解马克思

---

[1] 《恩格斯致约·布洛赫(1890年9月21—22日)》,见《马克思恩格斯全集》第一版第37卷,第462页。

第七章 马克思论资本主义生产以前的各种形式 >>>

和恩格斯历史思想和历史演进思想的发展,而且要求我们了解他们的主要历史分期在随后的马克思主义讨论中的命运。

对人类进步的这些时代的经典论述出现在《序言》中,而《大纲》则是这个《序言》的初步草稿。在《序言》中,马克思认为,"大体说来,亚细亚的、古代的、封建的和现代资产阶级的生产方式可以看做是社会经济形态演进的几个时代"。《序言》没有讨论使马克思得出这一观点的分析,也没有讨论这种分析所包含的经济演进的理论模式。但是,《政治经济学批判》和《资本论》(尤其是第三卷)的一些段落构成了这种分析的一部分,或者没有这种分析就难以理解。另一方面,《形式》几乎完全解决了这个问题。因此,任何人要想理解马克思的一般思考方法,或者他解决历史演进尤其是历史分期问题的方法,《形式》都是关键的著作。

这并不意味着,我们被迫接受马克思在《序言》或《形式》中给出的历史时代分期表。我们将会看到,就马克思的思想而言,他的最忠诚的信徒修正最多的莫过于这个历史分期表了——不一定使用同等的合理性来证明它,而且马克思和恩格斯在此后的时间里都充实了这个历史分期表的内容。这个历史分期表和《形式》在它背后的许多讨论是观察而不是理论的结果。历史唯物主义的一般理论只要求应该有生产方式的更替,尽管不必然是某些特定生产方式的更替,或许这种更替也不是按照某种特定的、预先规定的顺序进行的。① 考察现实的历史时，马克思认为他会在某些社会经济形态与某种更替之间进行区分。但是，即使马克思的观察是错误的，或者即使他的观察建立在片面的因而具有误导性的信息之上，历史唯物主义的一般理论也不会受到影响。现在，一般都同意，与马克思对资本主义的描述和分析相比，马克思和恩格斯对资本主义以前的各个时代的观察并不是建立在彻底的研究之上的。马克思把他的精力集中在资本主义研究上，而且他以不同的详细程度讨论了其他的历史时代，但这主要是因为这些历史时代同资本主义的起源和发展之间存在不同的关系。就历史而言，马克思和恩格斯都是异常博学的外行，而且他们的天才和理论使他们能够比同时代人更好地利用他们的阅读。但是，他们依赖可以获得的文献，而且当时可以获得的文献比现在更为贫乏。因此，简短地考察马克思和恩格斯对历史的了解状况是有所帮助的。这并不意味着，他们的知识"不足以"使他们阐明他们的前资本主义社会理论。他们很可能拥有十分充足的知识。只有积累卷帙浩繁的书籍和文章，才能使理解取得进步，这是学者们的职业怪癖，但这些书籍和文章也可能只是填充图书馆。然而，要理解马克思的历史分析，显然需要了解这种分析的事实基础。

就古典时代的（希腊—罗马）历史而言，尽管马克思和恩格斯在马克思写作《形式》时无法获得大量的考古学

---

① 显然存在某些限制：建立在需要蒸汽机的技术水平之上的社会经济形态不可能出现在不建立这样一种技术水平上的社会经济形态之前。

第七章 马克思论资本主义生产以前的各种形式 >>>

资料和古代碑刻集（它们自出现后使古代研究发生了革命），而且这些资料和碑刻集也不是莎草书，但是，他们像纯粹依靠文献资料的现代学生一样也具有近乎充分的知识。[直到1870年，海因里希·施里曼（Heinrich Schliemann）才开始对特洛伊城遗址进行考古挖掘；直到1863年，莫姆森（Mommsen）才出版了《拉丁铭刻集成》第一卷。]作为接受过古典教育的人，马克思和恩格斯可以毫不费力地阅读拉丁文和希腊文的著作，而且我们知道他们甚至相当熟悉深奥费解的资料，例如约尔南德斯（Jornandes）、马塞林（Ammianus Marcellinus）、迦修多儒（Cassiodorus）和欧若修（Orosius）。① 另一方面，古典教育和当时可以获得的材料使得严肃地了解埃及和古代中东成为可能。事实上，在这一时期，马克思和恩格斯没有讨论这一地区。即使偶尔提及，也是相当罕见；不过，这不意味着马克思和恩格斯② 忽视了它的历史问题。

在东方历史领域中，马克思和恩格斯存在相当不同的状况。没有证据表明，在1848年前，马克思或者恩格斯在这一主题上进行过深入的思考和大量的阅读。他们对于东方历史的了解可能只限于黑格尔《历史学哲学讲演录》（它并不具有启发性）所说的东西和其他当时受过教育的德国

---

① *Marx und Engels zur Deutschen Geschichte*, Berlin, 1953, I, pp. 88, 616, 49.

② 关于巴比伦尼亚的起源，参见 Engels to Marx, 18.5.1853; Engels to Marx, 6.6.1853。

人可能熟悉的资料。英国的流亡生活、19世纪50年代的政治发展和最重要的是马克思的经济学研究迅速地改变了他们的知识。19世纪50年代初期,马克思本人显然在阅读或者重读古典经济学家(1851年,穆勒的《政治经济学原理》,亚当·斯密,理查德·琼斯的《1833年2月27日在伦敦皇家学院讲述的政治经济学绪论》)时获得了对印度的一些了解①。1853年,马克思开始在《纽约每日论坛报》上发表关于中国(6月14日)和印度(6月25日)的文章。显然,正是在这一年,他和恩格斯深度关注东方的历史问题,甚至到了恩格斯想要学习波斯语的地步。② 1853年夏初,马克思和恩格斯的通信提到了查·福斯特的《阿拉伯的历史地理学》、贝尼耶(Franois Bernier)的《游记》、东方学家威廉·琼斯(William Jones)和关于印度的议会文件以及斯坦福·莱佛士爵士(Stamford Raffles)的《爪哇史》。③ 我们可以合理地假设,在这几个月里,马克思关于亚细亚社会的观点第一次得到了成熟的阐述。正如将会证明的那样,这些观点绝不是建立在猎奇式研究的基础之

---

① Karl Marx, *Chronik Seines Lebens*, pp. 96, 103, 107, 110, 139.
② Engels to Marx, 6.6.1853.
③ 1853年5月18日—6月14日的通信。马克思在1853年3—12月的著作中所提到的其他东方资料包括:G. Campbell, *Modern India* (1852), J. Child's *Treatise on the East India Trade* (1681), J. von Hammer, *Geschichte des osmanischen Reiches* (1835), James Mill's *History of India* (1826), Thomas Mun's *A Discourse on Trade, from England into the East Indies* (1621), J. Pollexfen's *England and East India* (1697) and Saltykow, *Lettres sur l'Inde* (1848)。马克思还阅读了其他各种著作和议会报告,并作了摘录。

第七章 马克思论资本主义生产以前的各种形式 >>>

上的。

另一方面,马克思和恩格斯似乎以不同的方式继续他们对西欧封建制度的研究。马克思是当时同时研究中世纪农业历史的人之一,汉森(Hanssen)、梅茨恩(Meitzen)和毛勒(Maurer)的主要著作是研究中世纪的农业历史①,《资本论》第一卷也提到了他们。但是,事实上,几乎没有迹象表明,马克思和恩格斯在这一时期对中世纪农业或农奴制的演进问题表现出浓厚的兴趣。(参考文献都是与东欧尤其罗马尼亚的实际农奴制有关。)直到《资本论》第一卷发表后(也就是在写完《资本论》第二卷和第三卷的主要草稿之后),这个问题才明显开始成为这两位朋友的当务之急,尤其是在1868年之后。从1868年开始,马克思开始认真地研究毛勒,此后他和恩格斯把毛勒的著作当做他们在这一领域的知识的基础。② 然而,马克思本人的兴趣似乎在于毛勒和其他人对原始农村公社而不是农奴制的揭示,虽然恩格斯起初似乎也关注这个方面,并且在对"马尔克"的解释(写于1882年)中根据毛勒的研究进行了阐述。1882年,马克思和恩格斯之间的一些通信讨论了农奴制的

---

① G. Hanssen, *Die Aufhebung der Leibeigenschaft und die Umgestaltung der gutsherrlich-bäuerlichen Verhältnisse überhaupt in den Herzogthümern Schleswig und Holstein* (St Petersburg, 1861); August Meitzen, *Der Boden und die landwirtschaftlichen Verhältnisse des preussischen Staates* (Berlin, 1866); G. von Maurer, *Einleitung zur Geschichte der Mark, Hof, Dorf, und Stadtverfassung und der öffentlichen Gewalt* (Munich, 1854); *Geschichte der Fronhöfe*, etc., 4 Vols. (Erlangen, 1862–1863).

② Marx to Engels, 14.3.1868; Engels to Marx, 25.3.1868; Marx to Vera Zasulich, 8.3.1881; Engels to Bebel, 23.9.1882.

历史演变。① 似乎很清楚的是，马克思在晚年对农奴制问题的兴趣越来越浓厚，当时俄国的问题越来越成为他最关注的问题。《资本论》第三卷的一些章节讨论了地租的转变，但没有表现出对西方封建农业文献进行详细研究的迹象。

马克思对资产阶级的中世纪起源以及封建贸易和金融的兴趣——《资本论》第三卷就是证明——更为浓厚。显然，他不仅研究了关于西方中世纪的一般性著作，而且研究了当时可能获得的关于中世纪价格（索罗尔德·罗杰斯）以及中世纪的银行业、货币与贸易的专业文献。② 当然，在19世纪50年代和60年代马克思最密集研究的时期，对这些主题的研究处于初级阶段，因此，一些关于农业史和商业史的资料必须被当做是早已过时的资料。③

总体上看，与马克思相比，恩格斯对西方尤其是德国中世纪具有更浓厚的兴趣。恩格斯阅读了包括原始文献和地方专著的大量资料，起草了早期德国史和爱尔兰史的大纲。他不仅敏锐地意识到语言学证据和考古学（尤其是19世纪60年代马克思称之为卓越的斯堪的纳维亚考古工作）的重要性，而且像现代学者一样敏锐地意识到黑暗时代的经济学文献——例如圣日耳曼修道院院长伊尔米诺的多屏

---

① Engels to Marx, 15. 12. 1882; Marx to Engels, 16. 12. 1882.
② 在《资本论》第一卷中，马克思称赞罗杰斯的《英国的农业史和价格史》是"关于那个时期的第一部真实可靠的价格史"，见《马克思恩格斯全集》第一版第23卷，第738页，注138。《资本论》第三卷大量地引述了 K. D. Huellmann, *Städtewesen des Mittelalters*, Bonn, 1826–1829。
③ 例如 Huellmann, Vincard, *Histoire du Travail ... en France* (1845) 或者 Kindlinger, *Geschichte der deutschen Hörigkeit* (1818)。

画（Polyptych of Abbot Irmino of St Germain）——的极端重要性。然而，这不可避免地给人留下这样的印象：像马克思一样，恩格斯的真正兴趣在于古代的农村公社而不是庄园的发展。

就原始公社社会而言，有两位学者的研究几乎肯定改变了马克思和恩格斯的历史观点：乔治·范·毛勒和刘易斯·摩尔根。毛勒试图证明公社所有制的存在是德国历史上的一个阶段，而摩尔根的《古代社会》（1877）则为马克思和恩格斯对原始共产主义的分析提供了基础。恩格斯的《马尔克》（1882）是建立在前者的基础之上的，而且他的《家庭、私有财产和国家的起源》（1884）显然主要归功于后者。在某种意义上，马克思和恩格斯认为毛勒的著作（我们已经看到，他在1868年开始对马克思和恩格斯产生了重大影响）使学术界从浪漫的中世纪主义中解放出来，而浪漫的中世纪主义则是对法国大革命的反动。（马克思和恩格斯本人并不同情这样一种浪漫主义，这大概是他们相对而言忽视西方封建历史的原因。）越过中世纪回顾人类历史的原始时代——就像毛勒那样，似乎符合社会主义者的倾向，尽管这样做的德国学者并不是社会主义者。[①] 当然，刘易斯·摩尔根成长在空想社会主义的氛围中，清楚勾画了原始社会研究与未来社会之间的关系。因此，自然地，在摩尔根的著作发表后不久，马克思就看到了它，立即注

---

① Engels to Marx, 25.3.1868.

意到自己的研究结果与它之间的共同之处，称赞并利用了它；像往常一样，马克思以严谨的科学诚实态度承认了摩尔根著作对他的影响，而这种严谨的科学诚实态度是马克思作为学者的特点之一。马克思在晚年大量利用的第三个资料来源是俄国学者的全部文献，尤其是柯瓦列夫斯基的著作。

因而，在写作《形式》时，马克思和恩格斯对原始社会只有大概的了解。这种了解的基础并不是对部落社会的某种认真研究，因为现代人类学仍然处于襁褓时期，威廉·希科林·普雷斯科特（William Hickling Prescott）的著作（马克思在1851年读过，而且显然在《形式》中利用过）就是我们对美国建国前的美洲文明的认识。直到摩尔根之时，马克思和恩格斯关于原始社会的大多数观点部分地依据古典作家，部分地依据东方的材料，但主要依据来自欧洲中世纪初期的材料或者对欧洲残存的公社的研究。其中，斯拉夫地区和东欧的公社发挥了重要作用，因为这些地区残存的公社的优点早就吸引了学者们的注意。四个基本类型——东方的（印度的）、希腊—罗马的、德国的和斯拉夫的——的划分符合马克思和恩格斯在19世纪50年代的知识状况。

到19世纪50年代末，马克思已经是资本主义发展史的重要专家了。马克思依据的并不是当时尚不存在的经济史文献，而是他深入研究的大量经济理论文献。然而，马克思关于经济理论文献的知识实质上是极为普通的。要证明

第七章 马克思论资本主义生产以前的各种形式

这一点,只要看一看《资本论》大多数版本的参考文献就可以了。诚然,按照现代的标准,19世纪50年代和60年代可以获得的资料存在着严重的缺陷,但是我们不应当由此将其一笔勾销,尤其是当一个像马克思这样思想敏锐的人利用它们之时,我们更不该如此。于是,我们或许可以认为,大约自1929年乃至更晚时期以来,我们只有依据正确的文献,才能知道16世纪的价格上涨和美洲白银在其中发挥的作用。人们容易忘记的是,在马克思去世前,至少已经可以获得一部关于这一主题的基本著作。① 人们更容易忘记的是,在此之前很久,学者们对这一主题已经在总体上拥有充分的了解,因而能够对它进行睿智的讨论。例如马克思在《政治经济学批判》中的讨论。② 我几乎不用补充说,马克思和恩格斯与这一领域后来的研究是齐头并进的。

马克思和恩格斯历史知识的总体状况在很大程度上也是如此。我们可以将其总结如下。马克思(总之是在《形式》写作的时期)和恩格斯不怎么了解史前史、原始公社社会和美国建国前的美洲,而且实际上对非洲一无所知。他们对于古代或者中世纪的中东没有什么印象,但是明显更了解亚洲的某些地区尤其是印度,而不是日本。马克思对古典时代和欧洲中世纪相当了解,尽管他(和在更小的

---

① A. Soetbeer, *Edelmetall-Produktion und Wertverhältnis zwischen Gold u. Silber seit der Entdeckung Amerikas . . .* (Gotha, 1879)。恩格斯知道这部著作。

② Marx-Engels, *Werke* 13, Berlin, 1961, pp. 135 – 139。这同时预示了对关于价格上涨的纯货币解释的现代批判。

程度上恩格斯）对这一时期的兴趣是不相同的。长期以来，马克思和恩格斯都十分了解资本主义兴起的时期。当然，他们都是历史的真挚学生。然而，在马克思的研究生涯中，有两个时期他特别关注前工业社会或非欧洲社会的历史：（1）19世纪50年代，即《政治经济学批判》草稿之前的时期；（2）19世纪70年代，即《资本论》第一卷出版与第二卷和第三卷大部分草稿完成之后的时期，当时马克思似乎转向了历史研究，最明显的是转向东欧和原始社会的历史研究，或许，这与他对俄国革命是否可能的兴趣有关。

二

我们接下来考察马克思和恩格斯在历史分期和历史演进上的思想演变。我们最好从1845—1846年的《德意志意识形态》来研究这种思想演变的第一阶段。《德意志意识形态》认为，（当然本身并不是新的思想）社会劳动分工发展的各个不同阶段与所有制的各种不同形式相适应。所有制的第一种形式是部落所有制，这种所有制"与生产的不发达阶段相适应，当时人们靠狩猎、捕鱼、牧畜，或者最多靠耕作为生"①。在这个阶段上，社会结构的基础是血缘群体及其内部分工的发展和扩大。这种血缘群体（"家庭"）

---

① 《德意志意识形态》，见《马克思恩格斯文集》第一卷，第521页。

在自身内部不仅确立了部落首领与他们所管辖的成员之间的区别,而且建立了奴隶制。奴隶制随同人口和需求的增长,随同战争和交易这种外部交往的扩大而逐渐发展起来。社会劳动分工的第一个主要发展是工商业劳动同农业劳动的分离,进而造成了城市与农村之间的差别和对立。这接下来带来了所有制关系的第二个历史阶段:"古典古代的公社所有制和国家所有制"。马克思和恩格斯认为,这种所有制是由于几个部落通过契约或征服联合成为一个城市而产生的。这种所有制仍然保存着奴隶制。城市的公社所有制(包括公民对奴隶的所有制)是所有制的主要形式,但是同时私有制已经出现,尽管它最初从属于公社所有制。在此基础上建立的社会秩序,随着动产私有制以及后来的不动产私有制的发展而逐渐趋向衰落,"自由公民"的地位也是如此,而"自由公民"与奴隶之间的对立则是建立在他们作为原始部落成员的集体地位之上的。

至此,社会分工已经相当复杂,不仅存在城市与乡村之间的对立和后来一些代表城市利益的国家同另一些代表乡村利益的国家之间的对立,而且城市内部存在工业与海外贸易之间的对立,当然也存在自由民与奴隶之间的对立。罗马社会是这一演变阶段的最终发展。① 它的基础是城市,而且从未成功地摆脱自身的诸种局限。

随之产生的是所有制的第三种历史形式,即"封建的

---

① 《德意志意识形态》,见《马克思恩格斯文集》第一卷,第521—522页。

或等级的所有制"①，虽然事实上《德意志意识形态》没有指出它们之间的逻辑关系，只是注意到这种更替以及瓦解的罗马制度与进行征服的部落（日耳曼）制度结合的结果。封建制度似乎是从原始部落制度中产生的一种"替代性"演进。在"原始部落制度"的条件下，因为地广人稀，所以任何城市都没有发展起来。地域的"大小"似乎具有决定性的重要意义，因为马克思和恩格斯认为"封建制度的发展是在一个宽广得多的、由罗马的征服以及起初就同征服联系在一起的农业的普及所准备好了的地域中开始的"②。在这样的条件下，乡村而不是城市才是社会组织的起点。在日耳曼部落征服者的军事组织的支持下，公社所有制——事实上转变成了作为一个集团的封建贵族的集体所有制——再一次成为社会组织的基础。但是，被剥削的阶级不是奴隶，而是农奴；与之对立的封建贵族组织起它的等级制，并整合了它的武装家臣。与此同时，城市中存在类似的分工。在那里，所有制的基本形式是个人的私人劳动，但是各种不同的因素——防御的需要、竞争与农村封建组织的影响——产生了类似的社会组织：当时对抗帮工或学徒的手工业师傅行会或商人行会。无论是农奴劳动为之工作的土地所有制，还是带有学徒和帮工的小手工业，

---

① 形容词"ständisch"（等级的）没有完全对应的英文翻译，因为中世纪的词汇"estate"（等级的）现在存在着歧义。
② 《德意志意识形态》，见《马克思恩格斯文集》第一卷，第522页。关于整个论证，参见第523—524页。

在这一阶段都被说成是封建制度的"主要所有制形式"。劳动分工相对不发达,但主要表现为各种不同"等级"的明显分离:农村的王公、贵族、僧侣和农民;城市中的师傅、帮工、学徒和平民短工。为了土地贵族和城市的利益,这种地域广泛的制度需要较为宽阔的政治单位:封建君主制——由此变成普遍的制度。

然而,从封建制度向资本主义的过渡是封建制度演变的产物①。这种过渡的起点是城市,因为城市同农村的分离既是社会分工中的基本和——从文明诞生到19世纪——永恒的因素,也是社会分工的表现形式。在中世纪再次兴起的城市内部,生产和贸易之间的劳动分工在它没有从古代生存下来的地方发展起来。这为远距离的贸易和后来不同城市之间的分工(生产的专业化)奠定了基础。保护资产者免遭封建主义者的攻击和城市之间的交往使个别城市的有产者群体中产生出一个有产者阶级。"资产阶级本身开始逐渐地随同自己的生存条件一起发展起来,由于分工,它又重新分裂为各种不同的集团,最后,随着一切现有财产被变为工业资本或商业资本,它吞并了在它以前存在过的一切有财产的阶级(同时资产阶级把以前存在过的没有财产的阶级的大部分和原先有财产的阶级的一部分变为新的阶级——无产阶级)。"马克思加了注释:"它首先吞并直接隶属于国家的那些劳动部门,接着又吞并了所有或多或少

---

① *Werke* 3, pp. 50–61.

与意识形态相关的等级。"①

只要贸易尚未变成世界性的贸易,只要它不是建立在大规模工业的基础上,因这些发展而出现的技术进步仍然是不稳定的。不论地方的还是地区性的技术进步可能在野蛮侵略或战争的结果中失去,而且地方的进步不需要推广开来。(我们顺便指出,《德意志意识形态》在这里涉及到了历史衰落和倒退的重要问题。)因此,资本主义的至关重要的发展是世界市场的发展。

城市之间分工的第一个后果是独立于行会的、以(例如在意大利和佛兰德斯的先锋中心)对外贸易或者(在英国和法国)国内市场为基础的手工业的兴起。这些也取决于日益集中的人口——尤其是在农村——和在行会内外日益集中的资本。在这些手工业的职业中,纺织业(由于它依赖机器的使用,无论多么粗糙)提供了最重要的职业。制造业的增长反过来为封建农民提供了逃离的手段。迄今为止,封建农民一直都在逃入到城市中,但因行会的排他性而越来越被排除在城市之外。这种劳动力的部分来源是以前的封建家臣和军队,部分来源是由于农业改良和牧场取代耕地而产生的流民。

随着制造业的崛起,各个国家也由此开始进行竞争,而且重商主义(带有贸易战、贸易壁垒和贸易禁止)也在国家范围内兴起。在制造业内部,资本家和工人之间的关

---

① 《德意志意识形态》,见《马克思恩格斯文集》第一卷,第569—570页。

第七章　马克思论资本主义生产以前的各种形式

系发展起来。由于美洲大陆的发现、通往印度航线的开辟和海外产品尤其是白银的大规模进口，贸易出现了巨大的扩张，打击了封建土地所有制和劳动阶级的地位。阶级关系接下来的变化、远征、殖民化和"首先是当时市场已经可能扩大为而且日益扩大为世界市场"① 开辟了历史发展的新阶段。

在这一点上，我们除了指出如下情况外不需要进一步阐述上述观点：《德意志意识形态》记录了工业胜利前的两个进一步发展时期，即到17世纪中期和然后到18世纪末，而且也表明英国工业发展的成功是因为17世纪的贸易和制造业集中于英国；这种集中"逐渐地给这个国家创造了相对的世界市场，因而也造成了对这个国家的工场手工业产品的需求，这种需求是旧的工业生产力所不能满足的"②。

显然，这种分析是《共产党宣言》论述历史的章节的基础。《共产党宣言》的历史分析具有更狭窄的范围——古典古代（主要是罗马时代）与中西欧。它只承认三种阶级社会形式：古代奴隶社会、封建社会和资产阶级社会。《共产党宣言》似乎表明，作为从原始公社社会中的替代路线，前两种社会只与如下事实相关：第二种社会建立在第一种社会的废墟上。《共产党宣言》没有指出古代奴隶社会瓦解的机制，尽管这种机制可能暗含在它的分析中。接下来我们看到，资产阶级社会其实兴起于封建社会的缝隙之中。

---

① 《德意志意识形态》，见《马克思恩格斯文集》第一卷，第562页。
② 同上，第565页。

《共产党宣言》完整地概述了资产阶级社会的发展，至少它的起点是城市，即随着城市的增长和在城市内部而发展起来。就与农村封建制度之间的联系而言，城市首先是利用以前农奴中的人口并加强自身。马克思和恩格斯尚未真正想要发现为城镇和制造业提供劳动力的剩余人口的来源，他们对于这一点的看法过于简略，不必进行大量的分析。这必须被视为一个非常粗略和短暂的历史发展假设，尽管它所包含的一些事件评论富有启发性，还有一些卓越的评论。

在马克思的思想发展中，《形式》代表一个更为精深和深思熟虑的阶段，当然也建立在更广泛和更多样的历史研究之上——这次并不局限于欧洲的历史研究。历史时代列表中的主要创新是"亚细亚"或"东方"制度，这包含在著名的《序言》中。

宽泛地说，原始部落制度现在有三条或四条可能的发展路线，其中每一个都代表已经存在的或它所包含的社会分工形式："东方的"、"古代的"、"日耳曼的"（尽管马克思当然没有把它局限于某一个民族）和略微模糊的"斯拉夫的"形式——马克思没有进一步讨论，但它与"东方的"形式具有一些亲缘关系。在这些社会制度之间，有一个至关重要的历史性差别，即那些抵制历史演变的制度与那些推动历史演进的制度之间的差别。1845—1846年的模式几乎没有触及到这个问题，尽管我们已经看到，马克思的历史发展观从来都不是简单的单线论，他也从未把历史发展

第七章　马克思论资本主义生产以前的各种形式

当做一种单纯的进步记录。然而，到1857—1858年，马克思的讨论已经有了更多的进步。

由于对《形式》的忽视，过去对东方制度的讨论首先以马克思和恩格斯早期的书信和马克思关于印度的文章（都发表于1853年）为基础①，印度的特征——按照最早的外国观察家的观点——是"没有土地所有制"。马克思之所以这样认为，因为需要例外的集中制的具体状况，例如一些地区需要公共事业和灌溉工程，否则它们实际上不可能耕作。然而，按照更深入的思考，马克思显然认为，这种制度的根本特征是村庄公社内部"自给自足的工农业统一"，因而"在自身中包含着再生产和扩大再生产的一切条件"（《马克思恩格斯全集》第二版第30卷，第467页），由此比其他任何制度更顽固地抵制公社解体和经济演进。因此，在理论上，"在东方专制制度下"并不存在财产的情况掩盖了作为它的基础的"部落的或公社的财产"（同上，第467页）。这样一些制度可能是分权化的或者集权化的，在形式上"或是较为专制的，或是较为民主的"，具有不同的组织形式。在这样一些小公社作为更大的共同体的一部分而存在的地方，它们会把一部分剩余产品用于"支付共同体的费用，即用于战争、祭祀等"，用于灌溉和交通等经济上必需的工程，因此，这些工程"表现为更高的统一体，即凌驾于各小公社之上的专制政府的事业"。然而，剩余产

---

① 主要是 Marx to Engels, 2.6.1853; Engels to Marx, 6.6.1853; Marx to Engels, 14.6.1853 and *Werke*。

品的这种异化包含着"最原始意义上的领主的财产支配权",而且封建制度(农奴制)可能会从中发展起来。"公社"的"封闭"性质意味着城市根本不适合经济,"只是在特别适宜于对外贸易的地方才形成起来,或者只是在国家首脑及其地方总督把自己的收入(剩余产品)同劳动相交换,把收入作为劳动基金来花费的地方"才形成起来(同上,第468页)。因此,亚细亚的社会尚不是一种阶级社会,或者,即使它是一个阶级社会,那么它也是最原始形式的阶级社会。马克思似乎认为,尽管由于一些部落或共同体被另一些部落或共同体征服而变得复杂,墨西哥社会和秘鲁社会也许像某些克尔特社会一样属于同一类型。我注意到城市并不排斥进一步的演进,但认为它其实只是一种奢侈品;城市只有在如下意义上才发展起来:城市只有在自给自足的部落或村庄提供的剩余产品或者从其中榨取的剩余产品的基础上才能发展起来。

从原始社会中产生的第二种所有制——"更为动荡的历史生活的产物"——产生了城市,而且通过城市产生了古代的生产方式,一种扩张性的、动荡的、变化的社会;"城市连同属于它的土地是一个经济整体"(同上,第475页)。在它的发达形式——但马克思谨慎坚持在它之前的长期过程和它的复杂性——上,城市的特征是动产—奴隶制。但是,这反过来具有它的经济局限性,而且必然被一种更灵活和生产性的剥削方式即封建主对具有人身依附关系的农民的剥削——封建制度——所取代,封建制度接下来又

第七章 马克思论资本主义生产以前的各种形式

让位于资本主义。

第三种所有制的基本单位既不是村社,也不是城市,而是"每一单个家庭……它本身单独构成一个独立的生产中心(手工业只是妇女的家庭副业等)"(同上,第475页)。这些单个的家庭(只要它们属于同一部落)彼此之间存在或多或少松散的关系,有时"通过发生战争、举行宗教活动、解决诉讼等",或者通过——单个自给自足的家庭——使用公有的牧场、猎场等结成联盟。因此,基本的单位比公社更弱小,也潜在地更"个体主义"。这就是马克思所说的"日耳曼"类型的社会,尽管——我重申一下——他显然没有把它局限于任何一个民族。① 既然古代的和日耳曼的社会不同于东方的社会,因此我们可以推断,马克思认为日耳曼类型的社会实质上也可能比东方类型的社会更加动荡,而且这确实不是不可能的。② 马克思对于这一类型社会的观察粗略得令人着急,但是我们知道他和恩格斯为从原始社会到封建社会的直接过渡——就像在日耳曼部落中那样——开辟了道路。

于是,城市与农村(或者农业生产与非农业生产)之间的对立——是马克思在1845—1846年分析的根本——仍然是《形式》的根本,但是它既具有更广泛的基础,也得

---

① 这个名称的消失可能是因为如下事实:随后对专业文献的研究使马克思怀疑他先前对日耳曼社会的描绘是否准确。

② 关于公社制度和单个家庭制度发展的不同趋势,参见 G. C. Homans, "The Rural Sociology of Medieval England", *Past and Present*, 4, 1953。

到了更优雅的阐述:

> 古典古代的历史是城市的历史,不过这是以土地所有制和农业为基础的城市;亚细亚的历史是城市和乡村的一种无差别的统一(真正的大城市在这里只能看做王公的营垒,看做真正的经济结构上的赘疣);中世纪(日耳曼时代)是从乡村这个历史的舞台出发的,然后,它的进一步发展是在城市和乡村的对立中进行的;现代的(历史)是乡村城市化,而不像在古代那样,是城市乡村化。(同上,第473—474页)

然而,尽管社会劳动分工的这些不同形式显然是部落社会瓦解的各种替代形式,但是它们显然被说成——在《序言》中,尽管《形式》没有专门提及——相继更替的历史阶段。在严格的意义上,这显然是不正确的,因为亚细亚生产方式不仅与其他一切生产方式共存,而且《形式》或者其他地方的观点没有认为古代的生产方式是从亚细亚生产方式中演变出来的。因此,我们应该明白,马克思不是指编年史上的更替或者一种制度从它之前的制度中产生的演进过程(尽管这显然是资本主义和封建主义的情形),而是指在一种更一般意义上的演进。我们之前已经看到,"人只是在历史过程中才孤立化的。人最初表现为类存在物、部落体、群居动物"。人的这种逐渐孤立化的不同形式——意味着原始统一的瓦解——是与历史的不同阶段相适应的。其中每一种形式其实代表离开"共同体(部落体)的特殊形式和与它相联系的对自然界的所有权这二者的原始统一,或者说,把生产的客观条件当做自然存在"(同上,第488页)的步伐。换句话说,它们代表私有财产演变的步伐。

马克思区分了这种演进的——尽管不是编年史意义上的——四个分析阶段。第一个阶段是直接的共同所有制,即东方形式,这种形式在斯拉夫制度中有所变形。无论东方的所有制还是斯拉夫的所有制似乎尚不能当做完全形式的阶级社会。第二个阶段是作为已经是一种"对立"——例如阶级——的制度的基础而继续存在的公社所有制,就像在古代和日耳曼的形式中那样。第三个阶段——倘若我们遵循马克思的观点——与其说产生于封建制度中,不如说产生于手工制造业的崛起之中。在手工制造业的崛起过程中,独立手工业者(组织成行会的形式)已经代表一种控制生产资料因而事实上控制消费的更个体化的形式,这使他能够在生产的同时生活下去。在这里,马克思似乎想起了生产的手工业部门的某种自主性,因为他故意排除古代东方的制造业,尽管没有给出排除的理由。第三个阶段是无产阶级诞生的阶段;也就是说,剥削不再是以对人的占有的野蛮形式——例如奴隶或农奴,而是以对"劳动"的占有的形式进行的阶段。"对资本来说,工人不是生产条件,而只有劳动才是生产条件。如果资本能够让机器,或者甚至让水、空气去从事劳动,那就更好。而且,资本占

有的不是工人,而是他的劳动,不是直接地占有,而是通过交换来占有。"(同上,第491—492页)

这种分析似乎——尽管从马克思思想的费解程度和他的笔记的简略性来看我们不能确定——以下面这种方式符合一种历史阶段图式。东方的(和斯拉夫的)形式在历史上最接近人类的起源,因为它们在更复杂的社会上层建筑中保留了正在运作的原始(村庄)公社,并且拥有一种不充分发展的阶级制度。(当然,我们可以补充说,在马克思写作的时代,他看到这两种制度在世界市场的冲击下正在解体,因而正在失去它们的具体特征。)尽管古代的和日耳曼的制度也是原始的,即不是产生于东方的制度,但是它们代表一种原始部落主义更为精致的演进形式;不过,"日耳曼的制度"本身不构成一种特殊的社会—经济形态。它构成那种与中世纪的城市(自主的手工业生产形成的地方)相关的封建主义的社会—经济形态。于是,这种在中世纪形成的结合构成第三个阶段。从封建主义中诞生的资产阶级社会构成第四个阶段。因此,关于亚细亚的、古代的、封建的和资产阶级的形态是"递进的"陈述并不意味着任何简单的、线性的历史观,也不意味着那种认为一切历史都是进步的简单观点。它仅仅是说,其中的每一种制度在关键的方面进一步摆脱了人类的原始状态。

三

我们接下来将要思考这些制度的内在动力:它们兴衰

第七章 马克思论资本主义生产以前的各种形式

成败的原因是什么？这对东方的制度来说相对简单：直到被外部的资本主义力量摧毁之时，它的各种特点使它抵制解体和经济演进。关于在这一阶段的斯拉夫制度，马克思告诉我们的太少，因而无法进行过多的评论。另一方面，对于古代制度和封建制度的内在矛盾，马克思的观点非常复杂，带来了一些难题。

奴隶制是古代制度的首要特征，但是马克思关于其内部基本矛盾的观点比如下简单的看法更复杂：奴隶制束缚了经济的进一步发展，因而造成了自身的解体。应当顺便指出的是，马克思似乎是以西方的罗马社会，而不是地中海的希腊社会为基础进行分析的。罗马社会首先是一个农民共同体，尽管它的组织是城市的。古代的历史是"以土地所有制和农业为基础的城市的历史"（同上，第473页）。罗马不是一个完全平等的共同体，因为同联姻和征服相结合的部落发展已经产生出社会化程度更高和亲缘关系更低的群体，但是罗马的公民实质上是土地所有者，而且"公社的继续存在，便是作为自给自足的农民的全体公社成员的再生产，他们的剩余时间正是属于公社，属于战争事业等"（同上，第471页）。因为战争是公社的主要事业，因为公社生存的唯一威胁来自于其他寻找土地的共同体，而且随着人口的扩张，保证每个公民拥有土地的唯一途径是通过暴力占领土地。（同上，第469页）但是，这样一些农民公社具有十分好战和扩张的倾向，必定会导致农民素质的下降，而农民的素质则是公社的基础。在到达一定程度以前，奴隶制、土地占有的集中、交换、货币关系、征服等与这种公社的基础还相容。超过这一定程度，它们必定会造成公社的瓦解，必定使社会和个人都不可能发展。（同上，第478—479页）因此，即使在奴隶制经济发展以前，社会组织的古代形式也存在关键的局限性，正像下面这个事实所表明的那样：随之而来的生产力的发展不是而且不可能是一项根本的事业。"哪一种土地所有制等的形式最有生产效能，能创造最大财富呢？我们在古代人当中不曾见到有谁研究过这个问题……人们研究的问题总是，哪一种所有制方式会造就最好的国家公民。财富表现为目的本身，这只是少数商业民族——转运贸易的垄断者——中才有的情形，这些商业民族生活在古代世界的缝隙中，正像犹太人生活在中世纪社会中的情形一样。"（同上，第479页）

因此，两个重要的因素往往削弱了古代的社会组织形式。第一个因素是共同体内部的社会分化，公社土地所有制同私人土地所有制在古代的特殊结合没有提供防止这种分化的措施。单个的公民就有可能失去他的财产，即他的公民身份的基础。经济发展越快，情况就越可能是这样：古代由此怀疑贸易和手工业，这些行业最好留给自由民、被保护民或外地人，公民"认为与外地人交往是有害的"，想要交换剩余产品等。当然，第二个因素是奴隶制。因为成员身份（或者等同于土地财产）必然只限于进行征服的共同体的成员，自然造成对被征服者的奴隶化或农奴化。

第七章 马克思论资本主义生产以前的各种形式

"所以奴隶制和农奴制只是这种以部落体为基础的财产的继续发展"(同上,第485页)。可见,"旧共同体的保持包含着被它当做基础的那些条件的破坏,这种保持会向对立面转化"(同上,第487页)。"共同体"的最早代表是全体公民,现在的代表则是贵族和公民,贵族仍然是成为同拥有更少土地者和奴隶相对立的、完全土地所有者的人,而公民则同非公民和奴隶相对立。马克思根本没有在这种语境中讨论奴隶经济的现实经济矛盾。在《形式》非常一般的分析层面上,那些矛盾只是古代社会的根本矛盾的一个具体方面。马克思也没有讨论为什么在古代发展起来的是奴隶制而不是农奴制的问题。有人可能会猜测,这是因为古代地中海地区已经达到的生产力水平与社会生产关系的复杂性。

所以,古代生产方式的瓦解包含在它的社会经济特征中。为什么古代的生产方式必定不可避免地通往与其他"新的劳动方式,新的劳动结合"(同上,第487页)——使更高的生产力成为可能——的不同的封建制度?这似乎没有逻辑上的原因。另一方面,从古代生产方式向资本主义的直接过渡被排除了。

当我们谈到资本主义确实从中发展起来的封建制度时,问题变得更令人困惑,即使只是因为马克思几乎没有告诉我们什么。在《形式》中,我们能够找到对古代生产方式内部矛盾的概述,但找不到对封建生产方式内部矛盾的概述。《形式》也没有对农奴制(和奴隶制)进行任何真正的讨论。事实上，这两种生产关系经常被归在一起，有时表现为与自由劳动者的地位相对立的"支配与被支配关系"①。就像在1845—1846年那样，在1857—1858年，马克思认为，在资本主义脱胎而出的封建社会中，城市，更具体地说，城市的商人和手工业者是基本的要素。（参见同上，第491—492、493页）正是生产资料所有权摆脱它的公社基础，例如中世纪手工业者的状况，才为"劳动"同"生产的客观条件"相分离提供了基础。正是相同的发展，即"从事劳动的所有者"已经成为一种与土地财产并存并且存在于土地财产之外的独立形式——劳动在手工业中和城市中的发展，不再是"土地财产的附属品"，不再"包括在土地财产之内"（同上，第493页），才为资本主义的发展提供了基础。

农业上的封建制度在这一过程中的作用没有得到讨论，但似乎是非常负面的作用。在适当的时候，它使农民有可能脱离土地，使家臣有可能脱离封建主，从而使他们变成雇佣劳动者。无论是采取依附农制度解体、自耕农和佃农的私有制或占有解体的形式，还是采取各种附属关系解体的形式，都是无关紧要的。重要的是这些都不会阻止个人转变成至少潜在的自由劳动者。

然而，尽管这一点在《形式》中没有讨论（而是在《资本论》第三卷中讨论的），但是农奴制和其他类似的依

---

① 例如，就像 pp. 87, 89, 99 中那样。《资本论》第三卷的用法总体上也是这种类型，例如（Berlin, 1956 edn) pp. 357, 665, 684, 873, 885, 886, 937。

第七章　马克思论资本主义生产以前的各种形式

附关系在经济重要性上不同于奴隶制。尽管农奴处在封建主的控制之下，但是他们事实上是经济独立的生产者；而奴隶则不是如此。[①] 倘若封建主脱离了农奴，那么剩下的是小商品生产；倘若种植园同奴隶相分离，那么（直到奴隶从事其他的工作）任何一种经济就不复存在。"所以这里必须有人身的依附关系，必须有不管什么程度的人身不自由和人身作为土地的附属物对土地的依附，必须有真正的依附农制度。"（《资本论》第三卷，见《马克思恩格斯全集》第一版第25卷，第891页）因为在农奴制的条件下，农奴不仅生产出封建主以这种或那种形式占有的劳动剩余，而且他还能为自己积累利润。因为由于各种各样的原因，在经济上原始的和不发达的制度——例如封建制度——中，剩余作为一种约定的量具有保持不变的趋势，因为"这种劳动力的使用决不限于农业，也包括农村家庭工业。因此，这里已经有了某种经济发展的可能性……"（《资本论》第三卷，见《马克思恩格斯全集》第一版第25卷，第894页）

马克思既没有讨论农奴制的这些方面，也没有讨论奴隶制的内在矛盾，因为《形式》的任务不是概述它们的"经济历史"。事实上，就像在其他地方一样——尽管在这里以一种更一般的形式——马克思不关心资本主义以前的各种制度的内在动力，除非它们能够解释资本主义的前提

[①]《资本论》第三卷，见《马克思恩格斯全集》第一版第25卷，第891页。

条件。① 在这里，他只关心两个否定性的问题：为什么"劳动"和"资本"不会诞生在除了封建制度外的其他前资本主义社会—经济形态中？为什么农业形式上的封建制度允许"劳动"和"资本"产生，而不会成为它们产生的根本障碍呢？

这解释了他的讨论中为何存在这些明显的空白。就像在1845—1846年那样，马克思在《形式》中没有讨论封建农业的具体生产方式，也没有讨论封建城市与农村之间的具体关系或者一方为什么会产生出另一方。另一方面，这意味着欧洲的封建制度是独一无二的，因为这种制度的其他形式都没有产生出中世纪的城市，而中世纪的城市则是马克思资本主义形成理论的关键。就封建制度是在欧洲之外（或许日本，马克思没有详细地讨论过它）存在的一般生产方式而言，马克思没有授权我们寻找发展的某种"一般规律"，使我们可以解释封建制度演变成资本主义的趋势。

在《形式》中，马克思讨论的是"日耳曼制度"，即原始公社制度的一个特殊子类型，它倾向于发展成一种特殊类型的社会结构。我们已经看到，"日耳曼制度"的关键似乎是经济上自给自足的家庭单位的散居，这不同于古代的农民城市："每一单个家庭就是一个经济整体，它本身单独地构成一个独立的生产中心（手工业只是妇女的家庭副业等）。在古代世界，城市连同属于它的土地是一个经济整

---

① 在《资本论》第三卷中，马克思最全面地讨论了封建农业。即使在这里，他也明确地拒斥了从其不同的历史形式来分析土地财产的意图，参见 chapter 37, p. 662 and p. 842。

第七章 马克思论资本主义生产以前的各种形式

体;而在日耳曼世界,单个的住地就是一个经济整体。"(《马克思恩格斯全集》第二版第30卷,第475页)单个家庭生存的保证是它与同一部落的其他类似家庭之间的纽带,一种在所有家长为了发动战争、举行宗教活动、解决争端和一般的相互安全而举行的临时集会中表现出来的纽带。就一种共同财产——例如在牧场、狩猎场等中——而言,它被作为个体的每个成员所利用,而不是像在古代社会那样,被作为共同体代表的每个成员所利用。有人可能把罗马社会组织的理想比做牛津大学或剑桥大学的学院:只有当它的成员构成一个组织时,他们才是土地和建筑的共同所有者,但是,他们作为个体不能说"拥有"土地和建筑或者它们的任何一部分。因此,日耳曼的制度就像一种住房合作社,在这种合作社中,个人公寓的个体占有依赖他与其他成员的联合和继续合作,但是个人的占有仍然以一种可辨别的形式存在。这种比较松散的共同体形式,包含一种更大的经济个体化潜力,使"日耳曼的制度"(经过封建制度)成为资产阶级社会的直接先祖。

马克思没有讨论这种制度如何演变成封建制度的问题,不过,外部和内部的社会分化的各种可能性(由于战争和征服的影响)已经呈现出来。有人也许会冒险猜测,马克思赋予了军事组织相当大的重要性[因为像在古代制度中那样,在日耳曼制度中,战争"是每一个这种自然形成的共同体的最原始的工作之一,既用以保护财产,又用以获得财产"(同上,第483页)]。后来,恩格斯的《家庭、私有制和国家的起源》无疑提供了另一种解释路线，按照这种解释路线，亲缘关系产生于日耳曼部落中贵族军事领袖的转变。因此，认为马克思本该有不同的思想是毫无道理的。

封建制度的内在矛盾是什么？封建制度如何演变成资本主义？这些问题越来越成为马克思主义历史学家的当务之急，就像在20世纪50年代初莫里斯·多布（Maurice Dobb）的《资本主义发展研究》（Studies in the Development of Capitalism）引起的国际讨论和稍后苏联关于"封建制度的根本经济规律"的争论中那样。无论这些讨论具有何种可取之处，而且第一个讨论似乎比第二个讨论更广泛，它们显然由于缺乏表明马克思本人在这一主题上的观点的证据而难以为继。然而，并非不可能的是，马克思可能赞同多布的观点，即封建制度衰落的原因是"封建制度作为一种生产制度效率低下，无法满足统治阶级对财政收入越来越高的要求"（《资本主义发展研究》，第42页），尽管马克思似乎——如果是的话——强调封建统治阶级要求的相对不变性和通常固定这些要求的倾向。① 同样可能的是，马克思可能赞同R. H. 希尔顿（R. H. Hilton）的观点，即"争夺租金的斗争是封建社会的'第一动力'"②，尽管他几乎肯定会拒绝波尔什涅夫（Porshnev）过于简单化的观点，即被剥削阶级的简单斗争是这种"第一动力"。可是，问题是马克

---

① *Capital* III, pp. 843-845 (chapter XLVII, section II).
② P. M. Sweezy, M. H. Dobb, H. K. Takahashi, R. H. Hilton, C. Hill, *The Transition from Feudalism to Capitalism*, London, 1954, p. 70.

第七章　马克思论资本主义生产以前的各种形式 >>>

思从未构想过这样一些论证路线,《形式》当然也是如此。

如果说这些讨论的参与者当中有人遵循了马克思可以辨别的足迹，那么他就是保罗·斯威齐（Paul Sweezy）。他（遵循马克思的观点）认为，封建制度是一种为使用而生产的制度①，在这样一种经济形态中，"生产本身的性质就不会造成对剩余劳动的无限制的需求"（《资本论》第一卷，见《马克思恩格斯全集》第一版第 23 卷，第 263 页）。因此，封建制度解体的主要动因是贸易的增长，尤其是由于封建农村与在农村边缘地区发展起来的城镇之间的冲突和交织的影响而出现的贸易增长（The Transition from Feudalism to Capitalism, pp. 2, 7 – 12）。这种论证方法非常像《形式》的方法。

在马克思看来，要说明资本主义从封建制度中产生出来的发展，必然需要结合如下三种现象：我们已经看到，第一个现象是农村的社会结构，这种结构在一定时候使农民"解放出来"；第二个现象是城市手工业的发展，这种发展产生出以手工业为形式的专业化的、独立的和非农业的商品生产；第三个现象是从贸易和高利贷中所产生的货币财富的积累（马克思属于这最后一点）。这些货币财富的形成问题是"属于资产阶级经济的史前时期的问题"（《马克思恩格斯全集》第二版第 30 卷，第 504 页），它们仍然不是资本。它们的单纯存在乃至它们显而易见的统治地位，并未自动地带来资本主义的发展，"否则，古代罗马、拜占

---

① 马克思主义者并不普遍地否认这一观点，尽管它不应该与如下论述相混淆：生产使用价值的制度有时也是自然经济的制度。

庭等就会以自由劳动和资本来结束自己的历史了"（同上，第501页）。可是，它们却是关键之所在。

同样关键的是城市的手工业因素。马克思对此仅仅作出了简略和含蓄的评论，但在他的分析中，城市的手工业具有明显的重要性。他首先强调的是手工业技术、自豪感和组织的因素。① 中世纪手工业形成的根本重要性似乎在于这样一种发展，即"把作为一定手工业技能的劳动本身当做财产，而不仅仅是当做财产的来源"（同上，第496页），因而确立了劳动与生产的其他条件之间的潜在分离，这表现为比公社更高程度的个人化，使自由劳动范畴的形成成为可能。与此同时，它发展了专门技术及其工具。不过，在手工业行会阶段，"工具本身还同活劳动本身连在一起……以致工具还没有真正进入流通"（同上，第500页）。然而，尽管交换生产和货币的发展本身不可能导致劳动市场的形成，但是这种发展只有在"那种不是建立在资本和雇佣劳动之上，而是建立在劳动的行会组织等之上"（同上，第503页）的城市工商业的前提下，才有可能创造劳动市场。

但是，这一切也需要那种容易解体的农村结构。因为不"把农村整个地纳入不是使用价值而是交换价值的生产"（同上，第507页），资本主义就不可能发展起来。这是为什么古代人——尽管他们蔑视并怀疑手工业者，但也产生

---

① 马克思频繁使用诸如"师傅制"、"劳动本身一半还是技艺，一半则是目的本身"、"城市手工艺"等词语。这些词语都带有情感的寓意和事实上一般的赞许暗示。

第七章 马克思论资本主义生产以前的各种形式

了一种"城市工商业"观念——不可能发展出大工业的另一个原因(同上)。除了"日耳曼制度"的特征——即它的底层——外,封建社会的农村结构由此容易解体的因素究竟是什么,马克思没有告诉我们。事实上,在马克思这一点上的观点的语境中,没有必要进行进一步探究。马克思一笔而过地提及了交换—经济发展的许多影响。还应该注意的是,"这种(劳动与生产的客观条件——生活资料、原料、工具——)分离过程部分地又是在没有(货币财富)参与的情况下进行的"(同上,第504页)。与一般解释最相近的东西意味着,"资本起初零散地或在个别地方(马克思的着重号)出现,与旧的生产方式并存(马克思的着重号),但逐渐地到处破坏旧的生产方式"(同上,第506页)。

为国外市场而生产的工场手工业最初产生于大宗海陆贸易的基地和贸易中心地,不是产生在行会手工业中,而是产生在农村副业中,例如纺和织,即最少需要行会技巧、技术训练的那种劳动,尽管当然也产生在这样一些直接与航海——例如造船业——相关的城市手工业中。另一方面,农村又有租地农场主的出现和农业人口向自由短工的转化。所有这些工场手工业都需要大规模市场的存在。农奴制的解体和工场手工业的产生逐渐使一切生产部门变成资本经济的部门,同时,在城市中,非行会的短工等阶级提供了形成本来意义的雇佣劳动的一个要素(同上,第114—117页)。①

---

① 马克思在这里低估了城市手工业者向现实的雇主和现实的雇佣劳动者的分化。

资本为自己创造国内市场，是借助于消灭所有的农村副业，是以工场手工业或工业生产取代以前消费品的农村供应为基础的。"这是一个由于劳动者与土地以及与生产条件的所有权（甚至也许是依附者的所有权）相分离而自然产生的过程。"（同上，第508页）城市手工业向工业的转变是后来发生的事情，因为它需要生产方法的巨大进步，才能进行工厂生产。这时，马克思的手稿——专门讨论资本主义生产以前的各种形态——结束了，没有讨论资本主义发展的各个阶段。

四

接下来，我们必须思考马克思和恩格斯随后的思考和研究在多大程度上促使他们修正、扩大和进一步论述了《形式》中所表述的一般观点。

这显然是原始共产主义研究领域的状况。毫无疑问，在《资本论》发表（1867）后，马克思本人的历史兴趣完全在于社会发展的这一阶段。就原始共产主义而言，与1857—1858年可以利用的文献相比，毛勒、摩尔根和自1873年以来马克思所阅读的大量俄国文献为研究提供了更为坚实的基础。除了《资本论》第三卷所研究的农业方向外，我们还可以指出马克思这种兴趣集中的两个原因。第一，俄国革命运动的发展日益使马克思和恩格斯把欧洲革命的希望寄托在俄国身上。（对马克思最可笑的误解莫过于

第七章 马克思论资本主义生产以前的各种形式

他对革命的期望完全寄托于西方发达工业国家。)① 既然农村公社的地位是俄国革命者产生根本理论分歧的问题,而俄国的革命者又在这个问题上咨询了马克思,因此,对马克思来说,更详细地研究这个问题就是自然而然的事情了。

有趣的是——有些出乎意料——马克思倾向于赞同民粹派的观点。俄国民粹派相信,俄国的农村公社可以不由于资本主义的发展而预先解体,为社会主义过渡提供基础。这种观点不是产生于马克思之前历史思想中的自然倾向,也不为俄国的马克思主义者(他们在这一点上是民粹派的反对者)和随后的马克思主义者接受,总之,它被证明是毫无根据的。或许马克思在为此起草理论证明时的困难②反映出一定的难为情。这与恩格斯在多年后讨论同一主题时明确而出色地回到马克思主义主要传统——并且支持俄国马克思主义者——形成鲜明的对比③。然而,这使我们转向马克思越来越关注原始共产主义的第二个原因:马克思日益憎恨和蔑视资本主义社会。(那种认为老年马克思失去了青年时代的一些革命热情的观点,总是在这样一些批评者中流行:他们希望抛弃马克思主义的革命实践,同时保留对马克思理论的喜爱。)马克思以前曾经称赞西方资本主义

---

① 恩格斯记录了他们在19世纪70年代末对俄国革命的希望,在1894年明确地期望"俄国革命将成为西方无产阶级革命的信号而双方互相补充"的可能性(*Werke* 18, p. 668)。关于其他的文献,参见 Marx to Sorge, 27.9.1877; Engels to Bernstein, 22.2.1882。

② 1881年给查苏利奇的书信。这封信的四份草稿保存了下来,其中三份草稿见 *Werke* 19, pp. 384–406。

③ *Nachwort* (1894) *zu* "*Soziales aus Russland*", *Werke* 18, pp. 663–664.

作为一种非人道但却具有历史进步性的力量对停滞的前资本主义经济的影响。马克思似乎可能发现这种非人道性越来越令自己胆寒。我们知道,马克思始终称赞原始公社——无论多么落后的形式——体现出的积极社会价值观。而且,可以肯定的是,在1857—1858年后,无论是在《资本论》第三卷①中,还是在随后对俄国的讨论②中,马克思越来越强调原始公社的活力、它抵制历史解体的力量乃至——尽管或许只有在俄国民粹派讨论的语境下——它不先灭亡而发展成为更高级经济形式的能力。③ 我在此不会详细解释马克思对原始社会演变的概述——可以从恩格斯《家庭、私有制和国家的起源》④ 中找到这个概述——尤其是他对农村公社的概述。然而,关于这个研究体系的两个

---

① *Capital* III, pp. 365 – 366.
② 例如 drafts to Zasulich, *Werke* 19, pp. 387, 388, 402, 404。
③ 利希特海姆(*Marxism*, p. 98)正确地让人注意到这种对资本主义日益强烈的敌意和对幸存的原始公社的钟爱,但却错误地认为1858年的马克思从完全否定的角度来看待这些公社。共产主义将会在更高级的水平上重新创造原始共产主义的社会美德,这是一个属于社会主义的最早期遗产的思想。"天才",傅立叶说,"必须找到通往那种原始幸福的路径,使之适应现代工业化的状况"(引自 J. Talmon, *Political Messianism*, London, 1960, p. 127)。关于青年马克思的观点,参见《历史法学派的宣言》(《马克思恩格斯全集》第一版第1卷,第97页):"18世纪流行过的一种虚构,认为自然状态是人类本性的真实状态。当时有人想用肉眼去看人的思想,因此就创造出自然人——巴巴盖诺,他们纯朴得居然身披羽毛。在18世纪最后几十年间,有人曾经设想,那些原始民族具有非凡的才智,那时到处都听到捕鸟者模仿易洛魁人和印第安人等的鸟鸣术,以为用这种办法就能诱鸟入彀。所有这些离奇的言行都是以这样一种正确的想法为根据的,即原始状态是一幅幅描绘人类真实状态的纯朴的尼德兰图画。"关于毛勒对历史学的贡献,也可参见 Marx to Engels, 25.3.1868。
④ 这是马克思希望写作的一部著作,并准备了大量的笔记。恩格斯尽可能地以这些笔记为基础。参见 Preface to First Edition, 1884, *Werke* 21, p. 27。

第七章　马克思论资本主义生产以前的各种形式

评论在这里具有重要意义。第一，阶级社会以前的各种形式构成了一个漫长而又复杂的独立历史时代，拥有自己的历史和发展规律，也具有自己的社会—经济组织类型——马克思现在倾向于把它们统称为"古代类型"①。显然，这包括《形式》提出的原始公社的四个基本变种。这也可能包括"亚细亚的方式"（我们已经看到，它是发达的社会经济形态的最原始的形态），并且可能解释了为什么这种生产方式明显地没有出现在恩格斯在《反杜林论》和《家庭、私有制和国家的起源》中②对这个主题的系统讨论中。很有可能的是，马克思和恩格斯还记得公社解体——不同类型的统治阶级从中诞生的过程——的某个中间历史阶段。

第二，对"古代"社会演进的分析与《德意志意识形态》和《形式》所勾画的分析是完全一致的，只是进一步阐述了它们，例如《德意志意识形态》对人类再生产和家庭的重要性的简略提及③——根据摩尔根——被扩展成《家庭、私有制和国家的起源》，或者，给查苏利奇复信的草稿把对原始公社所有制的纲要式分析充实和修改成（根据柯瓦列夫斯基等学者，顺便说一下，柯瓦列夫斯基本人也受到了马克思的影响）农村公社解体的不同阶段。

---

① Drafts to Vera Zasulich, *Werke* 19, pp. 384-406.
② "奴隶制是古代世界所固有的第一个剥削形式；继之而来的是中世纪的农奴制和近代的雇佣劳动制。这就是文明时代的三大时期所特有的三大奴役形式"（《家庭、私有制和国家的起源》，见《马克思恩格斯全集》第一版第21卷，第200页）。
③ *Werke* 3, pp. 29-30.

马克思主义创始人继续专门研究的第二个领域是封建时期。这是恩格斯而不是马克思最喜欢的研究领域。① 事实上,恩格斯的许多研究探讨了封建制度的起源,与马克思对原始公社形式的研究存在重合之处。然而,恩格斯的兴趣似乎稍微不同于马克思。恩格斯可能更少关注原始公社的生存或解体,更多地关注封建社会的兴起和衰落。与马克思相比,他对农奴制农业的动力表现出更明显的兴趣。就我们现在看到的马克思晚年对这些问题的分析而言,这些分析都是恩格斯阐述的。此外,政治和军事的因素在恩格斯的著作中发挥了相当突出的作用。最后,恩格斯几乎完全只关注中世纪的德国(偶尔关注与他存在私人关联的爱尔兰),无疑比马克思更关注民族的兴起和民族在历史发展中的作用。在重点上的这些差异中,一些差异只是因为马克思的分析比恩格斯的分析建立在更一般的水平上;这是为什么那些第一次接触马克思主义的人经常更容易理解恩格斯的分析和恩格斯的分析更激励他们的原因。有一些差异的原因则不是如此。然而,尽管我们承认马克思和恩格斯并不是一对孪生兄弟,承认(就像恩格斯承认的那样)马克思是一位更伟大的思想家,但是我们应该意识到把马克思和恩格斯进行比较的现代倾向,尤其是不利于恩格斯

---

① 《反杜林论》、《家庭、私有制和国家的起源》、《马尔克》和《德意志农民战争》是主要的发表著作,但是,恩格斯写作了许多关于中世纪德国和爱尔兰历史的草稿和札记(大多数是未完成的)。参见 Werke 16, pp. 459–500; 19, pp. 425–521; 21, pp. 392–401。

的比较倾向。当两个人像马克思和恩格斯那样紧密地合作了40多年,不存在任何实质性的理论分歧时,我们应该认为他们知道彼此心中的想法。毫无疑问,如果马克思写作了《反杜林论》(在他生前发表),那么《反杜林论》将会有不同的读法,或许包含一些深刻的新观点。但是,我们根本没有理由相信他不赞同《反杜林论》的内容。恩格斯在马克思去世后写作的其他著作也是如此。

恩格斯对封建社会发展的分析(完全根据欧洲的条件)试图填补1857—1858年及其全球性的分析所留下的一些空白。首先,古代生产方式的衰落与封建生产方式的兴起之间建立了逻辑联系,尽管这个逻辑联系由外国的野蛮入侵者建立在其他民族的毁灭之上。在古代,大规模农业唯一可能的形式是奴隶大庄园,但除了在一定时候外,这必然变成不经济的形式,再次让位于作为"唯一有利的形式"[1]的小农经济。于是,古代的农业已经处在走向中世纪的中途上。小规模经营是封建农业的主要形式,因而,"在操作上"无关紧要的是,一些农民是自由的,一些农民对地主负有各种各样的义务。拥有生产资料的小所有者从事相同类型的小规模生产,这种生产在城市中占据着主导地位。[2]尽管这在一定条件下是一种更经济的生产形式,但是封建初期经济生活的总体落后性——地方的自给自足占据主导

---

[1] 《家庭、私有制和国家的起源》,见《马克思恩格斯文集》第4卷,第168页。

[2] *Anti-Dühring*, *Werke* 20, pp. 164, 220, 618.

地位，为出售和转移非常微不足道的剩余提供了空间——施加了它的各种限制。尽管可以肯定任何地主制度（必然建立在对大庄园及其耕种者的控制之上）"必然产生居于统治地位的大地主和依附的小农"，但也使无论是按照古代的奴隶制方法还是按照近代的大规模农奴经营方式利用这样一些大庄园变成不可能的了，就像查理大帝时期皇室"田庄"的失败所证明的那样。唯一的例外是修道院，它们是以独身生活为基础的"非正常的社会团体"，它们可能会有例外的成绩，但正因为如此，才不能不永远是一个例外。①

虽然这种分析显然有些低估了面积巨大的大庄园农业在中世纪鼎盛时期的地位，但却是一种极其敏锐的分析，尤其是它区分了作为社会、政治和财政单位的大庄园与作为生产单位的大庄园，强调农民农业而不是庄园农业在封建社会中的主导地位。然而，这种分析没有讨论隶农制和封建贵族的起源。恩格斯本人对隶农制和封建贵族的起源的解释似乎是社会的、政治的和军事的而不是经济的。日耳曼的自由农因连绵的战争而贫困化，（就国王的权力太弱而言）不得不去乞求贵族或教会的保护。② 从根本上来说，这是因为以亲缘关系为基础的社会组织形式无力管理或控制因它的成功征服而建立的庞大政治结构：这些由此自然包含着阶级和国家的起源。③ 在其简单的表述形式中，这个

---

① *Origin of the Family*, in *Werke* 21, pp. 148–149.
② Ibid., pp. 146–148.
③ Ibid., pp. 146, 164; *The Mark*, *Werke* 19, pp. 324–325.

第七章　马克思论资本主义生产以前的各种形式

假设不是非常令人满意,但具有重要意义的是从社会结构的矛盾中(而不是简单地从原始的经济决定论中)推导出阶级的起源。它延续了——例如在奴隶制上——1857—1858年手稿的思想路线。

再一次地,封建制度衰落的决定因素是手工业和贸易的兴起以及城市和乡村之间的分化和对立。从农业发展的角度来看,它表现为封建贵族对只有购买才可以获得的消费品(和武器或装备)的需求的增长。① 在一定程度上,就农业技术的停滞状况而言,例如,只有广泛地耕种新土地,建立新村庄,才能增加从农民那里榨取的剩余产品。可是,这意味着"与殖民者——无论是隶农还是自由民之间的友好协议"。因而——也是因为贵族制度的原始形式不包含强化剥削的激励,但是固定的农民负担随着时间的推移而变得更加明确的趋势——农民的自由趋向变得日益明显,尤其是在13世纪之后。(恩格斯忽视了庄园市场农业在中世纪鼎盛时期的发展和14世纪的"封建危机"。尽管这种忽视可以理解,但在这里再次有些简单化和扭曲了他的描绘。)

然而,从15世纪以来,相反的趋势流行起来,封建主重新把自由民转变成农奴,把农民的土地变成他们自己的庄园。这(至少在德国)不仅是因为封建主的需求越来越

---

① *The Mark*, *Werke* 19, pp. 326 – 327. 关于对城市制造的武器的需求,参见恩格斯:《封建制度的瓦解和民族国家的诞生》,见《马克思恩格斯文集》第4卷。

高涨，因而只有出售更多的庄园产品才能满足，而且是因为各国君主的权力不断扩大，剥夺了贵族以前的其他收入来源，例如过路费和其他类似的勒索。① 因此，封建制度终结于以农奴制为基础的大规模农业的复兴，而且对农民土地的征用适合——并产生于——资本主义的发展。"以农奴劳动服务为基础的大规模农业时代掀开了农村的资本主义时代"。

这种对封建社会衰落的描绘不完全令人满意，尽管它标志着马克思主义对封建社会初步分析的一个重要进展，即尝试确立并解释封建农业的动力尤其是地主与依附农民之间的关系。这肯定要归功于恩格斯，因为正是他（在与《马尔克》写作相关的书信中）专门强调了劳动服务的运动，并且确实指出了马克思以前在这个问题上的错误。② 这就把分析的方法（主要在毛勒的基础上）引入到中世纪的农业历史中，自那时以来分析的方法已经证明取得了异常丰富的成果。另一方面，还应该指出的是，这个研究领域似乎不是马克思和恩格斯的主要兴趣。与讨论封建社会起源的著作相比，恩格斯讨论那一问题的著作简短粗略③，没有作出任何论证。恩格斯也没有充分地或直接地解释中世纪初期不经济的大规模农业为什么在中世纪结束时在农奴制（或其他）的基础上再次变得经济。更令人惊讶的是

---

① *The Mark*, Werke 19, pp. 326–327.
② Engels to Marx, 15.12.1882, 16.12.1882.
③ 《马尔克》——它的目标只是顺便地讨论封建农业的运动——作为《反杜林论》的附录发表，未发表的《封建制度的瓦解和民族国家的诞生》原计划是《德意志农民战争》新版的引言。

（就恩格斯对从古代到中世纪过渡的技术发展——像考古学所记录的那样——的浓厚兴趣来看）①，恩格斯实际上没有讨论耕作技术的变化，而且还有其他许多宽泛的目标。对于在直接或间接形式的隶农制下存在的原始农村公社，例如在俄国和爱尔兰，恩格斯作出了非常有启发性的评论②，这个评论似乎稍微早于后来在《马尔克》中的讨论，即在东欧，农民的再农奴化是因为农产品出口市场的兴起，并且随之加剧③。除此之外，恩格斯不再试图把对封建社会的分析应用到西欧和中欧之外的地方。总之，恩格斯似乎不想改变他和马克思在许多年前所描绘的从封建社会到资本主义过渡的图景。

尽管马克思和恩格斯在晚年完成了对16世纪以来尤其是当代历史时期的重要研究，但是他们也不再对"资本主义生产以前的各种形式"进行重要的涉足。因此，我们只继续简要地讨论他们后来关于社会发展阶段问题的两个思想。他们究竟在多大程度上坚持了《序言》所制定的社会形态表？他们思考和反思过哪些关于社会经济发展的其他一般因素？

我们已经看到，马克思和恩格斯在晚年倾向于在更广泛的社会分类内尤其是在前阶级社会内区分或纳入各种亚类型、亚阶段和过渡形式。不过，社会形态的总表没有出

---

① 参见 *Zur Urgeschichte der Deutschen*, *Werke* 19, esp. pp. 450–460。
② *Anti-Dühring*: preparatory notes, *Werke* 20, pp. 587–588.
③ Ibid., p. 588.

现重大的变化,除非我们几乎把从社会的"亚细亚方式"到"古代类型"的形式上的转变也算在内。他们——至少马克思——不倾向于抛弃亚细亚生产方式(乃至想要恢复"斯拉夫"生产方式),几乎肯定故意拒绝把它归类为封建的生产方式。柯瓦列夫斯基认为,在日耳曼—罗马封建社会的四个主要标准中,印度能够找到其中三个标准,因而也应该被归为封建社会。在反驳柯瓦列夫斯基的这个观点时,马克思指出,"别的不说,柯瓦列夫斯基忘记了农奴制,这种制度并不存在于印度,而且它是一个基本因素(至于说封建主……不仅对非自由农民,而且对自由农民的个人保护作用,那么这一点在印度,除了在教田方面,所起的作用是很小的);(罗马—日耳曼封建主义所固有的对土地的崇高颂歌,在印度正如在罗马一样少见。土地在印度的任何地方都不是贵族性的,就是说,土地并非不得出让给平民!)。"① 恩格斯对封建主与原始公社的底层可能出现的结合更感兴趣,似乎不是那么绝对,不过,他专门把东方排除在封建社会之外②,并且我们已经看到,他没有尝试把他对农业封建制度的分析扩展到欧洲之外的地区。没有任何东西表明,马克思和恩格斯把农业封建制度和中世纪城市的特殊结合当做不是欧洲特有的事物。

另一方面,马克思和恩格斯晚年在许多地方对社会生产关系概念进行了非常有趣的阐述。恩格斯在此似乎再一

---

① 《马克思古代社会史笔记》,人民出版社1996年版,第78页。
② *Anti-Dühring*, Werke 20, p. 164.

次采取了主动。因此,他在谈到农奴制时说(1882年12月22日致马克思的信,可能遵循了马克思提出的建议):"毫无疑问,农奴制和依附关系并不是某种特有的中世纪封建形式,在征服者迫使当地居民为其耕种土地的地方,我们到处,或者几乎到处都可以看得到。"再者,至于雇佣劳动,恩格斯说:"最初的资本家就已经遇到了现成的雇佣劳动形式。但是,那时雇佣劳动是一种例外,一种副业,一种救急办法,一种暂时措施。"① 马克思以前的思想已经包含了如下两者之间的这种区分:一方是以某些关系为特征的生产方式,另一方是这些关系在各种时期或社会经济环境中可能存在的"形式"。有时,就像在对货币和商业活动的讨论中那样,这种区分是明确的。它具有相当的重要性,因为它不仅有助于驳斥一些简单的观点,例如一些观点否认资本主义的新颖性,因为古代埃及存在商人,或者因为中世纪的领主以货币购买收割—劳动,而且它使人们注意到如下事实:数量上必然有限的基本社会关系是由人们在许多场合"创造"或"重新创造"的,而且一切货币化的生产方式(或许除了资本主义外)都是由基本社会关系结合而成的复合体。

五

最后,应该简要地考察在马克思和恩格斯去世后马克

---

① 《反杜林论》,见《马克思恩格斯文集》第9卷,第287页。

思主义者关于主要社会—经济形态的讨论。尽管这种讨论具有从未把马克思和恩格斯的文本当做终极真理的化身的优势,但是它在许多方面并不令人满意。事实上,马克思和恩格斯的文本遭到了广泛的修正。然而,这种修正的过程极其不系统,缺乏计划性,许多讨论的理论水平令人失望,而且主题从总体上来说混乱不清。

我们可以指出其中的两种倾向。第一种倾向包含对马克思和恩格斯思想的极度简单化,把主要的社会—经济形态简化为所有人类社会以不同速度向上攀爬、最终到达顶端的单一阶梯。① 这种倾向从政治和外交的角度来看具有某些优势,因为它消除了两种社会之间的差别:一种是过去表现更大的历史快速发展的内在趋势,另一种则是表现更小的这种趋势,而且它使特定的国家难以声称它们是一般历史规律的例外②。但是,这种倾向没有明确的科学优势,而且也不符合马克思的观点。此外,这种倾向在政治上也是完全不必要的,因为无论过去的历史发展存在多大的差异,马克思主义始终坚定地认为,不论种族和历史背景如

---

① "所有的民族都经历基本相同的道路……社会的发展是按各种既定的规律,由一种社会经济形态向另一种社会经济形态依次更替的。" O. Kuusinen (ed.), *Fundamentals of Marxism-Leninism*, London, 1961, p. 153.

② 1930 年后,国际共产主义运动之所以抛弃了马克思的"亚细亚生产方式"概念,对鼓励"亚细亚例外论"和阻碍坚定地反对(西方)帝国主义影响的担心是一个非常强大,或许是决定性的因素。参见 the 1931 Leningrad discussions, as reported (very tendentiously) in K. A. Wittfogel, *Asiatic Despotism* (1957), pp. 402 – 404. 早在几年前,中国共产党独立地走上了相同的道路,关于中国共产党似乎是非常标准和非单线论的观点,参见 Mao Tse-tung, *Selected Works*, III, London, 1954, pp. 74 – 77。

第七章 马克思论资本主义生产以前的各种形式

何,所有民族一旦自由地追求现代文明的一切成就,就能实现它们。

单线论的路径还导致对每一个经济社会形态的"根本规律"的追求,这些规律解释了它们向下一个更高级的社会形式的过渡。马克思和恩格斯(显然是在《家庭、私有制和国家的起源》中)已经表明了这样一种从公认普遍的原始公社阶段到阶级社会过渡和资本主义非常不同的发展的一般机制。许多人已经尝试揭示封建社会①乃至奴隶社会阶段的②类似的"一般规律"。一般认为,这些尝试不是非常成功,甚至最终获得公认的规律也似乎不过是各种定义而已。就适用于封建社会和奴隶社会的普遍接受的"根本规律"而言,这种寻找的失败本身并非无关紧要。

第二种倾向部分地来源于第一种倾向,但也部分地与之冲突。它忽略了"亚细亚生产方式",限定了"古代"生产方式的范围,但相应地扩大了"封建"生产方式的范围,结果从形式上修正了马克思的社会—经济形态表。宽泛地说,这种对"亚细亚"生产方式的忽略发生在20世纪20年代末期和30年代末期之间:斯大林的《辩证唯物主义和历史唯物主义》(1938)不再提及"亚细亚"生产方式,但

---

① 关于20世纪50年代初期苏联的讨论,参见 *Voprosi Istoriti*, 6, 1953; 2, 1954; 2, 4 and 5, 1955。关于西方对从封建社会到资本主义社会过渡的讨论,这些讨论部分地触及了类似的主题,参见 *The Transition from Feudalism to Capitalism*。也可参见 G. Lefebvre, *La Pensée*, 65, 1956; G. Procacci, *Società*, 1, 1955。

② 参见 Guenther and Schrot, *Problèmes théoriques de la société esclavagiste*, in *Recherches Internationales à la lumière de marxisme*, Paris 2, May – June 1957。

是一些马克思主义者——主要是在英语世界中——直到后来仍然继续使用它。① 既然在马克思看来"亚细亚"生产方式的特点是抵制历史的演进，因此，取消"亚细亚"生产方式，就产生了一个更简单的图式，这个图式更容易适合普遍的和单线论的解释。然而，这也消除了那种认为东方社会本质上是"不发生变化的"或非历史的错误观点。有人指出，"马克思本人关于印度的看法不可能站得住"，尽管"（印度历史）的理论基础仍然是马克思主义的"。② 对"古代"生产方式范围的限制没有造成重大的政治问题，（显然）也没有反映出各种政治争论。这不过是因为学者们没有处处找到奴隶社会阶段，反而找到更简单的奴隶经济模式，即便是对古代的古典社会来说，这种模式也完全是流行的形式（比马克思本人的模式更简单）。③ 苏联的官方科学不再致力于研究奴隶社会的普遍阶段。④

"封建社会"已经扩大了它的范围，部分地填补了上述变化留下的空白——受到影响的社会都不可能重新划分为资本主义社会或者原始—公社社会或"古代"社会（就像我们记得马克思和恩格斯倾向于所做的那样），而且部分地牺牲了迄今为止被划分为原始—公社社会和资本主义发展

---

① 例如，E. M. S. Namboodiripad, *The National Question in Kerala*, Bombay, 1952。

② D. D. Kosambi, *An Introduction to the Study of Indian History*, Bombay, 1956, pp. 11 – 12.

③ 关于研究的选择，参见 *Recherches Internationales*, loc. cit. , 1957。

④ E. Zhukov, "The Periodization of World History", *International Historical Congress*, *Stockholm*, 1960: *Rapports* I, pp. 74 – 88, esp. p. 77.

第七章 马克思论资本主义生产以前的各种形式

早期阶段的社会。因为我们现在清楚地知道，在以前宽泛地称之为"部落"社会（例如非洲许多地区）的某些社会中，阶级分化已经取得了相当大的发展。在这一时段的另一端，把直到正式的"资产阶级革命"发生以前的所有社会都归类为"封建"社会的趋势取得了一定的进展，尤其是在英国。① 但是，"封建社会"仅仅作为一个残余的范畴没有取得发展。自从非常早的后马克思主义时代以来，有人一直试图把某种最初的或者典型的封建社会看做是从原始共产主义的解体中产生的阶级社会的第一个一般形式——尽管不必然是普遍出现的形式。② （从原始部落社会到封建社会的这种直接过渡当然是由马克思和恩格斯所规定的。）有人认为，这种典型的封建社会发展出各种其他的社会形态，包括欧洲（和日本）类型的发达封建社会。另一方面，从一些尽管可能不那么进步但事实上更高度发达的社会经济形态向封建社会的逆转——例如从罗马帝国到部落性的日耳曼王国的逆转——始终得到了考虑。欧文·拉铁摩尔（Owen Lattimore）竭力"建议我们应该实验性地从演进的和逆转（或非进化）的封建社会进行思考"，并还要求我们记住那些与更发达社会交往的部落社会暂时出现

---

① 参见"State and Revolution in Tudor and Stuart England", *Communist Review*, July 1948。然而，这种观点总有其批评者，尤其是 J. J. Kuczynski（*Geschichte d. Lage d. Arbeiter unter dem Kapitalismus*, Vol. 22, chapters. 1–2）。

② 参见 Bogdanov, *Short Course of Economic Science*, 1897, revised 1919, London, 1927；关于更深刻的形式，参见 K. A. Wittfogel, *Geschichte der bürgerlichen Gesellschaft*, Vienna, 1924。

封建化的可能性。①

所有这些倾向的结果是使这样一个广泛的"封建社会"范畴流行起来:这个"封建社会"范畴跨越各个大陆和各个千年,并且范围从北尼日利亚的酋长国到1788年的法国,从阿兹特克社会在西班牙人征服前夕的明显趋势到19世纪的沙皇俄国。所有这些社会确实可能被归入到一个如此广泛的分类之下,而且这确实具有分析上的价值。然而,很清楚的是,没有许多进一步的分类,没有对各种亚类型和独立历史阶段的分析,一般的概念就具有十分不方便使用的风险。有人尝试提出这样一些亚分类,例如"半封建"社会,但是迄今为止马克思主义对封建社会的阐明尚未取得足够的进步。

这里指出的两种趋向的结合产生了这种或那种意想不到的困境。于是,那种稳固地把每一个社会或历史时期归入到这个或那个公认的范畴内的想法造成了划界的争论。当我们坚持使动态的概念适应静态的社会时,自然就会如此。因此,中国存在关于从奴隶社会过渡到封建社会的日期的激烈讨论,因为"斗争具有涉及非常漫长的数个世纪的性质……中国幅员辽阔的领土上存在不同的社会和经济生活方式"②。在西方,类似的困难导致了关于从14世纪到18世纪数个世纪的特征的讨论。③ 这些讨论的功绩至少是提

---

① O. Lattimore, "Feudalism in History", *Past and Present*, 12, 1957.
② E. Zhukov, *op. cit.*, p. 78.
③ *The Transition from Feudalism to Capitalism.*

第七章 马克思论资本主义生产以前的各种形式 >>>

出了社会生产关系的不同"形式"结合和共存的问题,要不然,它们的重要性比不上其他一些马克思主义讨论。①

然而,随着去斯大林化,部分地在《形式》的刺激下,马克思主义讨论开始表现出可喜的复兴趋势,并开始质疑一些过去数十年来已经接受的观点。这种复兴似乎开始独立地出现在许多——社会主义和非社会主义——国家。各种文章来自法国、德意志民主共和国、匈牙利、英国、印度、日本和埃及。② 这些文章部分地解决了历史分期的各种一般问题——例如1962年《今日马克思主义》杂志上一场争论中的讨论,部分地解决了资本主义以前的具体社会经济形态问题,部分地解决了充满争论的和现在重新提出的"亚细亚生产方式"问题。③

这一切表明了那些避开20世纪50年代前国际马克思主义运动历史发展的企图。就像在其他许多领域中那样,这对马克思主义在这个领域中的讨论水平产生了无可置疑的负面影响。马克思解决历史演进问题的原初方法在某些方面

---

① 参见 *Zur Periodisierung des Feudalismus und Kapitalismus in der Geschichtlichen Entwicklung der U. S. S. R.*, Berlin, 1952。

② *Asiaticus*, *Il modo di produzione Asiatico*, *Rinascita*, Rome, 5 October 1963, p. 14.

③ Recherches Internationales 37, May – June 1963, 这期杂志讨论了封建社会,包含了一些相关的争论文章。关于古代社会,参见 Welskopf (*Die Produktion sverhältnisse im Alten Orient und in der griechischrömischen Antike*, Berlin, 1957) 和 Guenther and Schrot (*Ztschr. f. Geschichtswissenschaft*, 1957, and *Wissensch. Ztschr. d. Karl-Marx-Univ.*, Leipzig, 1963) 之间的争论;关于东方社会,参见 F. T. Kei, *Sur le mode de production asiatique*, Paris, Centre d'Etudes et de Recherches Marxistes, 1964, cyclostyled。

被简单化和改变了,而且诸如《形式》的发表这样提醒我们注意马克思方法的深刻性和复杂性的事情没有被用来纠正这些倾向。尽管我们改变了马克思原来的社会经济形态表,但是尚未提供令人满意的替代物。尽管我们在马克思和恩格斯的卓越但不完全和尝试性的讨论中发现并填补了一些空白,但是有些人依然对他们的一些最富有成效的分析视而不见。

这些就是今天迫切需要阐明马克思的历史演进思想尤其是历史主要发展阶段思想的原因。对《形式》的仔细研究——并不意味着自动地接受马克思的所有结论——只会帮助我们完成这个任务,事实上也是这个任务的不可或缺的内容。

第八章　马克思恩格斯著作的命运

一

在从马克思和恩格斯那里汲取灵感的社会主义政党和共产主义政党中，他们的著作获得了"经典"的地位。1917年以来，马克思和恩格斯的著作在越来越多的国家中成为官方意识形态的基础，乃至成为世俗神学的基础。自恩格斯去世后，马克思主义的许多讨论——事实上大多数的讨论——采取的形式是对文本的注释、猜测和解释，或者辩论对马克思和恩格斯著作中的观点进行修正是否可以接受或者是否可取。然而，那些著作起初并不是两位经典作家业已出版的全部著作。事实上，20世纪20年代以前不曾有人尝试出版马克思和恩格斯的全部著作。但到20世纪20年代，达·梁赞诺夫在莫斯科开始编辑出版著名的《马克思恩格斯全集》（通常称做MEGA）。这部全集仍然不完全以德文原文出版,尽管它以俄文继续出版,但也不是原来计划的全集形式。与此同时,其他地方——尤其是法国科斯特出版社——作出了出版一个旨在成为全集的版本的独立尝试。1956年以来,德意志民主共和国出版了一个全面但绝非所有著作的全集版本(通常称为Werke),为其他语种的各种类似版本奠定了基础。其中最雄心勃勃的版本是从1975年到2004年出版的50卷英文版《马克思恩格斯全集》。

1975年,在经过长期准备后,在苏联和民主德国马列研究院的主持下,新的《马克思恩格斯全集》(被称为新MEGA)开始出版。苏联和民主德国的消亡改变了全集出版的意识形态性质,使之变成学术事业:出版工作交由一家基金会——即阿姆斯特丹国际社会史研究所的国际马克思恩格斯基金会——全权负责。自1933年以来,国际社会史研究所一直保存着马克思和恩格斯的现存档案。出版计划的实际工作交由柏林—勃兰登堡科学院以及各个国家的研究中心。新MEGA计划出版120卷——这几乎可以肯定是一个低估的数字,因为读书摘录、札记和批注应该收录进来。到新世纪初,新MEGA已经出版了54卷,到2030年有望全部出齐。

在马克思主义的大部分历史上,争论由此建立在马克思恩格斯著作的不同选集上。为了理解那段历史,因而需要简要地和必然粗略地考察这些著作的命运。

如果我们撇开大量的新闻通讯——主要是19世纪40年

第八章 马克思恩格斯著作的命运

代和50年代的新闻通讯稿——不谈，马克思和恩格斯在马克思生前实际上只发表了较少的著作。在1848年革命以前，这大体上包括：马克思（乃至恩格斯）在他们全面合作前写作（例如在《德法年鉴》上）的各类重要文章、恩格斯的《英国工人阶级状况》（1845）、马克思和恩格斯合著的《神圣家族》（1845）、马克思批判蒲鲁东的著作《哲学的贫困》（1847）、《共产党宣言》（1848）以及19世纪40年代末期的一些演讲和文章。除了《共产党宣言》外，这些著作在马克思在世时都没有以更广泛的公众容易获得的方式再版。在1848—1849年革命失败后，马克思在发行量极其有限的流亡者杂志上发表了现在著名的对革命及其后果的分析，例如现在被称为《1848年至1850年的法兰西阶级斗争》的著作和——以原来的标题——《路易·波拿巴的雾月十八日》。1869年，马克思再版了《路易·波拿巴的雾月十八日》。恩格斯的《德国农民战争》（1850）也在马克思生前再版。这些文章也发表在流亡者的杂志上，不同于现在所说的《德国的革命与反革命》的文章，后者以马克思之名发表在《纽约论坛报》上。因此，撇开时评性的通讯稿和政治辩论不谈，马克思发表的著作事实上仅限于未曾再版的《政治经济学批判》（1859）、《资本论》第一卷（1867）——下文将会简略地提到它的历史——和为国际工人协会写作的大量文章，其中最著名的是《国际工人协会成立宣言》（1864）和《法兰西内战》（1871）。《法兰西内战》多次再版。恩格斯发表了主要是关于军事—政治问题的各种小册子。但在19世纪70年代，他开始发表题为《欧根·杜林先生在科学中实行的变革》（1878年，《反杜林论》）的系列文章；事实上，正是通过这一系列文章，国际社会主义运动才开始熟悉马克思在除了政治经济学以外的其他问题上的思想。然而，其中大多数文章都属于马克思去世后的著作。

换句话说，1875年，因为许多以前的著作早已经绝版，所以，已知的和可以获得的马克思恩格斯著作是非常少的，主要由《共产党宣言》、《资本论》和《法兰西内战》组成：《共产党宣言》从19世纪70年代初起才开始被人更好地了解；《资本论》被翻译成俄文和法文；《法兰西内战》使马克思声名大振。然而，从1867年到1875年，我们可以说，马克思的全集首次成为可能的事情。

在马克思去世（1883）和恩格斯去世（1895）之间的这段时期发生了双重的变化。第一，随着国际社会主义运动的兴起，对马克思和恩格斯著作的兴趣也迅速高涨。按照安德烈斯（Andréas）的看法，在这12年里，《共产党宣言》至少以15种语言出版了75个版本。[①] 有意思的是，沙皇俄国出版的俄文版数量超过了德文原版的数量。第二，马克思的大多数著作现在以原文语言系统地出版，这一工作主要是由恩格斯来完成的。这包括：（a）再版已经绝版的著作（通常加上新的导言），恩格斯因此希望强调它们的

---

① Bert Andréas, *Le Manifeste Communiste de Marx et Engels: Histoire et Bibliographie 1848 – 1918*, Milan, 1963.

永久的重要意义；(b) 新发表的马克思未发表或未完成的著作；(c) 恩格斯的新著作，有时包含马克思未发表的重要文本，例如《关于费尔巴哈提纲》——在这些著作中，恩格斯试图为马克思的学说提供一幅连贯和完美的图像。因此，在按照 (a) 出版的著作中，恩格斯把马克思关于雇佣劳动和资本的文章作为小册子重新出版，再版了《哲学的贫困》、《路易·波拿巴的雾月十八日》、《法兰西内战》和《1848 年至 1850 年的法兰西阶级斗争》以及他本人的《英国工人阶级状况》和 19 世纪 70 年代以来的各类著作。按照 (b) 类出版的主要著作是《资本论》第二卷和第三卷以及《哥达纲领批判》(1891)。按照 (c) 类出版的主要著作包括：《反杜林论》、更频繁再版的《社会主义从空想到科学的发展》，改编自马克思笔记的《家庭、私有制和国家的起源》(1884) 和《路德维希·费尔巴哈与德国古典哲学的终结》(1884) 以及参与当时政治争论的许多文章。或许除了《社会主义从空想到科学的发展》外，这些著作的发行量并不大。但是，它们是并因此仍然是永远可以获得的著作，构成了恩格斯认为是他和马克思著作全集的主体部分。不过，倘若恩格斯继续在世的话，他可能会补充一些更重要的文本，例如最终由考茨基编辑出版的《剩余价值理论》和恩格斯本人曾经希望完成的《德国农民战争》修订版。

除了一些例外——例如最初以英文出版的著作（爱琳娜·马克思在恩格斯逝世后不久重新出版了其中一些著作）

外，这些就是19世纪末国际马克思主义运动——包括外国的翻译——可以获得的材料。它由恩格斯的选编和某种程度上的编辑构成。因此，摆在我们面前的《资本论》并不符合马克思本人的意图，而是符合恩格斯所认为的马克思的本来意图。众所周知，《资本论》的最后三卷是由恩格斯和后来由考茨基从马克思未完成的手稿中编辑而成的。然而，《资本论》第一卷也是一个由恩格斯而不是马克思最终定稿的文本，因为第一卷的标准版（1890年德文第四版）是由恩格斯按照马克思修订的最后一个版本（第二版）、1872—1875年马克思为法文版作出的进一步修改、一些手稿笔记和不重要的技术考虑修改而成的。（事实上，马克思本人修订的1872年第二版对第一版部分章节进行了实质性的改写。）因此，倘若不是第二国际尤其是德国的许多理论家和领导人在恩格斯晚年与他进行过直接的私人交往——既通过与恩格斯的直接交谈，也通过大量的通信（这些通信直到"一战"后才发表），这本该是第二国际马克思主义得以确立的主要经典文本。应该指出的是，这是"完成形态的"主要理论著作，而且是按照恩格斯的意图完成的主要理论著作。恩格斯本人的著作试图填补马克思留下的空白，使以前的出版物跟上新的发展。于是，恩格斯《资本论》编辑工作的目标（自然充分地）不是重建马克思本人在他去世时仍然在变化和发展的经济思想。只有在"二战"后，对《资本论》的起源和发展（包括已发表的第一卷各个版本之间的变化）的这种历史重建才开始认真地展开，

第八章 马克思恩格斯著作的命运

甚至到现在也没有完成。恩格斯的目标是为他的朋友的主要工作提供一个"最终"的文本,从而使早期的草稿变成多余的东西。

恩格斯本人对马克思主义的简要概述,尤其是非常成功的《社会主义从空想到科学的发展》,旨在使新的社会主义群众性政党的党员容易理解这个理论体系的内容。事实上,在这一时期,社会主义运动的理论家和领导人也投入了许多精力来这样通俗地概述马克思的学说。因此,在法国、意大利和英国,德维尔(Deville)、加非洛(Cafiero)和艾威林(Aveling)分别对《资本论》作出了纲要性的解释,同时,考茨基发表了他的《卡尔·马克思的经济学说》。这些只是这种类型著作的一部分。事实上,新社会主义运动的主要教育和宣传努力似乎集中在出版和传播这种类型的著作而不是马克思和恩格斯本人的著作上。例如,在德国,在1905年以前,《共产党宣言》每一个版本的印刷量只有2000册,最多也只有3000册,尽管此后的印刷规模有所增加(数据来自德国社会民主党代表大会)。相比之下,1903年,考茨基的《社会革命》(第一部分)的印刷量是7000册,1905年是2.15万册;从1898年到1902年,倍倍尔的《基督教与社会主义》销售了3.7万册,1903年印刷量是2万册;德国社会民主党的《爱尔福特纲领》(1891)发行量达到12万册。

这不意味着具有理论倾向的社会主义者不阅读现在可以得到的大多数经典著作。毫无疑问,大多数经典著作被迅速地翻译成各种文字。因此，意大利诚然是19世纪90年代知识分子对马克思主义异常感兴趣的一个国家，实际上到1900年才可以得到恩格斯所选编的所有经典著作（除了后来的《资本论》各卷外），而且由契科蒂（Cicootti）（从1899年开始）编辑的马克思、恩格斯和拉萨尔著作选也包括许多更早的著作。① 直到20世纪30年代中期，除了1913年翻译——由芝加哥查尔斯·H. 科尔（Charles H. Kerr）公司出版，尽管翻译总体上相当糟糕——的主要经典著作外，英语中几乎没有增添新的经典著作。

在那些具有理论兴趣的人中，也就是说，在中东欧知识分子中间，一定程度上也在马克思主义具有强大吸引力的意大利知识分子中间，对马克思和恩格斯其他著作自然具有强烈的需求。德国社会民主党拥有马克思主义创始人的文献著作遗产，但没有尝试出版他们的全部著作，而且事实上可能认为出版或再版他们的一些比较尖锐或攻击性的评论或者只是暂时具有重要性的政治著作是不合适的。然而，马克思主义学者尤其是考茨基和梅林在德国以及梁赞诺夫在俄国着手出版一部马克思和恩格斯的已发表著作全集，这部全集比恩格斯明确指出具有直接必要性的全集更完全。因此，梅林编辑的《马克思和恩格斯的著作遗产》(*Aus dem literarischen Nachlass von Marx und Engels*) 重新发表了马克思和恩格斯在19世纪40年代的著作。同时，梁赞

---

① R. Michels, *Die italienische Literatur über den Marximus* (*Archiv f. Sozialwissenschaft u. Sozialpolitik*) 25ii, 1907, pp. 525 – 572.

第八章 马克思恩格斯著作的命运

诺夫以多卷本的形式重新出版了马克思和恩格斯从1852年到1862年的著作。

在1914年以前,随着1913年马克思和恩格斯通信集的出版,马克思和恩格斯的未发表材料至少实现了一个重大突破。考茨基已经时而不时地在德国社会民主党理论刊物《新时代》上发表一些经过挑选的手稿材料,其中著名的是(在1902年)马克思致克鲁格曼的书信和(在1903—1904年)选自现在被称为《大纲》的手稿中的一些片断——例如不完整的《〈政治经济学批判〉导言》。马克思和恩格斯寄给一些国家通讯员的著作,或者以那些国家的语言发表的著作,或者专门谈论那些国家的著作,有时也在各地发表,尽管当时这些著作很少翻译成其他的语言。1914年,列宁为《格拉纳特百科词典》撰写了"卡尔·马克思"词条,这个词条经常以"卡尔·马克思的学说"为题再版。这个词条所附的书目表明了1914年可以获得的经典著作。如果俄国的马克思主义者——经典著作的最勤奋的学生——不知道马克思和恩格斯的某个文本,那么可以说国际运动实际上也得不到这个文本。

182

二

俄国革命在几个方面改变了经典著作的出版和普及状况。第一,它把马克思文本研究的中心转移到同恩格斯——更不用说马克思——没有任何私人交往的一代编辑

（不像伯恩施坦、考茨基和梅林等人）手里。因此，这个新的群体既不再直接受到恩格斯对经典著作的个人判断的影响，也不再直接受到曾经明显地影响马克思和恩格斯文献遗嘱直接执行人的（不论是与个人相关还是与当代政治相关）策略和权宜问题的影响。事实上，马克思著作出版的主要中心如今是强调这种断裂的共产主义运动，因为共产党人（尤其是俄国的共产党人）倾向于——有时十分正确地——把俄国社会民主主义者对早期著作的忽视和修正解释为"机会主义者的歪曲"。第二，俄国革命为现在拥有国家资源的布尔什维克马克思主义者实现出版经典著作全集——即马克思恩格斯全集——的目标开辟了道路。

这提出了许多技术性问题，其中有两个问题值得一提。马克思乃至恩格斯的著作范围非常广泛，从不同程度精心完成的已发表的著作到完成程度和临时性程度不同的草稿，再到纯粹的阅读笔记和批注。"著作"同准备性笔记和草稿之间的界线并不容易划分。在令人尊敬的马克思学学者达·梁赞诺夫的领导下，新成立的马克思恩格斯研究院在一本类似的期刊《马克思恩格斯文库》上发表一些著作，但它并不把这些著作当做真正的"著作"。直到20世纪70年代新MEGA出版之时，这些著作才被收入到马克思恩格斯的"所有"著作中。进一步来说，尽管大量的真正草稿可以在德国社会民主党拥有的马克思恩格斯文献遗产（1933年后转交给阿姆斯特丹国际社会史研究所）中获得，但是两位经典作家的书信却广泛地分散于各处。于是，由

第八章 马克思恩格斯著作的命运 >>>

于许多书信下落不明,因此,出版全集是不可能的。实际上自1920年以来,收信人或者文献遗嘱执行人不时地分别发表马克思恩格斯的许多书信,但是,例如,直到20世纪50年代,才出版了一部像马克思恩格斯与拉法格的通信集那样庞大而又重要的通信全集。由于MEGA的出版计划从未完成,因此,这些问题立即失去了迫切性,但是我们应该注意到它们。我们也应该注意以旧的马克思材料中心——尤其是德国社会民主党档案——为基础继续出版的马克思著作。因为尽管莫斯科的马克思恩格斯研究院为了马克思恩格斯全集——唯一正在准备出版的全集——而尽可能地搜寻两位经典作家的所有著作,但是事实上它只能够照相复制绝大多数档案文献,原件仍然留在西方。

于是,20世纪20年代,经典著作的出版数量出现了惊人的爆发。第一次可以普遍地获得两类材料:未发表的手稿和马克思恩格斯同第三方的通信。然而,不久,政治事件为经典著作的出版和阐释设置了障碍,这在1914年以前是不可想象的。1933年纳粹的胜利中断了西方(德国)的马克思研究中心,在很大程度上延迟了在此基础上的解释的影响。只要举出一个例子就可以了。古斯塔夫·迈耶尔的恩格斯传记是一部具有里程碑意义的卓越学术著作,不得不于1934年以德国流亡者的版本出版,实际上从1945年到20世纪70年代,德国年轻一代的马克思主义者都不知道它。许多新出版的马克思文本不仅仅是重新出版"马克思主义的珍本"(引自20世纪20年代出版的一系列著作题目)①，本身也不可避免地成为珍本。在俄国，斯大林的崛起中断了马克思恩格斯研究院的工作——尤其是在院长梁赞诺夫遭到罢黜和谋杀之后，结束了德文版 MEGA 的出版，不过这个版本没有推进——尽管清洗产生了悲剧性后果——编辑工作。此外，在某些方面更为严重的是，对马克思主义的所谓的斯大林主义正统解释——在1938年《联共（布）党史简明教程》中正式公布——使得马克思本人的一些著作变成异端，因而造成了它们的出版困境。马克思在19世纪40年代早期的著作尤其如此。② 最后，"二战"的爆发严重地影响了马克思著作的出版。1939—1941年在莫斯科出版的著名的《大纲》实际上无人知晓（尽管有一两册来到了美国），直到1953年东柏林的重印版才有所改变。

1917年后，经典著作出版变化的第三个方面涉及到它们的普及工作。上文已经指出，在1914年以前，社会民主主义的群众性政党没有认真地尝试让党员阅读马克思和恩格斯本人的著作，不过，《社会主义从空想到科学的发展》或许还有《共产党宣言》可能是例外。《资本论》第一卷确实经常再版，从1903年到1922年德文版就出版了十次，但令人怀疑的是它是否能够使自己得到大众的广泛阅读。许

---

① *Neudrucke marxistischer Seltenheiten*, Verlag Rudolf Liebing, Leipzig.
② 迟至20世纪60年代，民主德国的《马克思恩格斯全集》尽管实际上不阻止这些著作的发表，但却独立地出版它们，既没有把它们纳入主要的系列，也没有把它们编为独立的卷册。

第八章 马克思恩格斯著作的命运

多购买《资本论》第一卷的人可能满足于把它摆在自己的书架上,以此明确地表明马克思已经科学地证明了社会主义的必然性。一些小党,不管是不是由知识分子、干部和那些可能聚集在马克思主义宗派中的异常忠诚的斗士组成,肯定对它们的党员提出了更高的要求。因此,从1848年到1918年,相对而言微不足道的英语世界的马克思主义组织和政党出版了34个版本的《共产党宣言》,相比之下,法文版出版了26个版本,德语国家的许多政党出版了55个版本。

另一方面,国际共产主义运动十分注重党员的马克思主义教育,为此不再主要依赖教义性的文献汇编。因此,真正经典文本的选编和普及成为重要的事情。长期以来,以经典文本来支持政治论证是马克思主义传统的某些部分的特征之一。这种日益高涨的趋势——尤其是在俄国——促进了经典文本的传播,但是,随着时代的变化,共产主义运动自然更频繁地诉诸列宁和斯大林的文本,而不是马克思和恩格斯的文本。世界上到处都允许出版马克思恩格斯的著作,但在1933—1944年能够出版经典著作的地区急剧缩小。这些经典文本已经可以广泛地获取,改变了那些希望研究马克思主义的人的状况。

在至今尚未发表的重要手稿中,19世纪40年代的那些手稿在1939年开始产生了影响。《德意志意识形态》和《1844年经济学哲学手稿》都发表于1932年,尽管很晚才翻译成其他的语言。这里不是讨论其重要性的地方。我们仅仅是顺便指出，自1945年以来马克思主义的许多讨论依赖对这些早期著作的阐释，与之相反，1932年以前马克思主义的大多数讨论则忽视了这些著作。第二类大量未发表的手稿涉及到《资本论》的准备工作。我们已经看到，一部庞大的手稿，即1857—1858年的《大纲》，仍然长期不为人知，因为1953年它才第一次真正地出版，上世纪60年代末期才第一次翻译成外文出版。直到20世纪60年代，《大纲》才成为国际马克思主义争论的重要依据之一。即使在当时，国际马克思主义争论起初也不是依据作为整体的《大纲》，反而主要依据这部手稿的历史片断，即曾经以《资本主义生产以前的各种形式》（柏林，1952年）为题出版并在几年内翻译成其他语言（1953—1954年译成意大利文，1964年译成英文）的历史片断。再一次地，《大纲》的出版迫使大多数至今一直忽视它的马克思主义者认真地重新思考马克思的著作。在《资本论》（不包括最终出版的版本）写作过程所产生的大量手稿中，一些章节后来逐渐地编辑出版，例如原本计划为《资本论》第一卷第六章的手稿（《直接生产过程的结果》），尽管1933年这份手稿发表在《马克思恩格斯文库》中，但是直到20世纪60年代末期才开始得到认真的讨论，直到1976年才最终翻译成英文。在这类材料中，有一些材料仍然没有得到发表。

第三份未发表的重要手稿，即恩格斯的《自然辩证法》，连同恩格斯的其他手稿，稍早一些第一次发表在《马克思恩格斯文库》中（1925）。它之所以没有收入——或许

第八章 马克思恩格斯著作的命运

注定如此——马克思恩格斯全集,大概是因为梁赞诺夫所指出的事实:恩格斯对自然科学的大多数讨论写于19世纪70年代,实际上已经过时了。然而,《自然辩证法》符合俄国长期流行并在斯大林时代得到强化的马克思主义的"科学主义"倾向。因此,20世纪30年代,《自然辩证法》迅速地传播,事实为斯大林1938年的《联共(布)党史简明教程》所引用。① 这一文本在数量迅速增长的马克思主义自然科学家中具有一定的影响。

除了笔记外,马克思恩格斯与第三方之间的通信大概是最大规模的、单一的未发表材料,相对而言,在1914年以前可以说几乎没有发表。就已经发表的书信而言,一些发表在各种杂志上,一些作为单个通信者的全集或选集发表,例如《约·菲·贝克尔、约·狄慈根、弗·恩格斯、卡·马克思等致弗·阿·左尔格等书信集》(斯图加特,1906年)。1917年后出版了许多类似的书信集,尤其是致伯恩施坦的书信(1924年俄文版,1925年德文版)以及与倍倍尔、李卜克内西、考茨基等人的通信(1932年俄文版、1933年列宁格勒德文版)。但是,在1934—1946年俄文版(全集第25—29卷)或者1956—1968年全集德文版之前,没有出版任何的书信全集。我们已经指出,直到20世纪50

---

① 这部必然具有影响的著作引用了马克思和恩格斯的下列著作:《反杜林论》、《资本论》、《共产党宣言》、《政治经济学批判》(《序言》)、《自然辩证法》、《费尔巴哈》、《黑格尔法哲学批判》、《哲学的贫困》、《社会主义从空想到科学的发展》、《雇佣劳动和资本》以及一两封书信和恩格斯所写的一些序言。

年代末期才可以获得一些非常重要的全集,而且仍然不能认为书信的出版已经完成。然而,1933年莫斯科马克思恩格斯研究院所获得的材料包括大量的书信,这些书信自20世纪30年代以来主要通过对《马克思恩格斯书信选》的外文翻译和改编得以流行起来。

然而,有必要谈一谈这些书信的"官方"出版工作。这些书信与其说被视为单纯的书信(除了马克思和恩格斯之间的通信),不如说被视为经典著作的一部分。因此,共产党官方出版的书信集通常不收入马克思恩格斯的通信者的来信,但是,一些版本的专题书信集——马克思恩格斯的主要通信者或遗嘱执行人(例如考茨基、阿德勒)确实收入了通信双方的书信。恩格斯—拉法格通信集(1956—1959)或许是第一本由共产党主持出版的、包括通信双方书信的书信集,为马克思恩格斯文本的书信研究开辟了新阶段。此外,直到20世纪70年代,马克思恩格斯之间以及他们与第三方的通信一直分别收入在各种各样的著作选中,这种做法相对不便于对书信严格地按照年代顺序进行研究。

三

我们已经看到,在"二战"后,尤其是在后斯大林时代,马克思恩格斯著作全集以更完全形式的出版和翻译取得了实质性的进步。到20世纪70年代初,可以说,除了进一步发现的草稿和书信外,许多已知的著作已经按照原文的语言出版,尽管它们不一定广泛地流传。这日益包括阅读笔记、批注等非常不完整的准备性材料,把它们当做"著作"并出版越来越成为习惯的做法。或许更确切的是,越来越多的人尝试从马克思本人的思考方法来分析和解释这样一些材料——尤其是在马克思没有发表文本草稿的相关主题上,例如马克思的《人类学笔记》(1972年由L.克雷德编辑出版)。这可以说是马克思文本研究充满希望的新阶段。对马克思各种草稿和修改稿——例如《法兰西内战》草稿和著名的1881年给查苏利奇的书信草稿——的研究也是如此。事实上,这是一种不可避免的发展,因为一些比较重要的新文本,例如《大纲》,本身就是草稿,并不想以当时存在的形式发表。为了随后的版本,马克思实质上改写了(1867年版)《资本论》第一章。随着这一章的原稿在日本重新出版,文本修改稿的研究也取得了实质性的进展。

可以说,尤其是自20世纪60年代以来,马克思学越来越倾向于从马克思和恩格斯那里寻找一种思想发展的过程,而不是一系列阐明马克思主义理论的决定性和"最终"文本。它也越来越倾向于抛弃那种认为马克思和恩格斯的著作是马克思主义实质上无法区分的组成部分的观点,考察了两位终身合作伙伴之间的差异乃至分歧。这造成了对那些差异有时夸大的解释。我们在此姑且把这种情况放在一边。自20世纪50年代中期以来,作为一种正式教义体系的马克思主义逐渐衰落,这自然鼓励了马克思文本学中的这些新趋势，尽管这也使一些人在新出版或流行的和人们不那么熟悉的马克思著作中为另一种或有时教条的"马克思主义"版本寻找文本的权威性。

四

1956年后，教条主义的马克思主义日益衰落，使马克思主义政府领导下的国家与其他国家之间出现了越来越大的分化：前者拥有或多或少统一的官方马克思主义学说，后者则存在各种各样的马克思主义政党、组织和流派。1956年以前几乎不存在这样一种分化。在1914年之前，面对来自右翼"修正主义"和左翼无政府主义—工团主义的挑战者，第二国际的马克思主义政党倾向于发展出对马克思主义学说的正统解释。尽管如此，但是它们接受了对马克思主义学说的多元解释，即使它们愿意也几乎不能阻止这种状况的发展。1913年，第一个修正主义者爱德华·伯恩施坦编辑出版了马克思恩格斯通信集。尽管列宁在伯恩施坦的编辑判断中发现了"机会主义"，但是德国社会民主党内无人反对。20世纪20年代，社会民主党人的马克思主义与共产党人的马克思主义并肩而立，但是，随着马克思恩格斯研究院的建立，经典文本的出版中心逐渐转到共产党人那里，或许可以说现在仍然如此。尽管20世纪60年代以来尝试出版各种竞争性的经典著作版本（例如M.吕贝尔在法国和贝奈狄克特·考茨基在德国），但是标准版的基础——

第八章 马克思恩格斯著作的命运

没有它们,包括翻译版在内的其他版本都是不可想象的——仍然是莫斯科(和 1956 年东柏林)出版的版本:MEGA 的第一版、第二版和 *Werke*。1933 年后,从实践的角度来看,苏联国内外的马克思主义者大多数与共产党有关,因为共产主义运动的各种分裂派和异端派没有赢得大量的支持者。社会民主主义政党——即使我们撇开 1933—1934 年德国和奥地利的社会民主党实际上已经灭亡的状况不谈——的马克思主义变得越来越微弱,正统的经典马克思主义遭到了公开的批判。1945 年后,除了少数例外,这些政党——或许除了在历史的意义上外——不再自认为是马克思主义政党。只有回过头来看,只有从 20 世纪 60 年代和 70 年代马克思主义多元化的角度来看,才能认识到两次世界大战之间马克思主义文献的多元化特征,而且有人系统地努力——尤其是 20 世纪 60 年代中期以来在德国——出版或重印这一时期的著作。

于是,大约 25 年的时间里,外国共产党的马克思主义(意味着数量意义上的大多数马克思主义)与苏联的马克思主义之间不存在任何实质性的区别;至少这样一种区别不允许公开出现。这种状况逐步地改变,但在 1956 年后速度越来越快。随着中苏的分裂,不仅仅是两种马克思主义取代了一种教条的马克思主义正统,而且非执政的共产党越来越面对拥有更实质性支持——至少在知识分子中间,例如马克思文本的读者——的马克思主义组织对手的竞争,与此同时,西方的一些共产党确立了内部理论讨论的巨大自由,至少在马克思的学说上是如此。于是,如下两类国家之间出现了明显的分化:在一类国家中,马克思主义仍然是官方的学说,同政府存在密切的关系,在特定的时刻与某种具有约束力的、在一切问题上的"马克思主义教诲"之间存在密切的关系,但是,另一类国家的情况则不是如此。衡量这种分化的便利标准是对马克思主义创始人真实传记的处理。在第一类国家中,马克思主义创始人的传记就算不是理想化的传记,当时也无论如何都会受到限制,不愿意讨论他们那些表明不利于这些国家的生活和活动。(这并不是一个新的传统:这种传统非常明显地出现在1914年前德国正统马克思传记的第一阶段上——例如1918年梅林发表的准官方传记,或许更明显体现在对第一本马克思恩格斯通信集的删减中。)在第二类国家中,马克思主义者和马克思传记作家坦然接受马克思主义创始人生平的各种事实,即使当这些事实表明它们的主题没有吸引力时也是如此。自1956年以来,这种类型的分化越来越成为包括马克思文本在内的马克思主义历史的一个特征。

我们仍然应该简要地考察经典作家著作的传播状况。这里再次非常重要地指出"整个"马克思主义正统时期的重大意义,这一时期也是马克思主义创始人的实际文本全面普及的时期。这种普及采取了四种形式:出版马克思恩格斯著作的单行本;出版选集或全集;出版专题文集,以经典著作为基础编辑出版——包含经典著作的引文——马克思主义理论概论。更不用说的是,在这一时期,"经典作

第八章 马克思恩格斯著作的命运

家"包括列宁、马克思和恩格斯，后来又包括斯大林。然而，除了普列汉诺夫外，其他的马克思主义著作家从国际的角度来看都不把自己列入"经典作家"之列，至少在20世纪20年代后是如此。

在以"Les Eléments du Communisme"或"Piccola Biblioteca Marxista"（大概是模仿1933年前德国的"Elementarbücher des Kommunismus"）等为题的较小规模的各类丛书中，单独出版的经典著作包括《共产党宣言》、《社会主义从空想到科学的发展》、《价值、价格和利润》、《雇佣劳动与资本》、《法兰西内战》以及适当的专题选编——例如20世纪30年代编选的马克思恩格斯与无政府主义者的争论。更晚期的著作通常也在"马克思列宁主义文库"或者"马克思主义经典"的题目下按照标准的格式出版。英国在"二战"前夕出版的这类文库目录可能揭示出该类丛书的内容。它包括（略去了不是马克思恩格斯的著作）：《反杜林论》、《费尔巴哈》、《致库格曼的书信》、《1848年至1850年的法兰西阶级斗争》、《法兰西内战》、《德国的革命与反革命》、《住宅问题》、《哲学的贫困》、《马克思恩格斯书信集》、《哥达纲领批判》、恩格斯的《〈资本论〉论文集》和缩减版的《德意志意识形态》。《资本论》第一卷现在通常是全本出版，而不是社会民主党时代流行的缩减版或摘要版。直到20世纪30年代末，似乎没有人尝试出版一部马克思恩格斯选集，在"二战"后莫斯科出版了一部主要以各种外文发行的两卷（或者三卷）本选集。在MEGA结束后，除

192

了俄文外，直到 Werke（1956—1958）出现之前，共产党似乎都不再试图以其他语言出版马克思恩格斯全集。法文版全集直到20世纪60年代开始进行，意大利文版始于1972年，英文版始于1975年，这无疑是因为翻译是一项巨大而又艰苦的任务。意大利共产党领导人陶里亚蒂亲自把一些马克思主义文本翻译成意大利文，这一事实表明了马克思主义文本传播的重要性。

20世纪30年代，不论是在俄国还是其他地方都流行出版各类马克思主义专题文集：马克思恩格斯论英国、马克思恩格斯论艺术与文学、马克思恩格斯论印度、马克思恩格斯论中国、马克思恩格斯论西班牙等。在各种马克思主义概论中，到目前为止最权威的是斯大林本人亲自撰写的《联共（布）党史简明教程》第四章第二节。这本书变得非常有影响，尤其是在那些几乎没有本国语言版本的经典著作的国家，这不仅是因为共产党人学习《联共（布）党史简明教程》的压力，而且是因为这本书语言简洁流畅，成为一部卓越有效的教学手册。它对1938—1958年或许尤其是1945年后东欧的一代马克思主义的影响怎么强调也不过分。

20世纪60年代，尤其是随着大量对马克思主义感兴趣的学生和其他知识分子的崛起，随着在共产党之外各类马克思主义运动的崛起，经典著作的传播工作不再由苏联和其他与之相关的共产党所垄断。在马克思主义者或同情者有意无意的劝说下，商业出版商逐渐进入这个市场。左翼出版社和"进步"出版社的数量和种类也成倍增加。当然,在某种程度上,这反映出人们已经广泛地接受马克思是一般意义上的而不是政治意义上的"经典作家",即不论他的意识形态观点如何,马克思都是受过教育和有教养的读者通常都应该有所了解的作家。正是因为这个原因,马克思的著作被列入法国"昂星"经典作家系列中出版,就像《资本论》早就被列入英国"人人文库"中出版一样。对马克思主义的新兴趣不再局限于传统的普及版著作全集。于是,20世纪60年代,迄今为止尚不属于马克思研究前沿的国家——例如西班牙——也可以获得《黑格尔法哲学批判》、《神圣家族》、马克思的《博士论文》、《1844年经济学哲学手稿》和《德意志意识形态》等著作。在这些著作中,一些著作基本上不再由共产党主持翻译,例如《大纲》的法文、西班牙文和英文翻译(分别于1967—1968年、1973年和1973年翻译;意大利文的翻译是在1968—1970年)。

最后,我们谈一谈马克思主义经典著作的地理分布状况。早在十月革命前,一些基本的文本已经被广泛翻译。因此,在1848—1918年,《共产党宣言》大约翻译成了30种语言,包括3个日文版和1个中文版——尽管实际上考茨基的《卡尔·马克思的经济学说》仍然是中国马克思主义的主要基础。关于《共产党宣言》的命运的更全面分析,参见本书第五章。同时,在恩格斯逝世前,《资本论》第一卷尽管只是部分地翻译成西班牙文,但是已经翻译成了欧洲的大多数语言(德文、俄文、法文、丹麦文、意大利文、

194

英文、荷兰文和波兰文)。在十月革命前,它还被翻译成了保加利亚文(1910)、捷克文(1913—1915)、爱沙尼亚文(1910—1914)、芬兰文(1913)和意绪第文(1917)。在西欧,少数的零散翻译出现得比较晚:挪威文(之所以较迟,大概是因为对作为文学语言的丹麦文的熟悉降低了翻译的迫切性)出现在1930—1931年,而且第一个不完全的葡萄牙文版本出现在1962年。在两次世界大战之间,随着匈牙利文版(1921)、希腊文版(1927)和塞尔维亚文版(1933—1934)的出版,非全本的《资本论》来到了东南欧。除了乌克兰文(1925)外,苏联似乎没有作出把它翻译成本国其他语言的重要努力。由于马克思主义在沙皇帝国发展的迟到反响,独立后的拉脱维亚出版了一个地方版的《资本论》(1920)。也正是在这一时期,随着阿根廷(1918)、日本(1920)、中国(1930—1933)和阿拉伯国家(1939)的各个版本出版,《资本论》第一次来到了非欧洲世界(美国之外)。可以肯定地说,这种传播与俄国革命的影响存在密切的关系。

在"二战"后的数十年里,共产党国家对《资本论》进行了大规模的翻译[1947年罗马尼亚文,1953年摩尔多瓦文,1955年斯洛伐克文,1955—1956年朝鲜文、1961年斯洛文尼亚文、1961—1962年越南文、1962年西班牙文(古巴)]。非常奇怪的是,苏联直到1952年才开始系统地把《资本论》翻译成本国的其他语言(白俄罗斯文、亚美尼亚文、格鲁吉亚文、乌兹别克文、阿塞拜疆文、立陶宛文、乌戈尔文、土库曼文和哈萨克文)。随着20世纪50年代和60年代印度在独立后出版了马拉地语、印度语和孟加拉语版的《资本论》,这些版本成为仅有的其他外文重要版本。

某些国际语言的广泛范围(拉美的西班牙语、伊斯兰世界的阿拉伯语、英语和法语)表明了马克思主义文本的实际地域传播状况;然而,我们或许可以认为,即使在20世纪70年代末期,除了拉美外,欧洲之外的大多数非社会主义地区得不到本地语言版的马克思恩格斯著作。这里不可能调查可以获得的经典文本是多么容易获取或者传播得多么广泛。不过,我们可以说,只要政府不禁止,世界所有地区的各种学校和大学以及受过教育的公众可以比以前更广泛地获得经典文本。在学校和大学之外如何解读乃至接受经典文本是一个悬而未决的问题。要回答这个问题,就需要一项至今尚未开展的详尽研究。

第二部分 马克思主义

第九章　马克思博士与维多利亚时代的批判者

自从马克思主义成为一种思想力量几乎不到一年以来，自从它在1945年后成为英国的一种思想力量几乎不到一周以来，反驳它的尝试从未停止过。结果，反驳和辩护的文献由于越来越重复而变得越来越乏味。尽管马克思的著作卷帙浩繁，但在规模上受到了限制。从技术上来说，对它们只可能有一定数量的原创性批评，况且其中大多数批评早已经存在。相反，马克思的辩护者发现自己越来越一再地重复同样的话语，于是，尽管他们努力以新的术语来进行辩护，但是即使这样也是不可能的。只有两种方式才能达到新的效果：（1）不是评论马克思本人，而是评论后来的马克思主义者，（2）以最新的批判者所揭示的事实来评判马克思的思想。可是，即使这里也只有有限的可能性。

对于那些基本不关注原创性的双方宣传人员来说，继续争论是自然而然的事情。那么，学者们为什么继续争论呢？思想只有抓住群众，只有像宣传代理人所承认的那样，它需要多次的重复乃至经典化，才能化为力量。这既适用于那些认为马克思是一位伟人和他的教诲在政治上可取的人，也适用于那些持有相反观点的人。然而，另一个原因是纯粹的无知。流芳于世是著书立说者的忧郁幻想。唉，流芳于世者不多矣！绝大多数著述在发表数周或数年内就沦落到无人问津的境地，只有从事研究的学生们偶尔——同样短暂地——光顾而已。许多著述以大多数英语评论家力所不及的语言出版。然而，即使它们以英语出现，也像马克思最初的英国批判者那样被人遗忘。那些批判者的著作不仅揭示出维多利亚时代末期的英国思想史，而且揭示出马克思批判史的一般演变。

它们之所以首先引起我们的关注，是因为它们非常不同于那种已经成为陈词滥调的语调。因此，在当时令人沮丧的十年里，特雷弗-罗珀（Trevor-Roper）是反马克思主义语调的典型，多年前曾经写了一篇题为"马克思主义与历史研究"的文章①。他花费了相当多的篇幅来阐明一个极其不合理的主张：除了"扫除其他思想家已经提出的思想，把它们列入一种粗俗的哲学教条中"外，马克思没有对历史学作出任何原创性的贡献，他的历史思想无助于解释过去，也完全无法成为预测未来的依据，因而，他对严肃的

---

① *Problems of Communism* V, 1956.

第九章 马克思博士与维多利亚时代的批判者 >>>

历史学家没有产生重大的影响,但那些自称是马克思主义者的人要么编写"马克思和列宁所说的'资产阶级'社会史",要么是"一群对彼此的注解随意指手画脚的愚笨的注释学家"。简而言之,普遍的看法是马克思的思想声誉被大大抬高了,因为它"通不过思想的检验,马克思主义的历史解释只有靠苏联的权力来维持,才得到了不合理的辩护"。

维多利亚时代的马克思批判者的著作大多数已经被人完全遗忘,对我们当中从事这种讨论的人而言,这是一种警示。但是,当我们深入挖掘的时候,我们发现了一种完全不同的语调。诚然,英国的作家发现保持冷静是异常容易的事情。任何反资本主义运动都没有对他们构成挑战,少数怀疑资本主义永恒性的人对他们责骂不已,从1850年到1880年,我们很难发现一位自称——在我们的意义上的——社会主义者,更不用说自称马克思主义者的英国公民。因此,发现马克思既不是一项迫切的任务,也不是一项具有重大实践意义的任务。幸运的是,正如或许是英国最早的非马克思主义的马克思主义"专家"雷夫·M.考夫曼(Rev. M. Kaufmann)所指出的那样,马克思是一位纯粹的理论家,从未尝试把他的学说付诸实践。[①] 从革命的标准来看,马克思似乎不如无政府主义者那样危险,因而有时与激进派形成鲜明的对比;按照布拉得里克的标准,他似

---

① M. Kaufmann, *Utopias from Sir Thomas More to Karl Marx*, 1879, p. 241.

乎比无政府主义者更有好处，按照贝尔法斯特皇后学院的W. 格拉汉姆（W. Graham）的标准来说也是如此①。格拉汉姆曾经评论说，无政府主义者拥有"一种……马克思学派的革命者对手和海德曼先生所缺乏的……方法和逻辑"②。结果，资产阶级的读者以平静的精神或者——例如考夫曼——我们这一代人失去的基督教宽容精神来理解马克思："马克思在哲学上是一个黑格尔主义者，是宗教神职人员的一个更为棘手的对手。但是，在看待马克思的著作时，我们不应该允许自己对他持有偏见。"③ 马克思显然报之以尊敬，因为他在后来对未经确认的"相互了解"的教唆进行考察时修正了考夫曼对自己的解释④。

正如博纳（Bonar）所指出的那样⑤，关于马克思主义的英文文献不无自命不凡，因而表现出一种德语文献对这一主题的讨论所缺乏的冷静和公正精神。英文文献很少攻击马克思的动机、原创性或科学真诚性。对马克思生平和活动的讨论主要是说明性的。凡是有人不赞同的地方，这是因为作者未曾进行充分的阅读和理解，而不是因为他们把指责混入到说明之中。诚然，他们的说明经常存在问题。我怀疑，在柯卡普的《社会主义史》（1900）以前是否存在

---

① *Nineteenth Century*, April 1884, p. 639.
② W. Graham, *The Social Problem*, 1886, p. 423.
③ M. Kaufmann, *Socialism*, 1874, p. 165.
④ 参见 Kaufmann's chapter in *Subjects of the Day: Socialism, Labour and Capital*, 1890 – 1891, p. 44。
⑤ J. Bonar, *Philosophy and Political Economy*, 1893, p. 354.

第九章 马克思博士与维多利亚时代的批判者 >>>

更接近于一种对马克思主义主要原理的有用的非社会主义总结的东西——就像今天对它们的理解那样。不过，就此而言，读者可能期待发现一种对马克思是谁和作者认为他的思想是什么的真实说明。

首先，读者可能期望发现对马克思的地位几乎普遍的承认。在1882年白教堂演讲中，米尔纳（Alfred Milner）明确地称赞马克思①。1885年，贝尔福（Balfour）认为，"无论是在思想的力量、统一性、一般推理的运用能力上，还是在具体的经济学推理上"②，把亨利·乔治的思想与马克思的思想进行比较都是荒谬的。作为早期最敏锐的"专家"之一，约翰·雷（John Rae）同样严肃地对待马克思③。理查德·伊利（Richard Ely）是美国研究进步学说的教授，1883年发表《法国和德国的社会主义》一书。他指出，优秀的评判者把《资本论》"与李嘉图相提并论"，"对马克思的能力全都毫无异议"。W. H. 道森（W. H. Dawson）④ 总结了几乎无疑除了可怜的杜林（最新的马克思批评者徒劳地尝试复兴他的思想）之外的所有人的看法："无论会如何看待《资本论》中的学说，没有人会冒险怀疑《资本论》……所展现出的绝妙的独创性、罕见的敏锐性、严密的论证以

---

① *National Review*, 1931, p. 477.
② *Report of the Industrial Remuneration Conference*, 1885, p. 344.
③ *Contemporary Socialism* (1884)，重印了以前的文章。
④ W. H. Dawson, *German Socialism and Ferdinand Lassalle*, 1888, pp. 96 – 97.

及尖锐的辩驳。"①

当我们回想以前的评论家完全不希望拒绝马克思的时候,就不会对这种众口一词的称赞感到那么惊讶了。这部分是因为一些评论家发现马克思是他们反对自由放任理论的有用盟友,部分是因为他们没有认识到马克思全部理论的革命含义,部分是因为他们平静而真诚地愿意考察马克思的功绩;在原则上,他们甚至准备向马克思学习。只有一个例外:劳动价值论,或者更确切地说,马克思对利润和流行的利润理论的攻击。或许,批判的火力之所以指向这些方面,是因为"劳动是一切价值的来源"这句话所包含的道德谴责,而不是关于资本主义衰亡的预测,影响到了资本主义中自信的信仰者。如果这样的话,他们批评马克思,恰恰是因为他的思想中包含了不那么"马克思主义"的因素,一种马克思以前的社会主义者——更不用说李嘉图了——已经以更粗俗的形式所阐明的因素。无论如何,价值理论被视为"德国社会主义和所有近代社会社会主义的核心支柱"②,而一旦价值理论失败,就已经完成了全部的批判工作。

然而,除此之外,显然,马克思作出了许多贡献,尤其是失业理论——批评了仍然流行的粗俗的马尔萨斯主义。

---

① 在唐娜·托尔(Dona Torr)为《资本论》第一卷1938年重印版所写的附录中,读者可以找到其中的一些观点;但是,她显然仅仅参阅了少量的可以获得的文献。

② William Graham, *Socialism*, 1890, p.139.

第九章 马克思博士与维多利亚时代的批判者 >>>

马克思的人口和"劳动储备军"理论通常不光是遭到批评，甚至还得到了部分的接受，例如经济史学家的先驱坎宁安（Cunningham）大主教①——早在1879年他阅读过《资本论》②——和格拉斯哥的威廉·司马特（William Smart），他是另一位以经济史著作（《工厂工业与社会主义》，格拉斯哥，1887年）而著称的经济学家。同样地，马克思的劳动分工理论和机器理论得到了普遍的赞同，例如1887年《雅典娜神殿》杂志上的《资本论》评论者。J. A. 霍布森（J. A. Hobson，《现代资本主义的演变》，1894年）显然接受了它们：他对马克思的所有提及都是讨论这一主题。不过，甚至更正统和敌视的作家——例如爱丁堡的 J. 谢尔德·尼克尔森（J. Shield Nicholson）③ 也评论说，马克思对这一主题和相关主题的讨论"既博学又详尽，十分值得一读"。进一步来说，马克思关于工资和经济集中的观点也不会被漠视不理。事实上，一些评论家是如此不愿意完全拒斥马克思，因此，1887年，威廉·司马特为《资本论》撰写了评论，专门鼓励那些本来因对价值理论的批评而不研究《资本论》的读者，指出《资本论》对"历史学家和经济学家具有十分重要的价值"④。

在为印度大学生准备的初级教科书中，M. 普罗瑟罗

---

① Archdeacon Cunningham, *Politics and Economics*, 1885, p. 102.

② Cunningham, "The Progress of Socialism in England", *Contemporary Review*, January 1879, p. 247.

③ J. Shield Nicholson, *Principles of Political Economy I*, 1893, p. 105.

④ William Smart, *Factory Industry and Socialism* (n. d.), p. 1.

（M. Prothero）非常合理地总结了非马克思主义者从马克思那里看到的东西；这一切与其说是个人的研究，不如说是稍微无知的看法，反映出流行的观点。普罗瑟罗选出了三种理论：价值理论、失业理论和马克思作为历史学家的成就——第一次指出"当前资本主义社会的经济结构脱胎于封建社会的经济结构"[1]。事实上，马克思的最大影响在于他是一位历史学家，是因为对相关主题采用一种历史路径的经济学家一员。（然而，他几乎没有对英国非经济学专业的历史学家产生影响，这些历史学家仍然沉溺于通常纯宪政的、政治的、外交的和军事的历史。）尽管最新的作家已经出现，但是那些阅读过马克思的作家实际上没有质疑马克思的影响。福克斯维尔（Foxwell）是19世纪80年代一位激烈的学院派反马克思主义者，把马克思列为经济学家，认为他"在本国的严肃学生中产生了最大的影响"，推动了这一时期"历史情感"的显著发展[2]。即使一些人拒绝"《资本论》中古怪的和在我看来错误的价值理论"，也会认为必须对历史的篇章作出不同的判断。[3] 很少有人怀疑，由于马克思的刺激，"我们现在开始明白，我们将不得不按照这种新的见解来改写历史的大部分篇章"[4]，这显然忽视了特雷弗-罗珀教授的证明，即那种刺激不是来自马克思，而

---

[1] M. Prothero, *Political Economy*, 1895, p. 43.

[2] H. S. Foxwell, "The Economic Movement in England", *Quarterly Journal of Economics*, 1888, pp. 89, 100.

[3] Shield Nicholson, *op. cit.*, p. 370.

[4] Kirkup, *History of Socialism*, 1900, p. 159.

第九章 马克思博士与维多利亚时代的批判者

是来自亚当·斯密、休谟、托克维尔或者菲斯泰尔·德·古郎士日(Fustel de Coulanges)。鲍桑葵(Bosanquet)①毫不怀疑,"经济的或者唯物主义的历史观""首先与马克思的名字相关",尽管"巴克尔(Buckle)和勒普莱(Le Play)的许多主张也可能揭示出经济的或唯物主义的历史观"。尽管博纳(Bonar)明确否认马克思发明了历史唯物主义,非常正确地把17世纪的思想家哈林顿(Harrington)当做历史唯物主义的先驱②,但是他以前从未听说下面这个让他惊讶的马克思主义历史主张:"宗教改革运动是因为经济原因,三十年战争是因为经济原因,十字军东征是因为土地占有热,家庭的演变是因为经济原因,笛卡尔的动物是机器的思想可能与制造业体系的发展有关。"③

自然地,马克思的影响在英国的经济史学家中最为明显。在这些经济史学家中,只有索罗尔德·罗杰斯(Thorold Rogers)可能完全不受马克思的影响。我们已经看到,19世纪70年代末期,剑桥大学的坎宁安曾经同情地阅读过马克思。或许是因为当地黑格尔主义者中更为强大的德国传统,牛津大学的教授们早在英国马克思主义团体出现之前就已经了解马克思,尽管只有汤因比偶尔错误地批评过马克思的历史学(《工业革命》)④。乔治·昂温(George Unwin)或

---

① B. Bosanquet, *The Philosophical Theory of the State*, 1899, p. 28.
② Bonar, *op. cit.*, p. 358.
③ Ibid., p. 367.
④ 汤因比不赞同马克思认为到1760年自耕农已经消失的观点(1908 edn, p. 38)。然而,后来的各种观点赞同马克思而不是汤因比。

许是英国当时最著名的经济史学家,为了自己的研究而彻底研究马克思,或者反驳马克思。但是,他并不怀疑"马克思正在尝试获得正确类型的历史学。正统的历史学家全都忽视了人类发展的最重要的因素"①。

至于马克思作为资本主义历史学家的成就,也不存在多大的分歧。(《雅典娜神殿》上的评论者发现,马克思关于早期历史的观点"无法令人满意,完全是错误的",但是这些观点通常遭到了忽视,事实上广泛的公众仍然不知道马克思和恩格斯的最卓越的思想。)即使马克思思想的最详细和最敌视的批评者——罗伯特·弗林特(Robert Flint)的《社会主义》(1895年出版,主要写于1890—1891年)也承认:"马克思作为历史理论家完成的显著工作的唯一地方是他对资本主义时代的分析和解释,在这里,即使那些认为他的分析更精巧而不是准确、他的解释更天才而不是真实的人也不得不承认他的卓越工作。"②

英国不是只有弗林特不相信"推理过度精致化的倾向"③,也不只有他承认马克思作为资本主义尤其是19世纪资本主义历史学家的功绩;怀疑马克思和恩格斯的学术性、真诚性和对资料的使用是现代人的做法④,但是,当代几乎没人探讨这种批评路径,因为在他们看来马克思所批判的

---

① George Unwin, *Studies in Economic History*, 1927, pp. xxiii, lxvi.
② Robert Flint, *Socialism*, 1895, p. 138.
③ Robert Flint, *Athenaeum*, 1887.
④ 参见 *Capitalism and the Historians and critiques* by W. H. Chaloner and W. O. Henderson。

第九章 马克思博士与维多利亚时代的批判者 >>>

罪恶显然太真实了。考夫曼评论说:"尽管马克思向我们专门呈现了现代生活的阴暗面,但是我们不能指责他一厢情愿的错误描述。"① 这时,考夫曼代表了许多人的看法。莱威林-史密斯(Llewellyn-Smith)认为,"尽管马克思所描绘的景象过于黑暗,但是他的巨大功绩在于使我们注意到现代工业比较阴暗的特征,对此视而不见是无用的。"② 谢尔德·尼克尔森认为,尽管马克思在某些方面的讨论过于夸大,但是"一些罪恶是如此之大,怎么夸大也不过分"③。即使最猛烈攻击马克思作为学者的真诚性的人也不敢坚称马克思颠倒黑白乃至夸大其词,至多只敢说,尽管事实是黑暗的,但是它们有时包含马克思没有注意到的"银色光泽"④。

早期资产阶级对马克思的批评完全没有现代歇斯底里式焦虑的语调吗? 不是。从英国出现受到马克思主义启发的社会主义运动的那一刻起,现代对马克思的批评也随之出现,专门诋毁和反驳马克思。一些批评包含在翻译成英文的欧洲大陆著作中;尤其是从19世纪80年代中期以来更是如此。充满敌意的欧洲大陆著作现在已经翻译成英文:埃米尔·德·拉弗莱(Emile de Laveleye)的《当代社会主义》(1885)、谢费尔(Schäffle)的《社会主义的本质》(1889)。不过,英国本土的反马克思主义也开始出现,尤

---

① Kaufmann, *Utopias*, p. 225.
② Llewellyn-Smith, *Economic Aspects of State Socialism*, 1887, p. 77.
③ Shield Nicholson, *op. cit.*, p. 370.
④ J. R. Tanner and F. S. Carey, *Comments on the Use of the Blue Books Made by Karl Marx in Chapter XV of Capital*, Cambridge Economic Club, May Term, 1885.

其是在学院派经济学的领导中心剑桥大学。我们已经看到，第一次对马克思学术性的严重攻击来自1885年的两位剑桥大学学者［坦纳（Tanner）和凯里（Carey）］，尽管牛津大学——当时并不是那么"反马克思主义"的地方——的莱威林-史密斯没有过于激烈地批评马克思，只是在数年后指出马克思"的蓝皮书引文非常重要，富有启发性，但不总是值得信任"①。有趣的是来自剑桥大学的批评者的诋毁语气而不是批评内容：《资本论》的"混杂的数学表述形式"或者"使用当局资料时的犯罪般无情——使我们怀疑马克思的其他工作"② 等措辞表明——至少在经济学主题上——不光是学术上的不赞同。事实上，坦纳和凯里不仅仅指责马克思对证据的使用——他们耻于"指责故意的弄虚作假……尤其是因为这种弄虚作假看上去并不必要"（例如，因为事实已经非常黑暗），而且还指责"马克思对待资本的不公正态度"③。与马克思赋予他们的声名相比，资本家是更慈善的；我们必定会不公正地对待马克思。宽泛地说，这似乎是批评者的态度的依据。

大约在同一时候，剑桥大学的福克斯维尔建立了我们如今已经熟悉的方法：马克思是一个能说会道的怪人，只会吸引幼稚的人，尤其是幼稚的知识分子；马克思——尽

---

① Llewellyn-Smith, *Two Lectures on the Books of Political Economy*, London, Birmingham and Leicester, 1888, p. 146.

② Tanner and Carey, *op. cit.*, pp. 4, 12.

③ Ibid., p. 12.

第九章 马克思博士与维多利亚时代的批判者 >>>

管贝尔福曾经提出警告——与亨利·乔治属于同一类人："《资本论》经过了充分的计算，诉诸那些一知半解者的狂热，这些一知半解者受过充分的教育，不仅认识到穷人的悲惨状况，而且为此进行反叛，但是，他们缺乏足够的耐心和冷静来找出这种悲惨状况的原因，缺乏足够的训练，无法认识到那些在口头和实际上提出的虚假拯救措施是完全空洞的。"① 一知半解、缺乏耐心和冷静、完全空洞、虚假拯救措施、在口头上的：这些措辞汇集了批评者的情感。德国人批评马克思的原创性，认为他剽窃了汤普逊、霍金斯吉、蒲鲁东、洛贝尔图斯和其他激起批评者幻象的作家。德国人的这种室内游戏之所以流行，也应该归功于（通过奥地利人门格尔）福克斯维尔。马歇尔在《经济学原理》（1890）的一个脚注中接受了这一点，尽管该书第四版（1898）删除了对门格尔关于马克思缺乏原创性证明的明确引证。那种使我们进入熟悉世界的观点是：洛贝尔图斯和马克思——两人经常被并列在一起——"主要是夸大了早期经济学家的学说，或者从中进行推论"②；或者，一些其他的早期思想家——洛贝尔图斯③或者孔德④早就并且更出色地提出了马克思想要提出的历史观念。马歇尔本人——最伟大的剑桥经济学家——已经表明，他通常结合了对马

---

① Foxwell, *op. cit.*, p. 99.
② Flint, *Socialism*, p. 136.
③ E. C. K. Gonner, *Rodbertus*, 1899.
④ Flint, loc. cit.

克思明显的敌视情绪与同样明显的歪曲（下文的附注专门讨论了他的观点）。但从总体上来看，在19世纪，彻头彻尾的反马克思主义者仍然是极少数人，随后的一代人倾向于遵循马歇尔的肤浅讥讽而不是全面攻击的路线。因为马克思很快地失去了那种引发讨论的影响。

  非常奇怪的是，对于马克思，冷静的批评已经证明比歇斯底里的批评更为有效。就对马克思的批评而言，最有效的批评莫过于1884年10月菲利浦·威克斯蒂德（Philip Wicksteed）发表在社会主义杂志《今天》上的《〈资本论〉：一个批评》。这篇文章充满了同情和礼貌，充分赞扬《资本论》是一部"伟大的著作"，马克思对价值的讨论是"卓越的篇章"，马克思是一位"伟大的逻辑学家"，认为马克思在《资本论》第一卷下半部分中作出了"极端重要的贡献"。但是，无论我们现在怎么看待对价值理论的纯边际主义理解，使社会主义者错误地认为马克思的价值理论与社会主义的经济合理性证明是无关的，与其说是福克斯维尔或弗林特的情绪性谩骂（"经济学历史上的最大失败"），不如说是威克斯蒂德的这篇文章。正是在汉普斯特德讨论小组中，威克斯蒂德、埃奇沃思（Edgeworth）[①]——另一个避开情绪主义的边际主义者——萧伯纳、韦伯、瓦尔拉斯（Wallas）、奥利维尔（Sindney Olivier）和其他一些人讨论

  [①] 埃奇沃思从未花费功夫认真地研究马克思，似乎像剑桥的经济学家们一样完全拒绝和厌恶马克思（*Collected Papers* III, p. 274ff，在1920年所写的一篇评论中）。然而，没有证据证明他在上个世纪公开表达了这种观点。

了《资本论》，《费边主义文集》才变得成熟起来。即使数年后西季威克也可能谈起马克思的"根本混乱……我认为，由于更有能力和影响的英国社会主义者现在谨慎地对此敬而远之，英国的读者也不必花费时间进行考察"[1]，他们这样做，不是因为西季威克的嘲笑，而是因为威克斯蒂德的论证，或许，我们可以补充说，是因为英国的马克思主义者无力确保马克思的政治经济学免遭批评者的批评。工人仍然坚持马克思主义，因为早期的工人教育协会不教授马克思主义而遭到了反对。但是，直到事实已经证明马克思的批评者错误地或者过度相信自己的理论时，马克思主义才重新成为一种学术力量。马克思主义不可能再度从学术界中销声匿迹。

附注 马歇尔与马克思

马歇尔一开始似乎对马克思没有任何明确的看法。《工业经济学》(1879) 只有一次中立地提到了马克思。即使在《经济学原理》的第一版中，也有一些迹象（第138页）表明，有时马歇尔更担心亨利·乔治而不是马克思对资本主义的威胁。《经济学原理》对马克思的提及如下：(1) 批判马克思的"武断观点"，即资本不过是"给它的所有者带来掠夺和剥削其他人的机会而已"（第138页）。（从1895年

---

[1] *Econ. Jnl.* V, p. 343.

的第三版起,这种批评发生了变化,并得到了精心的阐述。)(2)经济学家应该避开"节制"一词,选择"等待"之类的术语,因为——至少我在此解释了一个补充脚注——"卡尔·马克思及其信徒在蔑视财富的积累——来自于罗斯柴尔德男爵的'节制'——时找到了许多乐趣"(第290页)。(尽管第三版的正文没有删除这次提及,但是索引中删除了它。)(3)洛贝尔图斯和马克思的观点——"利息是对劳动的抢劫"——并不具有原创性,而且被批评是一种循环论证,尽管这种论证"披上了马克思所喜欢的黑格尔主义术语的神秘色彩"(第619—620页)。(第二版试图以对马克思剥削理论的概述取代以前的嘲讽,1891年版。)(4)为李嘉图辩护,反驳马克思和孤陋寡闻的非马克思主义者对李嘉图是劳动价值理论家的指责。(随后的多个版本逐步阐述了这种辩护。)我们应该记住,马歇尔过于推崇李嘉图,因而像其他许多经济学家——例如福克斯维尔——所准备做的那样,急切地希望使李嘉图摆脱社会主义理论家的先祖的名声。但是,表明李嘉图不是一位劳动理论家,是一项复杂的任务,就像他似乎已经认识到的那样。因此,我们注意到,马歇尔对马克思的所有提及不是批评,就是质疑,承认马克思的唯一优点是他的善良之心,因为他生活在弗洛伊德之前的时代。不仅如此,我们还注意到,与我们预料的或者当代著名经济学家所做的相反,马歇尔的批评似乎不是依据对马克思著作的详细研究。

第十章　马克思主义的影响：
1880—1914 年

一

马克思主义的历史一般通过排除法来限定自己的主题，而且它们的领地由那些非马克思主义者来划定。无论是教条的马克思主义者还是坚定的反马克思主义者往往都尽可能在意识形态和政治领域中扩大马克思主义历史的范围。即便是最全面和最一般的马克思主义历史学家也坚持"马克思主义者"和"非马克思主义者"之间的明确区分，只关注"马克思主义者"，不过他们都愿意尽可能广泛地论及各种各样的"马克思主义者"。事实上，他们必须这样做，因为倘若没有这样一个区分，他们将不必或许也不可能书写马克思主义的具体历史。然而，他们也曾渴望书写马克思主义只作为一种理论体系的发展史和内部争论史，从而忽视了一个不容易界定但却重要的领域：马克思主义的传播史。不过，现代历史学家仍然不能忽视与马克思主义运动不同的马克思主义传播史。"达尔文主义"的历史不可能囿于达尔文主义者的历史，甚至不可能只限于生物学家的全部历史。一些人从未思考过加拉帕戈斯群岛的动物群落，也从未想过现代遗传学对自然选择理论的准确修正，但是达尔文主义者的思想、比喻乃至术语已经成为他们思想世界的一部分。于是，我们不得不——即使仅仅稍微地——思考这些思想、比喻和术语。类似地，弗洛伊德的影响远远超出了各个不同和相互冲突的精神分析学派，乃至超出了那些从未读过弗洛伊德著作的人。像达尔文和弗洛伊德一样，马克思属于这样一些极少数的思想家：他们的名字和思想以这种或那种形式进入现代世界的普通文化中。宽泛地说，在第二国际期间，人们感受到了马克思主义对大众文化的这种影响。本章尝试对此考察一番。

19世纪八九十年代，与马克思的名字相连的工人运动和社会主义运动迅速发展，不可避免地在这些运动内外传播了马克思理论（或者被认为是他的理论）的影响。在这些运动之内，"马克思主义"同左翼的其他思想体系进行竞争，甚至在一些国家取代了它们，至少在官方上是如此。在这些运动之外，"社会问题"的影响和社会主义运动不断增大的挑战使人关注这样一些思想家：他们的名字越来越被等同于社会主义运动，他们拥有显而易见的原创性和显著的思想地位。一些人富有争议地尝试证明：马克思容易

第十章 马克思主义的影响:1880—1914年

遭到怀疑,他的看法没有超过早期的社会主义者和资本主义批判者,乃至基本上抄袭了他们。尽管如此,但是严肃的非马克思主义者不可能犯下如此低级的错误。① 在某种程度上,马克思的分析被用来补充非马克思主义的分析,例如,19世纪80年代,一些英国经济学家意识到正统的马尔萨斯主义失业理论的种种缺陷,从而对马克思的"劳动后备军"观点产生了普遍浓厚的兴趣。② 当然,在一些马克思主义工人运动比英国更不可忽视的国家中,这种对待马克思的客观方式不大可能出现。这些国家更迫切地感到,需要动员学术思想界的重炮来反驳马克思,至少需要理解马克思的主张的实质。为此目的,19世纪90年代中后期,尤其是德国和奥地利出版了一些博学而又具有重大影响的著作:庞巴维克的《卡尔·马克思及其体系的终结》(1896)、鲁道夫·施塔姆勒(Rudolf Stammler)的《以唯物史观论经济和法》(1896)和海因里希·赫克纳(Heinrich Herkner)的《工人问题》(1896)。③

自19世纪90年代末的"马克思主义危机"以来,准马克思主义者和前马克思主义者的数量与日俱增,他们在

---

① 关于这种结果的英文引文,参见 E. J. Hobsbawm, *Labouring Men*, London, 1964, pp. 241 – 242;关于权威的德国人的观点,参见 R. Stammler 为 *Handwörterbuch der Staatswissenschaften* (2nd edn, 1900) 撰写的"唯物史观"词条。

② 参见 Hobsbawm, *op. cit.*, pp. 242 – 243。

③ 关于对可资利用文献的出色研究,参见 K. Diehl 为 *Handwörterbuch der Staatswissenschaften* (2nd edn, 1900) 所撰写的"马克思"词条中所列的参考文献。

工人运动和社会主义运动之外发挥了另一种形式的马克思主义影响。这就是我们看到下面这种熟悉现象产生的时期：马克思主义是许多人政治发展和思想发展的一个暂时阶段。众所周知，凡是经历过这一阶段的人，他的身上不可能不以某种方式留下这一经历的印记。为了认识19世纪80年代和90年代这第一代前马克思主义者在普通文化和思想生活中的影响，只需要提及这样一些名字：意大利的克罗齐（Croce），俄国的司徒卢威（Struve）、别尔嘉耶夫（Berdyayev）和杜冈-巴拉诺夫斯基（Tugan-Baranowsky）以及德国的桑巴特（Sombart）和米歇尔斯（Robert Michels），或者在不那么学术的领域中还有英国的萧伯纳。除了前马克思主义者外，还有两类数量不断增加的知识分子：第一类知识分子，例如德国许多"修正主义"知识分子，不愿意割断他们同马克思主义的联系，但却越来越远离那种现在更明确界定的正统马克思主义；第二类知识分子不是马克思主义者，但是主要因为他们支持社会主义左翼，马克思的某些思想却吸引了他们。

凡是工人运动和社会主义在这一时期发展起来的地方，也就是在欧洲大多数地区和一些基本上或主要由欧洲移民定居的地区，多少都能够找到马克思主义的这些传播形式。在这样一些运动的范围之外，马克思主义在这一时期尚未传播到其他的地区，日本可能——但在某种情况下——有点例外。1914年之前，印度的革命运动不仅（明显）受到了英国思想的影响，而且受到了俄国思想的影响，其成员——例如孟加拉的恐怖主义分子——后来对马克思主义表现出高度的接受性,但是没有证据证明马克思主义对它们产生了影响。伊斯兰世界、撒哈拉以南非洲地区和拉丁美洲除了移民聚集的"南锥地区"之外的地方也是如此。人们完全可以把这些地区忽略不计。

另一方面,在一些欧洲国家中,马克思主义的传播具有特别重要和普遍的意义。在这些国家中,几乎所有的社会思想,不论是否同社会主义运动和工人运动存在政治上的联系,都明显受到了马克思的影响。在这种背景下,马克思与其说是公认的(几乎不存在的)资产阶级正统的挑战者,不如说是任何社会分析和社会变革分析的创始人之一。在东欧一些地区特别是沙皇俄国,情况更是如此。于是,这些国家甚至不存在避开马克思的途径,因为他已经成为思想生活一般结构的组成部分。这并不意味着,所有受到马克思影响的人都自认为或者能够被认为是某种特殊意义上的马克思主义者。

二

本章所讨论的这一时期在时间跨度上不超过30年,但是它仍然不能作为统一的整体来对待,必须细分为三个具体阶段。第一个阶段是19世纪80年代和90年代初期或多或少具有马克思主义立场的社会主义政党和工人政党形成时期,尤其是在"第二国际"头五六年里这些运动飞跃发展的时期。在这一阶段，重要的不是社会主义运动和工人运动的组织力量、选举力量和工会力量——尽管这常常显示出巨大的意义，而是它们突然登上本国和国际（通过"五一劳动节"的行动）的政治舞台，似乎带来了一波明显和有时乌托邦的工人阶级希望。资本主义陷入了危机：资本主义的终结尽管并不总是具体的构想，但是似乎已经映入了眼帘。因此，在许多国家中，马克思主义在工人运动中的渗透——1891年德国社会民主党正式信奉马克思主义——与它在这些运动内外的积极和消极传播都取得了惊人的进展。

第二个阶段始于19世纪90年代中期，当时全球资本主义再次出现了明显的扩张。群众性的社会主义工人运动虽然出现了波折，但是继续快速壮大，事实上，在一些国家中，这一阶段出现了群众运动乃至或多或少永久性的有组织的群众运动。然而，在一些社会主义工人运动合法的地区，越来越清楚的是，革命或者总体的社会变革不是它们的直接目标。1898年，外部的观察家们指出了"马克思主义的危机"①，这是一场关于资本主义仍然繁荣这一事实对马克思主义理论具有何种意义的争论，即"修正主义"争论。不但如此，"马克思主义的危机"的原因是看似一直统

---

① 我们或许会想起1898年Masaryk所创造的原来术语是"the crisis *in* Marxism"，但是在修正主义争论的过程中，这个术语像拉布里奥拉即注意到的那样变成了"the crisis *of* Marxism"，参见E. Santarelli, "La revisione del marxismo in Italia nel tempo della Seconda Internazionale", *Riv. Stor. del Socialismo* 4, 1958, p. 383n。

第十章 马克思主义的影响：1880—1914年 >>>

一的社会主义发展势头出现了各种截然不同的利益群体，例如，社会主义工人运动分裂为奥地利的、波兰的和俄国的等民族性的运动。这不仅明显改变了马克思主义和社会主义运动内部争论的性质，而且改变了马克思主义在它们之外的影响。

第三个阶段始于1905年俄国"二月革命"，大约结束于1914年。这一阶段的主要特征是：（1）俄国1905年革命后和"一战"开始几年前大规模群众行动出现了复兴；（2）革命左派在马克思主义运动内外的相应复兴（革命工团主义）。与此同时，有组织的工人群众性运动继续扩大规模。从1905年到1913年，一些加入阿姆斯特丹工会国际的社会民主党工会会员数量翻了一番，从大约300万人增长到大约600万人①，与此同时，在德国、芬兰和瑞典，社会民主党是最大的单一政党，获得了30%到40%的选票。

社会主义运动之外对马克思主义的关注也自然与日俱增。从1900年到1904年，马克斯·韦伯《社会科学和社会政策文库》（*Archiv für Sozialwissenschaft und Sozialpolitik*）只发表了4篇关于马克思主义的文章，但从1905年到1908年却发表了15篇文章，与此同时，德国学术界研究社会主义、工人阶级和类似主题的论文数量日益增长，19世纪90年代每年平均只有2至3篇，到1905—1908年则增长到每年平均10.2篇，到1909—1912年则增长到每年

---

① 不包括美国的工会，因为1909年以前得不到它的资料，资料来源：W. Woytinsky, *Die Welt in Zahlen* II, Berlin, 1926, p.102。

平均19.7篇。① 由于革命运动在这一时期并不只是支持马克思主义——革命工团主义和其他界定不明显的造反形式在"一战"之前的数年里与马克思主义进行竞争，马克思主义对潜在的同情者和批评者产生了复杂且难以界定的影响。然而，与以前相比，这时马克思主义大概以这种或那种形式更广泛地出现，尤其是在许多前马克思主义者和那些自认为必须与马克思主义建立关系的人的著作中。

三

如果我们要更准确地描绘马克思主义的影响，那么除了工人政党和社会主义政党的单纯规模（和政治存在）外，我们还必须思考两大因素：一是这些政党自身的马克思主义化程度，二是马克思主义对除了比较关心理论的知识分子外其他社会阶层的吸引力。

工人运动要么被官方等同于马克思主义或者变成这样，要么与社会主义类型的其他革命思想或者类似思想相关，要么实质上是非社会主义的运动。宽泛地说，以德国社会民主党为首的"第二国际"成员党是第一种类型，不过马克思主义在这些政党中的霸权掩盖了其他许多意识形态的影响。然而，有一些工人政党——例如法国的工人政党——主要受到本国旧革命传统的影响，有一些工人政党

---

① E. J. Hobsbawm, "La diffusione del marxismo", *Studi Storici* xv, 1972, pp. 263–264.

第十章 马克思主义的影响：1880—1914年 >>>

几乎没有受到马克思的一点影响。在一些国家中，这样一些政党内部普遍存在社会主义左翼，而在另一些国家中，社会主义左翼面临着竞争性的思想体系和运动。

然而，在相互竞争的左翼思想体系中，除了一些明显是民族主义的思想外，马克思主义的影响拥有一定的渗透空间，部分是因为（除非有一些相反的具体原因）与最伟大的社会主义理论家攀上关系具有一定的象征价值，但主要是因为与那些左翼思想体系关于革命途径和革命之后的未来（尽管模糊）的思想相比，它们对社会问题的理论分析较为贫乏。除了民族主义思想（后来渗入到马克思主义当中）外，这里所涉及的主要思想体系是无政府主义及其所衍生出的革命工团主义、民粹主义和尤其是革命形式的激进—雅各宾主义传统。我们也必须关注19世纪90年代后一种深思熟虑的非马克思主义的社会主义改良主义，这种改良主义的思想中心是英国的费边社。尽管这种改良主义规模极小，但是它不仅通过受其影响的暂时的外国定居者——其中最著名的是爱德华·伯恩施坦，而且通过英国同荷兰和斯堪的纳维亚地区之间的文化联系，产生了一定的国际影响。然而，尽管费边主义的这种传播值得关注，但是它太小了，因而我们暂且撇开不谈。①

---

① 费边社的主要精神与马克思主义理论背道而驰。19世纪80年代末期，马克思主义起初在英国极左派的小圈子中具有一定的影响。然而，《费边主义文集》阐明了费边社的观点（1889年），在一些地方尤其是在威廉·克拉克（William Clarke）所撰写的那一章中仍然表明了一种独特的马克思主义影响。

如何改变世界：马克思和马克思主义的传奇

在激进—雅各宾主义传统中，比较革命的成员非常乐于尊重一位伟大革命家的名字，支持与之相连的事业。即便如此，或许正因为如此，马克思主义在很大程度上仍然没有渗入到激进—雅各宾主义传统之中。在法国，马克思主义仍然处于异常不发达状态。直到20世纪30年代，法国共产党的许多著名知识分子严格来说仍然不能被称为理论上的马克思主义者，尽管当时他们许多人而不是所有人开始自称为马克思主义者。创刊于1938年的法国共产党理论杂志《思想》（*La Pensée*）仍然以"现代理性主义评论"为副标题。相反，尽管马克思与巴枯宁之间存在著名的对立，但是除了在所争论的具体问题上，无政府主义广泛地借用了马克思主义的分析。这并不令人感到特别奇怪，因为直到1896年——后来在一些国家——无政府主义者被开除出国际之时，在革命运动的内部，他们与马克思主义者之间常常不可能划出分明的界线，都属于造反和希望的相同环境。

正统马克思主义与革命工团主义之间存在更大的理论分歧，只是因为这些革命者所拒绝的不仅是马克思主义的组织和国家思想，而且拒绝那种被等同于考茨基的整个历史分析体系，他们认为这个体系是理论上的历史决定论——乃至谬论——和实践上的改良主义。事实上，革命工团主义对左翼知识分子具有一定的吸引力，促使他们参与思想争论，但是，我们不应忘记，即使那些不是来自马克思主义的人，尤其是19世纪90年代太年轻的人，也呼吸

第十章 马克思主义的影响:1880—1914年 >>>

着充满马克思主义观点的空气。因此,作为一位反叛但又完全不属于欧洲大陆的英国年轻社会主义者,G. D. H. 科尔(G. D. H. Cole)自然认为乔治·索雷尔(Georges Sorel)的著作是"新马克思主义的"[①]。实际上,革命工团主义的知识分子反对的与其说是马克思主义分析本身,不如说是官方社会民主主义的自动进化论和青年葛兰西所说的"在实证主义和科学主义外壳下"的令人窒息的革命思想[②],也就是说,反对马克思与达尔文、斯宾塞和其他实证主义思想家的古怪结合——这种结合经常冒充是马克思主义,尤其是在意大利。确实,从总体上来说,西方信奉马克思主义的第一代人出生于1860年左右,很自然地把马克思与当时流行的、具有影响的思想结合起来。然而,对他们当中许多人来说,虽然马克思主义是一种新颖的和原创的理论,但是属于一般的进步思想领域,即使在政治上更激进,并且与无产阶级存在更明确的联系。

相比之下,在社会充满矛盾的东欧,没有哪一种对19世纪现代性转变的解释能够与马克思主义争锋,马克思主义的影响变得越来越深远,即使这些东欧国家尚未形成工人阶级,更不用说形成工人运动了,或者除了某种地方性的民族主义外尚未形成其他重要的资产阶级意识形态。这就是为什么俄国——社会错位的阶层即批判"知识分子"

[①] G. D. R. Cole, *The World of Labour*, London, 1913, p. 167.

[②] A. Gramsci, "La Rivoluzione contro il *Capitale*", in *Scritti Giovanili*, Turin, 1958, p. 150.

的家园——比其他国家更早产生出《资本论》的热心读者的原因,也是后来东欧成为热情的马克思主义思想和分析的主要家园的原因。在政治上,俄国的第一批马克思崇拜者可能同情民粹主义(直到19世纪80年代皈依马克思主义),但是他们也包括许多显然接受马克思主义分析方法乃至术语的非激进的学院派经济学家。① 明确地说,这样一种思想征服了俄国:它宣称,资本主义的进步是历史的必然,无论多么敌视资本主义,任何外部力量(例如农民)的反抗都不可能战胜资本主义,只有资本主义自身创造的力量才能战胜资本主义,注定要接管资本主义。这意味着俄国必须经历资本主义阶段。

因此,俄国的马克思主义陷入了悖论:它既是民粹主义者(他们最终接受了马克思对资本主义的一部分分析)以农民为基础的革命的反资本主义的替代,又为一个深刻厌恶资本主义的国家的资产阶级的资本主义发展提供了合理性证明。马克思主义既产生了革命者,又产生了"合法马克思主义者"这种奇怪的现象。"合法马克思主义者"相信经济增长——尽管是资本主义的经济增长——的进步性,但是他们认为推翻资本主义的前景是无关紧要的。中欧和西欧不需要马克思与资产阶级之间的这种调和,在那里,这样的思想家几乎必然自认为是某种类型的自由派。无论俄国受过教育的左派——除了一位边缘化的极端激进者

---

① R. Pipes, "La teoria dello sviluppo capitalistico in P. B. Struve", in Istituto G. Feltrinelli, *Storia del marxismo contemporaneo*, Milan, 1973, p. 485.

第十章 马克思主义的影响：1880—1914年 >>>

（托尔斯泰）外——的所有这些派别之间存在什么分歧，马克思主义的影响都无处不在。

到19世纪90年代，那些与社会主义没有联系的工人运动普遍地存在于盎格鲁-撒克逊地区——英国、澳大利亚和美国，就像它们在这些地区之外几乎不存在一样。然而，在英国、澳大利亚和美国，马克思主义也具有某种重要的意义，尽管不像在欧洲大陆那样。尤其是在美国，我们也不应该低估来自德国、沙皇俄国和其他国家的大量移民的重要性，他们经常把各种受马克思主义影响的思想作为思想行李的一部分内容，随身带到了新世界。[1] 我们也不应该低估美国在这个社会尖锐对立和分裂时期对"大企业"的反抗运动，这使许多激进思想家接受或者至少关注社会主义对资本主义的批判。因此，我们想起了斯德恩·凡勃伦（Thorstein Veblen），想起了那些处于核心地位的进步经济学家，例如理查德·伊利（1854—1943），他"可能比其他人对美国经济学的形成产生了更大的影响"[2]。由于这些原因，尽管美国本身几乎没有发展出独立的马克思主义思想，但相当令人惊讶的是，它变成了马克思主义著作和影响传播

---

[1] 在更小的范围内，少数东欧知识分子——不论男女——（主要是政治上的）移民把马克思主义的影响传播到本来不接受马克思主义的国家，例如查尔斯·拉波保尔特（Charles Rappoport）在法国，西奥多·罗斯坦（Theodore Rothstein）在英国，参见 G. Haupt, "Le rôle de l'exil dans la diffusion de l'image de l'intelligentsia révolutionnaire", *Cahiers du Monde Russe et Soviétique* xix/3, 1978, pp. 235–250。

[2] Richard T. Ely, *The International Encyclopaedia of the Social Sciences*, 1968.

的重要中心。这不仅影响了太平洋地区的国家（澳大利亚、新西兰和日本），而且影响了英国——在英国，20世纪初期，少数但却日益壮大的马克思主义工人积极分子组织从芝加哥查尔斯·H.科尔出版社获得了许多马克思主义文献——既包括马克思恩格斯的文献，又包括狄慈根的著作。[1]

然而，既然非社会主义的工人运动似乎没有对占统治地位的集团的思想霸权构成重大的挑战，因此，它们的知识分子尚未感觉到迫切需要应对这个挑战。与20世纪初期相比，他们在19世纪80年代和90年代期间更多地质疑马克思和社会主义。因此，在与通常称为"使徒会"的（秘密）讨论俱乐部相关的剑桥大学知识分子精英群体（H.西季威克、伯兰特·罗素、G.E.摩尔、利顿·斯特雷奇、E.M.福斯特、J.M.凯恩斯、鲁珀特·布鲁克等）中，20世纪初期显然是一个非政治的时期。尽管西季威克批评了马克思，但是伯兰特·罗素——19世纪90年代靠近费边主义者——写了一本论述德国社会民主主义的著作（1896）；甚至当1914年前的数代学生开始转向社会主义的（尽管是非马克思主义形式上的）时候，从这个圈子中产生的最知名和——最终证明是——政治上积极的经济学家凯恩斯没有表现出对马克思或者关于马克思的任何经济学争论感兴趣

---

[1] 参见 E. J. Hobsbawm, *Studi Storici*, 1974, pp. 251–252。"劳动骑士团"（Knights of Labor）在比利时、马克思主义者丹尼尔·德·列昂在英国和后来（工团主义的）世界产业工人联合会在世界各国都扮演了人们熟悉的角色。

第十章　马克思主义的影响：1880—1914年 >>>

的迹象，甚至不了解马克思和关于马克思的任何经济学争论。①

四

不论当地的工人运动规模如何，马克思主义对作为一个群体的中产阶级知识分子究竟具有多大的吸引力，这是决定马克思主义影响的第二个因素。当时，有一些强大的工人运动不包含或在实践上没有吸引任何知识分子，例如澳大利亚的状况（实际上早在1904年澳大利亚就诞生了一个工党政府）。或许这是因为澳洲大陆只有极少数知识分子。同样地，西班牙强大的但主要是无政府主义的工人运动对知识分子几乎没有什么吸引力。相反，我们都熟悉那些实质上仅限于大学生的革命马克思主义组织，虽然在第二国际的高峰时期这可能是一种相当异常的现象。然而，显然，一些社会主义运动——例如俄国的社会主义运动——主要由知识分子组成，只是因为群众性的工人运动的合法诞生面临巨大的障碍。同样地，在其他一些国家，社会主义对知识分子和学者具有特别大的吸引力，至少在一段时间内是如此，例如在意大利。

---

①　然而，应该指出的是，19世纪80年代和90年代对马克思最感兴趣的英国经济学家学派是在著名的"方法论战"中站在错误一边的失败的少数派，他们基本上被排挤出学术性的经济学领域，成为经济史学家、社会改革者或者政府公职人员。剑桥大学的经济学家是胜利的一方。

在这一方面,我们不必深入地探究作为群体的知识分子社会学,或者深入研究他们是否构成一个独立阶层("知识分子阶层")的问题,虽然这有时是马克思主义讨论的主要问题。所有国家都拥有接受过某种高等教育的男性乃至女性,社会主义/马克思主义对这些人的吸引力才是关键。①在德国社会民主党的争论中,我们今天所说的"知识分子阶层"通常是指"学者",即拥有大学毕业文凭的人。在许多国家,德国人所说的"艺术"(所有艺术)的实践者与"科学"(所有学问和科学)的实践者之间必须进行格外清晰的区分,尽管这两者基本上通常都来源于中产阶级。因此,在法国,那种在19世纪90年代吸引许多(在这种更宽泛意义上的)"艺术家"的无政府主义对于"大学生"来说没有巨大的吸引力。在本语境中,我们只能指出而不能解释这种差异。下面将会专门思考马克思主义与艺术之间的关系。第二,我们必须区分如下两类国家:第一类是这样一些国家,在这些国家中,少数知识分子在社会主义政党和运动中占据突出的地位,而大多数知识分子仍然处在社会主义政党和运动之外(例如德国和比利时);第二类是这样一些国家,在这些国家中,"知识分子"和

---

① 参见 Christophe Charle, *Les intellectuels en Europe au XIX siècle*, *essai d'histoire comparé*, Paris, 1996, part 2, pp. 143–311; 但是, 关于非批判的社会知识分子的主导地位, 参见 Wolfgang J. Mommsen, *Bürgerliche Kultur und politische Ordnung: Künstler, Schriftsteller und Intellektuelle in der deutschen Geschichte 1830–1933*, Frankfurt, 2000, esp. pp. 178–215, and Christophe Prochasson and Anne Rasmussen, *Au nom de la patrie: les intellectuels et la première guerre mondiale (1910–1919)*, Paris, 1996。

第十章 马克思主义的影响：1880—1914年 >>>

"左翼知识分子"——至少在青年人中——是可以互换的术语（例如俄国）。当然，大多数社会主义运动在它们的领导层中赋予知识分子突出的地位（阿德勒、特罗尔斯特拉、屠拉梯、饶勒斯、布兰廷、王德威尔德、卢森堡、普列汉诺夫、列宁等），并几乎完全从中选取自己的理论家。

对这一时期欧洲学生和学者的政治态度尚不存在充分的比较研究，更不用说包括大多数成年知识分子的广泛专业阶层了。因此，我们只能凭借印象来评价社会主义/马克思主义对他们的吸引力。① 然而，从总体上来看，我们可以有把握地说，社会主义/马克思主义仅仅在少数国家——主要是资本主义发达地区的边缘——具有格外强烈的吸引力。

在伊比利亚半岛，许多知识分子仍然是反对宗教的自由派和激进派。这或许是在战争失败后呼吁西班牙复兴的"98一代"——米格尔·德·乌纳穆诺（Miguel de Unamuno）、巴罗哈（Baroja）、马叶兹度（Maeztu）、加尼韦（Ganivet）、拉蒙·德尔·巴列-因克兰（Ramón del Valle-Inclán）、马查多（Machado）等——几乎都不是自由派的原因；不过，他们也不是社会主义者。在英国，知识分子基本上是这种或者那种的自由派，很少被社会主义所吸引，

---

① 米歇尔斯尝试作出了这样一种评估，指出西欧（除了法国和意大利外）的医学人员对社会主义的相对敌视，参见 Michels, *Soziologie des Parteiwesens*, Stuttgart, 1970, pp. 249–250。

不过，只有更边缘化的受过教育的中产阶级女性才能更多地感受到这种吸引力，她们构成了费边社的大多数成员，是记者所说的19世纪80年代和90年代"新女性"的典范。直到1914年前的数年里，英国才开始出现重要的社会主义学生运动。费边社的大多数男性知识分子来自一个新的阶层，他们是白手起家的专业人员，出身于工人阶级和中产阶级下层［萧伯纳（Shaw）、韦伯（Webb）、H. G. 威尔斯（H. G. Wells）、阿诺德·巴内特（Arnold Bennett）］。① 事实上，显然，J. A. 霍布森是英国最令人关注的典型左派理论家，非常接近欧洲大陆的各种思想倾向，因而（他的《现代资本主义的发展》）既受到了马克思的影响，又（通过他的《帝国主义》）影响了马克思主义者。他甚至不是费边主义的社会主义者，而是一个进步的自由主义者。无论在数量上还是在思想上，除了威廉·莫里斯（参见下文）外，英国本土的中产阶级马克思主义知识分子都可以忽略不计。

法国的革命传统自然对本国知识分子产生了重大的影响。由于它包括本土的社会主义成分，因此，社会主义也能感受到它的影响，尽管常常只是作为左派观点的一种标志。(米歇尔斯指出，与其他国家的永久忠诚相比，在法国到1907年，1893年作为社会党人当选的6名代表中，有5名不仅变成了非社会主义者，而且成为了反社会主义者。)②

---

① Hobsbawm, *Labouring Men*, chapter 14.
② Michels, *op. cit.*, pp. 99–100.

第十章 马克思主义的影响:1880—1914 年

同样地,青年的极端激进主义是资产阶级传统的一部分。于是,我们在法国知识分子中可以毫不困难地发现社会主义;自 19 世纪 90 年代以来,尤其是在德雷福斯事件期间,一些著名的机构——例如巴黎高等师范学校——成为社会主义或社会主义化知识分子的名副其实的温床。然而,由于马克思的影响乃至他对那些声称忠于他的社会主义政党的吸引力非常小①,因此,马克思在这一时期对法国知识分子的吸引力则更小了。确实,在 1914 年前,法国可以看到的马克思恩格斯著作显然并不比英国多——如果把美国的各种版本包括在内的话,更不用说与德国、意大利和俄国相比了。②

1848 年,德国思想界和学术界全都信奉自由主义。然

---

① 在这一时期成为社会主义者的许多高等师范人中,唯一知名的法国社会党党员是著名古典学者和马克思著作的译者 Bracke-Desrousseaux。参见 H. Bourgin, *De Jaurès a Léon Blum*, Paris, 1938。

② 在《法国马克思主义导论》(*De l'Introduction du Marxisme en France*, Paris, 1947) 中,法国社会党资深党员亚历山大·泽瓦埃斯(Alexandre Zévaès)评论说,《资本论》第一卷的 1872—1875 年译本 "在那个时期几乎不为人注意"。除了法国社会民主党杂志上的许多文章和一本关于资产阶级社会主义报道的著作外(1882,1886),《共产党宣言》似乎只有在 1895 年才有了第一个单行本(1897 年重印),直到 1901 年大学教授查尔斯·阿德勒(Charles Andler)的学术版《共产党宣言》出版。《法兰西内战》的第一个单行本出版于 1900 年,《路易·波拿巴的雾月十八日》的第一个单行本出版于 1891 年,《1848 年至 1850 年的法兰西阶级斗争》的第一个单行本出版于 1900 年。19 世纪 90 年代下半期出版了许多著作的译本:《哲学的贫困》(1896)、《政治经济学批判》(1899)、《价值、价格和利润》(1899)、《德国的革命与反革命》(1901)。具有重大意义的是,比利时而不是法国翻译出版了《资本论》第二卷和第三卷(1900—1902 年出版)(Zévaès, *op. cit.*, chapter. X)。从 1902 年到 1914 年,法国几乎没有出版马克思的著作。

而，到19世纪90年代，它们转而深深地信奉威廉帝国，强硬地反对社会主义，而不是为社会主义所吸引；犹太人可能是个例外，按照米歇尔斯根据非正式的记载对1907年的估计，在犹太人中间，20%至30%的知识分子支持社会民主主义。① 从1899年到1909年的十年里，法国大学三分之一的博士论文研究社会主义的一般领域、社会民主主义和马克思，远远多于德国的大学，后者同期只有11篇博士论文研究这些主题。② 德国的知识分子和学者最早关注马克思主义和社会民主主义，但许多人并未为它们所吸引。此外，有某种证据表明，至少在1914年前的数年里，社会民主主义所吸引的那些人更可能是马克思主义的温和派和修正派，而不是它的左派；毫无疑问，德国的社会主义学生组织是修正主义的首批支持者。当然，德国社会民主党主要由无产阶级构成，或许比其他的社会主义群众性政党更加无产阶级化。③ 然而，即使在这些限制内，如下事实也表明了马克思主义对德国知识分子较低的吸引力：德国社会民主党不得不从外国引进自己的著名马克思主义理论家——罗莎·卢森堡来自波兰、考茨基和希法亭来自奥匈帝国、"帕尔乌斯"来自俄国。

在西北欧的小国中，比利时和斯堪的纳维亚国家发展

---

① Michels, *op. cit.*, p. 255.
② Hobsbawm, *Studi Storici*, p. 245.
③ R. Michels, "Die deutsche Sozialdemokratie. Parteimitgliedschaft und soziale Zusammensetzung", *Archiv f. Sozialwissenschaft u. Sozialpolitik*, 23, 1906, pp. 471–559.

第十章 马克思主义的影响：1880—1914年

了比较强大的工人阶级群众性政党，公开支持马克思主义，尽管在比利时根基深厚的工人党也体现出早期的本土左翼传统。在斯堪的纳维亚地区，与瑞典人和挪威人相比，丹麦人对马克思看上去表现出更浓厚的兴趣。除了一些医生或牧师外，挪威工人运动的领导人主要是工人。像其他的斯堪的纳维亚国家（还包括组织强大的芬兰人）一样，瑞典的工人运动没有产生任何知名的理论家，而且在第二国际的争论中也没有重大的参与。在艺术世界中，社会主义（或无政府主义）的吸引力可能更为强大，但从总体上来看，在斯堪的纳维亚国家的知识分子中，社会主义可能是当地特有的民主和进步激进主义的一种左翼延伸，具体而言，可能强调文化和性别—道德上的改良。如果说有人是这一时期瑞典知识分子理论左派的代表，那么他大概是经济学家、激进共和主义者、无神论者、女权主义者和新马尔萨斯主义者克努特·维克塞尔（Knut Wicksell）：他仍然不信奉社会主义。

在欧洲的文化中，低地国家在这一时期的地位可能高于17世纪以来的任何时期。在绝对无产阶级化的比利时工人党中，知识分子和学者——主要来自于布鲁塞尔的理性主义学术环境——发挥了非常突出的作用：王德威尔德、胡斯曼、德斯特里、赫克托·丹尼斯、埃德蒙德·皮卡德和布鲁凯尔。然而，我们还要指出，比利时工人党及其思想代言人倾向于成为国际工人运动的右翼，按照国际的标准只能算做是准马克思主义者。① 令人怀疑的是除了当时和当地外,王德威尔德是否可能自称是马克思主义者。正如G. D. H. 科尔所说:"他参加社会主义运动之时,恰逢德国社会民主党形式的马克思主义成为西欧社会主义发展的关键因素,因此,对欧洲大陆任何渴望成为政治领导人尤其是国际政治领导人的社会主义者来说,接受流行的马克思主义框架并调整自己的思维来适应这种框架,既是必须的,也是自然而然的事情。"② 特别是小国工人群众政党的社会主义者,更是如此。当然,马克思主义对比利时知识分子的影响并不明显。

荷兰没有出现具有同等政治重要性的民族工人运动,是唯一如此的西欧国家:在知识分子中,社会主义的影响似乎在文化中具有至关重要的意义,而且与其他国家相反,知识分子在工人运动中具有异常明确的作用。③ 诚然,荷兰社会民主党有时被讽刺为学生、牧师和律师的政党。像其他国家一样,荷兰社会民主党逐渐变成一个熟练体力工人的政党;但是,荷兰存在各种宗派群体之间的严重分裂和传统分裂(加尔文派、天主教派和世俗派),每一个群体都构成跨越阶级界线的政治阻碍,一开始为阶级政党的形成

---

① 在这一时期,恩格斯与比利时社会主义领袖之间几乎没有任何通信;唯一一封给王德威尔德(1894)的信在语气上是官方的。

② G. D. H. Cole, *History of Socialist Thought*, *The Second International*, II, p. 650.

③ 参见 Marcel van der Linden (ed.), *Die Rezeption der Marxschen Theorie in den Nederlanden*, Trier, 1992, 尤其是 pp. 16ff 和 H. M. 波克(H. M. Bock)和 H. 比挺(H. Buiting)所撰写的章节。

第十章 马克思主义的影响：1880—1914 年

所留下的空间不如其他国家大。这似乎与世俗文化的明显扩张有关。新的政党开始似乎主要依靠两个非典型的群体：（地理偏僻和具有民族特殊性的）弗雷西亚的农民工人和阿姆斯特丹的犹太钻石工人。在这个小国的运动中，像特洛尔奇（1860—1930，一位担任温和派主要领导人的弗雷西亚人）和著名文学家赫尔曼·戈特［Herman Gorter，他同女诗人亨丽埃塔·罗兰-豪斯特（Henrietta Roland-Holst）和天文学家 A. 潘涅库克都是革命左派的主要人物］这样的知识分子发挥了极其明显的作用。令人印象深刻的不仅是知识分子在党内的角色和一些重要的马克思主义社会科学家的出现，例如犯罪学家 W. 邦格（W. Bonger），而且首先是本土思想极左派的国际声誉。尽管与罗莎·卢森堡存在种种相似性和联系，但荷兰社会民主党并未受到东欧的影响。荷兰尽管是一个小国，但却是西欧的特例。

强大的奥地利社会民主党具有著名的战斗性，明确认同马克思主义，这主要是通过它的领袖维克多·阿德勒（1852—1918）与老年恩格斯之间亲密的私人友谊。事实上，奥地利是唯一产生明确认同马克思主义的马克思主义学派的国家：奥地利马克思主义。在哈布斯堡王朝时期，我们第一次进入这样一个地区：在那里，马克思主义成为大众文化中不可否认的存在，而且社会民主主义对知识分子具有强烈的吸引力。然而，他们的思想不可避免地和深深地带有"民族问题"的标记，而"民族问题"则决定着哈布斯堡王朝的命运。显然，奥地利马克思主义者是第一批系统分析"民族问题"的马克思主义者。①

本土的民族主义吸引着那些民族不独立——例如捷克人——的知识分子,或者在某些附属国,这些知识分子被那些他们渴望加入的国家(罗马尼亚和意大利)的民族主义所吸引。即使在受到社会主义者影响的时候,民族因素也很可能占据主导地位,例如捷克民族—社会主义者,他们在19世纪90年代从奥地利社会民主党中分裂出来,实质上变成了捷克小资产阶级的激进政党。尽管他们敏锐地认识到了马克思主义,但是他们基本上仍然不为所动:最著名的捷克知识分子托马斯·马萨里克(Tomáš Masaryk)以其对俄国的研究和对马克思主义的批判而著称于世。捷克存在两种占据主导地位的文化的知识分子:德国和马扎尔的文化与犹太人的文化。不考虑到这种不同寻常的少数民族,就无法理解马克思主义在二元君主制度下对普通文化的影响。

在西欧,中产阶级的犹太少数民族的共同倾向是文化和政治上的同化,正如他们在很大程度上被允许的那样:成为像迪斯累利那样的犹太英国人,或者成为像迪尔凯姆那样的犹太法国人,成为犹太意大利人,但首先是成为犹

---

① 在西欧,包括马克思主义者在内的社会主义者都忽视了民族问题,但是这一问题显然存在。因此,比利时工人党没有关注弗拉芒问题,无疑是因为根特是其最强大的堡垒,王德威尔德(Vandervelde)和德斯特里(Destrée)的《社会主义与比利时》(Le Socialisme en Belgique, Paris, 1903)所附的48页参考文献没有包括关于这一主题的文献,事实上连标题也没有。民族/地区主义的运动不仅被视为主要是资产阶级或小资产阶级的运动,而且被认为政治上次要的运动。

第十章 马克思主义的影响:1880—1914年

太德国人。19世纪60年代和70年代,奥地利几乎所有说德语的犹太人都自认为是德国人,例如,自认为是统一的自由大德意志的信仰者。这种立场之所以变得不可能,是因为奥地利被排除在德意志之外,自19世纪70年代末期以来政治反犹主义兴起,文化上未同化的犹太人越来越大规模地向西方移民,犹太人群体的纯粹规模非常小。与法国、英国、意大利和德国不同,犹太人在奥地利并非少数,是中产阶级的主力:占到维也纳总人口的8%~10%,占到布达佩斯总人口的20%~25%(1890—1910)。因此,犹太知识分子——而且犹太人无疑是教育制度的最大受益者[①]——的状况是自成一格的。

在匈牙利,作为马扎尔化政策的一部分,犹太人的同化继续受到热烈的欢迎,受到犹太人的热情追捧。然而,犹太人不可能完全同化。在某种意义上,他们的状况就像20世纪末期南非的犹太人:被接受为是针对非马扎尔人(或非白人)的统治民族的一部分,但是由于他们的集中和社会专业化而被排斥在完全的认同之外。事实上,他们在匈牙利社会民主党——对理论问题没有兴趣并在温和的压制条件下活动——中的地位并不突出。然而,在20世纪初,强大的社会革命潮流在学生运动中非常有影响,这使犹太

[①] 在匈牙利(1910),22%或者是其他宗教人口比例三倍的男性犹太人接受过四年的中学教育;10%或者是其他宗教人口二倍的犹太人完成了八年的中学教育。V. Karady and I. Kemény, "Les juifs dans la structure des classes en Hongrie", *Actes de la Recherche en Sciences Sociales*, 22, 1978, p. 35.

如何改变世界：马克思和马克思主义的传奇

人在1917年革命后的匈牙利左派中占据了突出的地位。然而，最广为人知的匈牙利马克思主义者是非常重要的个案。至少从1902年开始，乔治·卢卡奇（1885—1971）已经是一个社会主义者，并与匈牙利著名的马克思主义/无政府—工团主义知识分子欧文·查保（Erwin Szabo, 1877—1918）进行了交往。尽管如此，但是在1914年以前卢卡奇没有表现出浓厚的马克思主义理论兴趣。

哈布斯堡王朝的奥地利地区很早并且越来越明显地把犹太人边缘化。与匈牙利地区不同，奥地利——在两个重叠的地区——拥有大量说德语的非犹太知识分子，他们主要来自高级公共服务机构和学术机构。经济学家的"奥地利学派"诞生于19世纪70年代后，主要由这样一些人构成，在他们当中（除了米瑟斯兄弟外）几乎找不到犹太人：门格尔、维塞尔、庞巴维克以及更年轻的熊比特和哈耶克。此外，大多数犹太人所主张的大德意志民族主义逐渐与反犹主义产生了特殊——尽管不是专门①——的联系。这使犹太人显然不再关注自己的忠诚和政治抱负。社会主义是一种可能的替代选择。维克多·阿德勒接受了这种选择，尽管在其年轻一些的同时代人中几乎肯定只有少数人才是如此。直到1938年，奥地利的社会民主主义仍然热衷于大德意志主义。犹太复国主义（一位极端同化的维也纳知识分

---

① 在维也纳，煽动性的基督教-社会党（Christian-Social Party）曾于19世纪90年代占领市政厅，是狂嚣的反犹主义政党，但是它的领袖吕格尔（Lueger）谨慎地选择他的目标："我决定谁是犹太人。"

第十章 马克思主义的影响：1880—1914年 >>>

子的发明）后来成为另一种选择，尽管当时没有多少吸引力。明显强大的、忠诚的和战斗的工人运动——尤其在说德语的工人中——的兴起，无疑对知识分子产生了一定的吸引；我们也不应该忽视这样一个事实，即在维也纳就像在其他地方一样，只有工人运动反对占据主导地位的反犹主义群众性政党。然而，吸引奥地利大多数犹太知识分子的肯定不是社会主义，而是一种文化和私人关系的精致生活，一种对本国文明危机的基本上非政治的逃避或者反省性分析。（社会主义对基督教知识分子的吸引力甚至更小。）当谈到这一时期的奥地利文化（例如主要是维也纳的文化）时，我们首先想到的人物不是社会主义者：弗洛伊德、施尼茨勒、卡尔·克劳斯、勋伯格、古斯塔夫·马勒、里尔克、马赫、霍夫曼斯塔尔、克里姆特、卢斯、穆齐尔。

另一方面，在主要的城市尤其是维也纳和布拉格，社会民主主义（例如用知识分子的术语说就是马克思主义）不可避免地成为青年知识分子的一部分经验，这可以从施尼茨勒在小说《通往旷野的路》（*Der Weg ins Freie*，1908）对文雅的维也纳中产阶级（主要是犹太人）环境的最生动描绘中看出来。因此，难怪奥地利的社会民主主义成为马克思主义知识分子的温床，形成了一个"奥地利马克思主义"群体：卡尔·伦纳（Karl Renner）、奥托·鲍威尔、马克斯·阿德勒、古斯塔夫·埃克施泰因（Gustav Eckstein）、鲁道夫·希法亭以及马克思主义正统的创始人考茨基和一群不断壮大的马克思主义学者。（奥地利的大学不像德国的大学那样在制度上歧视马克思主义者。）在这些马克思主义者中，卡尔·格吕堡（Carl Grünberg）、卢多·M. 哈特曼（Ludo M. Hartmann）和施蒂芬·鲍威尔（Stefan Bauer）都以1893年创办的杂志而著称。后来，这份杂志改名为《社会与经济史季刊》（*Vierteljahrschrift für Sozial- und Wirtschaftsgeschichte*），成为德语世界的主要经济和社会历史研究刊物，但最终不再反映出它的社会主义起源。格吕堡放弃了维也纳大学的教席，于1910年创办了《社会主义与工人运动史文库》（通常称为"格吕堡文库"），开创了对社会主义运动尤其是马克思主义运动的学术研究。相比之下，奥地利的社会民主主义以特别卓越的出版工作和异常广泛的文化兴趣而著称：即使它不欣赏勋伯格，至少也是帮助这位音乐革命家担任工人合唱团指挥来维持生计的少数组织之一。

"其他任何国家大概都不可能在科学家、学者和知名作家中找到如此之多的社会主义者。"一位美国作家在谈到意大利时这样说道。① 人们经常注意到知识分子在意大利社会主义运动中极其重要和突出的地位，注意到至少在19世纪90年代马克思主义暂时对他们具有的巨大吸引力。在意大利社会主义运动中，知识分子并不是一个庞大的群体，到1904年数量还不到4%②，毫无疑问，19世纪90年代初即使资产阶级的（男性）青年和学生大多数也不是社会主义者。然而，与德国和奥地利大学极端保守的学生和教授不

---

① Robert Hunter, *Socialists at Work*, NY, 1908.
② Michels, *Soziologie*, p. 259.

第十章 马克思主义的影响:1880—1914 年

同,意大利大学的进步以及学术和政治上有影响的环境——就像在都灵那样——经常宣传社会主义(法国的学院派社会主义位列其后)。与法国大学当时完全非马克思主义的社会主义不同,意大利大学中的知识分子受到了马克思主义的强烈吸引,因此,意大利的马克思主义差不多是一种调料,倾倒在意大利中产阶级男性文化中根本的实证主义、进化论和反教会的色拉酱上。此外,它不仅仅是青年反叛者的运动。意大利社会主义/马克思主义的皈依者包括已经成熟的成年人:拉布里奥拉出生于 1843 年,龙勃罗梭(Lombroso)出生于 1836 年,作家埃迪蒙托·德·亚米契斯(Edmondo De Amicis)出生于 1846 年,相比之下,第二国际的领袖通常出生于 1856—1866 年。无论我们如何看待在意大利知识分子中流行的马克思主义或马克思主义的社会主义,但是他们对马克思主义的强烈关注是毫无疑问的。即使富有争议的反马克思主义者(一些人本身是前马克思主义者,例如克罗齐)也都是马克思主义的见证者:帕累托亲自介绍了拉法格编选的《资本论》摘录(巴黎,1894 年版)。

我们有充分的理由把意大利知识分子作为一个整体来讨论,因为尽管意大利存在明显的地方主义,并且南方与北方之间存在差别,但是它的思想界是全国性的,甚至普遍愿意接受外来(法国和德国)的思想影响。但是,从全国的角度来思考知识分子的社会主义与工人运动之间的关系并不是那么合乎道理,因为地区的差异在这一方面发挥了巨大的作用。在某些方面，在北方工业地区——米兰和都灵——知识分子与社会主义工人运动之间的相互作用类似于比利时和奥地利的知识分子与社会主义工人运动之间的相互作用，但是那不勒斯和西西里岛显然不是如此。意大利的特殊性在于：它既不符合西欧马克思主义的社会民主主义模式，也不符合东欧马克思主义的社会民主主义模式。意大利的知识分子不是一个不满的、革命的知识分子阶层。表明这一点的与其说是如下事实：19世纪90年代初意大利知识分子对马克思主义的热情达到高潮，然后又迅速地消退；不如说是如下事实：1901年后意大利社会党的大多数知识分子迅速转向了改良主义和修正主义，而且社会党党内也没有像德国和奥地利的社会民主党那样发展出重要的马克思主义左翼反对派。

　　作为一个群体，意大利的知识分子遵循这一时期的西欧基本模式：他们都是地位优越的中产阶级，即使他们在1898年后是社会主义政治家，也被接受为体制的一部分。意大利的许多知识分子之所以会在19世纪90年代成为社会主义者，无疑拥有充分的理由；大概就自复兴运动以来意大利政治的发展、意大利工人和农民悲惨的贫困状况、19世纪八九十年代群众的大起义而言，这些理由甚至比比利时知识分子的理由更充分。青年人的慷慨和反叛加强了这些方面。与此同时，不仅社会主义的中产阶级知识分子没有遭到如此的歧视，他们的社会主义——除了少数例外——被认为是进步思想与共和主义思想的全面延伸，而

第十章　马克思主义的影响：1880—1914年

且他们的生活和职业模式实质上与非社会主义知识分子没有什么两样。在1893年坚定追随社会党数年后，菲利斯·莫米利亚诺（Felice Momigliano, 1866—1924）在中学教师生涯中遇到了某种困境，但此后他的教师和大学教授生涯乃至文学活动（除了内容外）看上去与那些具有马佐尼背景和强烈思想兴趣的非社会主义高中教师没有什么不同。我们至多只能猜测，倘若他不是一个社会主义者，他本该更早地成为大学教授。

总而言之，西方的大多数社会主义知识分子至少拥有马克斯·阿德勒所说的"人格免疫力和精神兴趣自由发展的可能"①。这并不是俄国知识分子阶层的状况。尽管俄国的知识分子阶层最初且主要来源于"富裕的阶层"，但是它们由于本质上革命的定义而不同于西方的知识分子。1906年，佩舍诺夫（Pešehonov）坚定地声称，士绅和官员"大多数都不能归入知识分子范畴"②。不论知识分子阶层是像民粹主义者那样从主观和观念上进行定义，还是定义为一个独立的社会阶层——这是20世纪90年代初俄国左派激烈争论的问题，他们的志业及所反对的政权和社会的反动性都排除了西方式的统一性。事实上，20世纪初期，无产阶级和日益自信的资产阶级的发展使俄国知识分子阶层的状

---

① Max Adler, *Der Sozialismus und die Intellektuellen*.
② A. V. Pešehonov, "Materialy dlya istorii russkoy intelligentsii"，引自 M. Aucouturier, "L'intelligentsia vue par les publicistes marxistes", *Cahiers du Monde Russe et Soviétique*, XIX, 3, 1978, pp. 251–252。

况变得更为复杂。既然一部分日益可见的知识分子如今似乎属于资产阶级(正如托洛茨基所认为的那样,"就像西欧一样,俄国的知识分子也正在分化,它的派别之一即资产阶级派由资产阶级控制,最终与资产阶级明确地融为一体")①,这个阶层似乎不再具有清晰的本质,不再是独立的存在。然而,这些争论的性质表明了西欧与当时以俄国为主要榜样的国家之间的深刻差异。在西欧,几乎不可能有人像俄国—波兰的革命者马察斯基(Machajski,1866—1926)及其一些评论者那样认为,知识分子本身是一个社会群体,试图借助革命的意识形态,在无产阶级的帮助下使自己取代资产阶级,然后轮到他们来剥削无产阶级。②

就马克思作为俄国现代社会分析来源的核心地位而言,几乎不用多谈马克思主义在俄国知识分子中无处不在的影响。左派的所有立场,无论它们的本质和来源如何,也必须从马克思主义的角度来定义。事实上,马克思主义具有如此的核心地位,就连民族主义运动也受到了它的影响。在格鲁吉亚,孟什维克事实上变成了地方性的"民族"政党;"立陶宛、波兰和俄罗斯犹太工人总联盟"(Bund)——当时最接近犹太人民族政治组织的组织——是坚定的马克思主义组织;即使当时较为弱小的犹太复国主义运动也明显表现出这种影响。大约在1905年革命后的"第二次回归浪潮"时期,以色列的立国者从俄国来到巴勒斯坦,随身带

---

① *Intelligentsia i sotsializm* (1912),引自 Aucouturier, *op. cit.*, p. 256。
② Aucouturier, *op. cit.*, p. 253ff.

第十章 马克思主义的影响：1880—1914年 >>>

了俄国的革命思想，启发了那里的犹太复国主义群体的组织和思想。但是，即使那些比犹太人更不可能受到马克思主义影响的人也证明了马克思主义的影响。通常，波兰民族主义的主要倡导者是第二国际的波兰社会党——在某种程度上是一个真正的工人政党，因此，旧的马克思主义传统不得不重组为一个竞争性的和更真正的马克思主义的传统，即（在卢森堡和约基希斯领导下的）波兰和立陶宛王国的社会民主主义。随着亚美尼亚革命联盟（Dashnaks，它仍然自认为是第二国际的一部分）的崛起，亚美尼亚出现了类似的分化。总而言之，在俄国，那些与本国的旧传统决裂的知识分子完全不能避开这种或那种形式的马克思主义影响。

这不是要表明他们全都是马克思主义者或者仍然是马克思主义者，也不是要表明当他们自认为是马克思主义者时彼此对马克思主义的正确解释达成了一致，尤其不是要表明这后一点。在19世纪90年代初期大浪潮后，俄国的民族主义急剧衰落，最革命和最进步的各种思想暂时都趋向一般的马克思主义。就像在其他国家一样，在俄国，分歧和分化成为下一个世纪特别明显的特征，或许第一次出现了一个明显反马克思主义的，甚至在某些方面可能是非政治的知识分子阶层。但是，这个知识分子阶层诞生于一个熔炉中，在这个熔炉中，它不可避免地接触到马克思主义，受到它的影响。

在东南欧地区，马克思主义对知识分子的吸引力首先受到了诸多限制：某些比较落后的国家（例如巴尔干地区的一些国家）缺乏任何类型的知识分子；它们抵制德国和俄国的影响，例如希腊和某种程度上还有罗马尼亚，它们倾向于转向巴黎；① 没有出现重要的工人和农民运动（例如罗马尼亚，在19世纪90年代后，在那里一群孤立知识分子的社会主义不久遭到了失败）；民族主义思想争夺对知识分子的吸引力，例如在克罗地亚。马克思主义在民粹主义的影响下（尤其是在保加利亚）和通过瑞士的大学（革命动员中心，集中了来自东欧的政治上不满的学生）渗入到这一地区的一些国家。在1914年以前，除了保加利亚语外，《资本论》尚未翻译成东南欧地区的其他任何语言。或许更重要的是某种马克思主义确实传入到这些落后的地区，甚至以某种方式传入到偏僻的马其顿山谷，而不是马克思主义的影响（在受俄国影响的保加利亚之外）仍然较小。

五

于是，鉴于这些民族和地区的差别，马克思主义对这一时期的高雅文化产生了什么影响呢？或许记住如下一点会有所帮助：这个问题本身是一个带有偏见的问题。我们正在思考的是马克思主义文化与非马克思主义（或非社会主义）文化之间的相互作用，而不是后者在何种程度上表

---

① 尽管最具原创性的理论家和社会主义领袖多布若吉努-基瑞亚（Dobrogeanu-Gherea，1855—1920）是一个民粹主义—马克思主义的俄国流亡者。

第十章 马克思主义的影响：1880—1914年

现出前者的影响。我们不可能把这一点与非马克思主义思想在马克思主义中的相应影响区分开来。更严格意义上的马克思主义者对那些影响感到懊悔，谴责为堕落，例如列宁对马克思主义哲学康德主义化和马赫"经验批判主义"渗透的批驳。我们能够理解这些反对意见：毕竟，倘若马克思希望成为一个康德主义者，他本来会非常容易地变成一个康德主义者。此外，同样毫无疑问的是，马克思主义哲学中以康德取代黑格尔的倾向有时——尽管绝不是总是——与修正主义有关。然而，首先，在本书中，在"正确的"马克思主义与"不正确的"马克思主义之间、纯洁的马克思主义与堕落的马克思主义之间进行裁决不是历史学家的任务；其次，更重要的是，就马克思主义在高雅群体的一般文化中的影响而言，马克思主义思想与非马克思主义思想之间这种相互渗透的趋势是最有力的证据之一。因为恰恰当马克思主义对思想领域产生强大影响之时，才最难以维持马克思主义思想与非马克思主义思想之间的严格和相互排他性的分离，因为马克思主义者和非马克思主义者都生存于一个包含它们两者的文化世界中。于是，20世纪60年代，除了其他的事情外，左派把马克思与结构主义、精神分析、计量经济学等相结合的趋势证明了当时马克思主义对大学知识分子的强烈吸引。与之相反，正是在英国，20世纪初学院派的经济学家们谈论马克思就好像他不曾存在过一样，马克思主义经济学仅限于少数的斗士中间，完全孤立地存在，与非马克思主义经济学没有任何重合之处。

当然，事实上，第二国际中的马克思主义大党倾向于阐述一种同修正主义和其他异端学说相对立的正统马克思主义学说，但是，它们都谨慎地不把异端的解释从社会主义运动的合法争论范围内排除出去。作为实践的政治组织，它们不仅仅渴望维护党的团结，这在群众性政党中意味着接受广泛多样的理论观点，而且它们还面临着如下任务：阐述在一些领域和主题上的马克思主义分析，在这些领域和主题——例如"民族问题"、帝国主义和许多其他问题——上，经典文本没有提供充分的指导，或者根本没有提供任何的指导。我们不可能先天地判断在这些问题上"马克思主义的教导是什么"，更不用说求助权威文本了。因而，马克思主义的争论具有异常广泛的范围。然而，只有苛刻地限定马克思主义的正统，只有——就像事实所证明的那样——国家权力或党的权力实际上禁止异端学说，才可能对马克思主义和非马克思主义作出严格和相互排他性的区分。第一种选择是不可能得到的，第二种选择要么不适用，要么是相对无效的。因此，马克思主义思想在运动之外产生了越来越大的影响，与此同时，来自非马克思主义文化的思想在运动内又产生了一定的影响。这些是同一枚硬币的两面。

如果我们不能判断马克思主义在1880—1914年对一般高雅文化的影响的性质和政治意义，那么我们能够评估这种影响吗？虽然自然科学尤其是（达尔文的）进化生物学

第十章 马克思主义的影响：1880—1914年

对马克思主义产生了非常强大的影响，但是马克思主义对自然科学领域的影响几乎肯定是微不足道的。马克思本人的著作几乎没有论及自然科学，而且恩格斯著作的重要性——如果有的话——也只是在于工人运动的科学普及和工人教育。恩格斯的《自然辩证法》是如此落后于1895年以来的科学发展，因此，梁赞诺夫没有把它收入《马克思恩格斯全集》中，后来才（第一次）把它收入不重要的《马克思恩格斯文库》中。就卓越的自然科学家对马克思主义的浓厚兴趣而言，第二国际时期无法与20世纪30年代相提并论。此外，没有证据表明，第二国际时期的自然科学家——当然除了化学家和医学专家这些当时数量很少的群体外——中存在强大的政治激进主义。毫无疑问，我们能够从西方某些国家的自然科学家中找到社会主义者，就像我们在诸如巴黎高等师范学校这样的左翼机构的产物中能够找到社会主义者（例如年轻的保罗·朗之万）一样。个别的科学家曾经接触过马克思主义，例如生物统计学家卡尔·皮尔逊（Karl Pearson）[①]，他走上了一种极为不同的意识形态方向。一些马克思主义者渴望找到社会主义的达尔文主义者，但没有成功找到许多此类的社会主义者。[②] 当时，生物学家（基本上在盎格鲁-撒克逊世界）、新马尔萨

[①] 参见《新时代》杂志上关于"社会主义和达尔文主义"的两篇文章，*Neue Zeit*, 16/1, 1897–1898, p. 709n。也可参见 K. Pearson, *Dictionary of Scientific Biography*, X, NY, 1974, p. 448。

[②] 参见 *Neue Zeit*, 9/1, 1891, p. 171ff, "Ein Schüler Darwins als Verteidiger des Sozialismus"。

斯主义优生学家中的主要政治倾向至少部分地被视为政治上的左派，但他们几乎完全——即使不敌视——独立于马克思主义的社会主义。

我们顶多只能说，一些科学家显然知道马克思和关于马克思主义的争论，他们要么成长于东欧，例如玛丽·居里，要么或许曾经在瑞士的大学中求学和工作，激进的东欧知识分子曾经大量涌入瑞士的大学。因此，年轻的爱因斯坦——也以同苏黎世的一位斯拉夫女学生结婚而知——接触到了这种环境。但是，实际上，我们必须把自然科学与马克思主义之间的这些交往视为传记意义上的和微不足道的交往，因而可以忽略不计。

这自然不是哲学中的状况，更不是社会科学中的状况。马克思主义提出了一些不能不讨论的深刻哲学问题。在黑格尔具有强大影响的地方，例如在意大利和俄国，这种讨论是激烈的。（由于缺乏强大的马克思主义运动，英国哲学的黑格尔主义者，主要是牛津大学的一群哲学家，对马克思没有兴趣，尽管他们一些人倾向于社会改革。）哲学家的家园——德国当时明显是非黑格尔主义者的天下，而且这不仅仅是因为黑格尔和马克思之间的家族关系。[①] 由于德国社会民主党人缺乏这类哲学专家，《新时代》不得不依靠像

---

① 参见 G. von Below："除了少数例外，历史学家拒绝了黑格尔主义的进化论图式和其他任何僵化的独断体系……同样地，他们不赞同唯物主义的进化论图式"，"Die neuere historische Methode"，*Historische Zeitschrift*，81/1898，p. 241。

第十章 马克思主义的影响:1880—1914年

普列汉诺夫这样的俄国人来讨论黑格尔主义的主题。

相反,我们已经表明,更有影响的新康德主义学派不仅对德国一些马克思主义者产生了实质性的影响(例如在修正主义者和奥地利马克思主义者中间),而且对社会民主主义表现出一定的同情,例如在福尔兰德(Vorländer)的《康德与社会主义》(柏林,1900年版)。因此,在哲学家中,马克思主义的影响是不可否认的。

在社会科学中,经济学仍然相当顽固地敌视马克思,而且主流学派的边际论新古典主义(奥地利、盎格鲁—斯堪的纳维亚和意大利—瑞士的地区)显然不了解马克思的政治经济学。当奥地利人(门格尔、庞巴维克)花费大量时间反驳马克思的时候,盎格鲁—斯堪的纳维亚人在19世纪80年代后甚至不愿意这样做,当时一些盎格鲁—斯堪的纳维亚人满足于马克思的政治经济学是错误的看法。① 这并不意味着他们没有感觉到马克思的存在。奥地利学派最卓越的年轻成员熊彼特(1883—1950)从开始学术生涯时(1908)就关注资本主义的历史命运和提供马克思经济发展理论的替代理论的问题(参见他的《经济发展理论》,1912)。然而,新的正统派故意限制经济学的领域,这使马克思难以对增长和经济危机等重大的宏观经济问题作出贡献。非常奇怪的是,意大利人对社会主义的兴趣(来自严

---

① 他们也曾帮助费边社的主要成员相信正统马克思主义经济学的正确性,这就是为什么19世纪90年代费边主义者创立的新的伦敦经济学院成为正统马克思主义经济学的大本营和反对非马克思主义异端理论的原因。

格的非马克思主义或反马克思主义）——与持反对观点的奥地利人米瑟斯相反——却表明，社会主义经济具有理论上的可行性。1908年，恩里科·巴罗内（Enrico Barone）发表了重要论文《集体主义国家中的生产管理部》，这篇文章影响了后来的经济学争论。在此之前，帕累托就已经指出，从理论上不可能证明社会主义不具有实践可行性。我们在美国当时流行的"制度"经济学派中或许可以发现马克思主义的某种影响或刺激。我们已经提到，在美国，许多经济学家强烈地同情"进步主义"和社会改革，这使他们倾向于赞同那些批判大企业的经济理论（威斯康辛学派的R. T. 伊利；首先是斯德恩·凡勃伦）。

德国几乎不存在作为一门脱离其他社会科学的学科的经济学。在德国，"历史学派"和"政策科学"思想的影响占据主导地位。我们不能孤立地看待马克思主义的影响，例如德国社会民主主义的广泛影响。更不用说的是，德意志帝国的官方社会科学具有强烈的反马克思主义色彩，尽管那些曾经与马克思本人进行争论的老自由派［布伦塔诺（Lujo Brentano）、谢夫莱（Schäffle）］[1]似乎比施穆勒（Gustav Schmoller）的普鲁士学派更渴望投入争论。1898年以前，《施穆勒年鉴》禁止发表任何关于马克思的论文，但是谢夫莱的《整体国家学杂志》（*Zeitschrift für die gesamte*

---

[1] 自1870年以来，两人都参与过这样一些争论。奇怪的是，谢夫莱的《社会主义精粹》（*Quintessence of Socialism*，1874年初版）被普遍地视为对社会主义的客观说明，并在德国之外被当做社会主义入门书。

第十章 马克思主义的影响：1880—1914 年 >>>

Staatswissenschaft）却发表大量的文章来应对社会民主主义的兴起，然后才在这个主题上陷入了沉默。总体上来说，正如上文已经表明的那样，随着德国社会民主党的壮大，德国社会科学越来越关注马克思主义。

如果德国的社会科学继续远离专业化的经济学，那么它也不信任一种专业化的社会学。德国的社会科学把专业化的社会学等同于法国和英国，像其他国家一样也认为专业化的社会学无异于对左派过于同情的关注。① 事实上，只有在"一战"前的最后几年（1909），德国才开始出现作为专门领域的社会学。然而，如果我们考察社会学思想，那么无论它选择如何称呼自身，当时就像后来一样都能够强烈地感受到马克思的影响。艾伯哈德·戈特英（Eberhard Gothein）毫不怀疑，马克思和恩格斯的社会科学方法比凯特勒（Quetelet）的社会科学方法更令人信服，甚至比孔德的"更合乎逻辑和连贯"，提供了最强大的推动力。② 在这一时期的末期，最有影响的美国社会学家之一阿尔比恩·斯莫尔（Albion Small）所说的一句话可以表明马克思主义的地位。1912 年，他写道："马克思是社会科学史上少数真正伟大的思想家之一……我不认为，马克思为社会科学增

---

① 参见 E. Gothein in *Hwb. d. Staatswissenschaften*, 2nd edn, art. "Gesellschaft und Gesellschaftswissenschaft", p. 207; H. Becker and H. E. Barnes, *Social Thought from Lore to Science* (3rd edn, 1961) III, 1009: "许多意大利学者似乎把社会学等同于历史唯物主义学说"。

② E. Gothein in *Hwb. d. Staatswissenschaften*, 2nd edn, art. "Gesellschaft und Gesellschaftswissenschaft".

添了一个用他所表述的术语来表述的最终公式。然而,我自信地预测,在历史的最终判断中,马克思将会在社会科学中拥有一席之地,就像伽利略在自然科学中获得一席之地那样。"①

许多社会学家的政治激进主义显然扩大了马克思主义的影响。不管是不是马克思主义者,他们发现自己靠近社会民主主义运动,就像在比利时那样。因此,列昂·维尼亚尔斯基(Leon Winiarski)——其如今已被遗忘的理论在任何意义上都不能称为马克思主义的理论——为《新时代》(1891年第1期)撰写了一篇题为"俄国波兰地区的社会主义"的文章。德国社会学学会的创始人——包括马克斯·韦伯和恩斯特·特洛尔奇(Ernst Troeltsch)、格尔奥格·西美尔和费迪南·滕尼斯——可以证明马克思对非马克思主义者的直接影响,据说他们"似乎都清楚地知道马克思对竞争的丑恶性的坚决揭露产生了影响……这种影响仅次于托马斯·霍布斯的影响"②。韦伯的《社会科学与社会政策文库》(*Archiv für Sozialwissenschaft und Sozialpolitik*)是德国唯一愿意与那些靠近乃至支持社会主义或者受社会主义影响的作家进行合作的社会科学刊物。

我们几乎不用谈论意大利、俄国、波兰乃至奥地利的

---

① "Socialism in the light of social science", in *American Journal of Sociology*, xvii, May 1912, pp. 809–810.

② Becker and Barnes, *op. cit.*, p. 889; 也可参见 F. Tönnies, *Gemeinschaft und Gesellschaft*, 6–7th edns, 1926, pp. 55, 80–81, 163, 249。

第十章 马克思主义的影响：1880—1914年

社会学中把从马克思那里的折中借用与实证主义的结合以及反马克思主义的辩论——除了它们也证明了马克思的影响外，更不用说那些实际上把社会学等同于马克思主义——就像在这一主题上的少数塞尔维亚先驱者那样中——的偏僻国家。可是，我们尽管不期望但是可以指出马克思主义在法国的影响明显不足，例如在迪尔凯姆那里。浓厚的共和主义和德雷福斯主义氛围使法国的社会学倾向于左派，《社会学年鉴》(Année Sociologique) 小组一些比较年轻的成员变成了社会主义者。尽管如此，但是只有莫里斯·哈尔布瓦什（Maurice Halbwachs，1877—1945）才可以说受到了马克思主义的一定影响，而且说1914年以前法国存在马克思主义的某种影响无论如何都令人怀疑。

不论是我们追溯地解读思想史，挑选出那些曾经被认为是现代社会学先驱的思想家，还是我们考察被认为在19世纪80年代到20世纪初具有影响的社会学家（昆波罗维兹、坦茨恩霍夫、洛里亚、维尼亚尔斯基等人），马克思都是一种强大和不可否认的存在。这也是今天所说的政治科学领域中的状况。这一时期大概主要由哲学家和法学家发展起来的"国家"的传统政治理论无疑不是马克思主义的，但正如我们已经看到的那样，它强烈地感觉到并回应了历史唯物主义的哲学挑战。对政治的实际运作——包括社会运动和政党等新主题——的具体研究可能受到了更直接的影响。我们无需声称，当民主政治和群众性政党的兴起使阶级斗争和对群众的政治管理（或者他们对这样一种管理的反抗）成为尖锐的实践问题时，理论家们需要马克思来发现它们。除了因为是俄罗斯人外，奥斯特洛戈斯基（Ostrogorski，1854—1921）同托克维尔、巴杰特（Bagehot）和布赖斯（Bryce）一样都没有表现出受到马克思影响的迹象。然而，昆波罗维兹的理论，即国家始终是少数人让多数人服从的工具，曾经对帕累托和莫斯卡产生了一定的影响，无疑受到了马克思的部分影响，而且马克思主义对索雷尔和米歇尔斯的影响是显而易见的。我们需要多谈一谈这个当时与后来相比几乎没有发展的领域。

如果社会学明显受到了马克思的影响，那么官方学术历史学的堡垒积极地捍卫自身，防止任何此类的入侵，尤其是在西方。这种捍卫不仅针对社会民主主义和革命，而且针对所有的社会科学。它否认历史的规律、除了政治和思想外的生产力的首要性、经过一系列预先规定的阶段而进行的演进；事实上，它怀疑一切历史归纳的合法性。青年奥托·辛策（Otto Hintze）认为，"基本的问题是关于历史现象是否具有规律性的古老争论"[①]。或者，正如拉布里奥拉不那么严谨的评论所说："历史将会且应该是一门描述的学科。"[②]

因此，敌人不仅是马克思，而且是社会科学家对历史学家领地的肆意入侵。在19世纪90年代中期德国的激烈争

[①] "Uber individuelle und kollektivistische Geschichtsauffassung", *Historische Zeitschrift*, 78/1897, p. 60.

[②] *Historische Zeitschrift*, 64/1890, p. 258.

第十章 马克思主义的影响：1880—1914年 >>>

论（产生了一定的国际反响）中，主要的对手不是马克思，而是好辩的卡尔·蓝普莱西（Karl Lamprecht）、所有受孔德启发的历史学家，或者——怀疑的语气是显而易见的——任何倾向于从社会经济演进中推导政治历史的经济历史学，乃至任何经济历史学。① 然而，那些攻击所有"集体主义"历史学实质上是"唯物主义历史观"的人基本上都想起了马克思主义②，这在德国起码是明显的事实。相反，蓝普莱西［在更年轻的历史学家——例如R. 埃伦伯格（R. Ehrenberg），他的《富格时代》遭到了类似的攻击——的支持下］声称，他之所以被指责为唯物主义者，是为了把他确认为马克思主义者。《新时代》杂志尽管批评蓝普莱西，但也认为在资产阶级历史学家中，他"最靠近历史唯物主义"。他的拒绝没有招致正统马克思主义者的指责：正统马克思主义者暗示说，或许他"从马克思那里学到的东西比他的学派愿意承认的更多"③。

---

① 关于实证主义者布罗伊（Breysig）和G. 冯·贝洛（G. von Below）的评论，参见 *Historische Zeitschrift*, 78/1897, p. 522, and *Historische Zeitschrift*, 65/1891, p. 294。

② *Historische Zeitschrift*, 81/1898, "Die neue historische Methode", pp. 265 – 266：蓝普莱西"严肃地拒绝了对唯物主义的指责。事实上，他不是马克思主义者；但是，没有人指责他是马克思主义者。然而，他的历史思想是唯物主义的。确实，他没有把经济动机当做是一切事情的动力。但是，即使马克思主义者也没有使经济动机成为处处直接有效的东西；他们经常认为直接的动机是政治的或宗教的动机"。

③ G. von Below, *op. cit.*, p. 262. 关于马克思对蓝普莱西的影响，也可参见 L. Leclère, "La théorie historique de M. Karl Lamprecht", *Revue de l'Université de Bruxelles*, IV, 1899, pp. 575 – 599。

因此，只从公开的马克思主义历史学家那里寻找马克思主义的影响，是错误的做法。那样的马克思主义历史学家不仅少之又少，而且人们完全可以把其中一些人斥为历史上不合格的宣传家。[①]就像在社会学领域中一样，我们应该从那些试图回答马克思所回答的类似问题的作家那里寻找马克思主义的影响，不论他们是否得出类似的答案。这就是说，只有在那些试图把叙事的、政治的、制度的和文化的历史纳入到一个更广泛的社会经济变革框架内的历史学家中，才能感觉到马克思主义的影响。这样一些历史学家很少是正统的学院派历史学家，虽然蓝普莱西对比利时历史学家亨利·皮朗（Henri Pirenne）明显产生了决定性的影响，但皮朗也不是任何类型的社会主义者。[②] 在《历史评论》（1897）上，皮朗为蓝普莱西作出了一个坚决的辩护。[③] 经济史和社会史在很大程度上脱离了日常的历史，是最容易接纳的领域。事实上，更年轻的历史学家厌恶官方

[①] 考茨基在《历史杂志》上的评论，参见 Historische Zeitschrift, 79/1897, p. 305。然而，马克思主义者的严肃著作不会如此容易地遭到驳斥。法学家 G. 耶里内克（G. Jellinek）赞扬了伯恩施坦对平等派和掘地派的开拓性研究（Historische Zeitschrift, 81/1898, p. 117f），同时，罗伯特·波尔曼（Robert Pöhlmann）尽管极端敌视现代社会主义和共产主义，但不得不尊重 E. 西科迪（E. Ciccotti）的《奴隶制的衰落》（Tramonto della Schiavitù, 1899），甚至承认马克思主义帮助了自己。更有甚者，他承认这种类型的著作推动了古典研究（Historische Zeitschrift, 82/1899, p. 110）。波尔曼广泛地论述了古代的社会主义和共产主义，在1893年似乎没有意识到马克思主义，但到1897年却非常了解马克思主义。

[②] Bryce Lyon, Henri Pirenne, Ghent, 1974, p. 128ff。

[③] "Une polémique historique en Allemagne", Revue Historique, LXIV/2, 1897, pp. 50–57。

第十章 马克思主义的影响：1880—1914年 >>>

保守主义的枯燥乏味，开始在这个专业领域中感到更如鱼得水。我们已经看到，即使在德国，第一份经济和社会史杂志是（主要是奥地利人）马克思主义者创办的。乔治·昂温（George Unwin）是英国当时最卓越的经济历史学家，为了反驳马克思而从事经济历史学研究，但是他仍然相信，"马克思正在努力获得正确类型的历史。正统的历史学家忽视了人类发展中的所有最重要的因素"①。我们也不应该低估俄国民粹主义—马克思主义历史学家的影响：克雷夫（Kareiev）和卢切斯基（Loutchisky）在法国的影响以及维诺格拉多夫（Vinogradov）在英国的影响。

总之，马克思主义属于那种把历史学纳入社会科学中的一般趋势，尤其是那种强调社会经济因素在政治和思想发展中的根本地位的趋势。②既然马克思主义无可否认是这样做的最全面、最有说服力和最连贯的理论，因此，它的影响——尽管无法与其他理论的影响严格区分开来——是实质性的。正如马克思显然比孔德为社会科学提供了更严肃的基础一样，即便只是因为马克思也包含一种知识社会学，已经对非马克思主义者——例如马克斯·韦伯——产生了"巨大而又隐秘的影响"，因此，也已经有一些优秀的观察家认识到，传统历史学的真正挑战来自马克思而不是

---

① R. H. Tawney (ed.), *Studies in Economic History*, London, 1927, pp. xxiii, lxvi.

② E. J. Hobsbawm, "Karl Marx's Contribution to Historiography", *Diogenes*, 64, 1968.

蓝普莱西。

然而,马克思主义对非马克思主义思想的实际影响并非总是可以清楚地鉴别或界定。这里存在一大片灰色的地带。在这个地带上,马克思主义的存在越来越明显,但是马克思主义者和非马克思主义者都基于政治的理由而予以否认。《历史杂志》(*Historische Zeitschrift*)上的评论家们声称,拉布里奥拉"比其他更年轻的社会主义理论代表更接近资产阶级历史学家的思想",或者"众所周知,他代表一种中间派的唯物主义"①。这时,这些评论家们正在认同马克思主义吗?他们显然不这样认为,因为他们既拒斥拉布里奥拉,也拒斥马克思。然而,正是在这个灰色地带上,非马克思主义者承认他们不会完全不赞同马克思主义所说的东西,我们也必须寻找马克思主义对他们和一般的非马克思主义者的文化的巨大影响。这种影响在马克思去世时非常小,仅仅是因为在东欧知识分子之外几乎无人知道或阅读马克思。到1914年,这种影响变得非常巨大。在欧洲的大多数地区,几乎所有受过教育的人都意识到马克思的存在,马克思的一些理论也进入了公众的视野。

六

我们剩下的是更一般的问题,即马克思主义与艺术之

---

① E. Klebs, *Historische Zeitschrift*, 82/1899, pp. 106 – 109; A. Vierkandt, *Historische Zeitschrift*, 84/1900, pp. 467 – 468.

第十章 马克思主义的影响：1880—1914年

间的关系，尤其是马克思主义与在这一时期的艺术中发挥越来越重要作用的文化先锋主义之间的关系。这两种现象之间没有必然的或者逻辑上的联系，因为那种认为艺术中的革命之物也必须是政治中的革命之物的假设是建立在语义混淆之上的。另一方面，它们之间现在或者过去经常存在一种生存上的联系，因为社会民主党人与艺术和文化的先锋派都是局外人，不仅反对资产阶级的正统，而且也遭到资产阶级的正统的反对，更何况青年人以及许多先锋派和波西米亚成员经常存在的相对贫困了。在某种程度上，两者被迫进入一种友好的共存关系中，这既是它们之间的共存，也是它们与资产阶级社会道德和价值体系的其他异议分子之间的共存。政治上革命的或"进步的"少数派运动不仅吸引了文化异端和替代生活方式的一般极端派——素食主义者、唯灵论者、通神论者等，而且吸引了独立的和被解放的妇女、性正统观点的挑战者和那些尚未进入资产阶级社会或者以他们认为最明确的方式反叛资产阶级社会或者感觉自己被排除在资产阶级社会之外的青年男女。各种异端之间存在重合之处。每一位文化历史学家都熟悉这样一种氛围。19世纪80年代英国小规模的社会主义运动提供了一些例子。爱琳娜·马克思不仅是一位马克思主义斗士，而且是一位拒绝正式婚姻的自由职业女性、易卜生著作的译者和业余演员。萧伯纳是一个受马克思主义影响的社会主义积极分子、自学成才的文学家，他作为音乐和戏剧批评家则是传统的正统观点的反对者，也是艺术和思想

（瓦格纳和易卜生）先锋派的支持者。先锋主义的工艺美术运动（Arts and Crafts Movement）（威廉·莫里斯、瓦尔特·克兰）卷入了（马克思主义的）社会主义，但性解放的先锋派——同性恋者爱德华·卡朋特（Edward Carpenter）和总体性解放的支持者哈维洛克·艾利斯（Havelock Ellis）——活动于相同的环境之中。尽管政治行动不是奥斯卡·王尔德（Oscar Wilde）的领域，但是他受到社会主义的强烈吸引，撰写了一本关于社会主义的著作。

幸运的是，对先锋派与马克思主义的这种共存来说，马克思和恩格斯专门论述艺术的著作十分少，发表的论著就更少了。因此，早期的马克思主义者没有因为经典学说而严重限制自己的趣味：19世纪40年代之后，马克思和恩格斯没有表现出对现代先锋派的喜爱。与此同时，马克思主义创始人缺乏一种美学学说，迫使他们发展出一种美学理论。就当代艺术而言，社会民主主义所接受的最明确的标准（从来没有对马克思主义创始人的怀疑）是它们应该坦诚和批判地呈现出资本主义社会的现实，最好专门强调工人，并在思想上致力于工人的斗争。这本身并不意味着对先锋派的偏爱。传统的和现有的作家和画家非常容易地扩展他们的主题或社会同情。事实上，在画家中间，只有那些是温和进步派但不是先锋派的人物（利伯曼、莱博尔）才会转而描绘工业场景、工人或农民有时乃至工人斗争的场景（就像在H.赫尔科默的《罢工》中那样）。但是，这些无需进行专门的讨论。

第十章 马克思主义的影响:1880—1914年 >>>

19世纪80年代和90年代,这种类型的社会主义美学没有马克思主义与先锋主义之间关系的特殊问题。这是具有强烈的社会和政治兴趣的现实主义作家或者那些可以这样解释的作家至少在散文文学中占据主导的时代。一些作家越来越受到工人崛起的影响,对工人产生了特别的兴趣。由于这些原因,马克思主义者毫不费力地接受伟大的俄国小说家——西方对他们的发现主要归功于"进步分子"、易卜生的戏剧以及其他的斯堪的纳维亚文学[哈姆森(Hamsun)和更令现代人感到惊讶的斯特林堡(Strindberg)],但他们首先欢迎那些被称为"自然主义"学派的作家,这些作家非常明确地关注那些被传统艺术家们所忽视的资本主义现实(法国的左拉和莫泊桑、德国的霍普特曼和苏德尔曼、意大利的维尔加)。如此之多的自然主义者是政治和社会运动者,乃至——例如像霍普特曼一样——被社会民主主义所吸引[1],这使自然主义更容易为人所接受。当然,意识形态主义者谨慎地区分社会主义意识和单纯的揭丑。在1892—1893年研究自然主义时,梅林称赞自然主义是一种信号,表明"艺术开始在自己的体系中感觉到资本主义",并把它与印象主义作了比较,而印象主义不如今天令人意外:"确实,在这种方式上,我们能够容易地解释本来无法阐明的快感,印象主义者……和自然主义者……在不纯洁地拒绝资本主义社会时享受到了这种快感;他们生活和工

---

[1] 霍普特曼的《织工与弗洛里安·盖尔》(*Weavers and Florian Geyer*)是公开致力于社会政治的戏剧,受到许多人的推崇。

作在这种无聊之中,并在模糊本能的驱使下只能找到令人痛苦的抗议,撕掉那些折磨他们的人的面具。"① 但是,他认为,这充其量是迈向"真正"艺术的第一步。即使如此,《新时代》杂志——为"现代主义者"开设了专栏②——发表了关于霍普特曼、莫泊桑、柯罗连科(Korolenko)、陀思妥耶夫斯基、斯特林堡、哈姆森、左拉、易卜生、比昂松(Björnson)、托尔斯泰和高尔基的评论文章。梅林本人不否认社会民主主义吸引了德国的自然主义,也就是说他相信"资产阶级的自然主义者具有社会主义精神,恰如封建的社会主义者具有资产阶级的精神一样"③。

马克思主义与艺术之间的第二个重要连接点是绘画。一方面,许多拥有社会良知的绘画艺术家发现了作为主题的工人阶级,因而受到了工人运动的吸引。就像在其他领域中一样,在绘画先锋文化中具有重要意义的是低地国家,它们位于法国、英国乃至德国的影响的交汇处,拥有遭到特别剥削和残酷对待的工人(比利时)。事实上,正如已经提到的那样,与过去数百年来相比,这些国家——尤其是比利时——在这一时期拥有更核心的国际文化地位:没有它们的贡献,既不能理解象征主义,也不能理解印象主义者之后的新艺术派与后来的现代主义建筑和先锋绘画。具

---

① F. Mehring, *Gesammelte Schriften und Aufsätze*, ed. E. Fuchs, *Literaturgeschichte* II, Berlin, 1930, p. 107.

② 参见"Was wollen die Modernen, von einem Modernen", 1893 – 1894, pp. 132ff, 168ff。

③ Mehring, *op. cit.*, 1898 – 1899, p. 298.

第十章 马克思主义的影响：1880—1914年

体地说，19世纪80年代，比利时画家康斯坦丁·梅乌涅尔（Constantin Meunier，1831—1905）是接近比利时工人党的艺术家之一，开创了后来成为社会主义"工人"标准像的绘画——裸露胸膛的健壮劳动者、瘦弱而又饱经风霜的无产者妻子和母亲。（梵高在穷人世界中的探索只有到后来才闻名于世。）像普列汉诺夫一样的马克思主义批评家以惯常的沉默来对待这种绘画主题向资本主义受害者世界的扩展，即使当它超越了对社会悲惨状况的单纯记录或再现时也是如此。然而，对那些主要关注绘画主题的艺术家来说，绘画主题的这种扩展在他们的世界与马克思主义遭到质疑的环境之间架起了一座桥梁。

与社会主义之间的更有力和直接的联系来自于应用和装饰艺术。这种联系是直接的而又自觉的，尤其是在英国的工艺美术运动中。工艺美术运动的大师威廉·莫里斯（1834—1896）成了马克思主义者，为艺术的社会改造既作出了巨大的理论贡献，又作出了突出的实践贡献。这些艺术分支把手工匠而不是个体和孤立的艺术家作为它们的起点。它们反对把具有创造性的手工匠简化为资本主义工业的单纯"操作"，它们的主要目标不是创造那些完全孤立地进行观念沉思的个性化的艺术作品，而是人类日常生活的框架，例如村庄和城镇、住宅及其内部装饰。事实上，出于经济的原因，它们在文化上勇于尝试的资产阶级分子和专业的中产阶级当中为自己的作品找到了主要市场，这是当时和后来的"人民戏剧"倡导者也熟悉的一种命运。①诚然,工业美术运动及其发展、"新艺术派"开创了19世纪第一种真正舒适的资产阶级生活方式——郊区的或者准乡村的"别墅",这种生活方式就其各种形式而言也特别受那些年轻的或地方的资产阶级群体(在布鲁塞尔和巴塞罗那、格拉斯哥、赫尔辛基和布拉格)——渴望表达自己的文化认同——的欢迎。然而,这种先锋主义艺术家—工匠和建筑师的社会抱负不只是满足中产阶级的需要。他们开创了明显含有社会—乌托邦因素的现代建筑和城市规划,这些"现代运动的先驱"——就像 W. R. 莱瑟比(W. R. Lethaby,1857—1931)、帕特里夏·格迪斯(Patrick Geddes)和花园城市的倡导者那样——通常产生于英国进步主义—社会主义的环境。在欧洲大陆上,它的倡导者与社会民主主义之间存在密切的关系。比利时新艺术派的建筑大师维克多·奥赫塔(Victor Horta,1861—1947)设计了布鲁塞尔"民众之家"(1897)。在"民众之家"的"艺术区"中,后来德国现代运动发展的关键人物亨利·凡·德·威尔德(Henry Van de Velde)发表了关于威廉·莫里斯的演讲。荷兰现代建筑的社会主义先驱 H. P. 贝尔拉格(H. P. Berlage,1856—1934)设计了阿姆斯特丹钻石工人工会的办公大楼(1899)。

---

① 由于相同的原因,"人民戏剧"从未发展起来,尽管至少有一位戏剧作家古斯塔夫·夏庞蒂埃(Gustave Charpentier)尝试描绘一位工人阶级女英雄(*Louise*,1900),而且歌剧的元素在这一时期进入了戏剧(*Cavalleria Rusticana*)。

第十章 马克思主义的影响:1880—1914年 >>>

至关重要的事实是新的政治与新的艺术在这一点上趋于一致。更为重要的是,那些开创了这场应用艺术革命的原创艺术家(主要是英国)不仅仅是受到了马克思主义的直接影响,例如就像威廉·莫里斯那样,而且他们——与沃尔特·克兰——为社会民主主义运动提供了许多国际上流行的图像解释学词汇。事实上,威廉·莫里斯提出了一种对艺术与社会之间关系的有力分析。尽管我们也能够从他的这种分析中发现前拉斐尔主义者和拉斯金的早期影响,但是他无疑认为自己的分析是马克思主义的。非常奇怪的是,就这些发展而言,正统马克思主义关于艺术的思考几乎完全不受这些运动影响。尽管1945年后威廉·莫里斯的著作变得更加知名,并且找到强大的马克思主义支持者,但是直到今天它们尚未进入马克思主义美学争论的主流。①

没有任何同样明显的联系使马克思主义者和19世纪80年代和90年代的其他——我们大概称为象征主义者——主要先锋主义者群体走到一起。然而,事实上,大多数象征主义诗人都是革命或者社会主义的同情者。19世纪90年代初期,在法国,他们像当时的大多数新画家[除了像卡米耶·毕沙罗(Camille Pissarro)这样古怪的例外之外,老印象主义者都是非政治的画家]一样主要受到无政府主义的吸引。这大概不是因为他们在原则上反对马克思——"大多数青年诗人"转而信奉"造反学说,不论它们是巴枯宁

---

① E. P. Thompson, *William Morris*, *Romantic to Revolutionary*, London, 1955, 1977; Paul Meier, *La pensée utopique de William Morris*, Paris, 1972.

的学说还是马克思的学说"①,都欢迎任何合适的造反旗帜,而是因为法国社会党的领导人(直到饶勒斯的崛起)没有唤起他们的激情。尤其是盖得分子的平庸教导不会让他们产生兴趣,但是无政府主义者不仅对艺术具有更大的兴趣,而且他们早期的斗士包括重要的画家和批评家,例如费利斯克·费内翁(Félix Fénéon)②。相反,在比利时,反而是比利时工人党吸引了象征主义者,这是因为它包含无政府主义的造反者,它的领导层或发言人来自于文雅的中产阶级,对艺术怀有明显而又浓厚的兴趣。朱尔斯·德斯特里(Jules Destrée)广泛地论述了社会主义和艺术,发表了奥迪龙·雷东(Odilon Redon)的版画目录;王德威尔德(Vandervelde)经常创作诗歌;梅特林克(Maeterlinck)直到1914年仍然与比利时工人党保持联系;凡尔哈伦(Verhaeren)几乎成为它的官方诗人;画家埃克豪特(Eekhoud)和赫诺普夫(Khnopff)积极参与"民众之家"的建设。事实上,象征主义在这样一些国家中蓬勃发展:这些国家几乎不存在(像普列汉诺夫那样)激烈批判它的马克思主义

---

① Stuart Merrill, cited in E. W. Herbert, *The Artist and Social Reform*: *France and Belgium* 1885 – 1898, New Haven, 1961, p. 100n.
② 1894年,无政府主义杂志《造反》(*La Révolt*)的订阅者包括都德(Daudet)、阿纳托尔·法朗士(Anatole France)、胡斯曼(Huysmans)、里孔特·德·利斯勒(Leconte de Lisle)、马拉美(Stéphane Mallarmé)、洛蒂(Loti)和安托万(Antoine)的先锋派以及吕涅-波(Lugné-Poe)。当时社会主义者的评论不可能吸引这样一群人。但是,即使如此,早期的无政府主义者,例如诗人居斯塔夫·卡恩(Gustave Kahn),非常尊重马克思,倡导所有左派的团结(Herbert, *op. cit.*, pp. 21, 110 – 111)。

第十章 马克思主义的影响：1880—1914年

理论家。因此，艺术造反与政治造反之间是一种十分和睦的关系。

因此，直到19世纪结束，只有少数能够被鉴赏者所推崇的文化先锋主义和艺术与日益受到马克思主义影响的社会民主主义之间存在相当多的共同基础。那些成为新政党领袖的社会主义知识分子——通常出生在1860年左右——仍然非常年轻，尚未失去对那些"高雅"品味的了解：即使年纪最大的维克多·阿德勒（出生于1852年）和考茨基（出生于1854年）在1890年仍然不到40岁。阿德勒是维也纳艺术家和知识分子中心——格林斯坦咖啡馆（Café Griensteidl）的常客，不仅沉迷古典文学和音乐，而且是积极的瓦格纳主义者（像普列汉诺夫和萧伯纳一样，他比我们今天更强调瓦格纳的革命和"社会主义"含义）、他的朋友古斯塔夫·迈耶尔的狂热追随者、布鲁克纳（Anton Bruckner）的早期支持者，像这一代的几乎所有知识分子一样崇拜易卜生和陀思妥耶夫斯基，也受到凡尔哈伦（阿德勒翻译了他的诗作）的深刻影响。[①] 相反，我们已经看到，工人运动和（法国之外）社会民主主义吸引了绝大多数自然主义者、象征主义者和当时的其他"高雅"流派。这种吸引不是始终存在：奥地利文学家赫尔曼·巴尔（Hermann Bahr）设想自己是"现代人"的代言人，在19世纪80年代结束时放弃了马克思主义；伟大的自然主义者霍普

---

① Max Ermers, *Victor Adler*, Vienna, 1932, pp. 236–237.

特曼走上了象征主义的道路，这确证了马克思主义评论家的理论保留意见。社会主义者与无政府主义者之间的分裂也产生了影响，因为无政府主义的单纯造反显然总是吸引了一些人（尤其是在绘画艺术中）。此外，"现代人"只有在工人运动的周围才会感到轻松自在，马克思主义者——至少其中有教养的知识分子——愿意和"现代人"待在一起。

由于尚未充分探究的原因，这些联系一度出现了断裂。我们可以指出其中一些原因。第一，由于19世纪90年代"马克思主义危机"，西欧不再坚持那种认为资本主义处于崩溃边缘和社会主义运动处于革命胜利前夕的信念。由于希望、自信乃至工人运动在自身周围所产生的乌托邦期望的普遍氛围，一些知识分子和艺术家曾经支持一种宽泛的、界定模糊的工人运动，现在面对的则是这样一种工人运动：它的未来前景充满了不确定性，由于内部日益宗派主义的争论而发生了分裂。这种意识形态上的分裂也出现在东欧：就像19世纪90年代初期那样，同情一种其所有派别似乎都趋向马克思主义的工人运动，或者在波兰的社会主义分裂为民族派和反民族派之前同情它是一回事，但是在相互对立和敌视的革命派与前革命派之间选择则完全是另外一回事。

然而，西方还存在另一种情况：新的运动日益体制化，参与那种不可能让艺术家和作家感到激动的日常政治，同时他们成为实践上的改良主义者，把未来的革命留给某种

第十章 马克思主义的影响：1880—1914年

版本的历史必然性。此外，体制化的群众性政党常常发展自己的文化世界，更不可能支持工人阶级群众不容易理解或赞同的艺术。确实，德国工人图书馆的用户越来越远离政治书籍，转而选择了小说，同时也越来越不阅读诗歌和古典文学；但是，他们最欢迎的作家——几乎肯定是历险故事作家弗里德里希·格斯塔克（Friedrich Gerstäecker）——不会给先锋派带来任何灵感。① 在维也纳，卡尔·克劳斯（Karl Kraus）尽管起初由于自己的文化和政治反叛而倾向于社会民主党人，但在20世纪初又远离了他们，这就不让人感到奇怪了。他指责社会民主党人不在工人中培养一种非常严肃的文化，而且德国社会民主党争取普选权的重大——最终臭名昭著的——运动也没有使他感到鼓舞。②

在西方，社会民主主义的革命左派最初大概处于边缘地位，革命工团主义或者无政府主义的流派更可能吸引在精神上转向激进的先锋文化。在1900年后，尤其是无政府主义者在一些拉丁语国家之外逐渐找到了自己的社会基础，当时的环境主要由波西米亚分子和某些自学的工人组成。他们逐渐蜕变成"流氓无产者"——在西方世界的各个蒙马特区，进入这样一些群体的一般亚文化之中：他们拒绝"资产阶级"的生活方式或者组织化的群众运动，或者尚未

---

① H. J. Steinberg, *Sozialismus und deutsche Sozialdemokratie*, Hanover, 1967, pp. 132 – 135.

② Caroline Kohn, *Karl Kraus*, Stuttgart, 1966, pp. 65, 66.

被它们同化。① 这种实质上个人主义和信仰主义的造反不反对社会革命。它经常只是等待一场它能够加入的合适的造反和革命运动,并再次被全部动员起来,反对战争,支持俄国革命。1919年的慕尼黑苏维埃为它提供了或许重大的政治决断时刻。然而,无论是在现实中还是在理论上,它都放弃了马克思主义。由于非常明显的原因,尼采是马克思主义者或其他社会民主主义者都不喜欢的一位思想家。尽管尼采憎恨"资产阶级",但是他变成了无政府主义和无政府化的造反者的典型导师,也是非政治性的中产阶级文化不满的典型导师。

相反,先锋派在新世纪发展起来的文化激进主义使其自身脱离了那些仍然保持传统品味的工人的运动,因为工人(和运动)仍然坚持他们所理解的、表达艺术作品内容的沟通语言和符号编码。在19世纪最后25年里,先锋派尽管拓展了那些语言,但是尚未与之决裂。由于只有微小的变化,我们完全可能辨别出瓦格纳和印象主义者乃至许多象征主义者"讨论的"是什么。从20世纪初开始——或许1905年"巴黎秋季艺术沙龙"标志着绘画艺术的骤变——情况不再是如此。

此外,社会党的领导人,甚至在1870年后出生的更年轻的一代人,不再"涉足"艺术。罗莎·卢森堡不得不为自己辩护,反驳不喜欢"现代作家"的指责。然而,尽管

---

① 关于奥地利—德国无政府主义,参见 G. Botz, G. Brandstetter, M. Pollak, *Im Schatten der Arbeiterbewegung*, Vienna, 1977, pp. 83–85。

第十章 马克思主义的影响：1880—1914年 >>>

她受到了19世纪90年代的先锋派——例如德国的自然主义诗人——的许多影响，但是她承认，她并不理解霍夫曼斯塔尔，也从未听过施特凡·格奥尔格（Stefan George）的音乐。① 托洛茨基以其与新文化时尚之间更密切的联系而自豪，在1908年为《新时代》杂志撰写了一篇分析弗兰克·魏德金（Frank Wedekind）的长文，并且评论了各类艺术展。连他也没有表现出对1905—1914年具有冒险精神的青年所说的先锋派——当然俄国文学中的先锋派除外——的具体了解。像卢森堡一样，托洛茨基注意到并且不赞同它的极端主观主义，用卢森堡的话说，就是它表达"心灵状态"的能力（"但是人们不可能创造出处于各种心灵状态的人类"②）。与卢森堡不同，托洛茨基试图对主观主义造反的新动向和"纯粹审美逻辑"——"把针对学院主义的造反变成一种针对内容（被认为是一种客观的事实）的自足的艺术形式的造反"③——作出马克思主义的解释。他将其归因于现代大城市生活的新奇性，更明确地说，归因于生活在这些现代巴比伦中的知识分子对这种体验的表达。毫无疑问，卢森堡和托洛茨基都响应了俄国美学理论特别强烈的社会关注，但从根本上来说，他们反映了东方或西方马克思主义者的一般态度。对艺术特别感兴趣并渴望跟上最

---

① Rosa Luxemburg, *J'étais, je suis, je serai. Corréspondance 1914–1919*, Paris, 1977, pp. 306–307.

② Ibid.

③ L. Trotskij, ed. V. Strada, *Letteratura e Rivoluzione*, Turin, 1973, p. 467.

新潮流的人作为个人可能形成对其中一些艺术创新的偏爱，但是，这样一种兴趣如何才能与他的社会主义活动和信念联系起来呢？

这不单纯是年龄问题，尽管1910年第二国际的著名人物几乎都过了而立之年，大多数人已经进入了中年。马克思主义者无法欣赏的艺术，恰恰是那些他们认为退入形式鉴赏和实验即抛弃艺术内容——包括明显的社会和政治内容——的艺术。他们不可能接受先锋派所选择的纯粹主观主义，例如普列汉诺夫在立体派艺术家那里发现的唯我主义。① 如果可以阐明的话，那么令人遗憾的是，"在那些走向无产阶级的资产阶级唯心主义者中，艺术的实践者少之又少"［孔斯特勒（Künstler）语］；在临近1914年的数年里，为工人运动所吸引的艺术家比1900年前更少了。法国的先锋派画家"放弃了任何思想和社会的煽动，仅限于争论绘画的技巧"②。然而，不止如此，1912—1913年，普列汉诺夫还声称，显而易见的是，"当今的大多数艺术家站在资产阶级的立场上，对我们时代的伟大的自由思想完全无动于衷"③。在那些声称"反资产阶级"的艺术家中，难以找到许多接近有组织的社会主义运动的艺术家，即使无政府主义者在画家中也比19世纪90年找到更少的忠诚支持者，但却非常容易找到那些抱怨工人庸俗的艺术家、像德国施特

---

① G. Plekhanov, *Kunst und Literatur*, Berlin, 1954, pp. 284 – 285.
② J. C. Holl, *La jeune peinture contemporaine*, Paris, 1912, pp. 14 – 15.
③ Plekhanov, *op. cit.*, pp. 292, 295.

第十章 马克思主义的影响:1880—1914年

凡·格奥尔格派或俄国阿克梅派那样的公开的精英主义者、寻找贵族同伴的人(更可能是女性),乃至——尤其是在文学中——潜在的和现实的反动分子。此外,我们不应忘记,新的实验先锋派反叛的对象与其说是学院主义,不如说恰恰是19世纪80年代和90年代比较接近工人运动和社会主义运动的先锋派。

总而言之,在这些新的先锋派中,马克思主义者除了看到资产阶级文化危机的另一个症候外还看到了什么呢?在马克思主义的先锋派中,马克思主义者除了看到过去不能理解未来的另一个证据外还看到了什么呢?毫无疑问,在新画家所依赖的数十人(收藏家或交易商)中,有一些人也是马克思主义的同情者(例如莫罗佐夫和舒金)。当时,反叛性艺术的爱好者不可能是政治上的保守分子。个别的马克思主义理论家——卢那察尔斯基和波格丹诺夫——甚至可能为同情创新者进行辩解,但可能会遭到反对。然而,社会主义运动和工人运动的文化世界显然没有新先锋派立足的空间,正统(事实上是中东欧类型)的马克思主义美学理论家也谴责了他们。

然而,如果有一些新先锋派无疑远离了社会主义或者其他任何政治,并且有一些新先锋派变成公开的反动分子乃至法西斯主义者,那么大多数的艺术反叛者只是在等待一个艺术反叛与政治反叛会再次合二为一的历史关头。1914年后,他们在反战运动和俄国革命中找到了这样一个历史关头。1917年后,马克思主义(以列宁的布尔什维克主义形式出现）与先锋主义之间再度出现了交汇，这种交汇起初主要出现在俄国和德国。纳粹（不无正确地）称之为"文化布尔什维克主义"的时代不在本章的讨论范围之内：第二国际时期的马克思主义史。然而，我们必须提一下1917年以后的发展，因为这些发展造成了马克思主义美学理论在"现实主义者"与"先锋主义者"之间的分化，即卢卡奇与布莱希特之间、托尔斯泰的崇拜者与詹姆斯·乔伊斯的崇拜者之间的冲突。而且，我们已经看到，这种分化根源于1914年以前的时期。

如果回顾整个第二国际时期，我们必定会得出结论说，马克思主义与艺术之间从来都不是一种融洽的关系，即使在1900年它们之间变得如此明显难以相处之前也是如此。马克思主义理论家从未完全对19世纪80年代和90年代的任何"现代"艺术运动感到满意，把他们的热情支持留给了马克思主义边缘的知识分子（例如在比利时）或者非马克思主义的革命者和社会主义者。主要的正统马克思主义批评家自认为是文化足球赛中的评论员或裁判，而不是支持者或球员。这没有损害他们把艺术的发展当做资产阶级社会衰败的征兆所进行的历史分析———一种令人印象深刻的分析。然而，他们的评论只给我们留下了外行的印象。每一个马克思主义知识分子都自认为是哲学劳动和科学劳动的参与者，无论这种参与多么业余；几乎无人自认为是创造性艺术的参与者。他们分析了艺术与社会、艺术与工人运动的关系，为各个流派、艺术家和艺术作品打上好或

第十章 马克思主义的影响：1880—1914年

者坏的标签。他们至多珍视少数实际上参与其运动的艺术家，像资产阶级社会那样体谅他们的个人和思想的怪异行为。因此，马克思主义对艺术的影响可能是微不足道的。连当时接近社会主义运动的自然主义和象征主义也会按照它们自己的道路演进，如果马克思主义者对它们根本不感兴趣的话。事实上，马克思主义者难以看到艺术家在资本主义制度下除了宣传人员、社会症候或"古典艺术家"外所扮演的其他任何角色。因此，我们很想说的是，第二国际时期的马克思主义实际上没有全面的艺术理论，而且与在"民族问题"上不同，没有任何政治紧迫性迫使它发现自己在艺术上的理论不足。

不过，在第二国际的马克思主义中，有一种真正的艺术社会理论，尽管官方的马克思主义学说没有注意到它：由威廉·莫里斯最全面发展的理论。如果马克思主义对艺术有一种重大而又持久的影响，那么这种影响来自于莫里斯的艺术理论。它超越了资产阶级时代的艺术结构（单个的"艺术家"），看到了所有劳动中的艺术创造因素和大众生活中的（传统）艺术，超越了商品生产在艺术中的对应物（单个的"艺术作品"），看到了日常生活的环境。通常，莫里斯的艺术理论是唯一关注建筑并确实把它视为艺术的关键和王冠的马克思主义美学理论流派。① 如果马克思主义批判了自然主义或"现实主义"的狂妄自大，那么莫里斯的

---

① William Morris, *On Art and Socialism*, ed. Holbrook Jackson, 1946, p.76.

艺术理论是"工艺美术运动"的引擎——"工艺美术运动"过去对现代建筑和设计产生了根本的影响，现在依然如此。

莫里斯的艺术理论之所以遭到了忽视，是因为作为英国最早的马克思主义者之一①，他仅仅被视为著名的艺术家，但在政治上却被视为无足轻重的人，无疑也是因为英国关于艺术与社会的理论传统（新浪漫主义的中世纪主义，拉斯金）——莫里斯使之与马克思主义相结合——几乎不了解马克思主义的主要思想。然而，莫里斯的艺术理论来自于艺术内部，是马克思主义的艺术理论——至少莫里斯宣布它是马克思主义的——改变并影响了欧洲大多数地区的艺术实践者、设计者、建筑家和城镇规划者，更不用说艺术馆和艺术学校的管理者了。马克思主义对艺术的这种重大影响来自英国，这也不是巧合，尽管马克思主义在英国的重要性微不足道。因为在这一时期英国是欧洲唯一由于资本主义而完全变为工业生产，从而改变艺术生产的国家。回想起来，难怪马克思的资本主义发展的"典型"国家产生了关于资本主义对艺术影响的唯一重要批判。也难怪艺术的这种重要运动中的马克思主义因素已经被人遗忘。莫里斯本人非常清醒，知道当资本主义持续的时候艺术不会变成社会主义的艺术。② 随着资本主义从危机中走向繁荣

---

① 1883年，他第一次出席社会主义的会议（讨论人民住房建设）。
② "鉴于现代世界与艺术的关系，我们的工作现在是并且长期是清扫那些为艺术提供机会的场地，而不是生产出明确的艺术。""The Socialist Ideal" in Morris, *op. cit.*, p. 323.

第十章 马克思主义的影响：1880—1914年

和扩张，它占有并吸收了革命者的艺术。惬意的和有教养的中产阶级即工业设计者接管了艺术。荷兰社会主义建筑师 H. P. 贝尔拉格的最伟大作品不是钻石工人工会大楼，而是阿姆斯特丹证券交易所。最接近人民城市的莫里斯主义城镇规划是最终由中产阶级居住的"花园郊区"和远离工业的"花园城市"。这样一来，艺术反映出了第二国际社会主义的希望和失望。

第十一章 反法西斯主义时代：1929—1945年

一

20世纪30年代是马克思主义在西欧知识分子和英语世界中成为重要力量的十年。它在东欧地区和中欧的部分国家早已成为这样一种力量，俄国革命自然也吸引了西方许多社会主义者以及其他的反叛者和革命者。然而，与普遍的信念相反，在1917—1920年的革命浪潮退却后，那种占据绝对主导地位的马克思主义——第二国际的马克思主义——对西方尤其是资产阶级出身的知识分子不再表现出十分强烈的吸引力。一些异议马克思主义者的组织尤其是托洛茨基主义对他们更有吸引力，但是，与主要的共产党相比，这样一些组织是如此之小，以致在数量上可以忽略不计。西方的大多数共产党是以无产阶级为主体的政党，

第十一章 反法西斯主义时代：1929—1945 年

而且"资产阶级"知识分子在它们当中经常处于尴尬和并不总是舒适的境地。①② 此外，尤其在"布尔什维克化"时期之后，工人在这些政党领导层中的角色得到了审慎的重视。与第二国际的政党不同，共产党的著名领袖很少是知识分子（除了一些不发达和殖民地国家外），尽管这些政党乐于自己的其他机构拥有著名的知识分子，但是它们通常也不以知识分子担任自己的领袖为豪。因此，20 世纪 30 年代，知识分子涌入共产党是一种新的现象：在英国，1938 年英国共产党代表大会的 15% 的代表是学生或者专业人员。③

马克思主义思想传入这些西方国家不仅是一种新的现象，而且是一种自生的现象。在第二国际时代，对社会主义尤其是马克思主义的传播来说，政治避难者的重要意义已经引起了一定的注意④，而且 20 世纪 30 年代也是大规模

---

① 关于共产主义运动的一般状况，参见 Aldo Agosti, *Bandiere Rosse: Un profile storico dei comunismi europei*, Rome, 1999, pp. 35 - 40；关于西方共产主义知识分子的不同出身和思想复杂性，参见 Thomas Kroll, *Kommunistische Intellektuelle in Westeuropa*, Cologne-Weimar-Vienna, 2007, 这本书比较了 1945—1956 年法国、意大利、奥地利和英国的状况。

② 在德国共产党中，95% 的党员仅仅受过小学教育，1% 的党员受过大学教育，参见 H. Weber, *Die Wandlung des deutschen Kommunismus*, Frankfurt, 1969, II, p. 29；关于一个非常无产阶级化的政党的知识分子状况，参见 Giorgio Amendola, *Un'isola*, Milan, 1980。

③ *For Peace and Plenty. Report of the Fifteenth Congress of the CPGB*, London, 1938, p. 135. 有某种证据表明，这次代表大会的构成与英国共产党的构成并不一样。参见 K. Newton, *The Sociology of British Communism*, London, 1969, pp. 6 - 7。

④ 参见 Georges Haupt, "Emigration et diffusion des idées socialistes: l'exemple d'Anna Kuliscioff", *Pluriel*, n. 14, 1978, pp. 2 - 12。

政治移民的时代。此外，这些移民对接收国的思想生活产生了深远的影响，英国是如此，美国更是如此，尽管可能不如在法国的影响那样深刻。不过，就西方现在已经沿着这一方向转向本土数代人的马克思主义而言，这样一种移民没有产生重大的影响。

这或许是因为吸引他们的最新的马克思主义是各个共产党和苏联的马克思主义，他们通过翻译出版"经典作家"的著作（现在包括列宁和斯大林以及普列汉诺夫）获得了这种马克思主义。一种标准化的马克思主义国际版现在已经存在，最全面的典型是1938年《联共（布）党史简明教程》关于"辩证唯物主义和历史唯物主义"的一节。因此，正统的共产主义避难者不会带着他们知道不符合这个标准版本的东西，或者不会向公众宣传这些东西。异端的马克思主义者由于众所周知的异端事实而相对孤立，即使忠诚的共产党人实际上没有被禁止与他们交往，事实上没有被禁止接触托洛茨基的信徒。

两个更深层的因素降低了马克思主义流亡者的影响。第一个是语言因素。西方并不广泛地知道或者根本不知道早期马克思主义话语的两大语言——德语和俄语。① 除了美国外，其他国家几乎没有大量能够阅读以这两种语言写作的著作和可能关注左翼文献的俄裔和德裔公众。因而，除

---

① 莫里斯·多布（Maurice Dobb）不得不在一位译者的帮助下撰写第一本关于苏联经济的重要著作（*Russian Economic Development since the Revolution*, London, 1928）。

第十一章　反法西斯主义时代：1929—1945 年

非已经翻译，否则即使那些能够被正统共产党人接受的作家也无法让人了解。但是，这些作家的著作很少被翻译出来。直到 1950 年，英国才以书籍的形式出版了第一本卢卡奇研究文集。即使像 1932 年出版的马克思《早期著作》（*Frühschriften*）这样的基础性文本，也只有通过两三位能够阅读德语的人才在法国产生了影响，当时这种影响也不是马上就产生的。相反，当然，那些已经翻译的著作获得了不恰当的重要性，例如 H. 海森（H. Hessen）关于牛顿的论文对英国科学家的革命性影响（参见下文第 380 页）。第二个因素是本土社会面对涌入的移民而日益加剧的封闭性。西方不愿接受来自希特勒德国的政治流亡者或其他流亡者，但是除了美国部分例外之外，这些流亡者既不受欢迎，除了一些特例外也没有融入到社会中。他们处在社会的边缘，通常是默默无闻的人物。① 于是，西方的马克思主义者是独立于核心的马克思主义传统或诸种传统而发展起来的。第一本对马克思主义经济理论的英语解释②——在许多方面仍然是最好的解释，体现出第二国际时期的争论和发展——发表在美国，即在一个流亡者的马克思主义（或马克思主义知识）与当时的本土"新左派"之间最不明显分离的国家，或许这并不是巧合。

---

① 这就是卡尔·科尔施（Karl Korsch）、瓦尔特·本雅明（Walter Benjamin）、卡尔·波兰尼（Karl Polanyi）、诺伯特·埃利亚斯（Norbert Elias）等人物——马克思主义和非马克思主义人物——的状况。

② P. M. Sweezy, *The Theory of Capitalist Development*, NY, 1942.

因此，马克思主义的传入是一种悖谬的现象。它是本土而不是引进的产物，因为它发生在每一个除了官方的共产主义外不依赖任何外部影响的国家。同时，正是由于这个原因，马克思主义主要采取了统一和标准化的形式。然而，这种统一性不可能掩盖一种走向民族思想隔离的独特趋势。这种趋势既不同于第二国际时期，也不同于1960年以来知识分子的马克思主义的国际特征。这部分是因为共产国际集权化和纪律的结构，部分是因为共产国际和苏联出版的著作越来越具有"官方"的特征，但这些著作——大约直到1948年——仍然是格外精心挑选的著作（参见下文）。以各种语言出版的国际共产主义杂志——例如《国际新闻通讯》(International Press Correspondence)和《共产国际》(Communist International)——在内容上存在一定的地区差异，主要关注当下的政治，主要由政治领导人和那些可以称之为国际人员的共产主义运动作家撰稿。20世纪30年代，任何语言中都不存在能够与《新时代》相提并论的杂志。①相反，20世纪30年代末期，西方各个国家开始出现各类理论性的、思想性的和文化性的马克思主义杂志，这些杂志主要由那些缺乏政治权威的知识分子主办，除了那些说本国语言的本国人外没有产生重大的国际反响，尽管其中一些杂志建立了国际联系。因此，悖论的是，由于在

---

① 《在马克思主义旗帜下》(Unter dem Banner des Marxismus)，这本杂志更接近那种进行理论讨论的国际杂志，于20世纪30年代中期消失，总之日益融入到苏联的正统之中。此外，它也只是用德语和俄语出版的杂志。

第十一章 反法西斯主义时代:1929—1945年 >>>

主题上不存在任何的国际"路线",或者国际"路线"尚未被充分宣传为命令,地方的变化和发展具有一定的空间。因此,我们将会看到,有大量独立的马克思主义理论化,例如关于自然科学和英国文学的理论化,其中一些最终沦为日丹诺夫时期强加一种包罗一切的正统的牺牲品。然而,从基本上来看,每一个官方不禁止马克思主义的国家或文化地区都以自己的方式并根据本地的状况,改变了标准的国际模式。这是1934年后共产国际路线的改变所推动的一种发展。

只有在一个领域中,我们才可以说左派知识分子存在一种真正非集权化的国际主义。这就是文学和艺术领域。艺术与左派政治之间的联系环节与其说是理论的反思,不如说是它们的实践者和推崇者对当时的斗争的情感投入。在"一战"期间,艺术和左派之间重新建立了强大的联系,但不是通过正统的马克思主义理论。只有在文化领域中,我们才能遇到——即使在共产主义知识分子中——对强加正统马克思主义的真正抵制。共产主义者很少公开挑战1934年成为苏联官方理论的"社会主义的现实主义",尽管具有重要意义的是关于何谓"现代主义"的争论从未停止,而且非正统的一方实际上从未屈服。布莱希特从未向卢卡奇屈服。一些人作出了真诚的努力,称赞20世纪30年代苏联的艺术状况,并在沉默中忽视那些不可能得到推崇的艺术作品(尤其是在绘画和雕塑中),但他们真正崇拜的大多数是20世纪20年代苏联艺术和文学仍然留存下来的东西。

很少有人愿意公开地不赞同官方对"现代"艺术运动的最著名国际人物的批判,但是更少有人愿意——至少在私下里——放弃对乔伊斯、马蒂斯或毕加索的崇拜,即使当真诚的宣传方式更接近"社会主义的现实主义"时也是如此。① 爵士乐没有得到官方正统的赞同,但在盎格鲁-撒克逊世界中,最热情和最积极的崇拜者、倡导者和实践支持者包括绝大多数的共产主义者及其同情者。

于是,那些没有与世界隔绝的马克思主义知识分子,无论来自哪个国家,都倾向于赞同一种国际性的左派文化。这包括那些认同共产主义或者至少致力于反法西斯主义斗争的作家和艺术家,幸运的是,这样的作家和艺术家非常多:马尔罗(Malraux)、西洛内(Silone)、布莱希特(因为他当时是著名的作家)、加西亚·洛尔迦(García Lorca)、多斯·帕索斯(Dos Passos)、爱森斯坦、毕加索等。② 对各国共产党的党员来说,这可能包括许多官方或多或少承认是共产主义者或"进步人士"的作家:巴比塞(Barbusse)、罗曼·罗兰(Romain Rolland)、高尔基、安德森·尼克索(Andersen Nexö)、西奥多·德莱塞(Theodore Dreiser)等。这肯定包括那些构成高雅文化的国际人物,除非人们已经

---

① 参见拉狄克(Radek)所特有的怀疑:"必须从伟大的艺术家——例如普鲁斯特——那里学会勾画和描述人的最轻微的运动的能力吗?这不是关键的问题。关键的问题在于我们是否拥有自己的捷径,在于国外的实验是否已经指明这条捷径。"*Problems of Soviet Literature*, Moscow, 1935, p. 151.

② 关于对这种文献的剖析,参见 John Lehmann, *New Writing in Europe*, London, 1940。

第十一章 反法西斯主义时代：1929—1945年 >>>

知道他们赞同反对派和法西斯主义：像乔伊斯和普鲁斯特这样的作家、20世纪初的著名画家（主要是法国画家）、著名的"现代运动"建筑家、著名的俄国电影导演和卓别林。20世纪30年代的新奇之处不在于这样一种由差不多来自各个国家——实际上主要来自法国、美国、爱尔兰、俄国、德国和西班牙——的名人组成的国际文化，而在于它与对左派的政治信奉之间的密切联系。①它肯定不是一种明确的马克思主义文化，但是，少数忠诚的马克思主义者（例如，实际上是共产主义者）无疑在它的形成过程中发挥了至关重要的作用。②

二

20世纪30年代，知识分子激进化的根源是对30年代初资本主义严重危机的反应。至少对更年轻的一代人来说，这种激进化的直接根源是1929—1933年的"大萧条"。因此，在英国，1931年可以发现知识分子对马克思主义和共

---

① 关于对这种文化—政治氛围的出色描绘，参见J. M. Richards, *Autobiography of an Unjust Fella*, London, 1980, pp. 119 - 120。作者是英国《建筑评论》杂志的编辑。

② 因此，（共产党组织的）英国的艺术家国际协会（1933—1939）——通常在"反法西斯主义和战争的艺术家"之类的标题下——主办了学院派艺术家、建构主义者、立体派、超现实主义者、社会现实主义者和后印象派、德国20世纪艺术、法国艺术家（格罗梅尔、莱热、洛特、查德金）等的艺术展。它的战士大多数是现实主义者，但受到墨西哥艺术（里维拉、奥罗斯科）和美国艺术（格罗珀、班·夏恩）而不是苏联模式的影响。参见Tony Rickaby, "The Artists' International", *History Workshop*, 6, Autumn 1978, pp. 154 - 168。

产党越来越感兴趣的第一个重大标志,当时辩证唯物主义和历史唯物主义成为少数学者争论的主题,而且在数年的空缺后到处——例如剑桥大学——都成立了共产主义学生组织。资本主义经济出现了全球性的灾难,加剧了大众的失业,剩余的小麦和咖啡被销毁,与此同时许多人却忍饥挨饿,然而,苏联明显没有受到这场灾难的影响。这给少数潜在或现实的共产主义知识分子和更广泛的阶层留下了深刻的印象。这个发展阶段的证明是社会民主主义渐进主义的最早倡导者、费边主义创始人韦伯夫妇引人注目地转而信奉"马克思的赢利资本主义的历史发展理论"。[①]尽管韦伯夫妇对英国共产党毫无印象,但是他们在余生中都致力于对苏联进行赞赏性的说明。

如果说资本主义的崩溃与有计划的社会主义工业化之间的对比使一些知识分子转向马克思主义,那么希特勒的胜利——资本主义经济危机的明确政治后果之一——使更多的知识分子变成反法西斯主义者。随着国家社会主义政权的建立,反法西斯主义由于三个主要原因变成核心的政治问题。第一,法西斯主义本身——迄今为止首先被视为一种等同于意大利的运动——变成了政治右翼的主要国际工具。在许多国家,法西斯主义政治运动或者那些希望自身与如今处在法西斯主义统治下的两个欧洲主要国家的声望和权力建立联系的人成倍增长。其他好斗的反动派运动

---

① Beatrice Webb, *Our Partnership*, London, 1948, pp. 489–491.

第十一章 反法西斯主义时代：1929—1945年

发现了自己与国内或外国的法西斯主义之间的联系，或者谋求外国法西斯主义的支持，或者起码认为国际法西斯主义尤其是德国法西斯主义的崛起是反对本国左派的堡垒：随着这一阶段的展开，"希特勒比列昂·布鲁姆更好"。左派自然倾向于把所有这类运动等同于法西斯主义或亲法西斯主义，强调它们同柏林和罗马之间的联系。就像共产主义对右翼来说一样，在每一个国家中，法西斯主义对左翼来说如今不仅仅是外国人的问题，而且还是因它的国际特征与对两个大国的同情和可能支持而变得更加明显的国内危险。在西班牙这个几乎不为人知和边缘的欧洲国家中，战斗在最具体的意义上是为了法国、英国、美国、意大利等国的未来而进行的，没有意识到这一点，就不可能理解1936年对西班牙共和国的国际支持浪潮。

第二，法西斯主义的威胁绝不仅仅是政治上的威胁。这关乎整个文明的未来，最清楚这一点的莫过于知识分子了。如果法西斯主义扼杀了马克思，那么它同样扼杀了伏尔泰和约翰·斯图亚特·密尔。它毫不宽容地拒斥所有形式的自由主义，就像它毫不宽容地拒斥社会主义和共产主义一样。它把18世纪启蒙运动连同美国革命和法国革命以及俄国革命所产生的一切政权一道拒绝了。面对相同的敌人和灭亡威胁，共产主义者和自由主义者不可避免地被迫走入同一个阵营。在深层的意义上，在反法西斯主义的斗争中，共产主义和自由主义是在为相同的事业而斗争，没有意识到这一点，就不可能理解左派为何不愿意——乃至自己经常不愿意承认——批判苏联在那时发生的事情,就不可能理解苏联的批评者在左翼中为何孤立。更不用说如下显而易见的事实了:每一方都需要另外一方,而且在20世纪30年代的条件下,斯大林的行为无论多么令人震惊,都是苏联的问题,而希特勒的所作所为则是所有国家的威胁。这种威胁由于希特勒的下述行为而立即加剧:废除宪政和民主政府,建立集中营,焚烧书籍,政治异议分子和犹太人——包括德国思想生活的精华——被大规模驱逐并流亡国外。即使对最短视的人来说,意大利法西斯主义历史到目前为止所暗含的东西如今也已经变成明晰可见了。

纳粹德国无法从不容置疑和快速的经济成功中创造出重要的政治资本,这表明了法西斯主义威胁的这一方面的重要性。20世纪20年代,"让火车准点运行"成为墨索里尼最好的宣传。相比之下,20世纪30年代消除失业对于希特勒的宣传所产生的效果则逊色了许多。显然,使德国成功摆脱经济萧条并不是评判纳粹德国的唯一标准。

第三,最重要的是,"法西斯主义意味着战争"。1933年后的每一年都使这一点变得极为清楚,因为奥地利的纳粹暴动(1934)之后是埃塞俄比亚战争(1935)、希特勒对莱茵河谷的占领和西班牙内战(1936)、日本对中国的侵略(1937)以及德国对奥地利的占领和《慕尼黑协定》后捷克斯洛伐克的屈服(1938)。1918年后的数代人生活在另一场世界大战的阴影和恐惧下。1933年后,几乎无人相信可以永远地避免另一场世界大战,但只有法西斯主义者和法西

第十一章 反法西斯主义时代：1929—1945年

斯主义政府对此毫不畏惧。侵略者与保卫者之间的界线从未像这一时期这样是如此地分明；但是，那些准备抵抗——如果必要则以武力抵抗——的非法西斯主义国家与那些无论出于何种原因而不准备抵抗的国家之间的界线也越来越是如此。这不能简单地划分为左派与右派：传统的保守派和爱国者中有抵抗者，非共产主义左派中也有绥靖者或和平主义者，尤其是在法国和英国；即使抵抗者也不呼吁战争，反而相信（直到《慕尼黑协定》后不无合理性）良机就摆在眼前：通过建设一个强大而又广泛的民族和人民阵线——愿意反抗侵略者，并且因为如果必要就能够打败侵略者而能够威吓住他们——避免灾难。然而，随着法西斯主义侵略的推进和成功，抵抗的必要性变得越来越明显，使政治上清醒的人们投入反法西斯主义阵营。事实上，战争和抵抗最终不容置疑地澄清了问题。随着问题变得如此清楚，反法西斯主义者越来越接近共产主义者。共产主义者不仅在理论上开创了反法西斯主义广泛联合和抵抗的政策，而且在实践斗争中明显发挥了主要作用。只要法西斯主义威胁——1940年5月后由对欧洲大部分地区的实际征服所代表——仍然是严峻的，因此，即使1939年国际共产主义政策的荒谬的临时扭转也不可能阻止这一趋势。①

然而，与表面看上去不同，知识分子和其他人加入反

---

① 从苏联国家利益的角度来看并不必然是荒谬的，而是因为如下假设：只有把新政策不加区别地强加给所有的共产党，才能最好地为世界共产主义乃至苏联的利益服务。

法西斯主义并因此转向左派和经常转向马克思主义左派的过程，既不是直线的，也不是毫无问题的。我们已经提到了共产国际和苏联政策反复无常的变化，但是这些变化不必然阻止我们：推迟取消"第三时期"的宗派主义战略；1939—1941年即将到来的转变。然而，我们必须简要地讨论其他一些错综复杂的因素。

从全球范围内来说，最重要的因素涉及不独立和被殖民的国家。在这些国家中，反法西斯主义并不是最重要的问题，这要么是因为欧洲的法西斯主义是遥远的现象，与它们的国内状况几乎没有关系，例如拉美的大部分地区，要么是因为从现实的角度来看法西斯主义不可能是主要的敌人或危险；要么是因为这两者。确实，在拉美地区，传统的右翼（尤其是在它依靠教会的地方）可能同情日益卷入法西斯主义联盟的相关的欧洲右翼，尤其是像在西班牙内战中那样。一些效仿法西斯主义模式的极右翼运动也四处发展起来，例如墨西哥的法西斯主义者和巴西的普利尼奥·萨尔加多（Plinio Salgado）的融合主义。在这个意义上，左派也本该支持反法西斯主义，即使它由于其他的理由还不想这样做，例如对马克思主义的反帝国主义的同情和欧洲文化对拉美知识分子的非常强大的影响以及他们的个人经历。西班牙内战在拉美尤其是墨西哥、智利和古巴显然发挥了至关重要的影响。另一方面，在拉美的大多数地区，20世纪30年代接受法西斯主义思想和词语的意愿不必然具有法西斯主义在起源地所具有的含义。在欧洲，法

第十一章 反法西斯主义时代：1929—1945年 >>>

西斯主义是一场著名的、成功的和流行的运动，而拉美长期以来则追逐欧洲的意识形态时尚。在拉美地区，对于政治家或那些被这样一些思想所吸引的具有政治精神的年轻军官来说，无法想象的是（像在阿根廷那样）把工人阶级作为工会和选举的力量动员起来，使他们对本国的生活产生重大的影响，或者（像在玻利维亚那样）与工会一道发动一场社会革命。或许，这没有对拉美的大多数知识分子产生重大的影响，但是应该使我们警惕那种过于轻易地把欧洲的政治安排应用于拉美的做法。此外，拉美大陆没有真正地卷入"二战"。

亚洲和非洲（因为它在政治上已经动员起来）的状况更加复杂。不过，尽管军事上的反共产主义大国日本已经同德国和意大利结盟，但是亚洲和非洲不存在任何本地的法西斯主义①，英国、法国和荷兰显然是反帝国主义者的主要敌人。许多世俗知识分子肯定反对欧洲的法西斯主义，因为它对黄种人、棕色种人和黑种人的种族歧视。此外，这些国家的运动经常受到大城市的知识分子——例如西欧的自由主义和民主传统——的强烈影响，尤其是像在印度国民大会党中那样。然而，对反帝国主义者来说，接受爱尔兰造反者长期怀有的观点，即"英国的困境是爱尔兰的机会"，是合乎逻辑的。事实上，从当地殖民者的敌人那里寻找支持是一种传统，可以追溯到"一战"，当时爱尔兰和

---

① 除了南非强大的布尔人对纳粹的同情外。

印度的革命者（包括一些后来成为马克思主义者的革命者）曾经指望德国帮助他们反抗英国。因此，除了埃塞俄比亚和中国这样的特殊情况外，建立在打败德国、意大利和日本比直接的殖民地解放更优先的基础上的反法西斯主义同当地反帝国主义的本能和政治计算相冲突。随着战争的爆发，问题不再属于学术思辨的领域，而且早在数年前就开始使地方的政治生活变得更复杂（例如在印度支那）。一旦战争迫在眉睫，就像1940年后在中东地区和1942年在南亚和东南亚那样，那些把全球反法西斯主义放在首要位置的正统共产主义者开始了冒险①，普遍地遇到了政治上的孤立。那些在理论上赞同反法西斯主义乃至某种马克思主义的左派知识分子，像尼赫鲁和印度国大党的许多人那样，直接发动了反对英国帝国主义的斗争，或许像孟加拉的苏巴斯·鲍斯（Subhas Bose）那样，实际上在日本人的帮助下组织了印度解放军。毫无疑问，无论坚持何种思想，中东穆斯林世界反帝国主义的主流是亲德国的。总而言之，在欧洲之外，知识分子与反法西斯主义之间的关系不符合且不可能符合欧洲的模式。

欧洲的反法西斯主义自有它的各种复杂性。首先，随着20世纪30年代的推进，越来越清楚的是，反法西斯主义联盟不仅要接受政治上的中间派和左派，而且要接受任何无论出于何种原因而愿意反对法西斯主义和法西斯主义政

---

① 事实上，南亚和东南亚是异端的共产主义赢得群众支持的地区，最明显的是斯里兰卡。

第十一章 反法西斯主义时代：1929—1945 年 >>>

权的个人、派别、组织和国家。人民阵线往往不可避免地变成"民族阵线"。当多列士（Maurice Thorez）向天主教徒张开怀抱的时候，当法国共产党求助"圣女贞德"（长期以来是极右翼的象征）的时候，当英国共产党呼吁与丘吉尔（同样是所有反动派和反工人运动的象征）联合的时候，共产主义者对这种状况的逻辑认识打破了左派——包括它的知识分子——的传统疑虑。这几乎没有造成什么困难，至少直到解放或者胜利时是如此。纳粹德国是如此的危险，以致同昔日和明天的敌人联合起来反对更大的危险就变得合乎情理了，尤其是当这种联合不包含意识形态和解的时候。一些极左派（相当正确地）基于海尔·塞拉西（Haile Selassie）是一位封建国王的理由，反对帮助埃塞俄比亚抵抗意大利，但是几乎没有赢得什么支持。另一方面，对革命的社会主义左派来说，是否必须在（至少在短期内）牺牲他们的真正目标即社会主义革命的情况下来实施广泛的反法西斯主义战略的问题带来了更深刻的不确定性。在推翻法西斯主义的必需事业中，革命者应该作出哪些牺牲呢？反法西斯主义的胜利将会取得成功，但要以推迟革命乃至加强非法西斯主义的资本主义为代价，这是不可想象的吗？就革命者受到了这样一些考虑的影响而言，他们同殖民地和半殖民地世界的反法西斯主义之间存在一定的共同之处。

不过，即使知识分子——尽管或许比其他的斗士更倾向于提出这样一些问题——也没有受到它们的过多困扰。毕竟，即使对忠诚的革命者来说，打败法西斯主义也是生死攸关的问题。共产主义者和异议的马克思主义者都不主张看到反法西斯主义与革命之间的任何冲突。在共产国际的范围内,有人——尽管谨慎地、间接地而不是非常公开地——认为,广泛的反法西斯主义阵线可能会提供一种社会主义过渡战略。当然,为了不吓跑包括某些资产阶级政府在内的非社会主义的反法西斯主义者,共产国际首先没有公开强调反法西斯主义有限的民主和防御方面。下文将会思考随之产生的各种模棱两可。相反,激进分子走上了一条空想的道路,否认反法西斯主义与直接的无产阶级革命之间存在任何冲突。即使那些没有把反法西斯主义广泛阵线作为一种对革命的不必要的背叛予以彻底拒绝的人(像托洛茨基那样,他对斯大林主义的共产国际——当时是这样一种阵线的主要倡导者——的敌视误导了自己),也呼吁在任何适当的时刻——1936年在法国、1944—1945年在法国和意大利——转而发动起义,称赞1936年西班牙的起义。我们将会看到,当时这些空想的观点没有产生什么影响。他们甚至为那些提出上述观点的人——例如托洛茨基分子和其他的马克思主义异议群体——的孤立和缺乏影响进行辩解。那些在绝境中反对法西斯主义侵略军队的人们把直接的斗争放在了第一位。如果他们的斗争失败,那么明天的革命——甚至在西班牙今天的革命——也没有任何机会。

斗争的逻辑也阐明了反法西斯主义左派的另一个复杂性:和平主义。作为一种特殊的意识形态,这在很大程度

第十一章 反法西斯主义时代：1929—1945 年 >>>

上仅限于盎格鲁-撒克逊世界，在那里，和平主义不仅兴盛于工人运动内部①，而且至少在 20 世纪 30 年代短暂地繁荣于自由派知识分子以及更广泛的裁军运动、国际理解和国际联盟之中。和平主义表现为发自内心的反战情绪、对另一场像"一战"一样的大屠杀的恐惧，或者像在美国那样对卷入欧洲战争的拒绝，因而是非常普遍存在的。实质上，对战争和军国主义的憎恨基本上是政治左派中的一种现象。然而，法西斯主义面对的是这样一些人：他们怀有这些信念，但又陷入了一种困境，这种困境只有（通常以甘地和印度的非暴力抵抗运动作为支持）在某种程度上消极地不合作才能够阻止希特勒，这种信念也才能予以消除。即使在知识分子中，也很少有人认真地相信这一点。因此，拒绝战斗意味着乐于看到法西斯主义的胜利；法国一些最积极的和平主义者非常合乎逻辑地变成了合作者。②取而代之的选择是放弃和平主义并断定反抗法西斯主义就是拿起武器的理由。这事实上是许多反法西斯主义的和平爱好者坚持的观点，但那些由于宗教信仰而信奉和平主义的人则不是如此，例如贵格派。在 1940 年 6 月之后，许多表明属于"有良知的反对者"的英国年轻知识分子在战争爆发之时穿上了军装。拒绝发动任何战争乃至反法西斯战争是一种仅仅表现为"孤立主义"的重要政治力量，例如在像美国那

---

① 英国工党 1931—1935 年的领袖乔治·兰斯伯里（George Lansbury）是一个强烈的和平主义者。
② Pascal Ory, *Les collaborateurs 1940 – 1945*, Paris, 1976, pp. 135 – 136.

样的国家中：它们远离纳粹德国，不会非常认真对待希特勒征服它们的威胁。

总而言之，反法西斯主义是欧洲左派的第一考虑因素。即使争取无产阶级起义的斗争也在西班牙共和国反对佛朗哥的武装动员与那些反抗希特勒和墨索里尼的武装游击队中找到了直接的实践表现。正如这种斗争一样，反对战争的斗争也悖论性地把知识分子动员起来参加反法西斯战争。英国科学家变成了科学的战争制造者。在他们当中，许多人参加了剑桥科学家反战小组（Cambridge Scientists' Anti-War Group），通过这一小组变得更加激进，并在20世纪30年代花费了大量时间警告人们，没有有效的保护能够防止恐怖的空袭和毒气，这种恐怖困扰着1918年后数代人的想象。著名的激进人物和共产主义人物——伯纳尔、霍尔丹、布莱克特（Blackett）——对保护平民免遭空袭的各种方法进行原创性的研究，实际上参加了战争的努力。这就是最初使他们与政府计划人员进行接触的事情。①

三

我们已经谈论了一般的"知识分子"。事实上，把所谓

---

① 参见 Gary Werskey, *The Visible College*, London, 1972; S. Zuckerman, *From Apes to Warlords*, London, 1978; Andrew Brown, *J. D. Bernal: The Sage of Science*, Oxford, 2005; Simon Winchester, *Bomb, Book and Compass: Joseph Needham and the Great Secrets of China*, London, 2008。

第十一章 反法西斯主义时代：1929—1945 年 >>>

的"公共知识分子"动员起来反对法西斯主义是令人十分惊讶的事情。在大多数非法西斯主义国家，政治右翼有时乃至法西斯主义吸引了艺术世界尤其是文学世界的一些名人，虽然绘画艺术界很少有人①如此，科学家中更是无人如此。然而，这些人构成小规模和非典型的少数派。确实，在这个时候，连传统意识形态本来希望吸引的一些人——例如英国最有影响的文学批评家 F. R. 利维斯——在退出政治领域之前，不仅发现他们为反法西斯主义信徒乃至一些马克思主义信徒包围，而且犹豫是否对他们的事业表现谨慎的和有条件的同情。②

在英国、法国和美国，大多数聪明才俊被动员起来支持西班牙共和国，反对法西斯主义。宣布支持西班牙共和主义者的美国作家包括舍伍德·安德森（Sherwood Anderson）、斯蒂芬·文森特·贝内特（Stephen Vincent Benét）、多斯·帕索斯、德莱塞（Dreiser）、福克纳（Faulkner）、海明威、阿奇博尔德·麦克利什（Archibald MacLeish）、厄普顿·辛克莱（Upton Sinclair）、约翰·斯坦贝克（John Steinbeck）和桑顿·怀尔德（Thornton Wilder）。还有很多，这里就不一一列举了。在西班牙语世界，诗人们几乎毫无例外地支持西班牙共和国。既然这样一些名人具有显而易见

---

① 但是，在德国占领的情况下，文学比视觉艺术及首先比表演艺术更好地抵制了占领者的奉承。参见 Henri Michel, *The Shadow War: Resistance in Europe 1939–1945*, London, 1972, p. 141。

② 关于他的杂志《审查》的政治学，参见 Francis Mulhern, *The Moment of "Scrutiny"*, London, 1979, part II, chapter 2。

的宣传价值,并且被各种形式的集会、公开声明和其他宣言所利用,这部分知识分子的反法西斯主义尤其值得大书特书。确实,对这个主题的一些讨论实际上仅限于对公共——例如实质上文学——知识分子阶层的讨论。①

那些具有异常的天赋、才能和已经取得或者将来取得思想成就的人的反法西斯主义具有重要的历史意义,他们在这一时期被马克思主义所吸引也是如此,这种吸引在20世纪30年代和40年代成年的一代人中特别明显。在没有现成的马克思主义思想传统——例如英国和美国——的国家中,这种现象尤为明显。(与其他地方相比,异议的马克思主义——主要是托洛茨基派——在美国吸引了更多的知识分子。)马克思主义对那些天才者的吸引现在难以得到令人满意的解释,但事实是毫无疑问的。然而,这不可能是反法西斯主义和知识分子问题的全部,而且在某些方面由于掩盖了反法西斯主义知识分子的社会认同问题而使对它的分析变得更加困难。

从社会的角度来说,暂时撇开国家之间的差异不谈,20世纪30年代的西方知识分子要么主要是资产阶级的子弟(可能或者可能不包括公认的资产阶级知识分子阶层,这个阶层把它的地位归功于高等教育传统),要么代表从更贫困的阶层向上流动的阶层。最简单地说,他们是这样一些人:对其子女来说,非职业的高等教育已经是理所当然的,或

---

① 例如, Aldo Garosci, *Gli intellettuali e la guerra di Spagna*, Turin, 1959。

第十一章 反法西斯主义时代：1929—1945 年 >>>

者对他们来说，非职业的高等教育尚不是理所当然的。既然那些用于 15 岁或 16 岁年龄以上者的旧教育机构在很大程度上仍然仅限于现有上层阶层的子弟，这两种类型的人通常具有不同的教育经历和社会背景。他们最终从事的职业之间不存在同样明确的区别，但是，"传统知识分子"的旧式的和更有声望的职业与资产阶级"有机知识分子"的高科技职业在很大程度上更可能从现存的资产阶级中招募工作人员，在过去数代人的时间里，资产阶级的成员是那些职业的主宰者。另一方面，实际上大量来自更贫穷家庭的知识分子的出路不再局限于教育、官僚和牧师的下层机构，尽管教育和政府岗位可能仍然是他们最大的现实出路。许多其他非体力劳动的职业如今正在扩大。在这些职业中，第一代知识分子可能找到栖身之地，例如在快速增长的大众传播领域以及一般的白领或附属的技术和设计工作中。

这两个群体之间的界限究竟有多分明取决于各国的情况。国家的传统也在很大程度上决定了一般知识分子和特殊职业人员的政治同情心：法国的中学教师和学者绝大多数是左派，而他们的德国同行显然倾向于右派。我们必须注意在大多数国家那些从事严格的知识学科的人与那些从事艺术或娱乐的人之间更深刻的差别。他们的政治行为绝不一样。最后，我们必须考虑到年龄、性别、民族或历史起源的差别。在其他条件相同的情况下，青年人更可能比老年人激进，尽管这不必然使他们信奉左派的激进主义。

女性知识分子就其定义而言显然更可能成为左派，这是因为右派几乎都敌视妇女的解放，而且那些愿意让女儿接受教育的家庭更可能属于现存资产阶级的自由派或者"进步派"。在诸如犹太人（既具有重视学习的强大传统，也具有被歧视的经历）或者英国威尔士人（实际上没有本民族的资产阶级，但拥有高度重视思想和文化成就——文学、教育和布道——的身份制度）这样的群体中，民族起源可能决定知识分子尤其是左派知识分子的过度代表。反之，在其他的一些群体中，例如在主要来自下层和仅仅从事体力劳动的美国斯拉夫和意大利移民或者与非裔加勒比人不同的非裔美国人中，知识分子可能代表不足。

最后，民族或地区的特殊政治状况和传统可能具有决定性的作用。因此，西欧和中欧的大学生绝大多数不会受到反法西斯主义的影响，实际上像在德国、奥地利和法国那样反而更可能被右派动员起来，但在某些巴尔干国家（尤其是南斯拉夫），大学生对共产主义的热情是众所周知的。英国和美国的大学生基本上都不热衷于政治，有组织的右派在他们当中并不突出，而且有组织的左派几乎肯定比以前更加强大，在某些大学中甚至占据主导地位。印度的大学生绝大多数可能是反帝国主义者，但来自孟加拉的民族主义知识分子比其他的知识分子可能更靠近革命左派（例如在20世纪30年代更靠近马克思主义）。因此，不可能对知识分子和反法西斯主义作出一般的概括。

来自现存资产阶级的知识分子的政治引起了大多数人

第十一章 反法西斯主义时代：1929—1945年 >>>

的注意。在一些国家中，知识分子的职业主要限于资产阶级的子弟，而且知识活动从贱到贵的转移非常困难。在这样一些国家中，知识分子的政治是合法的。当不合法的意大利共产党开始吸引新一代知识分子的时候，他们的政治是这种环境的自然产物。20世纪20年代末，阿门多拉（Amendola）、埃米利奥·塞雷尼（Emilio Sereni）和曼利奥·罗西-多拉（Manlio Rossi-Doria）在那不勒斯大学加入了意大利共产党，他们可能出身名门，但是显然，意大利共产党在来自米兰上层资产阶级的青年和其他地区大资产阶级家庭的学生中也能够找到同情者。①

同样，在英国，来自上层资产阶级的青年，即所谓"公立学校"和古老大学的产物，引起了不同寻常的公众关注，部分是因为他们具有高度的文化知名度［例如包括奥登（W. H. Auden）、斯班德（Stephen Spender）和塞西尔·戴-刘易斯（Cecil Day-Lewis）在内的左派诗人群体］，部分是因为20世纪30年代一些年轻的共产主义知识分子是如此地坚守信念，以至于成了苏联的秘密特工［伯吉斯（Burgess）、麦克林（Maclean）、费尔比（Philby）和布朗特（Blunt）］。这里不是思考像英国人那样自信坚定的、少数但又重要的统治阶级子弟为什么皈依共产主义的地方。除了在寻找苏联特工的有些非典型的情况下外，这个问题尚未

---

① 参见阿门多拉关于法西斯主义政策的证词。G. Amendola, *Un'isola*, pp. 96 – 97, P. Spriano, *Storia del PCI*, Turin, 1970, III, pp. 194 – 201. Thomas Kroll, *op. cit.*, pp. 361 – 366, 382 – 390, 394 – 402。

得到系统的研究。①大概大多数青年的反叛者"从自由主义那里继续前进"(引自其中一个人所著的一本书的书名)②。在中产阶级上层的传统自由派或者"进步派"家庭中,20世纪20年代和30年代的数代人长期或短期地由此变成了共产主义者。这类家族有一些例子。③然而,即使传统的保守和帝国主义家庭(费尔比)也出现了叛逆者。④甚至有一些迹象表明一部分传统贵族也出现了政治分化:在雷德斯代尔勋爵(Lord Redesdale)的子女中,两个女儿可能还有一个儿子成了法西斯主义者,但有一个女儿成了共产主义者,嫁给了丘吉尔的外甥——他参加过西班牙内战。

在美国,也有证据表明,一些出身于东部百万富翁家族的青年精英[例如拉蒙特家族(Lamonts)和惠特尼·斯特雷特家族(Whitney Straights)]被共产主义吸引,尽管几乎肯定是极少数人是如此。对欧洲其他国家社会历史的这一方面进行研究,可能揭示出和有助于解释其他地方的类

---

① 参见 Andrew Boyle, *The Climate of Treason*, London, 1980, chapters 1 - 4。关于"公立学校的造反",参见 Esmond and Giles Romilly, *Out of Bounds*, London, 1935, and Philip Toynbee, *Friends Apart*, London, 1954. Miranda Carter, *Anthony Blunt: His Lives*, London, 2001。

② Stephen Spender, *Forward from Liberalism*, London, 1937。

③ 我们仅举出一些这类家庭不止一个子弟走上这条道路的例子:爱德华·汤普逊(Edward Thompson,印度自由的著名支持者)、E. F. 卡里特(E. F. Carritt,牛津大学道德哲学家)、斯特雷奇(St Loe Strachey,著名的评论杂志《旁观者》的编辑)。

④ 我想起了一些男性和女性的学生共产主义者,他们是保守党知名政治家或法官的亲属。关于英国的总体状况,参见 T. Kroll, *op. cit.*, pp. 511 - 513, 525 - 533。

第十一章 反法西斯主义时代：1929—1945年 >>>

似现象。在欧洲，西方的教育在很大程度上仅限于极少数的精英；或许不那么令人惊讶的是，在欧洲之外，像西方的自由主义和地方文化现代化运动一样，20世纪30年代的共产主义在很大程度上仅限于这样一些阶层乃至家庭：不论是否是殖民地机构的官员，他们也在地方政府和高级社会中发挥了领导作用。所有类型的干部最容易来自于这种相同的小规模储备军。在印度这样一个家庭的四个子女——全都在英国受过教育，上过伊顿公学——中，三个成为了共产主义者，其中两人随后变成了政府部长和商人，第四个担任了印度军队第四任总司令。

然而，这样一些信奉共产主义的精英不应该遮蔽大量——在英国和美国是大多数——不是来自英国"公学"或美国"大学预备学校"和"常青藤联盟"精英学校的反法西斯主义和共产主义学生，也不应该遮蔽那些根本没有上过大学的知识分子。在20世纪30年代的马克思主义历史上，像伦敦经济学院和伦敦城市学院一样，纽约大学发挥了重要作用，甚至比牛津大学和耶鲁大学发挥了更重要的作用。在20世纪30年代和40年代的一代英国马克思主义历史学家中，大多数后来非常知名的历史学家只受过小学教育，事实上经常来自于地方的非国教的自由主义或工人背景，尽管其中一些人变成了牛津和剑桥等古老大学中的精英。在法国，狭窄的精英晋升阶梯把共和国下层官员和小学教师的子弟以及拥有长期高等教育传统的专业人员家庭的子弟带上了左派知识主义的高级层面。①总而言之，在法西斯主义对中产阶级中下层没有吸引力的现存自由民主国家中，反法西斯主义知识分子具有比较广泛的来源。

这在大多数非大学出身的知识分子中特别明显。我们知道，在英国左派图书俱乐部（高峰时期拥有5.7万名会员和25万名读者）中，75%的会员是白领工人、下层专业人员和其他非学院派的知识分子。②这类公众无疑类似于那些需要思想性的廉价简装书的群众。20世纪30年代，英国也能够找到企鹅图书公司出版的这种简装书，左派编辑了企鹅图书公司的主要思想丛书。无论在英国还是在美国，许多民间音乐和爵士乐的积极倡导者——包括英国大量年轻的共产主义者——也能够在熟练工人阶级、下层技术人员和专业人员、中产阶级以及学生中找到。③日益壮大的新闻、广告和娱乐领域既为非大学出身的知识分子提供了就业，也为那些不选择从事传统公共或私人职业的大学出身的知识分子提供了就业，尤其是在诸如英国和美国这样进入这些新领域比较容易的国家中。于是，在诸如好莱坞这

---

① 在这些自学成才的教师中，值得一提的是 G. 柯尼奥（G. Cogniot）和 A. 帕罗（A. Parreaux）——他们分别是《思想》（*La Pensée*）杂志的第一任社长和书记——以及法国大革命的历史学家 A. 索布尔（A. Soboul）。

② Stuart Samuels, "The Left Book Club", *Journal of Contemporary History*; John Lewis, *The Left Book Club*, London, 1970. 关于从这家出版社的记录中得到的左派图书俱乐部数据，参见 Richard Overy, *The Morbid Age: Britain between the Wars*, London, 2009, pp. 304-306。

③ Francis Newton, *The Jazz Scene*, Harmondsworth, 1961, caps 13, 14, App. 1.

样的电影工业中心（当时是主要的大众媒介）和非政治或不特别反动的大众新闻业中，有组织的反法西斯主义和左派活动的新中心发展了起来。①

这样一来，反法西斯主义并不局限于知识精英。它还包括美国的图书馆人员和社会工作者，对这些人来说，共产主义具有特别强大的吸引力。它包括精英所鄙视的那些人："不满的杂志作家、该死的好莱坞剧作家、无酬劳的高中教师、没有政治经验的科学家、聪明的小职员、具有文化抱负的牙医。"②因此，反法西斯主义反映了知识分子阶层的民主化。

四

既然反法西斯主义是比共产主义更广泛的运动，因此，各个共产党没有试图使所有的知识分子皈依马克思主义，尽管在反法西斯主义从政治上动员起来的越来越多的知识分子中，共产党自然招募了许多潜在和现实的党员。主要的任务是动员最广泛的知识分子尤其是著名的知识分子，把他们同各种形式的反法西斯主义与和平事业连接起来。

---

① 关于20世纪30年代对好莱坞的影响，参见一本由35篇采访组成的出色文集，Patrick McGilligan and Paul Buhle (eds.), *Tender Comrades: A Backstory of the Hollywood Blacklist*, NY, 1997.

② 蔑视的类别来自 Arthur M. Schlesinger Jr (Harvard, Cambridge and the court of J. F. Kennedy), *The Age of Roosevelt: The Politics of Upheaval*, Boston, 1960, p.165.

在希特勒占领布拉格之后，在由路易·阿拉贡（Louis Aragon）、乔治·伯纳诺斯（Georges Bernanos）、尚松（Chamson）、柯莱特（Colette）、盖埃诺（Guéhenno）、马尔罗、马里坦（Maritain）、蒙泰朗（Montherlant）、于勒·罗曼（Jules Romains）和斯伦贝谢（Jean Schlumberger）等各类人物签名的请愿书上，不可能强调意识形态的标准。①

在那些拥有知识分子信奉左派立场的漫长传统的国家中，即使那些实际上加入共产党的人也不可能被要求马上改变他们的意识形态，尤其是如果他们的名气大到为共产党增添荣耀的话。法国共产党的情况正是如此。法国共产党具有强大的革命传统，但是马克思主义的传统非常薄弱。"直到人民阵线、抵抗和解放时期"，法国这类传统的左派学院知识分子——通常是社会主义者、"善、进步、正义、工作、真理"（……）的信仰者——"逐渐地和冒失地（对共产主义）采取了家族式的忠诚，这不是因为他们改变了以前理性主义的、实证主义的观点，恰恰相反，而是因为他们仍然忠于他们自己"。②即使在20世纪40年代末，也有一些教授否认自己是马克思主义者，但是因为共产党的反法西斯主义和抵抗历史而加入了共产党。这类知识分子必定不同于那些（主要是更年轻的一代）因马克思主义理论

---

① J. Fauvet, *Histoire du Parti Communiste Français*, I, Paris, 1964, pp. 267 – 268.

② Annie Kriegel, *The French Communists*, Chicago & London, 1972, pp. 175 – 176.

第十一章 反法西斯主义时代：1929—1945年 >>>

而也被共产主义吸引的知识分子，必定不同于那些在共产党内外系统地接受过马克思主义教育的知识分子。我们应当记住，直到20世纪30年代，国际上已经作出了最系统的努力，出版、普及和研究马克思主义"经典"。这种努力来自于共产党人。

然而，"旧"左派与"新"左派之间不存在清楚的分界线。随着1933年后共产主义者开始坚持资产阶级革命的进步传统，坚持他们同社会主义者和自由主义者共同主张的反法西斯主义，"旧"左派也发现了寻找共同基础的需要。难道不是资产阶级自身正在抛弃各种旧的理性主义、科学和进步吗？今天谁是它们的最坚决的捍卫者呢？1936年，乔治·弗里德曼（Georges Friedmann）在有影响的杂志《新法兰西评论》的支持下出版了《进步的危机》一书。他在该书中令人信服地论证说，共同的基础就是辩证唯物主义。长期以来，反对者因为辩证唯物主义是唯物主义而把它斥为人类所有高雅抱负的敌人。现在，苏联既代表那些被资产阶级抛弃的传统，又代表那些被资产阶级抛弃的抱负。

这一切不仅使得吸引反法西斯主义知识分子靠近马克思主义变得更加容易，而且对马克思主义本身的发展产生了重大影响。这加强了马克思主义的一些内容，这些内容最接近启蒙思想的理性主义、实证主义和科学主义传统以及人类具有无限进步能力的信念。不管是不是自觉，在相互靠近的过程中，马克思主义者往往比非马克思主义者更实质地修正了自己的理论。不过，马克思主义者所做的当然不止是或许甚至主要不是这些事情，因为他们想与非马克思主义知识分子建立反法西斯主义的共同阵线。消除季米特洛夫所说的"革命先锋队的孤立"，就是"按照变化的形势"重建"我们的政策和策略"，而不是对马克思主义理论和意识形态进行某些修正。悖论的是，马克思主义之所以加强了那些使它更靠近19世纪进步意识形态的内部倾向，恰恰是因为苏联内部的发展，而不是因为抵抗希特勒的需要。确实，在反法西斯主义时代的经验中，希特勒的影响不可能清楚地与苏联的影响区分开来。

于是，尽管这一时期流行的"辩证唯物主义与历史唯物主义"的解释几乎肯定有利于反法西斯主义阵线建设，但绝不是因为建设反法西斯主义阵线的要求。由于斯大林的权威，这种对"辩证唯物主义和历史唯物主义"的流行解释变成了共产党人的经典。它起源于第二国际时期的马克思主义正统。第二国际马克思主义正统以考茨基为代言人，而且它以恩格斯晚年对马克思和恩格斯的学说的解释为基础：这种版本的马克思主义既使马克思主义具有科学的权威、科学方法和预测的确定性，又声称借助辩证唯物主义能够解释世界的一切现象，辩证法事实上来源于黑格尔，但唯物主义实质上来源于18世纪的法国哲学。它是一种（就像在恩格斯的《费尔巴哈论》中那样）把19世纪获得胜利的自然科学和马克思主义结合的解释——自然科学曾经抛弃了18世纪肤浅的、静止的、机械的唯物主义，因为（在恩格斯看来）事实上是由于细胞、能量转换定律和

第十一章 反法西斯主义时代：1929—1945年 >>>

达尔文进化论这三大决定性的发现，这些科学自身的进步使它们抛弃了那种唯物主义。

这其中没有任何令人惊讶之处。"进步"与"革命"之间的联姻，18世纪的唯物主义与马克思主义之间的联姻，犹如自然科学的确定性和历史的必然性之间的结合，早就深深地吸引了工人阶级运动。在这一点上，俄国的工人阶级运动也不例外。此外，俄国革命后的状况可能鼓励一种更显著的科学主义。一旦俄国革命没有实现马克思和列宁所说的首要目标，即"成为西方无产阶级革命的信号而双方互相补充"①，布尔什维克的主要任务就是并且必须是推动一个落后和贫困的国家的经济和文化发展，为在外国进攻下的生存创造条件，为在一个孤立的大国中建设社会主义创造条件。在物质上，生产和技术（列宁所说的"电气化"）必须放在第一位。在文化上，对大众的启蒙既被视为对大众的教育，也被看做反对宗教和迷信的斗争，应该放在第一位。毫无疑问，应该以一种不同于19世纪类似斗争的方式进行反对落后和争取"发展"的斗争。然而，作为解放的力量，科学、理性和进步在很大程度上可以说是相同的主题。在这样一个社会中，"辩证唯物主义"的力量不单是来源于传统和权威，而且在于它是这种斗争中的有用武器，在于它对党的斗士和未来干部——本身是工人和农民——所具有的吸引力，给他们带来了对那些既是科学真

---

① Preface to Russian edition of *Communist Manifesto*, *Werke*, 19, p. 296.

理又注定取得胜利的事物的信心,给他们带来了确定性和和指导。

我们已经看到,正是资产阶级社会的"进步危机"加上苏联对传统价值观自信的重申,才使马克思主义吸引了知识分子。知识分子之所以走向马克思主义,是因为马克思主义高举资产阶级已经抛弃的理性和科学的旗帜,是因为马克思主义捍卫了启蒙思想的价值观,反对致力于摧毁这些价值观的法西斯主义。在此过程中,知识分子不仅接受而且欢迎和发展了苏联和国际正统现在所阐述的"辩证唯物主义",尤其是如果他们是新马克思主义者,更是如此。在这一时期,绝大多数马克思主义知识分子都是新马克思主义者,对他们来说,马克思主义本身是像爵士乐、有声电影和私人侦探小说一样的新事物。

五

20世纪末期马克思主义所处的环境,这段历史的大多数读者的经验是如此的不同,因此,即使应该避免各种对马克思主义的过时以致错误的解释,也必须强调反法西斯主义时代的马克思主义的具体历史特征。20世纪60年代以来,马克思主义知识分子已经淹没在马克思主义文献和争论的洪流之中。他们进入了马克思主义和马克思主义作家的大超市,在任何时候任何国家大多数人的选择可能由历史、政治状况与风尚决定,这一事实没有阻止他们意识到

第十一章 反法西斯主义时代：1929—1945 年 >>>

自己选择的理论范围。马克思主义——再一次主要是自 20 世纪 60 年代以来——越来越被纳入了正规高等教育的内容之中，至少在人文科学和社会科学中是如此，因此，马克思主义知识分子选择的理论范围变得更为广泛。20 世纪 30 年代，西方国家的大多数新马克思主义者看不到多少马克思主义经典文献，除了作为敌视批判的目标而肯定被排斥在官方的文化和教育之外。即使他们自己对马克思主义文献的贡献在数量上也少得可怜。因此，在 1946 年以前，可以称为"马克思主义"或"准马克思主义"的英语历史学著作——"经典作家"的著作除外——在总量上大约是 30 本书和至多 24 篇文章。①

就各种更老的马克思主义传统而言，新的马克思主义者之所以与它们切断了联系，主要是因为四个原因。社会民主主义与共产主义之间的分裂使他们怀疑 1914 年前的大多数社会民主党人的马克思主义及其后来的发展。这样一些革命马克思主义的本土传统（例如英国那些与"人民同盟"相联的传统）一直生存到共产主义的早期岁月，但是共产主义标准版的马克思主义（列宁主义）的形成在很大程度上埋葬了它们②，也边缘化了共产党人的马克思主义内部的某些流派，即使当这些流派没有遭到谴责的时候也是

---

① 我根据 1955 年英国共产党历史学家小组编辑的参考文献作出了这一估算，其中包括美国出版的著作和翻译。

② 参见 Stuart Macintyre, *A Proletarian Science*, Cambridge, 1980 and R. Samuel, "British Marxist Historians I", *New Left Review*, 120/1980, pp. 21-96。

如此。对斯大林的对手和其他"异端分子"的清洗结束了一些布尔什维克马克思主义著作的实际流传（例如波格丹诺夫，最终还有布哈林，更不用说托洛茨基了）。在这个意义上，20世纪20年代末期的"布尔什维克化"不仅是政治和组织上的，而且是思想上的。最后，我们已经表明，技术上的原因——即语言和政治上的原因（例如希特勒胜利的影响）——完全使人看不到现有的著作。因此，正如我们已经看到的那样，1934年，古斯塔夫·迈耶尔在荷兰以流亡版的形式发表了具有里程碑意义的恩格斯传记，但是在"二战"后长期以来实际上默默无闻，在英国也只能看见遭到无情删减的翻译版。

我们已经表明，无知尤其是语言上的无知不必然缩小当代马克思主义者的视界。即使在完整如一的理论正统——逐步强加给共产主义运动——的条件下，无知也可能带来相反的结果。当代西方马克思主义者基本上不知道苏联的正统马克思主义。20世纪30年代初期，苏联的正统马克思主义变得越来越明确具体，变成了苏联在从文学和艺术到经济理论再到历史和哲学的各种问题上的束缚，相当于创造了一种"辩证唯物主义"，如今我们已经清楚地看到，"辩证唯物主义"包含对马克思本人的重大修正。[①]然而，我们已经表明，这种正统尚未正式强加给苏联之外的共产主义者。无论如何，当共产主义者没有意识到有义务

---

① 尤其是故意贬低马克思思想中的黑格尔因素和消除其分析中的"亚细亚生产方式"。这些修正是否站得住脚并不是在本章讨论范围内的问题。

第十一章 反法西斯主义时代：1929—1945年 >>>

去谴责那些被指责为政治上的异端邪说的理论（尤其是"托洛茨基主义"）时，俄国之外没有专门地宣传在非政治实践的问题上所强加的新正统，重大的讨论（除了对那些艺术家和文学家之外）仍然没有翻译，因而实际上无人知道。

于是，它们没有影响到西方的共产主义者。整个20世纪30年代，英国、美国、中国和其他国家的作家——甚至后来的英语国家——继续按照"亚细亚生产方式"进行创作，而苏联的作家已经小心翼翼地避免这样的做法了。① 一本专为英国人编写的苏联教科书（并且由一家非共产主义的出版商出版）包含现在对德波林和卢波尔的标准谴责，但是1936年法国共产党的官方出版社仍然愉快地出版了卢波尔的一本著作。② 那些通晓德语并看到《马克思早期著作》的马克思主义者热衷于在他们的分析中体现出巴黎手稿时期的马克思，显然没有意识到苏联对这些早期著作的保留看法。事实上，即使著名的《联共（布）党史简明教程》第四章——是新的辩证唯物主义和历史唯物主义学说的化身——也不被认为是呼吁批判那些背离它们的人，反而在大多数情况下被认为只是流畅和有力地阐明了马克思主义的基本信念。倘若被要求的话，西方的共产主义者无

---

① 参见 K. Wittfogel, *Oriental Despotism*, Yale University Press, New Haven, 1957, p. 401ff。
② M. Shirokov and J. Lewis（eds.）, *A Textbook of Marxist Philosophy*, London n. d. 1937, p. 183; I. Luppol, *Diderot*, Paris, 1936.

疑会像谴责托洛茨基主义一样忠诚而又自信地谴责那些在苏联的争论中思想遭到或暗或明地批评的人，但是他们这时没有被明确地要求这样做，而且仍然很少有人意识到俄国的共产党人已经被这样要求了。

在这个意义上，20世纪30年代的新马克思主义者基本上不知道或没有意识到对马克思主义理论的其他各种解释，即使是那些此后被称为"西方马克思主义"的理论①，而"西方马克思主义"则曾经支持或同情布尔什维克主义。此外，与20世纪末期的马克思主义者不同，他们对马克思主义的内部理论争论并不是特别感兴趣（除非这些争论体现在列宁斯大林的权威著作中，或者由于苏联或共产国际的决定而变成强制性的）。这样一些争论往往出现在过去的马克思主义分析是否有效并不确定的时期，就像19世纪末期（修正主义的"马克思主义危机"论）或者全球资本主义胜利和后斯大林主义的时期一样。然而，20世纪30年代的新马克思主义者看不到怀疑马克思主义在资本主义大危机时期所作出的诊断的理由，也看不到为了其他的含义而审查经典文本的理由。相反，他们认为，马克思主义是认识广泛多样的现象的关键，而这些现象迄今为止依然模糊不清和令人困惑。正如一位年轻的马克思主义数学家和斗士所说："在许多仍然有待详细研究的事物中，马克思主义者不能不认为，这里有一个巨大的思想王国等待辩

---

① P. Anderson, *Considerations on Western Marxism*, London, 1976.

证的认识。"① 他们认为，自己的思想任务就是探究这个巨大的王国，因而，经典作家和老马克思主义者的著作与其说是一个等待从思想上澄清的难解之谜，不如说是一个揭示出各种思想的集体仓库。可能的空白和内部的不一致似乎远不如它可能带来的许多进步更重要。对知识分子来说，最明显的进步是批判自身周围的非马克思主义观点。他们自然集中于这种批判，而不是对其他马克思主义者的批判，除非他们的政治信念本身带有这样一种批判。有人怀疑，倘若由他们自己判断，他们很有可能认为他们不赞同的马克思主义者是有趣的，而不是恶毒的。在对民族问题的有趣反思中，亨利·勒菲伏尔认为（1937），与斯大林的民族定义相比，奥托·鲍威尔的民族定义的不同之处在于它不那么准确，而不是在于它充满了危险的错误。②

然而，必须注意的是，新马克思主义者之所以接受正统的解释，不仅是因为他们不知道其他的解释，也不特别关心马克思主义内部各种学说的细微差别，而且是因为正统的解释符合他们本人理解马克思主义的路径。卡尔·柯尔施的《卡尔·马克思》（1938年以英文发表）之所以产生了微不足道的影响，与其说是因为他是一位公认的异议者，除了少数德国流亡者外没人知道他是谁，不如说是因

---

① C. Haden Guest (ed.), *David Guest: A Scientist Fights for Freedom: A Memoir*, London, 1939, p. 256.

② H. Lefebvre, *Le nationalisme contre les nations*, Paris, 1937, p. 128. 诚然，勒菲伏尔后来以更正统的方式谴责鲍威尔，但使用的术语专门注明他受到了斯大林《马克思主义与民族问题》一文的"直接启发"（Ibid., p. 225）。

为《卡尔·马克思》似乎偏离了这种理解路径。对马克思早期哲学著作的官方看法是它们包含"青年马克思的著作。它们反映出马克思从黑格尔唯心主义到连贯的唯物主义的演变"①。然而，虽然法国共产党拥有足够多的哲学教授——就像勒菲伏尔所说的那样——认识到这不是马克思与黑格尔关系问题的全部，但是黑格尔式的马克思在波利采尔（Georges Politzer）的《哲学基本原理》（以 1935—1936 年的一系列演讲为基础）中没有得到反响，或者，尽管英国人戴维·格斯特（David Guest）知道和赞赏列宁的哲学笔记，但是黑格尔式的马克思在《辩证唯物主义教科书》中也没有任何反响。② 这些能干而又独立的思想家都不能被视为单纯的普及者。

反法西斯主义时期是马克思主义吸引许多自然科学家和他们为了一般的反法西斯主义目标而被动员起来的第一个时代，可能是迄今为止唯一如此的时代。这一事实或许最充分地揭示了反法西斯主义时期的西方马克思主义的具体特征。20 世纪 60 年代和 70 年代，按照柯尔施和其他人以前已经提出的批判路线，拒斥那种认为马克思主义是一种包括自然世界和人类历史的全面世界观的思想，变成了流行的做法。但是，20 世纪 30 年代，恰恰是马克思主义的这种无所不包的性质，才使新马克思主义者和新老自然科

---

① H. Lefebvre, *Le matérialisme dialectique*, Paris, 1939, pp. 62-64.
② 在他去世后分别在巴黎（1946）和伦敦（1939）出版。

第十一章 反法西斯主义时代：1929—1945 年

学家对恩格斯所阐述的理论产生了兴趣。①

这在英国、美国和法国——在德国的大灾难之后成为西方主要的自然科学研究中心——是特别明显的现象。在最高峰时期，一些现在或将来知名的自然科学家是共产主义者、共产主义的同情者或者激进左派的密切支持者，他们的数量给人留下了十分深刻的印象。单在英国，它起码包括 5 位未来的诺贝尔奖获得者。在低潮时期，剑桥大学——迄今为止英国最重要的科学中心——的科学家们具有出名的激进主义。作为当时一个受到限制的组织，"剑桥大学科学家反战小组"创立时拥有大约 80 名来自研究人员的成员。②如果积极分子是少数人的话，那么大多数人至少是左派的消极同情者。据估计，1936 年，在英国 40 岁以下的 200 位最优秀科学家中，除了 5 位或 6 位是古怪的右翼外，15 位是英国共产党的党员或同路人，50 位是积极的中左派，100 位是左派的消极同情者，剩下的科学家是中间派。③

在法西斯主义国家，科学家被大规模地驱逐出境并流

---

① "马克思主义'哲学'也经历了一种奇特的流行。当恩格斯写《反杜林论》时，他精心寻求所有那些在自然科学以及新物理学和新化学中似乎揭示出自然世界中'辩证法'的东西，这种辩证法与马克思和他已经运用于历史和社会研究中的辩证法是一样的。现在一些学者，甚至是大学者，以其人之道还治其人之身，在其中发现了他们独特科学的'哲学'。" A. Rossi, *Physiologie du Parti Communiste Français*, Paris, 1948, p. 335. 这本书写于 1942 年。

② E. H. S. Burhop in M. Goldsmith and A. Mackay (eds.), *The Science of Science*, London, 1964, p. 33.

③ C. P. Snow in John Raymond (ed.), *The Baldwin Age*, London, 1960, p. 248.

亡国外，因此，他们自然反对法西斯主义。然而，马克思主义却不是同样自然地吸引了他们，因为20世纪的科学基本上难以与19世纪的各种模式相调和，19世纪的各种模式是恩格斯观点的基础，是列宁在哲学上与之战斗的东西。①恩格斯的《自然辩证法》和列宁的《唯物主义与经验批判主义》当然是可以看到的经典著作。正如梁赞诺夫在为《自然辩证法》所撰写的导言中以学者的真诚所指出的那样，1924年，恩格斯的手稿实际上曾经交给爱因斯坦进行科学的评估，这位伟大的科学家说："不论从当代物理学的观点来看，还是从物理学史方面来说，这部手稿的内容都没有特殊的趣味"，可是，"如果考虑到这部著作对于阐明恩格斯思想的意义是一个有趣的文献，那是值得出版的"。②然而，《自然辩证法》没有被认为推动了恩格斯思想的发展，但是至少一些与本书作者是同时代人的剑桥大学年轻

---

① J. B. S. 霍尔丹是一位共产主义的天才生物学家，承认列宁的时空观与相对论不相容，但是，他又安慰自己说，在1922年一篇"我看不到译文"的文章中，列宁接受了相对论，同时又拒斥了对它的唯心主义解释（*The Marxist Philosophy and the Sciences*, London, 1938, p. 60）。他把这比做列宁对新经济政策的接受。

② *Marx-Engels Archiv*, Band II, Erlangen, 1971, pp. 140 – 141. 德国社会民主党似乎没有按照一位自然科学家的建议（在恩格斯逝世后不久）出版恩格斯的《自然辩证法》手稿。这位科学家当然是与德国社会民主党存在关系的少数自然科学家之一，但却"强烈地信奉经验主义，敌视辩证法"（Ryazanov in *Marx-Engels Archiv* II）。针对恩格斯已经过时的指责，梁赞诺夫本人谨慎地为恩格斯进行了辩护，事实上，《自然辩证法》的手稿最初不是在 MEGA 中发表，而是发表在《马克思恩格斯文库》中，《马克思恩格斯文库》专门发表马克思主义创始人的补遗著作，而不是真正的著作。

第十一章 反法西斯主义时代：1929—1945年 >>>

科学家认为，这部著作推动了他们科学思想的形成。① 我们也必须指出，当时有一些共产主义科学家私下里承认，辩证唯物主义与他们的研究似乎没有直接的相关性。

既然这不是考察马克思主义自然科学解释史的地方，因此，这里不可能讨论这一时期把辩证法应用于自然科学的尝试。② 不过，我们可以就马克思主义对自然科学家的吸引力作出三点评论。

第一，它反映出科学家对19世纪决定论的机械唯物主义的不满，这种唯物主义产生了显然与马克思主义解释原则难以调和的结果。这不仅给每一门学科带来了许多困难，而且造成了科学的普遍碎片化，并在科学知识的革命性进步与它声称要解释的总体现实的日益混乱和不连贯的形象之间造成了日益加剧的冲突。正如一位卓越的青年马克思主义者（不久死于西班牙）所说：

> 现在已经到了这样的地步：在每一门学科中，拥有专业化理论的实践与尚未阐明的一般科学理论是如此地冲突，以至于整个机械论哲学事实上已经被推翻了。生物学、物理学、心理学、人类学和化学发现，对于非自觉的一般科学理论来说，它们的实验发现是一股太大的张力，因而科学消解成了各个片断。科学家们对一般科学理论已经绝望，躲入了经验主义、折

---

① 来自个人资料。
② J. B. S. Haldane, *op. cit.*, and *A la lumière du marxisme*, Paris, 1936.

衷主义或者专业化之中：经验主义放弃了寻求总体世界观的一切尝试；折衷主义把所有专业化理论归在一起，拼凑出一种世界观，而不是尝试把它们统一起来；专业化把整个世界还原为理论家们在实践上关注的特殊的专业化科学理论。无论如何，科学陷入了无政府状态之中；人类第一次对于从科学中获得关于现实的任何实证知识感到了绝望。①

一些人认为，不论在克里斯托弗·考德维尔所说的"物理学危机"中，还是在遗传学给达尔文进化论造成的——J. B. S. 霍尔丹（J. B. S. Haldane）试图克服②——种种困难中，或者在更一般的意义上，过去数十年的革命性进步由此瓦解了科学的世界观。对这些人来说，辩证唯物主义具有三大吸引力。第一，它声称要统一所有的知识领域，因而遏制了它们的分裂。最著名的马克思主义科学家——例如霍尔丹、J. D. 伯纳尔（J. D. Bernal）和李约瑟——在他们的知识和兴趣范围内是特别的渊博，这大概不是巧合。面对哲学上的不可知论、实证主义或数学博弈论，辩证唯物主义还坚定地维护这样一种信念：世界是客观的存在，从理性的角度来看是可知的，不是不确定的和不可知的。在这个意义上，马克思主义科学家支持"唯物主义"，反对

---

① Christopher Caudwell, *The Crisis in Physics*, London, 1939, p. 60.
② J. B. S. Haldane, "A Dialectical Account of Evolution", *Science and Society*, I/4, 1937, pp. 473–486.

第十一章 反法西斯主义时代：1929—1945年

唯心主义，愿意忽视诸如列宁的《唯物主义和经验批判主义》这样的唯物主义辩护所存在的哲学和其他弱点。

第二，马克思主义始终批判作为19世纪科学基础的机械论的和决定论的唯物主义，因而声称为这种唯物主义提供了一种替代。事实上，马克思主义自身的科学归属既不是伽利略主义，也不是牛顿主义，因为恩格斯本人终身偏爱德国的"自然哲学"。毫无疑问，恩格斯青年时代的德国学生正是成长于这种哲学之中。恩格斯是开普勒而不是伽利略的同情者。马克思主义传统的这一方面可能有助于吸引这样一些知识分子：他们的研究领域（生物学）或者精神气质使一门科学——它的最大成功是物理学——的机械论—还原论模式和把实验对象脱离它的环境（"保持其他条件相同"）的分析方法变得特别不合时宜。这样的科学家[李约瑟、C. H. 瓦丁顿（Waddington）]关注的不是部分，而是整体，是一般的系统理论——人们尚未熟悉的术语，是那些在活生生的现实中把传统"科学方法"所分开的各种现象统一起来的整体；例如，"轰炸仍然运作的城市"（李约瑟所使用的一种适合反法西斯主义时代的例证）①。

第三，辩证唯物主义把矛盾概念化入到它的方法之中，提供了一条使科学摆脱各种不一致的途径。（"不同工人的

---

① Joseph Needham, "On Science and Social Change", *Science and Society*, X, 3, 1946, pp. 225 – 251；该文在1944年写于中国。李约瑟是一位基督徒、马克思主义者、胚胎学家、（胚胎学、英国革命和中国科技文明的）历史学家、科学和非伽利略主义的世界观的永恒追求者，是不满19世纪各种模式的特别有趣的典型。

发现彼此似乎是明显冲突的。正是在这里,辩证的方法是关键。"——J. B. S. 霍尔丹)

于是,科学家们在马克思主义那里发现的不是一种用错误的方式作出各种假设的更好方法,更不是一种具有丰富启发性的观察自己领域的方法。恩格斯《自然辩证法》的错误和过时观点也不一定困扰着他们。在《自然辩证法》中,科学家们发现了一种认识世界的全面和统一的方法,并在这样一种方法似乎解体并且暂时没有其他方法替代时发现了《自然辩证法》所包含的一切。20 世纪 30 年代初期,科学陷入了混乱,新一代科学家(海森堡、薛定谔、狄拉克)与爱因斯坦和普朗克之间出现了分歧:前者推进到了新的领域,不担心科学的一致性,后者是牛顿物理学的"老近卫军",变成了"一种阻碍(辩护)……无法对敌人的阵地进行任何的反击"[1]。倘若不认识到科学的这种混乱状况,就不可能理解通过辩证唯物主义来寻找一种新道路的做法。

然而,马克思主义还为科学作出了另一项重大贡献。它在科学史上的应用具有一种揭示的力量,给许多科学家留下了印象:1931 年,B. 黑森(B. Hessen)的论文《牛顿原理的社会经济根源》首次在英国的一次大会上宣读,因此在科学家的马克思主义发展上具有十分重大的意义。[2]马克思主义把科学的进步纳入社会的运动之中,并在此过程

---

[1] Caudwell, *op. cit.*, pp. 21, 3.
[2] In *Science at the Crossroads*, London, 1931.

第十一章 反法西斯主义时代:1929—1945年 >>>

中表明科学解释的"范式"(使用一个后来发明的术语)不完全来源于知识研究的内在进程。在这里,马克思主义的具体分析是否有效仍然不是主要的问题。即使在当时,黑森的论文也遭到了合乎情理的批评。正是其方法的新奇性和丰富性,才使它产生了影响。

黑森的论文之所以产生了影响,部分原因是它同马克思主义科学家和苏联而不是马克思主义对科学世界的第三大贡献存在联系:坚持科学的社会重要性、科学发展规划的必要性和科学家这种规划中的作用。1932年初,马克思主义数学家H.莱维〔在霍尔丹、霍格本(Hogben)和伯纳尔的支持下〕发表了一篇关于"按照社会发展的趋势"① 规划科学的必要性的论文,马克思主义以这篇论文的形式进入了有影响的英国科学家和其他知识分子俱乐部——"托兹与奎兹"俱乐部的讨论中,这并不是巧合。同样并非巧合的是,在像法国这样科学研究缺乏系统支持的社会中,左派科学家本该使自己成为科学发展规划的倡导者,本该使人民阵线政府相信这种规划的必要性:社会主义者让·佩林(Jean Perrin)和共产主义同情者(及后来的共产主义者)保罗·朗之万(Paul Langevin)是国家科学研究基金——后来成为国家科学研究中心——的主要推动者,而且伊雷娜·约里奥−居里(Irène Joliot-Curie)担任了法国科学部副部长。在这个意义上,或许最重要的且无疑是到目

---

① S. Zuckerman, *From Apes to Warlords*, London, 1978, p. 394. Appendix I gives details of the Tots and Quots.

前为止最有影响的马克思主义科学著作是 J. D. 伯纳尔的
《科学的社会功能》(The Social Function of Science, London,
1939),这仅仅是因为正是一位马克思主义者阐述了本来并
不特别同情马克思主义的广大科学家们共同的情感和看法:
主张应该把科学家当做第四或第五"等级",批判那些没认
识到科学在生产（和战争）中的根本地位和科学帮助规划
社会资源的根本作用的国家和社会。这一呼吁当时得到了
非常广泛的反响,因为科学家们认为只有他们才了解新科
学革命（例如核物理学）的理论和实践意义。科学家说服
政府把现代科学理论应用于社会的第一个也是最大的成功
是在反法西斯主义战争中,这真是历史的讽刺。更大和更
具悲剧性的讽刺是,正是反法西斯主义的科学家说服美国
政府相信制造核武器的可行性和必要性,当时一支主要由
反法西斯主义科学家组成的国际团队建造了核武器。

　　马克思主义对许多重要自然科学家的吸引已经被证明
是短暂的。即使 1948 年后苏联国内的发展（尤其是李森科
事件）没有与一般的科学家相对立,没有使共产主义科学
家不可能坚持自己的立场,那种吸引大概也不会持续下去。
在历史编纂学和马克思主义讨论中,至少在否定马克思讨
论乃至想要讨论自然科学这种做法成为时尚的时候,在恩
格斯本人关于自然科学的著作被贬低为仅仅是 19 世纪进化
论者与科学和哲学业余爱好者的著作成为时尚的时候,马
克思主义对自然科学家的吸引力几乎已经被人遗忘了。然
而,这种吸引力不仅提醒我们不能如此贬低马克思主义与

第十一章 反法西斯主义时代：1929—1945 年 >>>

自然科学的关系，而且提醒我们记住反法西斯主义时代知识分子的马克思主义的实质性内容。这种吸引力既反映出与马克思主义之前的理性主义和进步传统之间的连续性，也反映出这样一种认识：只有通过实践和理论上的革命才能推进这种传统。而且，它有助于解释为什么当代马克思主义知识分子真正和真诚地欢迎苏联正统版的辩证唯物主义和历史唯物主义，为什么他们不仅仅是因为它来自苏联就接受它（带有或多或少的理性化）。

对马克思主义者来说，马克思主义既包含与旧资产阶级（事实上和无产阶级）的理性、科学和进步传统之间的连续性，又包含在理论和实践上对这种传统的革命改造。非马克思主义知识分子发现自己趋向于那些与自己一道反对共同敌人的共产主义者，对他们来说，马克思主义没有如此重大的理论意义。他们发现自己和马克思主义者站在相同的一边。即使在他们发现马克思主义的观点是陌生的时候，他们认识到或者认为自己能够认识到常见的态度和抱负，或者至少他们像 J. M. 凯恩斯——他绝不是马克思主义乃至任何类型社会主义的同情者——那样推崇和尊重青年狂热分子的希望、信心、活力以及通常具有的英雄主义和自我牺牲。

在各类自由主义者之外，除了战后一代 35 岁以下的知识分子共产主义者外，在今天的政治中没有人值得一提。他们也是我喜欢和尊重的一群人。或者从他们的情感和本能来看，他们是最像这样一种典型的英国绅士：躁动不安的非国教徒，参加十字军东征，发动宗教改革运动，反对"大叛乱"，为我们赢得了公民自由和宗教自由，在上个世纪把工人阶级人道化了。①

各种各样的思想上的"同路人"实质上属于这种环境，有人曾经带着怀疑和嘲弄回顾了他们的历史②。"同路人"本身是模糊不清的术语，因为正是借助这一术语，冷战时期的反共产主义竭力把自由主义知识分子与共产主义知识分子在法西斯主义和反法西斯主义实践必要性上的广泛政治共识，与在由共产党人所组织的大会上用来美化"广泛"纲领和签署宣言的极少数人混为一谈，甚至与那些成为苏联政策捍卫者或辩护士的极少数人混为一谈。这两类人之间的界线模糊多变，但仍然必须划出。反法西斯主义的必要性不鼓励对其最积极和最有效的力量的批评，就像战争的必要性不会鼓励任何会破坏各种反对希特勒和轴心国同盟的力量团结的事情一样。不过，绝不意味着"同路同行"。

英国作家乔治·奥威尔的文学命运揭示了这一点。这位作家批判斯大林主义，批判西班牙内战的共产主义政策，批判英国左派的各种倾向。他所遇到的种种困难不是

---

① Interview in *New Statesman*, 28.1.1939.
② D. Caute, *The Fellow Travellers: A Postscript to the Enlightenment*, London, 1973.

第十一章 反法西斯主义时代：1929—1945 年 >>>

来自于共产主义者（奥威尔与他们没有什么关系）或者他们的同情者，而是来自于非共产主义和非马克思主义的编辑和出版商——他们打心底里不愿意出版那些可能帮助和符合"敌方"的著作。① 事实上，直到"二战"后奥威尔拥有大量读者的时代，公众仍然不接受这样一些著作。他的《向加泰罗尼亚致敬》（1938）一书只卖出了区区数百本。

从思想的起源和同情来看，那些名副其实——具有所有应具有的条件——的思想上的"同路人"是一个非常庞杂的群体，虽然对他们几乎所有人来说，"一战"的经历——他们几乎毫不例外地憎恨"一战"——是一种创伤，具有决定性的意义。在他们当中，大多数人已经是或者变成了自由主义左派和理性主义左派，几乎无人被马克思主义或共产党所吸引。事实上，他们自己的、普遍提升的知识分子角色形象排除了持续的行动主义和对共产党纪律的服从。尽管像罗曼·罗兰、亨利希·曼（Heinrich Mann）和列昂·福伊希特旺根（Lion Feuchtwanger）这样的人有时（像左拉一样）愿意介入公共事务，始终期望得到关注，但是他们自认为——用罗兰的话说——"超脱于各种

---

① 关于奥威尔《动物庄园》所遭到的困难，参见 B. Crick, *George Orwell: A Life*, London, 1980, pp. 310-319。《新政治家与国家》杂志编辑金斯利·马丁（Kingsley Martin）支持马克思主义统一工人党，拒绝发表奥威尔的文章："我关心西班牙战争的失败更胜过我生活中曾经发生过的其他任何事情……双方的行为都带有可怕的残酷性；但是，为了一方面不是另一方可能取胜，我不得不基于一般的公共理由作出自己的决定。"引自 P. Johnson in *New Statesman*, 5.12.1980, p.16。

纠纷之外"。

俄国的革命或其他任何革命也没有对他们产生巨大的吸引力。事实上，苏联国内政策的压迫性和恐怖主义使罗兰、曼和阿诺德·茨威格等人敬而远之。在希特勒胜利之前，他们甚至抗议过苏联的国内政策。① 20 世纪 30 年代，唯有反法西斯主义才可能使他们成为苏联的支持者和辩护者。正如 1951 年托马斯·曼所说："如果有什么能够让我尊重俄国革命的话，那么只有它对法西斯主义的永恒反对。"② 然而，从根本上来说，正是启蒙思想的遗产，正是理性主义、科学和进步的遗产，才是他们相信他们在苏联所认识到的东西。

他们持有这种看法的时候，恰逢苏联的现实可能被认为排斥西方自由主义知识分子之时：斯大林主义恐怖的时期和俄罗斯文化冰河时代的冰川扩张时期。不过，这也是西方资产阶级—自由社会的地震时期，是大萧条、法西斯主义胜利和世界大战临近的三重悲剧时期。俄国热情地信奉西方自由主义黎明时期的启蒙价值观和理想，实施了有计划的工业化——与自由经济的危机形成了鲜明的对立。与这些相比，更不用说与反法西斯主义角色相比了，俄国长期以来的落后和野蛮状况似乎不是那么重要了。"建设中的苏联"（后来成为一份对外宣传画报名称的术语）可能表

---

① 1930 年，阿诺德·茨威格谴责了最早的审判秀之一（D. Caute, *op. cit.*, p. 279）。

② 引自 J. Rühle, *Literatur und Revolution*, Munich, 1963, p. 136。

现为一个按照理性、科学和进步的形象进行建设的社会,表现为启蒙思想和法国大革命的直接继承者。它变成了为了人类的目标而进行的社会工程——人类对更美好社会的希望的力量——的范例。正是苏联历史的这一阶段才吸引了这样一些作家:对于20世纪20年代的乌托邦希望、社会革命的爆发、贫困与高尚希望之间的结合、理想与荒谬之间的交织以及文化欢腾,他们不为所动。

此外,鉴于处于革命阶段的苏俄和早期的共产党拒绝了作家们的自由主义的人道主义,它们现在强调它们与这种人道主义的共同之处。与先锋派相反,格尔奥格·卢卡奇认为,正是资产阶级伟大经典作家及其继承人——高尔基、罗兰、亨利希·曼和托马斯·曼——不仅创作了最优秀的文学作品,而且创作了政治上最积极的文学作品。这一判断不仅符合卢卡奇的趣味和批判原则(更不用说自1928—1929年"布鲁姆纲领"以后他不再能够自由表达的政治倾向了),而且符合如今已经变成共产党官方政策的反法西斯主义广泛阵线的各种原则。西方"资产阶级民主派"比它们的先辈更愿意接受苏联的1936年宪法。如果苏联的1936年宪法完全停留在纸面上,那么这张纸至少代表那些他们会真诚欢迎的理想。

因此,马克思主义者和非马克思主义者之所以走到一起,不只是因为团结起来反对共同敌人的现实需要。他们都属于法国大革命的传统,属于理性、科学、进步和人道主义价值观的传统,这是一种由大萧条和希特勒的胜利所强调和强化的深刻意识。对马克思主义者和非马克思主义者来说，这种认同过程之所以变得更容易，是因为在这一时期变成官方学说的马克思主义哲学，是因为西方马克思主义的中心转移到法国和盎格鲁-撒克逊国家，在这些国家中，马克思主义知识分子和非马克思主义知识分子都成长于一种渗透着这种传统的文化之中。

六

然而，反法西斯主义从根本上来说不是一扇通往学术理论的大门。它首先是政治行动、政策和战略的问题。这样一来，反法西斯主义使马克思主义知识分子和非马克思主义知识分子、那些在反法西斯主义时期参与政治的知识分子和那些没有参与政治的知识分子面临更长久的政治记忆，面临那些本章不可能忽视的政治分析和决定。

当前的研究不可能把对知识分子参加反法西斯主义事业的动员量化，但是就像"德雷福斯事件"一样，我们可以自信地说，反法西斯主义事业对作为一个群体的知识分子具有特别的吸引力，动员了大多数知识分子参与政治行动，最重要的是，与过去的通常情况相比，它为知识分子服务于"作为知识分子"的事业提供了更广泛的机会。难怪一些知识分子会参加西班牙的战斗了，尽管没有特殊的努力鼓励他们这样做；确实，在英国，学生们在策略上被

第十一章 反法西斯主义时代：1929—1945年 >>>

劝阻参加志愿行动。①然而，他们不是作为知识分子，而是作为士兵加入了"国际纵队"。难怪他们加入战时抵抗运动；他们参加了武装游击斗争，甚至成为其中著名的人物，这也不奇怪。这些活动都不仅限于知识分子。这一时期的新现象，可能也是共产主义运动比其他地方更早认识到的事情，是特殊知识分子对反法西斯主义运动作出的广泛贡献：不仅是——如果知名的话——宣传的象征，而且是他们在媒体（出版、新闻、电影、戏剧等）上作为科学家或者以其他要求人们符合其条件的方式所做的工作。例如，对科学家进行反对战争——随后的"二战"——的志愿和自发动员本身没有任何的先例。

事实上，像J.罗伯特·奥本海默——主要负责建造第一颗原子弹的科学家——这样的人物的经历，只有在决定它的具体历史环境下才能够理解。20世纪30年代，像他这样的知识分子自然会成为反法西斯主义者，被共产主义所吸引。但是，反法西斯主义的科学家本该是让本国政府注意到核武器可能性的唯一群体，因为只有科学家才能认识

---

① "国际纵队"似乎不包含许多知识分子（除那些作为职业革命家履行其职责而参加"国际纵队"的知识分子外），尽管他们的出现在美国人中似乎异常明显，而且在捷克人中似乎是偶然的。Andreu Castells, *Las Brigadas Internacionales de la guerra de España*, Barcelona, 1974, pp. 68 – 69. 也可参见 N. Carroll, *The Odyssey of the Abraham Lincoln Brigade: Americans in the Spanish Civil War*, Stanford, 1994; Rémy Skoutelsky, *L'Espoir guidait leurs pas: les volontaires français dans les Brigades Internationales*, Paris, 1998; Richard Baxwell, *Volunteers in the Spanish Civil War: The British Battalion in the International Brigades, 1936 – 1939*, London, 1994.

到这种可能性,因为只有具有政治意识的科学家才会如此迫切地感觉到必须抢在法西斯主义者之前获得这样一种武器。这样的科学家不可避免地成为政府亟需的人才,知道最重要的国家秘密:其他人不可能发现和建造必须成为秘密的东西。同样不可避免的是,他们的立场复杂,变得越来越艰难。他们坚持自己的道德和政治立场,但这些立场不符合那些雇佣他们的国家机构的道德和政治立场(只有在自由的科学交流上除外)。不仅如此,国家机构也越来越不信任作为知识分子的他们,就像在"二战"后俄国成为主要敌人时越来越不信任拥有反法西斯主义和前共产主义历史的人一样。不可避免地,他们在军事—技术问题上的看法与在道德和政治问题上的看法不可能清楚地区分开。然而,尽管这在反法西斯主义斗争主宰一切心灵的时候没有造成什么困难,但是"二战"后的核政策问题——例如是否应该建造氢弹——为更大的道德和政治分歧留下了空间。

奥本海默成为冷战的最大牺牲者:最著名和最有影响的美国政府官方科学顾问被毫无根据地指控为俄国的间谍,并且作为"安全风险"被剥夺了获取信息的权利。在以前的任何战争中,像奥本海默这样的人及其政府不可能面临这样的困境,因为那时任何武器都没有如此完全依赖大学教授的创造精神和专业知识。后来的几代科学家更不可能出现这样的状况,因为他们缺乏前辈们所拥有的政治上可疑的历史,即使他们不属于如今数量庞大的科学公务员或

第十一章 反法西斯主义时代：1929—1945年 >>>

者那些作为非政治专家专门从事毁灭事业的人时也是如此。这通常是反法西斯主义时期的知识分子和政府——发现自己与他们相关——的困境。

于是，反法西斯主义使知识分子和其中的马克思主义者面临新的任务和可能性，使他们面临政治行动和公共行动的新问题。这些对共产主义者和共产主义同情者来说是特别尖锐的问题。这里不是思考他们对在法西斯主义失败后的发展的反应的地方。我们也不必花费许多时间来思考共产主义运动在反法西斯主义时期改变特定政策所带来的后果，尽管其中一些变化——尤其是1939—1941年苏联政策的扭转以及北美和南美一些共产党的暂时解散（"白劳德主义"）——在共产主义者中造成了重大的冲击。宽泛地说，共产主义运动的国际路线在1934—1947年并未改变，并且在这样一些短暂的偏离后回到了它的基本路线。我们也不必非常关注共产党党内领导层与知识分子之间的具体摩擦，尽管我们已经提到这些摩擦确实存在。在反法西斯主义时期，这些摩擦几乎肯定不仅仅是由知识分子对运动的涌入、共产党对其政治价值的评价（或多或少"广泛"或者哪怕是不明确认同共产党的杂志和协会的数量倍增表明了这一点①）和他们自主活动的相对广泛的范围所抵消。

---

① 在这些杂志中，值得一提的杂志包括：法国的《公社》、《欧洲》、《思想》和（在更广泛的人民阵线的基础上）《星期五》周刊，英国的左派图书俱乐部、短命的《左派评论》、《现代季刊》以及"二战"期间和之后的《我们的时代》，美国的长期杂志《新大众》、《科学与社会》和《党人评论》。

毫无疑问，个别的知识分子往往由于各种各样的原因而离开或者被驱逐，而且在知识分子中无疑会有共产主义政策和苏联的最明确的批评者。但是，从总体上来看，既然共产主义运动在这一时期没有出现严重的分裂，既然知识分子的"组织"也没有发生严重的脱离活动（在某种程度上除了美国外），既然异议的马克思主义群体此时仍然微不足道，因此，那些自认为实质上代表"忠诚"的无产阶级的政党与那些从根本上被视为"小资产阶级"和"不可靠"的知识分子之间的紧张总体上处于可控的范围内。

各种严重的困难产生于国际共产主义运动所采用的反法西斯主义政策。我在其他地方已经讨论了从"阶级斗争"路线到支持反法西斯主义和人民阵线的变化所带来的影响，但是仍然应该强调这种变化在大多数共产主义者关于政治的信念中所代表的急剧变化。正是在反对自由主义和社会民主主义的情况下，他们的信念才准确地建构起来，从而确保任何类型的改良主义和向现状的妥协不会传染给致力于世界革命的布尔什维克主义。

这造成了心理上而不是理论上的困境。共产国际第七次世界代表大会的路线不难找到马克思主义的合理性证明和先例，并且这些合理性证明和先例似乎全都更令人信服，因为它们显然符合常识。对共产主义者来说，"布尔什维克化"和"阶级斗争"时期所出现的困难在于从除了纯策略之外的其他视角来设想新的路线，这种新的路线是对临时形势的临时退让，之后将会继续旧的阶级斗争，或者并不

第十一章 反法西斯主义时代：1929—1945年

是一种伪装。共产国际第七次世界代表大会本身就见证了新路线（对共产主义者来说）的新颖之处，因为它坚称它不是要与旧的路线决裂，而只是要适应具体的政治形势，当然只是纠正过去可以避免的"错误"。与此同时，出于策略上的原因和大概为了不排除苏联国家政策的各种选项，共产国际不愿意自由和明确地讨论新的视角，从而模糊了新视角的新颖性。无论新共产主义者还是旧共产主义者，在官方上仍然都相信苏联的政权是推翻"剥削者的阶级统治"的唯一的最终形式，他们究竟在多大程度上清楚地认识到或者接受那些新视角的含义也是一个根本不清楚的问题。①

然而，无论新的路线是多么谨慎和临时制定出来的，它显然不只是想要成为一种策略上的过渡。它设想了除了暴力夺取政权外的一种社会主义过渡模式，在埃尔科利报告中甚至设想了一种可能的和平过渡。新的路线设想了一些可能不是"无产阶级专政"的政权过渡形式，就像在"新民主主义"或"人民民主"思想中所设想的那样。此外，它暗含着这样一种共产主义政治：这种政治实质上不是无产者与资本家之间的阶级斗争的延伸（因为"阶级合作"可能是必要的和有可能的），因而可能直接来源于资本主义的经济结构。毋宁说，新的路线设想或暗含一种既是

---

① 在共产国际第七次代表大会上，季米特洛夫说："这个（反法西斯主义联合阵线）政府不可能带来最终的拯救……因此，必须为社会主义革命做好准备：苏联的政权且只有苏联的政权才能带来这样一种拯救。"

自主的又旨在实现工人阶级对整个国家的领导权或霸权的政治。毫无疑问，尽管新的路线不认为所有的资本家都是法西斯主义者，但是它把法西斯主义说成是资本主义的极端的和合乎逻辑的版本。在资本家当中，少数亲法西斯主义者可能被等同于"垄断资本家"（例如法国的"200个家族"），而"垄断资本家"则被说成是"农民、艺术家和小资产阶级大众"以及工人的剥削者。然而，反法西斯主义检验的不是阶级立场和意识形态，而只是加入反法西斯主义阵线的意愿，或者更确切地说，加入反对作为战争主要发动者的德国法西斯主义的意愿。在胜利后，资本家不是作为资本家，而是作为法西斯主义者和叛国者被剥夺。

回过头来看，现在能够比当时更清楚地看到新路线的含义。如果我们重读对西班牙内战的共产主义官方分析——由陶里亚蒂起初在"西班牙革命"这个重大标题下（1936年12月）撰写，它的主旨是毫无疑问的。西班牙人民的斗争"是资本主义国家人民群众争取解放的最伟大事件，仅次于1917年十月社会主义革命"。西班牙人民的斗争是一场革命。尽管它是在"解决资产阶级民主革命的任务"，但它"是以一种符合广大人民群众的最根本利益的新方式……解决（资产阶级民主革命的任务）"，也就是说，它不单单是一场资产阶级民主革命（就像陶里亚蒂在认为不可以把它完全比做1905年俄国革命或者1917年十月革命时也认为的那样）。它在由军队叛乱导致的武装斗争的条件下解决资产阶级民主革命的任务；它被迫没收叛乱地主和

第十一章 反法西斯主义时代：1929—1945 年

雇主的财产；它能够利用俄国革命的经验；最后，"西班牙工人阶级正在奋力完成它在革命中的领导角色，并且由于斗争的广泛范围和形式而在这种领导角色上打下了无产阶级的烙印"。同时，这不是一种仅仅由工人和农民进行的阶级斗争，因为西班牙人民阵线拥有更为广泛的基础。它也不仅仅相当于 1905 年列宁所设想的"工农民主专政"，因为"在内战的压力下，它正在采取一系列比革命—民主专政纲领更深入一些的措施"。由于战争的种种需要，它将不得不沿着"对国家全部经济生活进行严格管制"的方向走得更远。因此，"人民要取得胜利，这种新的民主不能容忍所有的保守主义；由于它拥有自身进一步发展的所有条件，它为西班牙工人取得进一步的经济和政治成就提供了保证"。

总而言之，充当共产国际代言人的陶里亚蒂提出了一种社会主义过渡战略：社会主义在这种情况下以内战的形式从反法西斯主义斗争的特殊条件下逐步成长起来，并且不同于 1905—1917 年俄国的革命进程。这里可能存在关于斗争形式——例如共和国政府的政策和取得战争胜利的最佳方式——的争论的空间。争论确实存在，并且仍然继续存在。但是，这里不可能存在对这种分析的革命视角进行争论的空间，即使我们必须指出，后来共产主义者关于西班牙的主张往往贬低西班牙内战的革命特征。然而，陶里亚蒂的表述（"符合广大人民群众的最根本利益""更深入一些""自己进一步发展的所有条件"等）故意模糊含蓄。

尽管这些表述的含义对老布尔什维克来说是清楚的，但是包含一种故意的模棱两可性。这既不利于提醒非社会主义的反法西斯主义者注意到，共产主义者把"人民阵线对法西斯主义的最终胜利"视为无产阶级胜利的准备，也不利于向共产主义者十分清楚地阐明新的路线究竟在多大程度上突破了过去的革命战略假设。对非社会主义的反法西斯主义者和共产主义者来说，最好是集中全力完成反法西斯主义斗争的直接任务。

这没有影响那些在1936—1939年积极支持西班牙共和国的广大群众。西班牙内战激起了最广泛的、自发的国际反法西斯主义动员——尤其是在知识分子中间，一种相对而言甚至比战时抵抗运动更广泛的动员，因为这是一种独立于政府的动员，既不是反对外国征服所激发的动员，也不是对主要敌人的性质存在分歧的动员。它分化了国际右派，因为一部分国际右派——即使在天主教徒中——同情西班牙共和国，或者敌视西班牙共和国的敌人。它使从自由民主派到无政府主义者的左派团结起来，尽管左派的一些派别之间存在相互敌视。左派在许多事情——包括反对佛朗哥的最佳途径——上存在分歧，但在反对佛朗哥的必要性上不存在任何分歧。而且，可以有把握地说，对西班牙共和国的大多数海外同情者来说，最重要的事情是打败佛朗哥，而不是随后可能出现的西班牙政权的性质。甚至更进一步也是有可能的。像战时抵抗运动的大多数支持者一样，西班牙共和国的大多数同情者渴望后法西斯主义的

第十一章 反法西斯主义时代：1929—1945年

政权，这种政权在或多或少模糊的意义上是"新的"乃至"革命的"政权，即更自由和更公正的社会，或者无论如何不是简单地恢复以前的状况。

然而，对马克思主义者来说，反法西斯主义与社会主义之间的关系是更具体和更尖锐的问题；对马克思主义者中的共产主义者来说，在关于这一问题的争论周围的薄雾从未散去。作为共产主义者，他们相信广泛的反法西斯主义路线会使他们更加接近权力的转移。由于实行这一路线，各个共产党迅速地增强了自身的力量，抵抗运动——即反法西斯主义路线的逻辑产物——实际上把政治斗争改造成了武装斗争，事实上，不仅共产党作为反法西斯主义联合政府的参与者在反法西斯时期变得前所未有地强大（除了在西班牙和德国的部分地区外），而且权力在许多国家实际上已经发生了转移。

于是，共产主义者很少因为对异议的马克思主义者和其他马克思主义者的批判而遇到严重的困扰。其他的马克思主义者认为，在加强反法西斯主义的统一时，阶级斗争和革命遭到了背叛，而且苏联并不关注外国的革命（或许除了那些红军所强加的革命外）。毫无疑问，就反对主要敌人的民族和国际团结而言，一些比较极端的做法冲击了具有战斗精神的人，因为这些做法与他们的本能、传统乃至经验相冲突。然而，就共产主义路线代表反法西斯主义逻辑而言，它在总体上来说似乎令人信服和切合实际。在西班牙内战中，共产主义的战斗政策存在何种替代选择呢？

当时就像现在一样答案必定是：没有。① 1936年，多列士（Thorez）反对马索·皮维特（Marceau Pivert）是错误的："人民阵线不是革命"？历史学家和左派对此产生了争论，但当时这似乎是一种合乎情理而不是错误的主张。由于1943—1945年未能实施更激进的政策乃至尝试夺取政权，法国共产党和意大利共产党遭到了激烈的批评，但是它们的大多数党员和同情者——主要是抵抗和解放时期入党的党员——似乎毫不困难地接受了党的路线。至于苏联，恰恰是那种认为它不会支持外国社会主义的看法在一些共产主义者看来似乎是荒谬的，这些共产主义者的政治分析建立在如下假设之上：无论苏联的国际政策发生何种变化，世界上第一个和唯一的社会主义国家的利益与那些希望按照它的模式在其他国家建设社会主义的人的利益从根本上来说不可能不一致。

事实上，当时关于共产主义路线在反法西斯主义阶段是否有效的争论没有任何比较意义上的重要性，除了在当时孤立的异议的马克思主义边缘人物那里外。在斯大林去世后的时期，这些异议的马克思主义边缘人物拥有了更广泛的听众，这不仅是因为以莫斯科为中心的坚如磐石的共产主义运动解体了，而且最重要的是因为这样一个发现：尽管反法西斯主义战略取得了异常的成功，但是除了在那

---

① 用一位著名的古典学者（他作为共产主义"国际纵队"成员已经是久远的历史）的话说："现在社会革命对（某些人来说）可能曾经是乐园，但它是傻瓜的乐园；没有一支高效的军队，它的日子屈指可数。那些发动社会革命的人们已经证明无力发动那种佛朗哥正在向他们发动的战争。" Bernard Knox, "Remembering Madrid", *New York Review of Books*, 6.11.1980, p.34.

第十一章 反法西斯主义时代:1929—1945年 >>>

些由于这种或那种原因战争使共产党获得政权的国家外,它事实上没有解决向社会主义进一步前进的问题。① 然而,毫无疑问,故意的模糊性包围着反法西斯主义路线的隐秘视角,推迟并在事实上阻止了对这一问题的明确分析。

由于这个原因,要讨论马克思主义知识分子(或者任何共产主义的马克思主义者)对待向社会主义进一步前进问题的态度,就变得异常困难,或许是不可能的。直到战胜法西斯主义是确定无疑的时候,即在1943年左右,它才会成为问题,不过,我们已经看到,马克思主义知识分子已经在西班牙革命的环境下构想了这个问题。直到法西斯主义面临明显的失败之时,何种制度将会取代法西斯主义似乎完全且确实是一个学术问题。当胜利似乎是确定无疑的时候,新的视角以"人民民主"或"新民主主义"的形式呈现在共产主义者面前,但是,就共产国际的解散和战争的状况而言,"人民民主"和"新民主主义"既不是正式公布的路线(不像共产国际第七次世界代表大会所公布的反法西斯主义路线那样),事实上在所有共产党内也没有得到系统的传播和讨论。毋宁说,它们出现在苏联和其他共产党的一系列文件中,或者出现在显然特殊的共产党的决定中,其中一些决定后来被撤销了。②

---

① 在这里,对新社会主义政权的可能批评不是我们关心的问题。
② 雅克-杜克洛(Jacques Duclos)在《共产主义手册》(*Cahiers du Communisme*, April 1945)上发表的文章批评了1944年美国共产党(American CP)的解散,被认为代表了当局的看法,不久之后美国共产党(CPUSA)重新建立。

"人民民主"进入政治舞台的横向方式无助于消除它的模糊性。在短期内,为了在国际上和各国内部维护各种战胜轴心国的力量的最大团结,"人民民主"可能被视为必要的退让。关于共产主义者准备重拾对当前国内外盟友的敌视的建议,反过来都会诱使他们反对未来的敌人,而不是全心全意对抗当前的敌人。这——或许不再——清楚地包含在1942年10月共产国际所承认的"新路线"中。[①] 被解放的国家的政体可能是"民主政体",即流行定义的或者"新的"民主政体,但是,就像奥地利共产主义者务实地评论的那样,建立这些"民主政体"的计划"不是社会主义的纲领";正如季米特洛夫所主张的那样,这种计划的直接任务"既不是实现社会主义,也不是建立苏维埃制度",而是"巩固民主或议会制的政体"。[②] 因此,在解放后的东欧和西欧,那些具有类似形式的、共产主义者参与的民族反法西斯主义团结政府之间的界线陷入了极端的模糊之中。

但是,"民主政体"也可以被视为共产国际第七次世界代表大会路线所预示的那种过渡的逻辑发展。"反法西斯主义统一阵线政府"扩展为民族反法西斯主义阵线;按照共产国际第七次代表大会路线的设想,通过建立工人阶级对反法西斯主义力量联盟的霸权——这种霸权反过来是因为

---

① Wolfgang Leonhard, *Child of the Revolution*, London, 1979, p. 208.

② E. Lustmann, *Weg und Ziel: die Politik der österreichischen Kommunisten*, London, 1943, p. 36. 在1946年,季米特洛夫,转引自 F. Fejtö, *Histoire des démocraties populaires*, Paris, 1969, I, p. 126。

第十一章 反法西斯主义时代：1929—1945年 >>>

对工人阶级在反法西斯主义斗争中领导地位的承认和共产党随后获得的地位，"反法西斯主义统一阵线政府"把自身改造成逐渐地与和平地过渡到社会主义的机构。在这个意义上，它是1917年俄国过渡到社会主义道路的一种替代道路，正如最晚至1947年9月季米特洛夫及其当时的代言人切尔文科夫（Chervenkov）在共产党情报局成立会议上所说，它是"无产阶级专政"的一种替代选择。① 然而，由于它并未得到公开的讨论，因此，这样一种道路是否可能的政治条件仍然模糊不清，在这样一种过渡时期前所未有的多党政治问题也是如此。直到东方或西方事实上正式放弃了这种视角之后，共产主义运动才公开地提出了这些问题。

第三，我们也可以根据"二战"后的国际关系解释新的路线。有人设想了战时联盟的延续，设想它包含非法西斯主义的资本主义国家与社会主义国家之间长期的和平共处。诚然，就那些能够公开讨论"二战"后状况的共产主义者对"二战"后的状况进行了系统地讨论而言，这种讨论首先是从这些条件尤其是从1943年底斯大林、罗斯福和丘吉尔之间的德黑兰会议的角度来进行的。"二战"后的状况至少造成了一些共产主义知识分子的担忧。然而，尽管德黑兰会议的视角不排除社会主义过渡的"人民民

---

① Fernando Claudin, *La crise du mouvement communiste*: *du Komintern au Kominform*, Paris, 1972, p.533; Eugenio Reale, *Avec Jacques Duclos au banc des accusés*, Paris, 1958, pp.75–76.

主"视角①，但是它也暗示，在一些国家中，争取社会主义的斗争应该自觉地服从和平共处的更高要求，或许应该服从在其他地区取得进步的可能性。残酷地说，"英国和美国的统治集团不得不相信，他们与苏联的并肩作战……不会在红军胜利的推动下把苏联的社会主义制度扩展到西欧"②。在美国，可以合乎情理地认为，既然社会主义没有任何现实的机会，因此，维持资本主义（一种愿意与苏联合作的资本主义）将会是共产主义政策的基础，但在其他国家排除左派选择的做法不会受到欢迎；或许这就是1945年"白劳德主义"在法国遭到指责的原因。然而，"德黑兰视角"意味着，在苏联可能具有影响的地区之外，某些共产党可能接受本国长期的资本主义未来，虽然这些国家是哪些国家、它们放弃争取社会主义改造的斗争的时间是多长或者多短以及共产主义者在这些条件下的未来视角是什么，都是完全不清楚的问题。这些问题之所以没有答案，是因为除了在美国短暂的白劳德事件外，它们是尚未被提出的问题。

当反法西斯主义时代即将结束的时候，这些问题是一个特殊而又相对短暂的时期所存在的不确定性和模糊性。然而，它们从一开始就揭示了反法西斯主义战略包含的各

---

① "它为每个民族保留了在这个框架内为自身决定所想要的政府和社会组织形式的终极权利。" Earl Browder, *Teheran and America: Perspectives and Tasks*, NY, 1944, p. 14.

② Ibid., pp. 13–14.

第十一章 反法西斯主义时代：1929—1945 年

种模糊性。正如托洛茨基和其他左派正确地指出的那样，反法西斯主义战略暗含着一种争取社会主义政权的斗争的道路，这种道路与迄今为止由布尔什维克和其他社会革命者所构想的"无产阶级革命"道路难以调和。在这个问题上，他们是正确的，尽管他们使自己陷入了孤立，因为他们拒绝大多数知识分子——不论是不是马克思主义知识分子——认为要打败法西斯主义就必然需要的政策，而且他们本身也没有提出任何可行的替代政策。可是，这种战略仍然是晦暗不明的，从未得到明确的阐述，事实上，这一时期大多数时候遏制和不准讨论——除了以最模糊的措辞外——后法西斯主义的未来。对同样忠诚的共产党人——即陶里亚蒂和铁托——来说，除非更高权威的决定排除了可能的选择，否则完全可能把政治行动的各种极为不同的含义纳入反法西斯主义路线之中。

于是，盘旋在未来之上的理论迷雾困扰着大多数共产主义知识分子。它本不应该或许不应该如此，这主要是因为当前的任务是如此地清楚，而且直到战胜法西斯主义似乎是确定无疑的时候，共产主义者的战略——撇开 1939—1941 年这样的插曲不谈——为现在怎么办提供了一种非常清楚和令人信服的指导。因为归根结底对大多数共产主义者来说，反法西斯主义斗争是第一位的。如果反法西斯主义斗争失败，那么关于未来的争论就变得毫无意义。对年老或年轻的马克思主义知识分子来说，反法西斯主义显然不是目的本身。它的合理性在于它为最终推翻世界或者至少大多数地区的资本主义所作出的贡献。不过，实际上，反法西斯主义不需要这样一种合理性。无论未来是什么，法西斯主义都是一种恶，必须加以反抗。这一代知识分子在大萧条和反法西斯主义斗争中并主要通过它们走向了马克思主义，在陷入黑暗的时候走向了马克思主义。那些幸存的知识分子经常感到失望。他们探究自己的过去，想知道自己是否犯了错误、犯了哪些错误和自己的崇高希望究竟有什么错。许多知识分子不再是马克思主义者。但是，我们有把握说，即使有一些知识分子拒绝参加打败法西斯主义的斗争，也是少之又少。没有人对支持西班牙共和国或者自己作为平民、军人或抵抗者参加——不管程度多么低——反法西斯主义斗争感到后悔。这是他们回想起来引以为豪的一段历史。对一些人来说，这是那个时代的幸存者回想起来完全满意的唯一一段政治历史。

第十二章　葛兰西

安东尼奥·葛兰西逝世于1937年。在随后75年的第一个十年里，除了20世纪20年代的老同志外，他几乎不为人知，因为他只有极少数著作得到发表或可以看到。这不意味着他缺乏影响，因为据说陶里亚蒂按照葛兰西的路线或者至少按照他对葛兰西路线的解释来领导意大利共产党。然而，直到"二战"结束，对任何地方的大多数人来说，即使对共产党人来说，葛兰西也只不过是一个名字而已。在葛兰西逝世后的第二个十年里，他在意大利成为格外知名的人物，并在共产党人的圈子之外受到了推崇。意大利共产党，但首先是艾伊纳乌迪出版社出版了葛兰西的大量著作。无论葛兰西著作的这些早期版本随后遭到了多少批评，但是这些批评使葛兰西成为广为人知的人物，使意大利人把他当做一位重要的马克思主义思想家，更一般地把他当做20世纪意大利文化的一个主要人物。

不过，也只有意大利人这样做而已。因为在这十年里，由于实践的目的，葛兰西除了在意大利外尚不为人知，因为他的著作几乎都没有翻译成外文。事实上，那些在英国和美国发表他的狱中书信的尝试遭到了失败。除了少数在意大利拥有个人联系和能够阅读意大利文的人——主要是共产党人——外，他还没有出现在阿尔卑斯山的这一边。

在葛兰西逝世后的第三个十年里，国外开始出现了对他的第一波关注。这些关注无疑来自于去斯大林化的推动，更是由于1956年后陶里亚蒂成为发言人的独立态度的推动。无论如何，在这一时期，我们发现了葛兰西著作的第一批英文选集和在共产党之外对他思想的第一次讨论。在意大利之外，英语国家似乎是第一批长期关注葛兰西的国家。悖谬的是，在同一时期的意大利，葛兰西遭到了明确乃至尖刻的批评，意大利共产党也爆发了关于如何解释葛兰西著作的争论。

20世纪70年代，葛兰西终于才完全属于他自己。在意大利国内，葛兰西著作的出版第一次建立在令人满意的学术基础上，出版了《狱中书简》完整版（1965）、各种早期著作和政治著作，其中最重要的是杰拉塔纳（Gerratana）具有里程碑意义的学术版——按照编年顺序编辑——《狱中札记》（1975）。现在，葛兰西的生平和他在共产党历史上的地位变得更加清楚，这主要归功于意大利共产党推动和鼓励了对自身历史的系统研究。这一讨论仍然在继续着，但这里并不是考察20世纪60年代中期以来意大利关于葛兰西的争论的地方。在外国，葛兰西著作第一次以适当的选集形式翻译出版，尤其是霍尔（Hoare）和诺维尔·史密斯（Nowell Smith）编辑并由劳伦斯&沙威特出版社（Lawrence & Wishart）出版的两卷本著作集。重要的二手文献——例如费奥里的《葛兰西传》（1970）也翻译出版。① 再一次地，这里没有试图考察关于葛兰西的日益增加的英文文献，这代表着不同而又普遍得到尊重的观点，只要指出如下一点就足够了：在葛兰西逝世四十周年之际，我们没有理由不了解葛兰西。更重要的是，葛兰西现在已经是著名的人物，即使那些实际上没有读过其著作的人也知道他。诸如"霸权"这样典型的葛兰西术语出现在马克思主义的政治和历史讨论中，甚至偶尔和零星地出现在非马克思主义的政治和历史讨论中，就像弗洛伊德的术语在两次世界大战之间的时期那样。葛兰西已经成为我们思想世界的一部分。他作为原创性的马克思主义思想家的地位——在我看来是1917年以来西方最具原创性的思想家——已经得到相当普

---

① 约瑟夫·布蒂杰格（Joseph A. Buttigieg）编译了葛兰西《狱中札记》（*Prison Notebooks*, New York: Columbia University Press, 1992 – 1997），包含所有书信的《狱中札记》两卷本由弗兰克·罗森加登（Frank Rosengarten）选编，也由哥伦比亚大学出版社出版（1993—1994）。最容易看到的英文版仍然是Q. Hoare and G. Nowell Smith (eds.), *Selections from the Prison Notebooks of Antonio Gramsci*, London, 1971. 也可参见 David Forgacs, *A Gramsci Reader: Selected Writings 1916 – 1935*。詹姆斯·马丁（James Martin）主编的四卷本《安东尼奥·葛兰西：著名政治哲学家的批判性评价》（*Antonio Gramsci: Critical Assessments of Leading Political Philosophers*, 4 Vols, London and NY, 2001）提供了关于这位思想家的广泛多样的观点。最新的著作是 Anne Showstack Sassoon, *Gramsci and Contemporary Politics: Beyond Pessimism of the Intellect*, London and NY, 2000 and P. Ives, *Language and Hegemony in Gramsci*, London and Ann Arbor, 2004。

遍的承认。然而，他说了什么和他所说的为什么重要仍然没有像下面这个简单的事实一样众所周知：他是一位重要的思想家。我在此将会指出他之所以重要的一个原因：他的政治理论。

思想家们不是抽象地发明他们的思想，我们只能从其时代的历史和政治环境来理解他们，这是我们对马克思主义的一个基本看法。即使马克思总是强调人民创造他们自己的历史，或者——如果你愿意的话——思考出他们自己的思想，他也强调他们只有在他们直接所处和继承的条件下才能创造自己的历史（引自《路易·波拿巴的雾月十八日》的一段名言）。葛兰西的思想非常具有原创性。他是一个马克思主义者，事实上是一个列宁主义者。我不打算浪费时间来为葛兰西辩护，反对各类宗派主义者的指责。这些宗派主义者声称，他们准确地知道什么是马克思主义和什么不是马克思主义，并且他们对于他们自己版本的马克思主义拥有版权。然而，对于我们当中那些在经典马克思主义传统——即1914年前和1917年后——中成长起来的人来说，葛兰西经常是一位相当令人惊讶的马克思主义者。例如，他较少谈论经济发展，但却对政治进行了大量的讨论，包括讨论克罗齐、索雷尔和马基雅维利等理论家以及从这些理论家出发进行讨论。在经典著作中，这样一些理论家通常并不太重要或者根本不重要。因此，发现葛兰西的背景和历史经验在多大程度上解释了他的思想原创性，便成为一个重要的问题。我没有必要补充说，这无论如何

第十二章 葛兰西

都没有贬损他的思想地位。

当葛兰西被投入墨索里尼的监狱时，他是意大利共产党的领袖。当然，葛兰西时代的意大利拥有许多历史的特殊性，是鼓励马克思主义思考的原创性起点。我将简要地提到其中的一些历史特殊性。

1. 就意大利在一国之内既有大都市又有殖民地，既有发达地区又有落后地区而言，意大利其实是世界资本主义的缩影。葛兰西的家乡撒丁岛是典型的落后地区，更不用说意大利的老地区和半殖民地区了。都灵拥有菲亚特的工人，是葛兰西成为工人阶级领袖的地方，当时不仅代表着工业资本主义的最发达阶段，而且代表着农民向工人的大规模转变。换句话说，与来自要么完全属于发达资本主义世界，要么完全属于"第三世界"的马克思主义者不同，这位睿智的马克思主义者拥有异常优秀的能力，既能够抓住发达资本主义世界的本质，也能够抓住"第三世界"及其相互作用的本质。顺便说一下，由此认为葛兰西只是"西方共产主义"的理论家则是错误的。他的思想既不是专为工业发达的国家而构想的，也不是只适用于这些国家。

2. 意大利的历史特殊性产生了一个重要的后果：即使在1914年之前，意大利的工人运动既是工业性的，也是农业性的，既是无产阶级的，又是以农民为基础的。就此而言，意大利大概是1914年以前欧洲唯一如此的国家，尽管这里并不是阐明这种状况的地方。还有，两个简单的例子将会表明意大利历史特殊性的意义。共产主义影响最强大的地区（艾米利亚、托斯卡纳、翁布里亚）并不是工业化地区，"二战"后意大利最伟大的工会运动领导人维托里诺（Di Vittorio）是南方人和农业工人。意大利不是知识分子——主要来自落后的和半殖民地的南方的知识分子——在工人运动中扮演异常重要角色的唯一国家。无论如何，这种现象值得关注，因为它在葛兰西的思考中发挥了重要作用。

3. 第三个特殊性是意大利作为国家和资产阶级社会的具体特征。再一次地，我不想在这里进行详细论述。我们只要记住三件事情：（1）与其他国家相比，意大利早在数百年前就开创了现代文明和资本主义，但是无法维持它的成就，因而在文艺复兴和复兴运动之间的时期沦为落后地区。（2）与法国不同，意大利的资产阶级没有通过一场胜利的革命建立自己的社会；与德国不同，意大利的资产阶级没有接受旧的上层统治阶级所提供的妥协方案。这变成了一场局部性的革命：意大利的统一是由上层（加富尔）和由下层（加里波第）共同完成的。（3）因此，在某种意义上，意大利的资产阶级未能——或者部分地未能——完成它建立意大利国家的历史使命。它的革命是不完全的，因此，像葛兰西这样的意大利社会主义者将会特别地意识到自己运动的可能角色：国家的可能领导者，国家历史的承载者。

4. 意大利过去（和现在）——像其他许多国家一样——不仅仅是一个天主教国家，而且还是这样一个国家：

教会是意大利所特有的一种机构，一种在国家机器之外并独立于国家机器的、维持统治阶级统治的方式。意大利还是一个民族精英文化先于民族国家而形成的国家。因此，意大利的马克思主义者会比其他国家的马克思主义者更意识到葛兰西所说的"霸权"，即不是简单地以强制力量为基础的、维持权威的方式。

5. 由于各种各样的原因——我刚才已经指出了其中一些原因，意大利由此成为政治经验的实验室。意大利早就拥有一个强大的政治思想传统，即从16世纪马基雅维利到20世纪初帕累托和莫斯卡的政治思想传统，这绝不是偶然的；即便是我们现在所说的政治社会学的外国先驱者，也往往与意大利有关，或者从意大利的经验中汲取了他们的思想——我想起了索雷尔和米歇尔斯等人。因此，毫不奇怪，意大利的马克思主义者会特别地意识到政治理论是一个问题。

6. 最后是一个极为重要的事实。1917年后，意大利已经出现了社会革命的一些客观条件乃至主观条件，这些条件要比英国和法国更多，我认为也比德国更多。然而，这场革命没有发生。恰恰相反，法西斯主义夺取了政权。非常自然的是，意大利的马克思主义者开创了对如下问题的分析：为什么俄国十月革命没有扩大到西方国家？这些国家应该采取的替代性的社会主义过渡战略和策略是什么？当然，这是葛兰西开始着手的事情。

这使我得出了我的主要看法，即葛兰西对马克思主义的重大贡献是他创立了马克思主义的政治理论。因为尽管马克思和恩格斯写下了关于政治的大量著述,但是他们极不愿意发展一般的政治理论,这主要是因为——就像恩格斯晚年在论述唯物史观的著名书信中所指出的那样——他们认为更重要的是指出"法的关系正像国家的形式一样,既不能从它们本身来理解……相反,它们根源于物质的生活关系"(《〈政治经济学批判〉序言》)。于是,他们把重点首先放在"从作为基础的经济事实中探索出政治观念、法权观念和其他思想观念"[《恩格斯致梅林(1893年7月14日)》]。因此,马克思和恩格斯本人对统治的性质和结构、国家的构成和组织,以及政治运动的本质和组织等问题的讨论,基本上都是从时政评论中产生的评述形式,一般都是其他观点的附带物——或许除了他们关于国家的起源和历史特征的理论外。列宁感觉到需要一种更系统的国家和革命理论,这在夺取政权的前夕是逻辑上的充分需要。但是,众所周知,在列宁满足这一需要之前,十月革命爆发了。于是,我将会表明,关于第二国际时代社会主义运动的结构、组织和领导权的激烈讨论是关于实践问题的讨论。这种讨论的理论概括是偶然和临时的,或许民族问题的领域除外,在这一领域中,马克思和恩格斯的继承者实际上不得不从头开始。我不是说这没有带来重要的理论创新——列宁显然作出了重要的创新,尽管悖谬的是这些创新是实用性的而不是理论性的,尽管是以马克思主义分析为支撑的。例如,如果我们分析关于列宁新政党思想的讨论，那么，令人惊讶的是，即使考茨基、卢森堡、普列汉诺夫、托洛茨基、马尔托夫和梁赞诺夫等著名的马克思主义者参与了讨论，马克思主义的理论也没有进入争论之中。这些讨论确实包含一种政治理论，但是这种政治理论也只是部分地显现出来。

这一空白的存在是因为各种各样的原因。无论如何，这一空白直到20世纪20年代初期才具有重要的意义。可是，我认为，它变成了越来越严重的缺陷。在俄国之外，革命要么失败了，要么从未爆发，于是继续需要全面的反思，不仅必须反思社会主义运动夺取政权的战略，而且必须反思向社会主义过渡的技术问题。1917年以前，社会主义过渡从未被认真地当做一个具体而又迫切的问题。当苏联的政权从它不顾一切地维护自身的斗争中诞生的时候，苏联内部出现了社会主义社会——从政治结构和制度以及作为"公民社会"方面来看——可能且应该是什么样子的问题。实质上，这是近年来困扰着马克思主义者的问题，也是苏联共产党人、毛主义者和"欧洲共产主义者"之间争论的问题，更不用说那些共产主义运动之外的人了。

我强调的是如下事实：我们这里正在讨论两组不同的政治问题：（1）战略问题；（2）社会主义社会的性质。葛兰西试图解决这两组问题，但在我看来，一些评论家过于关注其中的一组问题，即战略问题。不过，无论这些问题的性质是什么，共产主义运动内部对它们的讨论不久就变成不可能了，并且长期如此。事实上，我们完全可以说，由于葛兰西被囚禁在狱中,与外部的政治相隔绝,为了未来而不是当下而写作,所以他才可能在自己的著作中尽力解决那些问题。

这并不意味着葛兰西不是从20世纪20年代和30年代初的形势来进行政治写作的。事实上,就对葛兰西著作的理解而言,困难之一是他当然熟悉当时的各种形势和讨论,但现在我们大多数已经不了解或者遗忘了这些形势和讨论。因此,佩里·安德森最近提醒我们,葛兰西一些最有特色的思考不仅来源于20世纪20年代初共产国际辩论中所出现的主题,而且发展了那些主题。无论如何,那些主题促使葛兰西发展了马克思主义的完整政治理论的内容,而且他大概是第一位这样做的马克思主义者。我不会尝试总结他的各种思想,相反,我将要挑选出一些线索,然后强调那些我认为具有重要意义的线索。

由于葛兰西把政治当做一种在历史发展的环境和范围下的"自主活动"(《狱中札记》),由于他专门考察了"政治科学在系统的(连贯的和合乎逻辑的)马克思主义世界观中占据或者应当占据的地位"(同上书),因此他是一位政治理论家。然而,这也意味着,他把在他的英雄——马克思和恩格斯著作中不经常出现的马基雅维利——的著作中发现的那类讨论引入到马克思主义中。对葛兰西来说,政治不仅是社会主义胜利战略的核心,而且是社会主义本身的核心。正如霍尔和诺威尔·史密斯正确指出的那样,对葛兰西来说,政治是"核心的人类活动,是个体的意识

第十二章 葛兰西

与所有形式的社会和自然世界得以接触的手段"(《狱中札记》)。总而言之,政治一词比通常的用法更为广泛,甚至比葛兰西本人更狭义上的"政治的科学和艺术"更广泛。葛兰西把政治定义为"一个实践规则体系,不仅适用于研究和详细的观察,从而有助于唤起对真正现实的兴趣,而且能够促进更严格、更有生机的政治洞见"。实践概念本身部分地暗含着如下观点:认识世界和改变世界是一回事。实践,即人们自己创造——尽管是在一定的和发展着的历史条件下——的历史,就是他们的行动,而不单是人们借以意识到社会冲突的各种意识形态形式。用马克思的话说,实践是人们如何"克服这个冲突"的过程。简而言之,实践是能够称之为政治行动的东西。但是,实践在某种程度上也是对如下事实的认识:政治行动本身是自主的活动,即使它"诞生在经济生活的'永久'和'有机'领域"中。

这适用于社会主义建设,或许不止如此,还适用于其他地方。人们可以说,对葛兰西来说,社会主义的基础不是经济意义上的社会化,即社会所有和计划的经济(尽管这显然是社会主义的基础和框架),而是政治和社会意义上的社会化,即所说的集体人形成各种习惯的过程,这些习惯使社会行为变成自发的行为,并且消除对那种把规范强加给他们的外部机构的需要;此外,社会行为不仅是自发的,而且还是自觉的。当葛兰西谈到生产在社会主义中的地位时,生产不仅仅是创造物质极大丰富的社会的一种手段，尽管我们顺便也可以指出他并不怀疑生产最大化的首要地位。这是因为人在生产中的地位是资本主义条件下人的意识的核心，是因为工人在大工厂中的经验，大工厂是这种意识的天然学校。葛兰西倾向于——或许从他在都灵的经验出发——认为，现代的大工厂与其说是异化的地点，不如说是社会主义的学校。

不过，关键在于社会主义的生产由此不能被简单当做孤立的技术和经济问题，而必须同时被当做——首先从葛兰西的观点来看——政治教育和政治结构的问题。即使在这个方面具有进步性的资产阶级社会中，工作概念也是教育的核心，因为"社会秩序和自然秩序由工作、人的理论和实践活动来调节这一发现创造了如下直觉的第一要素：摆脱所有神秘和迷信的世界。这一发现为历史的、辩证的世界观后来的发展提供了基础，而历史的、辩证的世界观承认运动和变化……认为当下世界是对过去、过去所有创造物的综合，并把自身投射到未来之中。那是初级学校的真正基础"。而且，我们顺便还可以指出在葛兰西那里经常出现的一个主题：未来。

在1931年9月一封著名的书信中，葛兰西概述了其政治理论的主题：

> 我的知识分子研究是一项庞大的工程……我大大地扩展了知识分子观念，使之超出了当前主要是指大知识分子的含义。这项研究也使我探寻国家的某些规

第十二章 葛兰西

定性。国家通常被认为是政治社会（即强制性机构的专政，使人民群众服从在一定时代占支配地位的生产和经济），而不是政治社会与公民社会之间的均衡（即某个社会集团通过所谓的私人组织——例如教会、工会、学校等——对整个国家社会所行使的霸权）。公民社会恰恰是知识分子的特殊行动领域。①

现在，国家是强制机构和霸权机构之间的均衡（或者，如果你愿意的话，这两者之间的统一）的思想本身已经不再新颖，至少对那些现实地观看世界的人来说是如此。显然，统治阶级不仅依赖强制力量和机构，而且依赖来源于霸权的同意，所谓霸权就是葛兰西所说的统治集团行使的"思想和道德领导权"与"占支配地位的基本集团强加给社会生活的总体方向"。葛兰西的创新之处在于他看到，即使资产阶级的霸权也不是自动的，而是通过自觉的政治行动和组织来实现的。正如马基雅维利所建议的那样，在意大利文艺复兴时期，只有通过这样一种行动，事实上只有通过一种雅各宾主义，城市资产阶级才能实现它的全国性霸权。一个阶级必须超越葛兰西所说的"经济—合作"组织，变成拥有政治霸权的阶级；顺便说一下，这就是为什么连最有战斗性的工团主义仍然是资本主义社会从属部分的原因。由此可以得出，"占支配地位的"或"霸权的"阶级与

---

① A. Gramsci, *Lettre del Carcere*, Turin, 1965, p. 481.

"从属的"阶级之间存在根本的区别。这是葛兰西的另一个创新,对他的思想来说具有至关重要的意义。因为革命的基本问题是,如何使迄今为止的从属阶级能够成为霸权阶级,相信自身是一个潜在的统治阶级,并使其他的阶级相信它会成为这样的一个阶级。

对葛兰西来说,政党——"现代君主"——的重要意义就在于此。因为除了一般政党在资产阶级时期发展的历史重要意义外,葛兰西为此也提出了一些卓越的看法,他还认识到,只有通过工人阶级的运动和组织,即在他看来只有通过政党,工人阶级才能发展出自己的意识,才能超越自发的"经济—合作"或工团主义阶段。事实上,正如我们所知道的那样,凡是社会主义取得胜利的地方,社会主义既造成了党向国家的转变,也是通过这一转变来实现的。就葛兰西对政党角色的一般看法而言,他完全是一个列宁主义者。但是,就葛兰西对政党在一定的时代应当如何组织或者党内生活性质的看法而言,他不一定是一个列宁主义者。然而,在我看来,葛兰西对政党性质和功能的讨论已经超越了列宁。

当然,众所周知,相当多的实践问题产生于如下事实:无论在历史上如何被等同,政党与阶级并不是一回事,也会发生分化,尤其是在社会主义社会中。葛兰西充分意识到这些事实以及官僚化的危险等。确实,葛兰西对苏联斯大林主义的发展的敌视甚至使他身陷囹圄。我希望我能说葛兰西为这些问题提出了充分的解决办法,但可以肯定的是，葛兰西没有如此，到目前为止也没有人如此。即便如此，葛兰西对官僚集权制的看法，尽管精炼而又费解（例如在《狱中札记》中），但也是非常值得认真研究的。

葛兰西的另一项创新是他主张，无论是以霸权的形式还是在某种程度上以威权的形式，统治机构实质上由"知识分子"组成。按照葛兰西的定义，"知识分子"不是一种特殊的精英，也不是一种特殊的社会范畴，而是一种为了这些目标而进行的社会功能专业化。换句话说，对葛兰西来说，人人都是知识分子，但并非人人都发挥知识分子的社会功能。因此，在它强调上层建筑在社会过程中的自主地位这一意义上，或者在它强调工人阶级出身的政治家不必然像工作台上的工人一样这一简单事实上，这一思想具有重要的意义。然而，尽管葛兰西的看法经常变成卓越的历史段落，但是我自己能够看到，它对于葛兰西政治理论来说不像他本人明确认为的那样重要。特别是，我认为，至少在一些国家中，所谓的"传统"知识分子与新阶级产生的"有机"知识分子之间的这种区别本身不如他认为的那样重要。当然，我在此也许没有完全理解葛兰西费解而又深奥的思想，因而，我无疑应该强调，按照葛兰西致力于解决这个问题的篇幅来判断，这个问题对他本人来说具有极其重要的意义。

另一方面，葛兰西的战略思想一如既往地充满十分卓越的历史洞察力，具有重大的实践意义。我认为，就此而言我们应该清楚地区分开三个方面：（1）葛兰西的一般分析；(2) 他关于具体历史时期的共产主义战略的思想；(3) 意大利共产党在一定时期的实际战略思想，这些思想无疑来源于陶里亚蒂及其继任者对葛兰西理论的解读。我不想深入探究第三个方面，因为这样一些讨论与本文的主旨无关。我也不想详细讨论第二个方面，因为我们对葛兰西的评判不取决于他对20世纪20年代和30年代具体形势的评价。例如，我们完全可以认为，马克思的《路易·波拿巴的雾月十八日》是一部深刻的基本著作，即使马克思本人对1852—1870年拿破仑三世的态度和对其政治稳定性的估计也经常不切实际。然而，这不包含对葛兰西本人或陶里亚蒂的战略的任何批评。他们两人的战略都是有根据的。撇开这些问题不谈，我想谈谈葛兰西战略理论的三个要素。

第一个要素并不在于葛兰西在西方选择了——与他所说的"正面进攻"或者运动战相反的——持久战或"阵地战"战略，而在于他如何分析这些选择。由于认为自20世纪20年代初以来意大利和西方大多数国家不会爆发一场"十月革命"，也没有爆发这样一场革命的现实前景，葛兰西显然不得不思考一种持久的战略。可是，事实上，他在原则上没有致力于思考长期"阵地战"的任何具体结果，而长期的"阵地战"恰恰是他预测和推荐的战略。长期的"阵地战"可能直接进入社会主义过渡阶段，或者可能进入运动战和攻击战的另一个阶段，或者可能进入其他某个战略阶段。结果会是什么必定取决于具体状况的变化。然而，

第十二章 葛兰西

葛兰西确实思考了极少数其他马克思主义者曾经明确面临的一种可能性，即西方革命的失败可能带来更大的危险：葛兰西所说的"消极革命"将会长期地削弱进步的力量。一方面，统治阶级可能同意某些要求，以此阻止和避免革命；另一方面，革命运动可能发现自己在实践上不得不（尽管在理论上不必然）接受自己的无能，可能遭到侵蚀，并在政治上融入到体制之中（参见《狱中札记》）。简而言之，"阵地战"是一种战斗战略，不是革命者在没有筑起街垒的希望时才做的事情，必须得到系统的思考。当然，葛兰西从1914年以前的社会民主主义经验汲取了教训，即马克思主义不是历史决定论。等待历史以某种方式自动地把政权带给工人并不够。

第二个要素是葛兰西的如下主张：在政权转移之前、期间和之后，必须发动把工人阶级转变成潜在统治阶级的斗争，必须发动夺取霸权的斗争。不过，这种斗争不仅是"阵地战"的一个方面，而且是革命者在一切条件下的战略的关键方面。在一些国家中，统治阶级政权的核心在于大众的从属性，而不在于强制，于是，在政权转移之前，尽可能赢得霸权自然具有特别重要的意义。无论极左派说什么，无论归根结底那里必须使用强制的事实多么无可置疑，这都是大多数"西方"国家的状况。例如，正如在智利和乌拉圭我们会看到的那样，除了在一定的时刻外，使用强制来维持统治确实与使用表面或真正的同意不相容，而且统治者不得不在霸权与暴力之间抉择，不得不在天鹅绒手套与铁拳之间抉择。在他们选择暴力的地方,结果通常不利于工人阶级运动。

然而,正如我们在革命推翻旧统治者的一些国家——例如葡萄牙——甚至会看到的那样,在缺乏霸权性力量的情况下,革命就可能失败。革命仍然必须从尚未脱离旧政权的阶层中赢得足够的支持和同意。从战略上来考虑,霸权的基本问题不是革命者如何夺取政权——尽管这个问题非常重要,而是革命者如何被承认是政治上已经存在或不可避免的统治者,如何被承认是政治上的指导者和领导者。这显然包含两个方面:如何赢得同意和革命者是否准备好行使领导权。还有国内和国际的具体政治状况,正是这些状况使革命者的努力要么更有效,要么更困难。1945年,波兰的共产主义者大概没有被承认是一种霸权性力量,尽管他们准备成为霸权性力量;不过,由于国际的形势,他们建立了自己的政权。1918年,德国社会民主党人可能已经被承认是一种霸权性力量,但他们不想充当这样一种力量。这是德国革命的悲剧。1945年和1968年,捷克的共产党人已经被承认是一种霸权性力量,也准备扮演这样一种角色,但是不被允许这样做。在政权转移(无论它的性质或速度是什么)之前、期间和之后,争夺霸权的斗争仍然至关重要。

第三个要素是葛兰西的战略把永久的、组织化的阶级运动作为它的核心。在这个意义上,葛兰西的"政党"思想回到了马克思本人的思想,至少回到了马克思晚年的思想,即政党事实上是组织化的阶级。不过,与马克思和恩格斯甚至列宁相比,葛兰西关注更多的是政治领导和政治结构的形式,是他所说的阶级与党之间的"有机关系",而不是正式的组织。在十月革命之时,大多数工人阶级的群众性政党是社会民主主义政党。由于群众运动要么不被允许存在,要么通常是改良主义运动,大多数革命理论家——包括1917年前的布尔什维克在内——不得不只从干部的角度思考积极分子的政党或组织,而这些积极分子则尽可能地把群众自发的不满情绪动员起来。他们尚不能从永久的和根深蒂固的,但同时又革命的工人阶级群众性运动的角度来思考,这些运动在他们本国的政治中发挥了重大作用。葛兰西借以形成自己思想的都灵工人运动是较为罕见的例外。而且,尽管都灵工人运动是共产国际建立一些共产主义群众性政党的主要成绩之一,但是有一些——例如在所谓的"第三时期"宗派主义中——迹象表明,国际共产主义的领袖(不同于一些拥有群众性工人运动的国家的共产主义者)不了解以旧的方式发展起来的工人群众性运动所存在的问题。

在这里,葛兰西关于革命者与群众运动之间"有机关系"的主张具有重要意义。意大利的历史经验使他熟悉革命的少数派。革命的少数派不拥有这样一种"有机关系",而是在可能时进行动员的"志愿者"集团,"实际上根本不是群众性政党……而是政治上的吉普赛匪帮或者游民"(《狱中札记》)。即使或许尤其是在当今,左派的许多政策也以这样的方式和出于类似的原因不是建立在拥有群众组织的真正工人阶级的基础上,而是建立在观念上的工人阶级的基础上,建立在一种关于工人阶级或者其他某个可动员群体的外部观念的基础上。葛兰西的原创性在于他是一位从未屈从于这种诱惑的革命家。他的分析和战略的基础是事实上的而不是理论上本该如此的组织化的工人阶级。

不过,正如我一再强调的那样,葛兰西的政治思想不仅仅是战略性的、工具性的或者操作性的。它的目标不单是胜利——在此之后一种不同类型的秩序和分析才会开始。非常值得注意的是,葛兰西多次把一些历史问题或事件当做起点,当做关于统治阶级或某些类似状况的政治的起点,当做一般政治的起点,然后从中进行概括。这是因为葛兰西始终意识到,在所有社会中,至少在历史上广泛多样的社会中,人与人的各种政治关系之间存在某种共同之处——例如正如他喜欢回忆的那样,领导者与被领导者之间的差别。葛兰西从未忘记,各种社会不只是经济支配和政治权力的结构,它们即使在被阶级斗争所撕裂(恩格斯早就提出的一个观点)时也拥有一定的凝聚力,而且从剥削中解放出来提供了把它们建设成为自由人的真正联合体的可能性。他从未忘记,对一个现实或潜在的社会来说,所负有的责任不只是照顾直接的阶级利益或者部门利益乃至国家利益:例如,它预设了"与过去、传统或未来"之间的连续性。因此,葛兰西主张,革命不仅仅是对剥夺者的剥夺,而且在意大利还是建立一个民族,建立一个国家——既是对过去的否定,也是过去的实现。事实上,葛兰西的著作提出了非常重要的问题,这些问题从未被讨论过:革命究竟把过去的哪些东西革命化了?保留了哪些东西?为什么保留?如何保留?这就是连续性与革命之间的辩证法问题。

但是,当然,对葛兰西来说,革命本身并不重要,其重要性在于它既是大众动员又是大众自我改造的手段,是思想和道德变革的手段,当作为如下过程的一部分时是集体自我发展的手段:在人民的斗争中,人民在新的霸权阶级及其运动的领导下改变并创造自身。而且,尽管葛兰西像通常的马克思主义者那样也怀疑关于社会主义未来的猜测,但是与其他大多数马克思主义者不同,他确实在运动自身的性质中寻找社会主义未来的线索。如果他像分析政治运动和政党那样非常精心和仔细地分析社会主义未来的性质、结构和发展,如果他把(例如)永久的和组织化的运动——不同于快速的"爆炸"——的形成追溯到其最小的毛细血管和分子要素(他这样称呼它们),那么这是因为他认为未来的社会依赖他所说的通过这样一种运动"所形成的集体意志",也只有通过这样一种运动才能形成的"集体意志"。因为只有这样,迄今为止的从属阶级才能把自身变成潜在的霸权阶级——如果你愿意的话,才能变得适合于建设社会主义。只有这样,从属阶级才能够通过自己的政党真正变成"现代君主",即变革的政治发动机。此外,在自身的建设过程中,从属阶级在某种意义上可能已经确立了新社会建设的一些基础，新社会的一些轮廓将会在从属阶级中并通过它显现出来。

最后，让我提出一个问题：为什么我在本章中决定集中讨论作为政治理论家的葛兰西。这不仅仅是因为他是一位异常有趣和激动人心的人物，当然也不是因为他拥有应该如何组织政党或国家的秘方。像马基雅维利一样，葛兰西是一位论述如何建立和改造社会而不是立宪细节（更不用说压力集团最关注的琐事了）的理论家。我之所以讨论作为政治理论家的葛兰西，是因为在马克思主义理论家中他是最清楚地认识到政治作为社会具体维度的重要性的理论家，是因为他认识到政治不只是涉及政权。这具有重大的实践意义，至少对社会主义者来说是如此。

资产阶级社会，至少发达国家的资产阶级社会，由于不在本章讨论范围内的历史原因，始终最关注自身的政治、框架和机制。这就是为什么政治的安排已经变成一种强化资产阶级霸权的有力手段，因而诸如保卫共和国、保卫民主或者保卫公民权力和自由这样的口号使统治者和被统治者为了统治者的基本利益而结合起来的原因；但是，这不意味着那些口号与被统治者毫不相关。因此，那些口号绝不只是点缀在强制表面上的装饰品，甚至绝不只是简单的欺骗。

也是出于可以理解的历史原因，社会主义社会全神贯注于其他的任务，尤其是计划经济的任务，但却（除了至关重要的政权问题和或许在多民族国家中各个组成民族之间的关系问题外）更不关注现实政治和法律的机构和过程。这些机构和过程都被放任尽可能非正式运作，有时甚至违反公认的党章和党内规章，例如定期召开代表大会，经常处于模糊不清的状况中。在极端的情况下，例如在近年来的中国，影响国家未来的重大政治决策似乎突然从少数高层的斗争中产生出来，这些决策的性质并不清楚，因为它们从未公开讨论过。在这样一些情况下，某种东西显然出了问题。除了这种对政治的忽视所带来的其他不利之处外，当人民群众被排斥在政治过程之外的时候，当人民群众甚至被允许陷入非政治化和对公共事务冷漠的时候，我们如何能够期望改变人类的生活，如何能够期望建立社会主义社会呢？越来越清楚的是，大多数社会主义社会对政治安排的忽视正在造成必须纠正的严重缺陷。无论在尚不是社会主义的国家中，还是在社会主义的国家中，社会主义的未来或许都取决于对政治安排的更多关注。

在坚持政治的极端重要性时，葛兰西让人注意到社会主义建设和社会主义成功的一个关键方面。这是一个我们应当留心的提醒。因此，今天，我们尤其应当阅读、关注并从内心中领悟一位把政治变成分析核心的重要的马克思主义思想家。

第十三章　葛兰西的接受史[*]

葛兰西在欧洲和美洲

凡是读过 1994 年一本论述葛兰西国际影响的著作的人，大概都会同意其第一个西班牙拥护者的主张，用费尔南德兹·布恩伊（Fernández Buey）教授的话说："葛兰西是一位经典作家，也就是说，是一位从未流行但在一切时代都应该阅读的作家。"然而，本书的每一章都证明了如下悖论：这位经典作家的国际命运随着知识分子左派的时尚而起伏不定。因此，20 世纪 60 年代，阿尔都塞在拉丁美洲的流行在很大程度上阻碍了葛兰西的道路，尽管在法国阿尔都塞的声望也宣传了这位那时几乎无人知晓的意大利人——阿尔都塞既称赞又批评了葛兰西。20 世纪 60 年代和

---

[*] 本章原是为集体著作《葛兰西在欧洲和美洲》（*Gramsci in Europa e America*, Antonio A. Santucci, ed., Rome and Bari, 1996）一书所写的导言。

第十三章 葛兰西的接受史

70年代，葛兰西的被接受在很大程度上恰逢"新左派"的高潮时期，当时"新左派"具有强大的胃口，能够消化卡洛斯·尼尔森·库蒂尼奥（Carlos Nelson Coutinho）所说的由互不相容的思想佐料烹制的"杂烩汤"。因此，流行的元素是特别地明显。20世纪90年代流行的元素变得更为明显，当时，以前的左派分子转身变成了新自由主义者，不再想记起任何被称为旧狂热主义的东西。正如伊莉娜·格里克里娃（Irina Grigoreva）提到1991年后的俄罗斯时所指出的那样："今天，一切与马克思主义的思想遗产相关的东西都遭到了指责。"因此，1993年的俄罗斯"或许是世界上葛兰西主义影响最小的国家"。

同样显而易见的是，要不是葛兰西逝世后40年里错综复杂的环境，他本不可能成为世界思想领域中的重要人物。要不是他的同志和崇拜者陶里亚蒂决心保存并出版他的著作，使它们成为意大利共产主义的核心，他根本不会被人知晓。在斯大林主义的条件下，尤其是就葛兰西众所周知的异端性而言，这绝不是一种不可避免的选择，尽管共产国际第七次世界代表大会的路线降低了这种选择的风险。在葛兰西逝世后，陶里亚蒂一回到意大利就想"使葛兰西摆脱目前的麻烦，为了党的未来生存而保卫他"[1]，申明葛兰西的核心地位。无论陶里亚蒂本人对葛兰西的看法随后遭到了什么样的批评，他的这种想法和申明是葛兰西随后

---

[1] P. Spriano, *Gramsci in carcere e il partito*, Rome, 1988.

命运的基础。"二战"后初期的葛兰西著作版本存在种种缺陷和疏漏，这是使葛兰西为人所知所付出的代价；回过头来看，这个代价是值得的。多亏陶里亚蒂的决心和意大利共产党的新声望，在斯大林去世前，至少《狱中书简》在包括一些"人民民主国家"在内的许多国家出版。在当地的共产党没有出版葛兰西著作的地方，也没有其他人这样做。尽管出色的英文翻译几乎立即准备就绪，但是《狱中书简》在数十年后才在英国和美国找到出版商。

即便如此，但是除了少数记得意大利文艺复兴并与战后意大利左翼拥有私人友谊的外国人外，葛兰西的接受史始于苏共"二十大"。20年来，接受葛兰西是国际共产主义运动尝试从斯大林和共产国际的遗产中解放出来的努力之一。"社会主义阵营"内部几乎马上正式承认了葛兰西是一位政治思想家和烈士，就反映出了这一点，证据是1957—1959年苏联出版了三卷本的葛兰西著作集，1958年苏联人出席了第一届葛兰西大会，并且苏联真正的和隐秘的改革派代表团出席了第二届葛兰西大会（1967）。事实上，在1956年后的20年里，凡是论述过葛兰西的非意大利作家，无不拥有某种真诚的马克思主义过去或现在。事实上，我们难以想起20世纪70年代结束之前在这一领域中哪一位不是马克思主义者——除了美国历史学家 H. 斯图亚特·休斯（H. Stuart Hughes，他对意大利特别感兴趣）和英国历史学家詹姆斯·乔尔（James Joll，他专门研究左派历史）外。最后，葛兰西当然应该进入学术文献之中。

第十三章 葛兰西的接受史 >>>

更确切地说，葛兰西首先是作为这样一位共产主义思想家在意大利之外引起了关注：他为一些国家提供了一种马克思主义战略，在这些国家中，十月革命可能已经成为一个启示，但不可能成为一种模式，也就是说，他为非革命环境和状况下的社会主义运动提供了一种马克思主义战略。在从《雅尔塔协定》到恩里科·贝林格（Enrico Berlinguer）去世的这段时期内，意大利共产党的声望和成功自然扩大了一位被公认为是其战略思想来源的思想家的影响。毫无疑问，葛兰西的国际影响在20世纪70年代"欧洲共产主义"时代达到了顶峰，在80年代有所下降——或许除了德意志联邦共和国外，在那里，他被发现得太迟，对他的兴趣到20世纪80年代上半期才高涨起来。凡是左派尚未放弃比较经典的起义和武装斗争战略的希望的地方，都偏爱其他的思想导师。因此，葛兰西进入拉丁美洲的历史呈现出两个奇怪的阶段：（1）1956—1960年是共产党的马克思主义开放的一部分；（2）在20世纪70年代武装斗争战略失败之后。

在很大程度上，关于葛兰西的国际讨论似乎仍然脱离和独立于意大利人对本国最伟大的马克思主义思想家的激烈争论。无论如何，除了费雷的葛兰西传记外，意大利关于葛兰西的重要著作尚未翻译成英文，尽管这些意大利文献的导论已经可以得到，例如在肖斯塔克·萨松（Showstack Sassoon）和尚塔尔·墨菲所著和所编的著作中。这并不奇怪。无论兴趣多么广泛，外国人须以一种不同于本国文化中的读者的方式来阅读外国的一些思想家。当像葛兰西一样的思想家与本国的现实存在如此密切的联系时，外国和本国的解读更有可能不同。无论如何，意大利国内在一些问题上的激烈争论，与其说是关于葛兰西的争论，不如说是赞同或（更通常）反对意大利共产党在某个阶段上的政策的辩论。这些问题对外国的非专业人士来说并不总是具有重大意义。然而，应该注意的是，影响外国读者的是葛兰西著作的文本，而不是本国围绕着这些著作所累积的批评和解释文献。这就是说，葛兰西属于这样一个时代：他的主要著作集首次以本土的语言出版的时代，或者至少第一批重要的本土葛兰西主义者出现在思想领域中并介绍一位尚未被翻译的思想家的时代。实质上，我们可以说，非意大利的葛兰西接受史是1960—1967年可以看到的葛兰西的接受史。

因此，葛兰西的国际接受史已经且继续随着政治左派的命运而起伏波动。在某种程度上，它将会并且必定会继续如此。因为葛兰西是一位卓越的政治实践哲学家。所谓的"西方马克思主义"的许多大师其实可以说是学者，其中许多人过去或者本该是学者：卢卡奇、柯尔施、本雅明、阿尔都塞、马尔库塞等。即使当他们这时或那时——例如亨利·列菲伏尔——作为政治组织者投身于具体的政治现实时，他们在进行著述时也不时地脱离了具体的政治现实。葛兰西不会脱离具体的政治现实，因为即使他的最宽泛的总结也不可避免地涉及对实践状况的研究：如何在他写作

第十三章 葛兰西的接受史 >>>

时的具体条件下以政治来改造世界。像列宁一样,葛兰西无意追求学术生活,尽管与列宁不同,他是天生的知识分子,一个几乎全身心为思想的纯粹魅力所激动的人。葛兰西是唯一一位同时也是马克思主义群众性政党领袖的真正的马克思主义思想家[如果我们撇开不那么具有原创性的奥托·鲍威尔(Otto Bauer)不谈的话],这种说法不无道理。为什么马克思主义乃至非马克思主义的历史学家发现他是如此地有用呢?原因之一恰恰是他拒绝为了抽象和还原论的理论模式而离开具体的历史、社会和文化现实。

因此,主要是因为葛兰西著作所揭示的政治原则,用他本人的话说,即"关于有助于唤起对真正现实的兴趣并推动更严格、更有活力的政治洞见的研究和详细观察的实践规则体系",所以,他很可能会被继续阅读。我相信不只是会在左派那里发现寻找这样一些洞见的人,尽管由于显而易见的原因那些与葛兰西拥有相同目标的人最有可能向他寻求指导。正如约瑟夫·布蒂吉格(Joseph Buttigieg)所指出的那样,美国的反共产主义者之所以担心葛兰西,是因为即使列宁、斯大林、托洛茨基和毛泽东不再能够启发后苏联时代的左派,他仍然能够为他们提供启示。然而,当有人希望葛兰西仍然是左派政治行动取得成功的指南时,已经变得清楚的是,他的国际影响已经超越了左派,事实上超越了工具性政治的领域。①

---

① Q. Hoare and G. Nowell-Smith (eds.), *Selections from the Prison Notebooks of Antonio Gramsci*, London, 1971, p. 175.

一本英语参考书——我引用了其中的一个词条——可能把他归结为一个词语：安东尼奥·葛兰西（1891—1937，意大利政治思想家），参见词条"霸权"①，这看上去似乎微不足道。荒谬的是，布蒂吉格所引述的一位美国记者相信，葛兰西独自把"公民社会"概念引入了现代政治话语。② 一些人对一位思想家的了解仅限于知道他是"重要的"，然而，他们对一位思想家如此肤浅的引用经常表明这位思想家已经被承认是一位永恒的经典作家。

在去世后的50年里，葛兰西已经以这样一种方式甚至在意大利之外成为"重要的"思想家，而意大利几乎一开始就承认了葛兰西在本国历史和文化中的地位。现在，世界上大多数国家已经承认了葛兰西的地位。确实，以加尔各答为中心的、欣欣向荣的"贱民研究"历史学派表明，葛兰西的影响仍然正在扩大。在第一次使他获得国际性声誉的政治时代之后，他的影响仍然存在。在欧洲共产主义运动本身成为历史之后，葛兰西的影响仍然存在。他已经证明了他不会跟随意识形态时尚的变换而改变。现在，谁会期盼阿尔都塞再度成为时尚呢？更别说史宾格勒了。封闭在学术圈中似乎是"西方马克思主义"其他许多思想家的命运，但是葛兰西已经摆脱了这种命运。他甚至避免了

---

① A. Bullock and O. Stallybrass (eds.), *The Fontana Dictionary of Modern Thought*, London, 1977.
② Q. Hoare and G. Nowell-Smith (eds.), *Selections from the Prison Notebooks of Antonio Gramsci*.

成为一种"主义"。

葛兰西的著作将来会遇到何种命运呢?我们现在不知道。然而,葛兰西的永恒性已经是确定无疑的了,足以成为对他的国际接受史进行研究的理由。

葛兰西在英语世界

极少数意大利人,而且自16世纪以来只有五位意大利人,是国际人文艺术科学最频繁引用的世界级作家[①]。例如,这不包括维科或马基雅维利。不过,这确实包括安东尼奥·葛兰西。引用并不会保证真知或者理解,但确实表明所引用的作家拥有一种思想上的存在。在葛兰西去世50年里,他在世界上的存在是不可否认的,在英语地区的历史学家中尤为明显。

在"二战"后不久,英语地区就知道了葛兰西。这使英语世界的许多反法西斯主义知识分子来到意大利。早在1948年,即在《历史唯物主义与克罗齐的哲学》出版后,《泰晤士报·文学副刊》就同情地讨论了葛兰西的著作。在意大利之外的地区,历史学家在发现葛兰西的过程中扮演了重要的角色。英国一位青年历史学家编辑了大概是第一本非意大利语的葛兰西著作选(Louis Marks, *The Modern*

---

① "The 250 most-cited authors in the Arts and Humanities Citations Index, 1976–1983", in Eugene Garfield, Institute for Scientific Information, *Current Comments*, 48, December 1986.

Prince, London, 1956)。早在1958年,在一本仍然是英语中最知名的20世纪初欧洲思想通史著作中,美国一位著名的历史学家以"葛兰西与马克思主义的人道主义"为题讨论了葛兰西(H. Stuart Hughes, *Consciousness and Society*)。1960年,英国的另一位历史学家首次以非意大利语的语言讨论了"安东尼奥·葛兰西思想中的霸权概念"(载 *Journal of the History of Ideas*)。与此同时,美国的另一位历史学家完成了一篇博士论文,几年后,这篇博士论文成为意大利之外第一本关于葛兰西的书籍:约翰·M.卡梅特(John M. Cammett)的《安东尼奥·葛兰西与意大利共产主义的起源》(斯坦福大学,1967)。总而言之,到1960年,英语世界已经成为意大利之外最了解葛兰西的地方,尽管了解得相当少。自1971年开始,由霍尔和诺维尔-史密斯十分精心选编的葛兰西著作选进一步扩大了英语读者的优势。①

自然,葛兰西的主要影响在于马克思主义历史学家当中。与西方的其他地方相比,英语世界的马克思主义历史学家在某些方面更积极,也更有影响。然而,英语世界没有一个历史学的"葛兰西学派",葛兰西对历史学家的影响也不可能与他对一般马克思主义的影响区分开来。最重要的是,葛兰西的著作和例子帮助敲开了包围在马克思主义思想中仍有活力的部分上的教条硬壳,甚至在文本的正统背后揭示出像列宁一样原创的战略和观察。葛兰西帮助了

---

① Q. Hoare and G. Nowell-Smith (eds.), *Selections from the Prison Notebooks of Antonio Gramsci*.

第十三章 葛兰西的接受史

马克思主义者从庸俗马克思主义中解放出来,进而使左派的反对者更难以把马克思主义者贬低为决定论的实证主义的变种。

在这个意义上,葛兰西的主要教导并不是葛兰西式的,而是马克思式的。这些教导是马克思本人如下主题的一系列变奏:"人们自己创造自己的历史,但是他们并不是随心所欲地创造历史,而是在直接的、既定的、从过去继承下来的条件下创造。"(《路易·波拿巴的雾月十八日》)[或者正如格温·A. 威廉斯(Gwyn A. Williams)所言:"人是葛兰西马克思主义的核心,但它是一种适应历史客观现实的历史意志。"][1] 有人认为,甚至葛兰西关于政治和文化的自主性的主张——其同时代的马克思主义者很少提出——也能令人想起马克思,这一点连像已故的乔治·利希特海姆这样敏锐的马克思学学者也没有看到。[2]

于是,对历史编纂学发展的权威研究自然只有在这种环境下看待葛兰西。[3] 因此,一位马克思主义历史学家可能会声称:"葛兰西对马克思主义历史学的影响并不是特别新颖。我本人并不认为,除了马克思本人的方法外,葛兰西还拥有一种理解历史的特殊方法。"[4] 这没有降低

---

[1] Gwyn A. Williams, *The Welsh in their History*, London, 1982, p. 200.

[2] G. Lichtheim, *Marxism*, London, 1964, pp. 368–370. 也可参见该作者的 *Europe in the Twentieth Century*, London, 1972, pp. 44, 218–220。

[3] Georg G. Iggers, *Neue Geschichtswissenschaft*, Munich, 1978, p. 51.

[4] Abelove, Blackmore, Dimock and Schneer (eds.), *Visions of History*, NY, 1983, p. 38.

葛兰西的影响的重要性。那些渴望突破继承下来的、僵化的共产主义传统的历史学家会受到如下发现的巨大鼓励和启发：这位"具有不同寻常能力的理论家"（利希特海姆语）站在他们一边。此外，自20世纪50年代以来，很少出现或发现哪一位马克思主义理论家像葛兰西那样在历史学中无处不在，或者像他那样可能被历史学家阅读。

然而，葛兰西还对历史学家产生了特殊的影响，而不仅仅是鼓励转向（或者回到）马克思。因为葛兰西理论著作中的某些概念不仅具有极端丰富的营养，确实为历史分析增添了新的维度，而且他本人广泛地论述了那些实质上是历史的和政治的问题。

尽管葛兰西对意大利历史的反思在本国内得到了许多讨论，但是除了在有限的意大利主义者圈子中外，这些反思尚未在其他地方得到太多的回响。另一方面，在历史研究的某个具体领域或者综合领域中，葛兰西产生了强大乃至支配性的直接影响。这就是意识形态和文化的历史，主要是因为这一历史影响了"普通人"，尤其是在前工业社会中。在这一领域中，葛兰西的影响拥有漫长的历史。早在1960年，我就指出，"在安东尼奥·葛兰西的著作中，最激动人心的建议之一是呼吁比过去更广泛地关注对'从属阶级'世界的研究"[1]。

---

[1] E. J. Hobsbawm in *Società*, XVI, 3, p. 456.

第十三章 葛兰西的接受史

自那以后,在历史编纂学中,从属阶级世界的历史和研究成为发展最快和最繁荣的领域之一。不仅马克思主义者和那些最好被称做是左翼平民主义者的历史学家,而且怀有其他意识形态的历史学家,都在从事这一领域的研究。这一领域之所以发展,不是因为葛兰西呼吁从事这样一种研究。但是,凡是认真从事这种研究的人,不得不注意到少数曾经认真思考过它的思想家(和西方马克思主义中的唯一一位思想家,不排除马克思本人)。尽管高雅文化的历史学家及其著作所表达的思想能够利用一种漫长的传统,但是新的大众文化研究领域中的历史学家实际上没有任何的指导。因此,在诸如"心态史"这样一些贫乏概念的核心上就存在着知识的空白。于是,即使那些进入这一研究领域的非马克思主义者——例如剑桥大学著名历史学家彼得·柏克(Peter Burke)——发现自己不得不求助葛兰西的著作,虽然只是偶然求助而已,就像彼得·柏克的突破性著作《欧洲近代初期的大众文化》(*Popular Culture in Early Modern Europe*, London, 1978)那样。事实上,今天,不更走近葛兰西或者不更明确地运用他的思想,就难以或不可能讨论大众文化或任何文化的问题,就像柏克建议 E. P. 汤普逊和雷蒙德·威廉斯应该做的一样。①

不过,就像在葛兰西所思所述的其他领域中那样,在这一领域中与葛兰西进行思想的对话,其好处在于它不是

---

① Peter Burke, "Revolution in Popular Culture", in R. Porter and M. Teich (eds.), *Revolution in History*, Cambridge, 1986, p. 211.

纯学术性的。实践推动并滋养了葛兰西的理论，也是其理论的目的。对于研究意识形态和文化的学生来说，为什么葛兰西的影响是异常的明显呢？原因之一是对于所有关注大众文化的人来说，这一领域并不是纯学术性的。几乎所有从事这些研究的人的主要目标不是撰写博士论文和著作。像葛兰西一样，他们激情洋溢地关心未来和过去：关心作为人类大多数的普通人——包括工人阶级及其运动——的未来，关心民族和文明的未来。在葛兰西去世70年后，我们不仅感谢葛兰西的思想激励，而且感谢他对我们的教导：改变世界的努力不仅与原创的、敏锐的、开放的历史思维是一致的，而且没有这样一种历史思维，就不可能改变世界。

第十四章 马克思主义的影响：1945—1983年

没有哪位思想家比马克思更成功地实践了自己的箴言："哲学家们只是用不同的方式解释世界，而问题在于改变世界。"(《关于费尔巴哈提纲》) 马克思的思想变成了欧洲大多数国家工人运动和社会主义运动的思想来源，主要是通过列宁和俄国革命，变成了20世纪社会革命的典型国际学说，从中国到秘鲁都受到了相同的欢迎。由于那些认同这些学说的政党和政府取得了胜利，马克思思想的各种版本变成了国家的官方意识形态，在高潮时期大约三分之一的人类生活在这样一些国家中，更不用说成为世界其他地区具有不同规模和重要性的政治运动的意识形态了。只有过去伟大宗教的创始人，才属于获得类似地位的留下个人名声的思想家。可能除了穆罕默德外，无人如此快速地取得如此广泛的成功。在这一方面，没有哪位世俗的思想家能够与马克思比肩而立。

马克思本人究竟在多大程度上会赞同以他的名义所行之事？他的学说经常转变成世俗的神学，被官方接受为不可挑战的真理，马克思会怎么看他的这些学说呢？这些是有趣的问题，但却属于学术思辨的领域。事实是，无论这些学说可能多么远离马克思本人的思想，就我们能够记录或者推测的而言，它们在历史上来源于他的思想，我们能够在思想和行动上直接确立这些来源关系。它们属于马克思主义的历史。这些发展在逻辑上是否包含在马克思的思想中是一个不同和独立的问题。这一问题之所以得到许多讨论，主要是因为以马克思之名成功建立的政权和政府（到目前为止通常与某个声称是其门徒的革命领袖——列宁、斯大林和毛泽东等——相结合）到目前为止全都具有某种家族相似性；或者，毋宁说是因为它们全都具有厌恶自由民主的消极特征。

回答这个问题不在本章的范围内，但是我们可以作出两点评论。就任何一组思想在它的创始人身后继续存在而言，这组思想不再局限于最初的意图和内容。人类的注释能力乃至维护与合意或被珍视的先辈之间的联系的意愿设定了各种广泛界限，在这些界限内，任何一组思想在实践上会遭到意想不到的广泛修正和改变，在理论上也是如此。许多政权，从耶路撒冷的封建王国到震颤派，从俄国沙皇帝国到荷兰共和国，从加尔文派的日内瓦到乔治的英格兰，自称是基督教政权，或者其权威来源于一系列特殊的书面文本。基督教神学在不同的时代吸收了亚里士多德和马克

第十四章 马克思主义的影响：1945—1983年

思的思想。尽管所有的基督教神学通常不会让其他同样信仰虔诚的基督徒满意，但是它们都会声称来源于耶稣的教诲，恰如广泛多样的思想和实践声称它们直接或者通过马克思的继承人来源于马克思的文本，并与之相容一样。倘若我们不知道它们都声称了这种渊源关系，我们就很可能认为犹太复国主义的基布兹与波尔布特的柬埔寨之间、希法亭与毛泽东之间、斯大林与葛兰西之间、卢森堡与金日成之间的差异比它们的相似性更为明显。马克思主义政权为什么会采取特定的形式，没有任何理论上的原因，但是，在许多工业化世界的边缘或外部地区，一些政权在1917年后的短暂历史时期通过本土革命、模仿和征服而建立，为什么它们发展了共同的消极或积极特征，却有充分的历史原因。① 因此，那种认为马克思的理论必然包含且只包含列宁主义（或者任何其他声称是马克思主义正统的学派）的观点失败了。

然而，可以说，任何一种思想体系，包括马克思的思想，不论是通过政党和运动、通过政府还是通过其他方式成为一种动员群众的重要政治力量，就必然会被改造。正是如此，任何一组思想，即使通过形式化、稳定化和教学简单化，即使在小学和中学以及经常在大学中传授，也会被改造。解释世界与改变世界之间不管存在怎样的有机联系，都不是一回事。不论这种改造是通过形成一组非正式

---

① 没有俄国的支配，仅有的处在这种政权之下的发达工业国家在"二战"后本不可能获得那些特征。

信念——例如那些把19世纪的商人及其宣传者与亚当·斯密的实际著作（他们声称这些著作是他们的依据）区分开来的信念——来实现的，还是在极端的情况下通过正式的教义、由此不能容忍的异议来实现的，都是次要的问题。改造的事实仍然存在。事实上，以往思想家的思想学术史，尤其是政治思想史，主要在于从后世的再阐释背后重新发现思想家的原初含义和意图，重新发现其思想的原初语境和参照系。唯一逃脱这种命运的著作是无人曾经认真对待的著作，或者是那些与特定的时代和地点紧密相连，因而立即被遗忘的著作。除了对少数专业学者来说外，今天的亚当·斯密已不是1776年的亚当·斯密。马克思也必然是同样的状况。

从历史的视角来看，马克思主义的政治影响无疑是马克思的最重要的成就。然而，马克思主义具有同样惊人的思想影响，尽管这种影响不可能脱离它的政治影响，更不说马克思主义者对所有人的政治影响了。有一些思想家单就他的名字而言就表明了他对人类思想世界的重大变革，这样的思想家并不多。马克思与牛顿、达尔文和弗洛伊德等人物一道就属于这样的思想家。正如这份名单所表明的那样，除了就它们在各自的领域都超出专家群体进入一般受过教育的文化中外，这样一些名字都代表无与伦比的思想变革。这不是说弗洛伊德乃至达尔文是像牛顿一样的思想大师。然而，无论他们的能力如何，无论他们的思想成就性质如何，这份名单上的名字都是极少数。马克思在这

第十四章 马克思主义的影响:1945—1983年

份名单上的位置是无可置疑的,但在两个方面上具有特殊性。第一,正如本书所表明的那样,从实践的角度来看,马克思的地位是身后取得的。确实,很少有人能够在马克思在世时预测到他的身后名声。第二,在长达一个世纪的时间里,马克思遭到了持续的、大规模的、激烈的和思想上绝不可忽视的批评,马克思的地位正是在这样的情况下实现的。许多最优秀的心灵全力以赴地尝试证明马克思的错误和不准确之处,包括许多后来变成批判者的曾经的马克思主义者。这是那些改变思想世界的思想家们经常遇到的遭遇。然而,其他这样一些人物从整体上来看似乎没有如此多舛的命运,严厉的思想批判也仅限于专业领域。在马克思逝世100周年之时,马克思的思想尽管遭到了任何人在钢笔、铅字、公共平台或者在适当的情况下审查者的蓝色铅笔和特殊警察的范围内的上百年的集中火力攻击,但是它们仍然幸存了下来。马克思本人的思想地位并未陷入严重的问题中。更重要的是,在全球的思想领域中,马克思的思想肯定比以前成为更广泛的存在;他的著作和受其启发的著作具有更广泛的影响,得到更广泛的阅读和讨论。前马克思主义的社会民主主义政党摆脱了马克思的影响,苏联显然正在失去对全球左派的吸引力,随着去斯大林化,它也正在失去在马克思主义传统的革命流派中的至上地位。尽管这些成为越来越明显的事实,但是马克思的地位并未改变。

马克思之所以创造了这个惊人的记录,可能有三个原因。马克思主义之所以具有持续的吸引力,是因为在马克思逝世不久后,马克思主义在这里或者那里始终被认为是威胁着现状的强大政治运动,自1917年以来被认为是具有国际颠覆性、威胁和危险的国家—政权。直到20世纪90年代,马克思主义始终代表可怕的政治力量。此外,马克思主义在理论上始终是国际性的理论,因而使它的批评者面临可能具有普遍性的危险和错误。这样一来,它不同于那些支持特定民族或种族因而不可能使其他人信仰的学说,或者不同于那些在理论上具有普世性但在实践上局限于特定地区的学说,例如基督教正统派或伊斯兰教什叶派。

此外,马克思主义始终是一种带着严肃思想外表的对现状的革命批判,立即在这类批判中把自身确立为迄今为止最有影响的和占据主导地位的批判。到20世纪70年代,几乎所有希望以更美好的"新"社会取代现状的反对者乃至一些希望回到理想化的"旧"社会的人都把他们的目标称为"社会主义"。可是,马克思主义分析在社会主义理论中具有如此的地位,因而对社会主义的批判不可避免地包含对马克思的批判。就在马克思逝世一年后,一项对当代社会主义的全面调查①在指出马克思之前的最初的"空想"或"互助论"学派消失时,在总共9章的篇幅中仍然仅有一章来论述马克思。20世纪下半叶的讨论②更可能实质上从与马

---

① John Rae, *Contemporary Socialism*, London, 1884.
② 例如丹尼尔·贝尔(Daniel Bell)为《国际社会科学百科全书》(*International Encyclopaedia of the Social Sciences*, NY, 1968)所撰写的"社会主义"词条。

第十四章 马克思主义的影响：1945—1983年

克思主义学说的关系的角度来思考社会主义学说的所有变种，这种关系在策略上被视为社会主义的核心传统。

同样地，那些希望批判现存社会的人被那种支配这些批判的理论所吸引，就像那些希望为现存社会辩护或者怀疑革命者的建议的人被迫攻击马克思一样。只有在马克思主义学说是维护现状的官方意识形态的政权下，才不是这种状况。然而，只有少数国家才由马克思主义政权统治。无论如何，除了苏联外，其他所有这类国家都只有不到三四十年的历史；在革命后第一代人或数代人的马克思主义中，社会—批判的因素尽管或许日渐弱化，但仍然具有一定的重要性。

在20世纪末的知识世界中，马克思主义和关于它的争论之所以处于核心地位，第三个原因是：马克思主义对知识分子具有不同寻常的吸引力。由于中等教育和大学教育的扩张，知识分子的数量在这一时期出现了空前的增长。诚然，马克思主义仅仅有时候才对知识分子产生强大的吸引力，即使如此，这种吸引力也不长久。此外，有一些时期、地方和知识专业明显没有受到马克思主义的影响，或者遭到马克思主义的拒斥。然而，事实上，在所有与现代社会运动有关的意识形态中，马克思主义到目前为止仍然是最令人关注的理论。于是，马克思主义不仅为政治信念和政治活动提供了最大的空间，而且为讨论和理论阐述提供了最大的空间。在《国际社会科学百科全书》（1968）的索引中，"马克思"和"马克思主义"名下的词条数量远远超过了其他任何思想家名下的词条数量,即使我们撇开"列宁主义"名下的其他词条不谈,也是如此。这既不是偶然,也不是思想时尚的单纯反映。

在1945年后的25年里,有三组复杂的事件在塑造马克思主义讨论时具有至关重要的作用:(1)1956年以来苏联和其他社会主义国家的发展;(2)那些与20世纪50年代所说(误导地)的"第三世界"尤其是拉美有关的发展;(3)20世纪60年代末资本主义工业国家惊人地和出人意料地爆发了政治激进化,尤其是学生的政治激进化。从这些事件直接或间接的现实政治意义来看,它们具有不同程度的重要性,尽管它们对马克思主义讨论的影响不是如此。它们彼此之间也不可能清楚地区分开来,在1960年之后尤其如此。

"苏联"的复杂事件以三种方式影响了马克思主义的发展。第一,苏联和其他东欧国家的去斯大林化产生了实践和理论上的影响。它导致了这样一种认识,即这些社会及其运作的现实组织——更别说它们的经济了——需要改革,这是一种在苏共"二十大"后和20世纪60年代末期让人能够特别感受到的认识。去斯大林化也带来一定程度上的思想解冻,允许反思有时甚至鼓励重新提出斯大林时代坚决禁止的问题。

第二,在由某个"领导政党"即苏联共产党主导的统一和单中心的国际共产主义运动瓦解过程中,"苏联"的复杂事件影响到了马克思主义。这种单一的统一性已经被

第十四章 马克思主义的影响：1945—1983年 >>>

1948年南斯拉夫的分离所削弱，实际上随着1960年中苏的分裂而不复存在。所有的共产党因而它们内部的马克思主义讨论，都不同程度地受到了这种瓦解的影响，或者更确切地说，在理论上或在事实上受到了如下认识的影响：各种各样的"走向社会主义的民族道路"或者社会主义的"民族道路"现在是可能的，有时是值得追求的。此外，即使对那些渴望一种单一的国际理论正统的人来说，各种竞争性的正统的存在如今提出了尖锐的再调整问题。

第三，苏联的复杂事件通过社会主义世界——或者更确切地说在苏联的影响力范围的国家和中国——经常发生的戏剧性政治事件影响了马克思主义的发展：东欧国家（波兰和匈牙利）早期对1956年苏共"二十大"的反应，20世纪60年代末期的各种危机——其中"布拉格之春"（1968）是带来最大创伤的危机，1968—1981年波兰的一系列剧变以及20世纪50年代末和60年代中期（"文化大革命"）和毛泽东逝世后冲击中国的政治地震。

最后，世界社会主义地区与其他地区之间的直接交往日益频繁，即使仅仅以新闻、旅游、文化交流和来自社会主义国家的大批移民为形式的交往，这给西方马克思主义者带来了许多关于社会主义国家的信息，使他们越来越难以忽视这些信息，从而影响到了马克思主义的发展。如果社会主义国家仍然变成西方革命者所渴求的模式——有时几乎空想的模式，那么，这主要是因为西方革命者几乎不了解它们，有时不能或者不想知道得更多。许多西方革命者对中国"文化大革命"的理想化与中国几乎没有什么关系，就像孟德斯鸠的《波斯人信札》与伊朗没有关系一样，或者就像"高贵的野蛮人"与塔西岛没有关系一样。所有的西方革命者都把那些声称是遥远国度的经验用于对世界另一个地区的社会批判。然而，随着交往和信息的增多，那种在某面飘扬的红色国旗下寻找乌托邦的倾向明显减少。1956年以后的时期迫使大多数西方马克思主义得出结论，从苏联到古巴和越南的现存社会主义政权，不再是他们自身本来所希望的社会主义社会或者建设社会主义的社会，等等。许多马克思主义者被迫转向1917年前各处社会主义者的立场。他们再一次不得不论证，社会主义是资本主义社会所产生的种种问题的一种必然解决方案，是未来的希望，但却是一种没有实践经验充分支持的希望。

相反，来自社会主义国家"持不同政见者"的移民强化了旧的诱惑，即把马克思和马克思主义完全等同于这样一些政权，尤其是苏联。这曾经帮助把那些不完全地和无批判地支持苏联的人排斥在马克思主义共同体之外，现在又服务于那些希望拒绝马克思全部思想的人，因为他们声称，从《共产党宣言》向前前进或者可能向前前进的唯一道路是终结斯大林俄国的古拉格或者马克思的信徒所统治的其他国家的集中营。在那些思考"失败的上帝"的幻灭的共产主义者中，这种反应从心理上来说是可以理解的。在社会主义国家和来自这些国家的思想上的持不同政见者中，这更是可以理解的——那些持不同政见者完全拒绝任

第十四章 马克思主义的影响：1945—1983年

何与官方政权相关的东西，而这种拒绝始于官方政权诉诸于其理论的那位思想家。从知识的角度来看，这是合理性证明的问题，犹如关于如下命题的问题一样：所有的基督教教义必定在逻辑上且必然总是导致教皇的绝对主义，或者所有的达尔文主义必定导致对自由资本主义竞争的赞美。

"第三世界"的复杂事件以两种主要方式影响到了马克思主义的发展。

第一，"第三世界"的复杂事件使人把注意力集中在亚非拉人民的解放斗争上，集中在如下事实上：许多这样的运动和一些从去殖民化中诞生的新政权被马克思主义口号所吸引，被那些与马克思主义有关（至少通过它们）的国家结构和战略所吸引。这样一些运动和政权从社会主义国家那里找到了启示，其中大多数社会主义国家起初都是落后的国家，尽力摆脱落后的状况。"第三世界"的大多数运动和政权至少时而不时地声称，社会主义是它们的目标（经常被称为非洲社会主义、伊斯兰社会主义等）。如果这些社会主义有一个模式的话，那么这个模式来自马克思主义者所统治的政权。自然，至于以前的殖民地和半殖民地国家，马克思主义的著作大量增加。

在全球资本主义大繁荣的数十年里，主要是依附的和"欠发达"的国家似乎越来越希望社会革命。于是，应该指出的第二点是，"第三世界"的经验使马克思主义者把注意力集中在占主导地位的发达国家之间的关系上，集中在这些地区向社会主义可能过渡的具体特征和问题上，集中在影响到它们未来发展的社会和文化特殊性上。这些问题不仅提出了当前政治战略问题,而且提出了马克思主义理论问题。此外,作为政治实践者和(有人想说"因此")理论家的马克思主义者出现了广泛的意见分歧。

关于"第三世界"经验与马克思主义理论之间的这种相互作用,我们可以从历史学领域中找到突出的例子。长期以来,从封建制度向资本主义过渡的性质是马克思主义学者最关注的问题,经常受到马克思主义政治家的干预,因为至少在俄国,它提出了具有现实意义的问题。在那里,"封建制度"是一个新的现象,沙皇的"绝对主义"——它的阶级性质存在着争论——仅仅在晚近时期才被推翻,因而,这些问题的各种解释者(例如 M. N. 帕克洛夫斯基)被他们的反对者正确或错误地认为是政治反对者或者那些鼓励政治反对的理论家。在日本,从封建制度向资本主义过渡的性质还是一个政治判断问题。我们不必把这些观点追溯到莫里斯·多布的著作发表之后的时期。在谨慎地题为《资本主义发展研究》(1946)的著作中,多布雄心勃勃地尝试系统地研究从封建制度向资本主义过渡问题,这导致了20世纪50年代激烈的国际争论。①

一些问题存在着争论。封建制度是否存在一个根本的内部矛盾("一般规律"),造成它的解体并最终被资本主义取代吗?如果存在的话(大多数正统马克思主义者相信存

---

① Introduction by R. H. Hilton to *The Transition from Feudalism to Capitalism*, London, 1954.

第十四章 马克思主义的影响：1945—1983年

在），那么这个根本的内部矛盾是什么？如果不存在，例如，如果封建制度似乎是自我稳定化的经济制度，那么将如何解释资本主义对它的取代呢？如果这样一种解体机制存在的话，那么这种机制在所有的封建制度内都发挥作用吗？在一些情况下，必须解释资本主义为什么在欧洲之外没有发展起来，或者为什么只在欧洲发展起来。在一些情况下，必须分析欧洲的封建制度不同于世界其他国家封建制度的具体特征。保罗·斯威齐（Paul M. Sweezy）对多布的批评引发了争论。这种批评的关键在于斯威齐对于那些使用封建制度的主要"生产关系"——即地主与农奴之间的生产关系——所包含的机制来解释封建制度解体的尝试不满意。相反，斯威齐强调或者重新强调（因为它存在许多非马克思主义以及马克思主义的先例）贸易在削弱和改变封建经济的过程中的作用。"贸易的增长是造成西欧封建制度衰落的决定性因素"[①]。

尽管这场争论时断时续地持续到现在，但是已经平息下来。然而，在20世纪60年代的某个时候，有人以完全不同的方式重新提出了现代资本主义经济的历史起源问题——尽管显然这种方式来自于旧争论中的斯威齐阵营。A.岗德·弗兰克（《资本主义与拉美的欠发达》，1967）雄辩地和随后I.沃勒斯坦以更详细的和历史证明的方式提出

[①] Introduction by R. H. Hilton to *The Transition from Feudalism to Capitalism*, London, 1954, p. 41n.

了新的观点①——沃勒斯坦作为当代非洲政治学家开始了他的学术生涯,并以此作为起点进入了历史领域。三个重要命题成为这种解释的核心。第一,资本主义实质上可以等于市场关系,而且在世界范围内可以等于由世界市场构成的"世界体系"的发展——在这个体系中,一些发达的"中心"国家确立了对"边缘"国家的支配,并且剥削它们。第二,这个"世界市场"的确立可以追溯到16世纪的第一次殖民征服时代,创造了一种本质上是资本主义的世界,我们必须从资本主义经济的角度来分析这个资本主义世界。第三,城市化的"中心"资本主义国家通过支配和剥削其他国家取得了发展,这种发展既带来了中心的逐步"发展",又导致了"第三世界"的逐步"欠发展",即世界两个部分之间逐渐扩大和在资本主义制度下不可逾越的鸿沟。

20世纪70年代,对这些历史问题的兴趣出现了明显的复兴。就这种兴趣的起源而言,它反映了世界边缘地区尤其是20世纪五六十年代拉美地区的左派的具体政治争论。

对革命者来说,造成拉美左派分裂的问题是国内主要敌人的性质。国际上的敌人显然是"帝国主义",主要是美国。但是,国内的主要炮火应该瞄向地主——控制着广大落后地区和那些专门向世界市场出口进而从工业化世界进

---

① Immanuel Wallerstein, *The Modern World-System*, NY, 1974. 关于对弗兰克观点的早期批判,参见 Ernesto Laclau, "Feudalism and Capitalism in Latin America", *New Left Review*, 67, 1971。

第十四章 马克思主义的影响：1945—1983年

口制造产品的农业经济——还是当地的资产阶级？不论是关注工业化（通过国家支持的进口替代）的地方资产阶级集团，还是正统的共产党，都支持这样一种观点，即拉美人民的主要任务是消灭农业利益集团和"大庄园制度"（经常被宽泛地等同于"封建制度"或者它的遗迹）。对"民族"资产阶级——在一个充满马克思主义知识分子的大陆中，甚至有一些商人本身也接受这个标签——来说，这意味着消除工业化的主要政治障碍，消除为民族工业建立巨大国内市场的主要经济障碍：实际上把贫困化和边缘化的农民阶层排除在现代经济之外。对正统的共产主义者来说，这意味着建立反对美国帝国主义和地方"寡头"的民族共同阵线。这意味着争取对这些国家进行直接的社会主义改造的斗争没有提上日程，事实上也是如此。这也意味着在大多数情况下共产党将会避免更剧烈形式的起义和武装斗争。另一方面，对极左派来说，共产党的政策是对阶级斗争的背叛。他们认为，拉丁美洲不是封建经济，甚至不是"二元"经济，相反，显然是资本主义经济。主要的敌人是资产阶级，资产阶级绝不具有与美帝国主义相对立的利益，反而从根本上支持美帝国主义，充当美国和国际垄断资本的地方代理人。此外，革命成功的客观条件已经具备，社会主义而不是"资产阶级民主阶段"的相应阶段是革命的直接目标。卡斯特罗在古巴的成功以及苏联与中国几乎同时出现的分裂加剧了左派的分裂，显然，处在这个阶段的中国致力于那种最终包围并夺取城市的农民革命。

在这里，我们关心的不是双方观点的优点。它们简单地把当前的政治往后推入到历史之中。如果自16世纪以来西班牙和葡萄牙的殖民地始终是资本主义经济的实质性组成部分，那么，把"封建的"或落后的国家改造成新兴资产阶级的资本主义国家始终是一个转移人们注意力的问题。如果"发展的障碍"——20世纪50年代和60年代得到了非常热切的分析——不在于国内封建残余之类的东西，而是在于一个简单的事实，即殖民地或新殖民地国家对资本主义国际中心国家的依附造就并加深了它们的欠发达状态，那么，农业主义者与工业主义者之间的冲突并不重要，也不会产生出摆脱欠发达状态的条件，只有社会革命和社会主义才能创造这样的条件。

显然，工业化世界与其他世界之间关系的性质不仅仅是历史问题。它不仅至今在"帝国主义"这个总标题下，而且在新的历史环境下提出了所讨论的问题；不过，它也提出了应当如何定义或重新定义这两个世界的问题。正式的"殖民地"（例如，那些在外国强权直接统治下因而不能作为主权政府作出决策的地区）几乎消失殆尽，从而使帝国主义与"殖民主义"之间的必然联系遭到了质疑。政治上的去殖民化本身几乎没有改变相关地区与宗主国之间的经济关系，虽然它可能影响到以前统治殖民地的国家的具体地位。去殖民化本身对马克思主义分析几乎没有产生影响，因为这样一些地区的存在早就得到了承认：它们尽管形式上是主权国家，但却是某个帝国经济事实上的组成部

第十四章 马克思主义的影响：1945—1983年 >>>

分，尽管名义上是独立国家，但却服从于某个大国。另一方面，"第三世界"之类术语的流行表明了一种更全面的重新划分。

马克思主义没有"第三世界"概念的先例。事实上，尽管马克思主义者像其他人一样倾向于使用这个模糊而又方便的术语，但是"第三世界"概念与马克思主义分析不存在任何明确的关系。然而，马克思主义者经常无法抵制运用"第三世界"概念的诱惑，因为这一概念似乎符合一种帝国主义剥削殖民地或新殖民地世界——资本主义运作的本性使之保持贫困和实质上非工业化的状况——的修正模式，因为只有亚洲、非洲和拉丁美洲看上去保留了发达资本主义国家中越来越遥远的社会革命前景。就此而言，"第二世界"与"第三世界"之间的差异其实是时间上的差异。中国的革命最终带来了社会主义发展的一个阶段，使马克思主义领导下的国家从1个（如果把蒙古包括在内的话，或许是2个）增加到11个。事实上，其中一些国家至少在最初时具有"第三世界"国家的大多数特征（例如阿尔巴尼亚与南斯拉夫的许多地区）。随后增加的这类国家全都在欧洲之外：越南（1954—1975）、古巴（1959）、20世纪60年代和70年代非洲的前葡萄牙殖民地、埃塞俄比亚、索马里、南也门、柬埔寨、尼加拉瓜。此外，一些国家在许多情况下毫无理由或暂时自称是社会主义国家或者宣称目标是社会主义，不一定拥有或者接受马克思主义的领导，这些国家全都是"第三世界"国家。所有这些国家不管是否是马克思主义的,都继续面临贫困和落后的问题,(倘若是马克思主义的国家)继续面临美国及其盟友的强烈敌视。在这个方面,"第三世界"国家的政治制度与抱负之间的差异不如它们发现自身所处的共同境况重要。

事实上,在20世纪六七十年代期间,单一的、包罗一切的"欠发达的"、"第三世界"概念变得越来越不合理,因而基本上应该予以抛弃。然而,当"第三世界主义"时期持续下去的时候,它对马克思主义者的思考产生了强烈的影响。既然第三世界的运动似乎不依赖许多第三世界国家几乎不存在的工人阶级,马克思主义者把注意力转向了其他阶级尤其是农民的革命潜力,因而转向了对它们的分析。自20世纪60年代初以来,相当多的马克思主义理论以及非马克思主义理论致力于研究农业和农民问题。对社会主义国家经验的反思和对俄国民粹主义理论家恰亚诺夫(A. V. Chayanov)的重新发现也推动了这一领域的马克思主义文献。这类文献的数量不仅庞大,而且令人印象深刻。①在这一时期,对"第三世界"的兴趣大概也推动了马克思主义社会人类学的显著发展,尤其是在法国[古德里耶(Godelier)和梅拉苏(C. Meillassoux)]。

最后,20世纪60年代末的激进浪潮以两种主要方式影响了马克思主义的发展。第一,它以惊人的方式大大增加

---

① 在有影响的作家中,有人可能会提到埃里克·沃尔夫(Eric Wolf)、泰尔多·沙宁(Teodor Shanin)和哈姆扎·阿拉维(Hamza Alavi)。马克思主义者丹尼尔·索内尔(Daniel Thorner)重新发现了恰亚诺夫。

第十四章 马克思主义的影响:1945—1983年

了出版、阅读和购买马克思主义著作的人数,因而增加了马克思主义讨论和理论的绝对数量。第二,它的规模是如此巨大,至少在一些国家是如此,它的出现是如此突然和出人意料,它的特征是如此前所未有,以至于它需要对大多数马克思主义者长期以来视为理所当然的许多东西进行意义深远的重新思考。它让具有历史思维的人想起了1848年革命的一些方面。它像1848年革命一样,其兴也勃焉,其亡也忽焉,又像1848年革命一样留下了不仅仅是表面上看上去的东西。

这场激进浪潮具有一些特殊的方面。它起初是青年知识分子的运动,明确地说,是一场学生运动。20世纪60年代,几乎所有国家的学生数量都大规模地增加,更一般地来说,他们是中产阶级家庭的子女。在一些国家,这场激进浪潮仅限于学生或者潜在的学生,但在其他国家尤其是法国和意大利,它为多年来规模空前的产业工人阶级运动提供了火星。它是一场十分国际化的运动,跨越了发达国家和依附性国家之间、社会主义社会与资本主义社会之间的界线:1968年是南斯拉夫、波兰和捷克斯洛伐克具有历史意义的年份,也是墨西哥、法国和美国具有历史意义的年份。然而,它之所以引起了人们的注意,主要是因为它横扫了那些处于经济繁荣高峰时期的、构成发达资本主义社会的中心的国家。最后,在其所发生——无论多么短暂——的一些国家中,它对政治制度和机构产生了异常强烈的影响。

就马克思主义而言，它产生了一个"新左派"。无论这个"新左派"多么想把自己等同于马克思的名字或马克思主义圣殿的其他某个人物，它都远远超越了传统马克思主义的范围。于是，我们看到了各种无政府主义流派的重生。这些无政府主义流派既是一种自觉的现象或以某种明显的马克思主义标签（例如，西方的许多"毛主义"）作为伪装，又表现为非政治的或反政治的文化反抗。我们也看到了一些政治组织的诞生，这些政治组织热衷于宣传它们与马克思的联系，但这并未表明它们正在追求马克思主义革命者传统上拒绝或不信任的战略和政策。"红色旅"符合俄国民粹主义的恐怖主义模式，而不是列宁的革命模式，但是，西欧的民族分离主义运动——经常与政治右翼乃至极右翼具有历史的渊源关系——现在开始使用马克思主义革命的词汇，有时是相当真诚地使用。这种发展的意想不到的后果之一是20世纪70年代和80年代马克思主义关于何谓"民族问题"的争论出现了明显的复兴。

在20世纪50年代以来影响马克思主义发展的长期因素中，有两个相互关联的突出因素：马克思主义作为一种政治意识形态的社会基础的变化与世界资本主义的变革。

与第二国际和第三国际时期不同，20世纪50年代以来马克思主义的发展首先并且在某些情况下主要出现在如今成为越来越庞大和重要的社会阶层的知识分子中。确实，马克思主义的发展反映了这个阶层的重要组成部分特别是其青年成员的激进化。以前，马克思主义的社会根源首先

第十四章 马克思主义的影响：1945—1983年

并且通常主要在体力工人的运动和政党之中。这不意味着许多关于马克思主义理论的书籍或小册子由工人来写作或阅读，尽管对在那些与工人运动相联系的讨论小组、受教育阶级、图书馆和研究所中所研究的马克思主义文献来说，自学成才的工人阶级斗士（布莱希特所说的"能够阅读的工人"）是阅读马克思主义文献的公众的重要组成部分。于是，从1890年至20世纪30年代，一个由大约100家矿工图书馆组成的网络在南威尔士矿区逐步发展壮大起来，与此同时，这一地区的工会和政治积极分子——尤其是自1914年前以来的激进工会和政治积极分子——形成了他们自己的思想。①这种网络不仅意味着这类运动中的有组织的工人把某种马克思主义学说形式（"无产阶级的科学"）作为其政治意识的一部分加以接受、赞扬和吸收，而且意味着绝大多数马克思主义知识分子或者事实上任何与工人运动相联系的知识分子认为自己实质上是为工人阶级服务，或者更一般地说，是为一种通过无产阶级在历史上不可避免的崛起和胜利而解放人类的运动服务。

从20世纪50年代初开始，已经变得清楚的是，在世界许多已经在大众的基础上建立社会主义工人政党的地区，这些政党不论是以社会民主主义政党的形式还是以共产主义政党的形式，都不是正在前进，相反，往往是——若有

---

① 关于其中一些图书馆的名单、它们的藏书目录和它们的"校友录"，参见 Hywel Francis, "Survey of Miners' Institutes and Welfare Libraries, October 1972 – February 1973", *Llafur I*, 2, May 1973, pp. 55 – 64。

什么的话——正在退却。① 此外，在工业化国家中，与就业人口的其他部分相比，原本是工人运动核心的体力工人阶级相对衰落，有时是绝对衰落。此外，它的内部统一和力量已经弱化了。工人阶级生活水平的大幅提高、商业宣传机构和媒体对作为个体或家庭的消费者的（真实的或被诱导出的）欲望的集中关注、工人阶级生活随之而来的私人化，无疑削弱了工人阶级社区的凝聚力，而工人阶级的社区曾经在很大程度上是无产阶级大众政党和运动力量的一个因素。同时，非体力就业的增长和中高等教育的扩张比以前吸收了更高比例的收入更好的熟练工人阶级——潜在的工人运动干部和领导人以及那些最有可能学习和阅读马克思主义的工人的子女。正如1973年南威尔士矿工图书馆——当时仅有34家图书馆——的一份调查悲伤地指出的那样，"与20世纪30年代不同，到60年代，阅读不再是煤矿区的主要娱乐活动之一"②。剩余的工人不一定不再相信父辈的事业或者成为政治积极分子。但是，他们真实地意识到了自己的世界与父辈的世界之间的差别，尤其是在英国——在那里，这种体验产生了一种把自传、报道和思想反思相结合的强有力的文学，其中一些作者——如雷蒙

---

① 20世纪70年代初以来一些软弱或者垂死的社会主义政党——例如在法国、西班牙或希腊——的明显复兴不应该误导我们。它们不再作为具有无产阶级基础的大众政党按照传统路线活动，而是动员不同社会阶层选民的组织，这些选民之所以能够统一起来，主要是因为它们对现存保守政权的不满以及对国家、经济和社会多样改革的渴望。

② H. Francis, *op. cit.*, p.59.

第十四章 马克思主义的影响:1945—1983年 >>>

德·威廉斯等——变成了左派天空中的重要群星。

这些发展不可能不深刻地影响工人运动和马克思主义,因为工人运动和马克思主义实质上是在如下信念的基础上发展壮大起来的:资本主义产生了它的掘墓人,这个掘墓人表现为在人数、意识和力量不断增长并由自己的政党或运动代表的无产阶级(被视为体力产业工人阶级),而且无产阶级在历史上注定日益社会主义化(例如革命化,尽管在这究竟意味着什么的问题上存在不同意见),作为不可避免的历史进程的工具注定要获得胜利。然而,自"二战"以来,西方资本主义及其内部工人运动的发展似乎使这一观点日益遭到怀疑。

一方面,体力工人失去了社会主义运动所给予他们(和他们给予这些运动)的历史信心。20世纪30年代,英国一位著名的保守党政治家回忆了一位能干而又充满活力的、工人阶级出身的工党议员告诉他说,"你的阶级是正在衰亡的阶级:我的阶级是未来的阶级"[①]。20世纪80年代,这样一种对话是难以想象的。另一方面,马克思主义政党早就意识到,社会主义的胜利是历史上不可避免的预言绝不是政治战略的充分指南,但是,让它们仍然感到迷惘的是,许多党员和领导人视为认识历史进程的指南的东西存在诸多的不确定性。苏联和其他社会主义国家自1956年以来越来越难以否认或否定的发展加剧了它们的迷惘。对马

[①] R. A. 巴特勒(R. A. Butler)勋爵引述了这件轶事。

克思主义者至今仍视为理所当然的东西——从马克思和其他"经典作家"的基本分析到长期和短期的政治战略和策略——进行根本的反思已经成为不可避免的事情。

在1917年之后同苏联和国际共产主义运动相关的马克思主义主要传统中，这样一种反思变得越来越困难，直到这种日益教条的正统开始出现瓦解。因而，马克思主义主要传统的标志是静止和僵化，而且修正马克思主义分析的进程被人为地推迟了，仅仅是因为对1900年以来的大多数马克思主义者来说和对所有在共产主义运动中成长起来的人①来说，"修正"和"修正主义"这些词语意味着抛弃乃至背叛马克思主义。因此，当修正马克思主义分析的运动出现的时候，它变得更加突然，新马克思主义与旧马克思主义之间也相应地出现了激烈的对抗。于是，我们在战后不久可能看到战后资本主义的变化特征。早在20世纪50年代，像加尔布雷思（Galbraith）这样的非马克思主义者与像斯特雷奇和肖恩菲尔德（Schonfield）这样的前马克思主义者就已经开始修正马克思主义的分析。忠诚的马克思主义者和富有同情心的批评者一致认为，20世纪30年代马克思主义"仍然贡献了一种对世界经济危机和法西斯主义挑战的连贯但却不充分的解释"（利希特海姆），或者，

---

① 我们已经看到，"新左派"的主体和当然大多数对马克思主义理论感兴趣的成员最初由（正统的或异议的）前共产党员组成，他们脱离了或者被开除出那些在布尔什维克传统中成立的政党或组织，或者曾经与之存在其他的联系。

第十四章 马克思主义的影响：1945—1983年 >>>

"20世纪30年代的大萧条十分符合马克思的理论"（巴兰和斯威齐）①，尽管如此，他们也一致认为，"它和自由主义一样都没有成功地提出一种后资本主义社会理论"（利希特海姆），或者"为我们对'丰裕社会'的一些主要特征的理解作出重要贡献"（巴兰和斯威齐）。对这一代人中的大多数人来说，马克思主义基本上未曾或者犹豫不前地面对他们希望改造的现实世界。

青年知识分子的大规模激进化——主要是在他们的教育过程中——强化了马克思主义内部创新现象的突然性，因为正如我们已经看到的那样，这在很大程度上改变了支持马克思主义理论的社会基础。马克思主义的政党和组织——主要是小的政党和组织——出现了，它们的成员当然还有它们的领导人主要由拥有教育文凭的人构成。②因为正如工会的发展所表明的那样，随着有组织的体力工人在工业中的重要性日益降低，非体力工人工会的数量和重要性不断增加，尤其是在日益壮大的公共部门、公司化组织的职业和就业，媒体，可能所谓的与社会责任直接相关的就业——教育、卫生、社会保障等——中。而且，在这样一些职业中，非体力工人越来越多地来自于那些接受过某种高等教育形式的男男女女。

---

① G. Lichtheim, *Marxism*, London, 1961, p. 393; P. Baran and P. M. Sweezy, *Monopoly Capital*, NY, 1966, p. 3.
② 这不仅是许多革命宗派和团体的真实情况，而且是改造过的共产党小党——例如瑞典共产党——的真实情况。

此外,青年知识分子的激进化,不仅极大地增加了公众对马克思主义文献的渴求,极大地扩大了马克思主义的思想存在,而且为它们提供了一种再生产机制。

马克思主义的因素开始渗入学生公共话语的语言之中,并且从学生激进主义——这种激进主义有时像在拉美一样是地方性的,有时像在20世纪60年代末的一些欧洲国家中一样是流行性的——中成长起来的人们变成了教师和传播者。事实上,政治的决策者、国家公务员和媒体是越来越从几代激进学生中吸收人员的领域,不仅仅在新兴国家中是如此。在与教育和传播相关的机构中,马克思主义获得了比以前更稳固的栖息之地。这使马克思主义的影响越发稳定。20世纪60年代的大多数青年人开始了(除非遭到系统的政治清洗)他们的漫长职业生涯。尽管许多人有时可能变得温和或抛弃青年时代的信念,但是他们自身没有随着学生激进主义的剧烈波动而浮沉。

这种发展并不出乎意料。在马克思主义变得明晰可见之前,一位最出色的观察家已经指出,在"发达"国家,马克思主义看上去已经"转变成对现代社会本身的批判",这主要是"为了支持知识分子阶层拒绝由现代工业和科学技术所创造的世界;而且大学提供了这种争论的主战场"。① 新的变化在于知识分子皈依马克思主义的空前规模,这主要是因为20世纪60年代世界各地高等教育机构及其学生数

---

① Lichtheim, *op. cit.*, pp. 393–394.

第十四章 马克思主义的影响：1945—1983年 >>>

量史无前例的急剧扩张。

知识分子（主要是青年知识分子）的激进化具有许多特点，反映在产生于这种环境中和因这种环境而产生的马克思主义思想中。第一，这种激进化起初并不是经济不满和经济危机的产物。确实，它以最壮观的形式发生在20世纪60年代末期，即在"经济奇迹"、资本主义扩大和繁荣时代的高潮时期，发生在大多数国家的学生拥有卓越教育和职业前景的时期。于是，它的主要批判方向不是经济，而是社会或者文化。如果有某个学科代表这种对整个社会批判的寻求，那么它就是社会学。于是，这门学科吸引了绝大多数的激进学生，实际上经常被等同于"新左派"的激进主义。第二，尽管马克思主义与工人阶级（在它的"第三世界"版本中则与农民）存在传统的联系，但是激进化的青年知识分子由于生活模式或社会出身而脱离了工人和农民，无论他们在理论上多么热情地支持工人和农民。倘若激进化的青年知识分子是现存资产阶级的子弟，那么，他们充其量像后来的民粹主义者一样试图"走向人民"，或者为那些实际上加入其群体的少之又少的无产者、农民或黑人而自豪。倘若他们出身于无产阶级、农民或者更通常地出身于中下阶级，那么他们的状况和未来职业自动地使他们脱离了最初的社会出身。他们不再是工人或农民，或者不再被他们的父母或邻居视为工人或农民。此外，即使（就像1968年5月在法国那样）他们和工人同时参与了战斗行动，他们的政治观点也往往比大多数工人更加激进。

于是，知识分子"新左派"有时倾向于把工人斥为一个由于融入资本主义而不再革命的阶级，甚至斥为"反动的阶级"，这种分析的权威著作是马尔库塞《单向度的人》(1964)。或者，他们至少倾向于把当前的工人群众性运动和政党——不论它们是社会民主主义的还是共产主义的——斥为社会主义理想的改良派叛徒。相反，在几乎所有的发达资本主义国家中，甚至某种程度上在它们之外，被动员起来的学生没有受到大众的欢迎，至少是因为他们被视为中产阶级的特权子弟或者可能的特权统治阶级。因此，"新左派"环境中的马克思主义理论在某种孤立的状况中发展起来，它与马克思主义实践之间的联系遭到了不同寻常的质疑。

第三，这种环境往往产生出在两个意义上具有学术性的马克思主义思考：因为马克思主义的思考主要面向过去、现在和未来的学生公众，并且是以一种非学者不容易理解的比较深奥的语言来表达的；因为再次用利希特海姆的话说，它"始终关注马克思体系中那些被最深入地从政治行动中消除的因素"①。它表现出对纯理论尤其是最一般和最抽象的学科——哲学——的明显偏爱。1960年后，马克思主义哲学出版物成倍增加。事实上，在马克思主义者中，激进知识分子最关注的国内和国际争论是那些与哲学家相关的争论：卢卡奇和法兰克福学派、葛兰西主义者和德

---

① Lichtheim, *op. cit.*, p. 394.

第十四章 马克思主义的影响：1945—1983年

拉·沃尔佩、萨特、阿尔都塞以及他们各自的信徒、批评者和反对者。这在一些国家中或许并不奇怪，在那些国家中，任何完成中学教育的人都避不开一定的哲学教育，例如在德国、法国或意大利。但是，在哲学并不属于人文主义高雅通识教育的地方，例如在盎格鲁-撒克逊国家中，对这样一些哲学讨论的偏爱也变得十分明显。

哲学往往侵入其他的学科，例如当阿尔都塞主义者思考马克思的《资本论》好像它首先是一部认识论著作的时候。哲学甚至取代了实践，例如当某种被称为"理论实践"的东西（在相同的地方）短暂地流行的时候。对现实世界的研究和分析退却到对现实世界结构和机制的一般化思考背后，甚至退却到对如何理解现实世界的更一般探究背后。理论家们被诱使从对现实社会的实际问题和前景的思考滑入到关于对"生产方式"的一般"阐述"的争论之中。① 已故的尼科斯·普朗查斯反击了对他的批评，即他没有从事具体的分析或者没有提到"具体的经验和历史事实"。尽管普朗查斯承认他的著作存在"一定的理论主义"问题，但是他认为这种批评是经验主义和新实证主义的标志。② 诚然，这样一种理论抽象的各种极端与阿尔都塞这位非常有才能

---

① 关于对阿尔都塞之后马克思主义理论中"阐述"一词的发展的讨论，参见 A. Foster-Carter, "The Mode of Production Debate", *New Left Review*, 107, 1978, pp. 47 – 78。

② N. Poulantzas, "The Capitalist State: A Reply to Miliband and Laclau", *New Left Review*, 95, 1976, pp. 65 – 66。普朗查斯的主要著作是《政治权力与社会阶级》（1973）、《法西斯主义与独裁》（1974）和《当代资本主义中的阶级》（1975）。

的法国马克思主义哲学家的影响有关。在 1965—1975 年，阿尔都塞的影响达到了顶峰，其国际流行的程度本身具有重要的意义。但是，纯理论化的一般抽象仍然是突出的现象。它难住了许多老马克思主义者，而不仅仅是那些来自理论抽象让位于经验主义的国家的老马克思主义者。①

这样一些马克思主义者没有轻视对抽象理论的关注，尤其是当就像在经济理论中那样抽象理论解决马克思本人曾经致力于解决的问题时。除了知识分子对马克思著作本身的兴趣和那些解决这些问题的知识分子的思想功绩外，对马克思主义理论的各种基础的反思，实质上是对马克思本人的著作和马克思主义作为融贯一致的思想体系的必要的批判性审查。然而，这样一种理论化与对世界的具体分析相去甚远，而且它与马克思本人的大多数工作之间的关系常常类似于科学哲学家与从事实际工作的科学家之间的关系。从事实际工作的科学家通常推崇科学哲学家，但在实际的研究工作中并不是经常得到科学哲学家的帮助，当科学哲学表明科学家们不可能令人满意地证明他们花费毕生精力试图建立的东西时尤其如此。

然而，知识分子的激进化不只产生了理论上的后果。这仅仅是因为他们不再被视为或者自认为是跨越阶级界线而加入工人的个人，是因为正如我们已经看到的那样，作

---

① 参见从一位资深马克思主义历史学家的观点出发对阿尔都塞的礼貌但又无情的批判：P. Vilar, "Histoire marxiste, histoire en construction: essai de dialogue avec L. Althusser", *Annales*, 281, 1973, pp. 165-198。

第十四章 马克思主义的影响：1945—1983年 >>>

为社会阶层，知识分子与工人之间存在日益扩大的裂缝。在极端的情况下（例如在美国），知识分子在越战期间提供了反战积极分子，而工人则提供了支持战争的示威者。不过，即使当他们都站在左派立场的时候，他们也往往具有不同的关注焦点。于是，知识分子左派比纯无产阶级的组织更容易激起对环境和生态问题的热情关切。这两个群体的结合在政治上是最强大的结合——在仍然存在这种结合的地方：20世纪80年代巴西在左翼主导下的结合和波兰在反共主义主导下的结合。因而，这两个群体之间的裂痕和不合作不论永久与否，都可能影响以马克思主义运动的行动来改造世界的现实前景。与此同时，经验表明，那些主要以知识分子为基础的政治运动不可能产生出像工人的传统社会主义或共产主义政党那样的群众性政党。这也可能影响主要以知识分子为基础的群体的政治可能性和前景，事实上也可能影响他们所阐述的马克思主义学说的政治可能性和前景。

另一方面，知识分子在马克思主义中日益突出的地位，尤其是当青年知识分子或学院知识分子或者这两类知识分子促进了各自中心之间极其快速的沟通时，甚至跨越了国家的边界。这个阶层的成员具有不同寻常的流动性，非常习惯于快速的沟通；此外，他们的联系和网络对断裂具有异常的免疫力，除非是因为系统而又残酷无情的国家行为。学生运动在大学之间蔓延的速度证明了这一点。因此，当马克思主义运动的有组织的国际主义自1889年以来第一次实际上不复存在时，新的阶段不论在实践上还是在理论上都促进了一种相当有效的非正式的国际主义。事实上，新形成的是一种非正式的——即使存在争论——世界主义的马克思主义文化。民族和地区的模式肯定持续存在，有一些马克思主义作家几乎不了解本国之外的情况。另一方面，只有极少数国家拥有马克思主义知识分子，在这些知识分子中，某些名字并不为所有关注这些事务的人熟悉，不论他们最初的写作语言是英语、法语还是其他任何容易理解或翻译的世界性语言。要加入马克思主义话语的这个国际世界，主要的障碍是语言上的（例如因为最初用日语写作的著作）或者经济上的（例如因为印度知识分子的极端贫困阶层买不起没有补贴的书籍，或者因为缺乏外汇而无法进口大量的外文出版物）。然而，与马克思主义历史的以前任何时期相比，这个世界具有更广阔的疆域，参与马克思主义内部争论的"理论家"或其他马克思主义作家的数量也肯定比以前更庞大、更多样。

最后，我们应该如何总结马克思主义在 1983 年马克思逝世一百周年之际的各种趋势和发展呢？

第一，马克思主义失去了某种占据支配地位的或具有纽带作用的国际正统的粘合剂，例如德国社会民主党在 1914 年以前和苏联共产主义在其霸权时期对世界马克思主义事实上所起到的粘合作用。人们越来越难以把异端的解释真正地当做非马克思主义的解释，相反，其他政党和运动以实现急剧变革为目标的战略，现在想在他们的意识形

第十四章 马克思主义的影响：1945—1983年

态标签上打上马克思的标志。现在有一些相互对立和冲突的马克思主义正统，例如苏联和中国的马克思主义正统。在马克思主义政党内部，各种马克思主义解释之间的争论发展到了这样的地步，以至于在一些共产党内部，没有任何一种马克思主义解释可以说占据主导地位。这也在它们内部造成了对立的倾向或宗派，各种各样的团体和组织，主要是旧共产党的左派的团体和组织，以马克思主义的名义相互争斗，或者在它们自身分裂的情况下，容易进一步产生具有意识形态合理性的分裂。现在，当其他人以他们碰巧所坚持的意识形态之名满足于诉诸马克思或其他某个马克思主义者（例如毛泽东）时，马克思主义就容易与其他的意识形态——天主教、伊斯兰教和通常的民族主义——相结合。马克思主义人口正在变化的社会构成强化了多元化的趋势，（通过马克思主义的新知识分子阶层）往往使马克思主义超越严格意义上的政治领域，进入到一般的学术和文化领域。

我们必须把新的多元化与1914年以前对分歧的容忍区分开来。德国社会民主党容忍了伯恩施坦的修正主义，但同时拒绝承认它是一种理论，许多马克思主义者也把它斥为有害和非正统的东西。现在，尽管某些马克思主义者提出的一些理论遭到了其他马克思主义者的怀疑和敌视，但是在什么构成一种合法的解释和什么事实上不是"马克思主义"的问题上，国内和国际上几乎都不存在公认的共识。这在哲学、历史学和经济学等领域中是非常明显的现象。

由于马克思主义这种界定不清的多元化和权威解释的衰落,因此,"理论家"在马克思主义内部重新出现。然而,与1914年以前的时期不同,"理论家"不再与特殊的政治组织或者政策存在紧密的联系,更不用说像考茨基在他的时代中那样承担重要的——即使有时非正式的——政治职责了。在一些社会主义国家,党的领袖与理论家之间的自动等同造成了一些奇怪的畸变(例如朝鲜)。在这样一些社会主义国家之外,这种自动等同随着斯大林主义的终结而消失,尽管在一些由知识分子领导的小规模运动中,领袖有时仍然兼任理论家的角色。即使当那些在国际马克思主义争论中具有威望和影响并成为"学派"核心的名人以作为党员而著称的(例如阿尔都塞是法国共产党的党员)时候,他们通常也不被视为党的"代表"。简而言之,他们往往作为著书立说的独立个体产生了影响。在20世纪50年代以来,由于不同的时期和目的,这是阿尔都塞、马尔库塞、萨特、斯威齐和巴兰、科莱蒂、哈贝马斯、A.岗德·弗兰克等人——即少数引起马克思主义争论的人物——的状况。在这一时期,多元主义的典型状况是,不仅他们的马克思主义的性质,而且他们与马克思主义的真实关系有时并不清楚。而且,既然文本仍然活着,因此,它的作者已经死亡并不总是重要的事情,除非因为这些作者不再能够评论由其著作所构成的解释。正统的消亡使许多过去著名的马克思主义人物回到了马克思主义争论的公共领域,使他们再度受到推崇和启发后来者:卢卡奇和本雅明、柯

第十四章 马克思主义的影响：1945—1983年

尔施与奥托·鲍威尔、葛兰西和马里亚特吉（Mariategui）、布哈林和卢森堡。

第二，我们已经表明，什么是马克思主义与什么不是马克思主义之间的界限不是变得越来越模糊。这是意料之中的事情，因为尽管冷战的存在，但是马克思主义的许多东西——包括具有马克思主义起源的知识分子——已经渗入到主流的学术教育和争论之中。这也是激进学生这个新的庞大公众的需求的自然副产品，是如下发现的自然副产品：许多迄今为止被承认是马克思主义实质的东西需要认真反思。1978年，一项对欧洲历史编纂学的（非马克思主义）调查指出："近几十年来，马克思主义历史学家成功地加入了专业行会"——人数是如此之多，因此除了兰克和韦伯外，这项调查的索引中与马克思相关的条目超过了其他任何人物。[①] 20世纪70年代，最有影响的经济学教科书决定设立专论马克思经济学的章节。[②] 例如，在法国，马克思主义因此成为知识世界的组成部分，这个知识世界还包含其他的人物：索绪尔、列维-施特劳斯、拉康、梅洛-庞蒂，或者其他在法国高中高年级课程中有影响的或在巴黎第五和第六区中讨论的一切人物。那些在这样一种文化中成长并了解马克思主义的马克思主义知识分子可能会发现如下做法是可取的：把马克思主义转换成一切流行的理论方言，这既使那些不熟悉马克思主义术语的读者能够理

---

① Georg G. Iggers, *Neue Geschichtswissenschaft*, Munich, 1978, p. 157.

② Paul A. Samuelson, *Economics*, *tenth edition*, 1976, chapter 42.

解马克思主义,又向批评者证明,即使从他们自己的理论来看,马克思主义也提出了一些正确的观点。这个时期的代表性成果是 G. A. 柯亨运用"20 世纪分析哲学所独有的明晰性和严格性标准"① 和术语对唯物史观的重新阐述。或者,他们可能把马克思主义与其他具有影响的理论——结构主义、存在主义、精神分析等——进行某种简单的结合。

新马克思主义者已经在学校或大学获得了其他类型的思想和理论立场,这影响了他们随后形成的马克思主义。这时,他们常常受到了马克思的吸引。于是,对在"二战"后(1948)作为成年人加入共产党的阿尔都塞来说,指出如下一点并不是对他的怀疑:他不具有马克思主义的知识背景,当他开始写作关于马克思的论著时,他肯定更了解斯宾诺莎而不是马克思的著作。即使非常年轻,这些新马克思主义者现在可能追随老师们的足迹。他们的老师自身有时把——或许他们在青年时代作为革命者获得的——马克思主义的因素与其他的思想影响和发展相结合。从根本上来看,这并不是新的现象。接受过高等教育的马克思主义者过去尝试在马克思主义与大学文化之间的——正统观点故意强调的——鸿沟上架起一座桥梁。这显然是奥地利马克思主义者和法兰克福学派的情况。新颖之处在于接受过学术教育的知识分子在制度化的和孤立主义的马克思主

---

① G. A. Cohen, *Karl Marx' Theory of History: A Defence*, Oxford, 1978, p. ix.

第十四章 马克思主义的影响：1945—1983年

义的旧堡垒出现危机和不确定的时期发生了大规模的激进化。

与此同时，马克思主义者日益被迫把目光投向马克思主义之外，因为马克思主义思想的自我孤立和自我限制——这是在（在正统派和诸如托洛茨基派这样的异端派中）其共产主义发展阶段上非常突出的特征——创造了马克思主义者几乎没有思考而非马克思主义者却深入思考的广大领域。在这一方面，马克思的经济学是一个良好的例子。一旦管理中央计划经济的马克思主义政府意识到计划和管理的种种缺陷，就不可能把资产阶级的学院经济学简单地贬斥为一种资本主义辩护形式，相反，马克思主义经济学不能只是变着花样重复"政治经济学"的正统观点，这些正统观点的主旨是要证明：资本主义不可能解决自身的问题，而且"实质上"并未改变自己的特征。同时，马克思主义经济学对社会主义经济的评论只限于毫无意义的泛泛而谈。[①] 无论是哪一种理论正统，社会主义社会的经济学家（即使他们不配称为真正的经济学家）实际上都不得不思考运筹学和规划设计，并在思考的过程中走向和利用资本主义社会经济学家的著作，包括他们论述社会主义经济的著作。[②]

[①] 关于一个很好的例子，参见 O. Kuusinen (ed.), *Fundamentals of Marxism-Leninism*, Moscow, 1960, part III and chapters 22, 23。

[②] 关于一个早期的例子，参见 Oskar Lange, *Political Economy I: General Principles*, Warsaw, 1963；这本书论述"经济合理性原则"的一章包含关于"计划的数学基础"的附录，除了其他人外，这是指弗里希（Frisch）、萨缪尔森（Samuelson）和索洛（Solow）的著作。兰格（Lange）是一位著名的社会主义学者，在"二战"后回到了波兰。

经济学的一些重要发展可以追溯到东欧马克思主义者或其他在20世纪20年代试图解决苏联经济问题的学者,因而能够列出一份马克思主义家谱,即使他们被长期地排斥在官方的马克思主义经典之外。这一点并不具有多大的重要意义。

于是,一些马克思主义者没有把资本主义社会经济学家的理论简单地当做一种把他们对真理的独断主张和其他所有("反马克思主义")错误合法化的意识形态,不可能不知道非马克思主义者在他们的领域中一直所做的事情。事实上,在学院中成长的新一代马克思主义知识分子几乎不可能避开资本主义社会经济学家的理论。相反,学生激进分子的压力最终使那些通常对马克思主义一无所知的大学引入特殊的马克思主义课程或者诸如马克思主义经济学这样的学科。20世纪70年代,这些课程在英语世界中十分普遍。然而,即使没有这样一种压力,马克思主义的影响也日益明显地渗入到学术机构和学科之中,部分原因是老一代的马克思主义知识分子在职业生涯中已经功成名就,而20世纪60年代的年轻一代知识分子则才开始他们的职业生涯,但是,主要原因是在许多领域中,马克思主义的贡献甚至被那些对它并不是特别同情的人所吸收。历史学和社会科学的情况显然也是如此。法国《年鉴》历史学派及其领军人物费迪南·布罗代尔在早期没有显示出马克思主义的重要影响。然而,在晚期的重要著作《资本主义与物质生活》中,布罗代尔对马克思的提及越来越多于对法国

第十四章 马克思主义的影响：1945—1983年

或外国其他任何作家的提及。这位著名的历史学家不是马克思主义者，但关于资本主义的主要著作不可能不提到马克思。就这种趋同的趋势而言，马克思主义者和非马克思主义者以相同的方式耕耘着广阔的研究领域，因此难以断定一部具体的著作是否是马克思主义的，除非作者明确地宣传或者否认、捍卫或者攻击马克思主义。马克思主义者越来越愿意放弃以前的经典解释，这使把所有的著作坚定地划入这个或那个阵营变得更加困难，有时甚至变得毫无意义。

马克思主义者不仅愿意重新思考马克思主义传统，而且愿意重新思考马克思本人的理论，这种意愿构成了20世纪50年代以来马克思主义发展的第三个特征。当然，这本身并不新鲜。自1960年以来，马克思主义经济学出现了惊人的复兴[①]。当没有被上级权威所强加的教条窒息的时候，马克思主义经济学内部始终存在激烈的争论。20世纪初期，尝试在不同的基础上，而不是仅仅从伯恩施坦的"修正主义"来修正马克思的一些分析已经是常见的事情。诚然，强调马克思主义首先是一种"方法"而不是一个学说体系的做法——似乎始于早期的奥地利马克思主义者——在某种程度上是对马克思的实际著述表示不赞同的礼貌形式。

于是，20世纪60年代和70年代，越来越多的马克思主义者从马克思主义中去除了劳动价值论和利润率下降理

[①] 同年主要在斯拉法《以商品生产商品》一书的刺激下。这本书导致了"李嘉图派"马克思主义者与"非李嘉图派"马克思主义者之间的巨大争论。

论，拒绝"不是人们的意识决定人们的社会存在，相反是人们的社会存在决定人们的意识"（即马克思关于"经济基础"与"上层建筑"的观点）的命题。这些马克思主义者发现马克思在1882年以前的著作不完全是马克思主义的，他们将会被（用传统的马克思主义术语）说成是哲学唯心主义者，而不是唯物主义者，或者他们将会拒绝这两种立场之间的差异；他们完全贬低恩格斯，或者认为"历史研究不仅在科学上而且在政治上都是毫无价值的"①。我认为，在马克思主义历史的以前任何时期，那些自认为是马克思主义者的人从未如此广泛地提出和积极地接受这些命题和其他与大多数马克思主义者至今所接受的观点断然不相符的类似命题。

上述主张经常彻底修正了大多数马克思主义学派和流派认为对其理论来说关键的观点。评判这些修正是否正确并不是历史学家的职责，虽然历史学家能够自信地肯定，他们的许多反思可能激怒马克思本人这个出名的易怒者。其实，从中立的立场来看，就马克思主义传统的连续性而言，对马克思本人（更不用说恩格斯和后来的"经典作家"的观点）的这些挑战可以说代表前所未有的最深刻的突破。同时，不论是否被误导，它们代表一种通过革新马克思主义来加强它和进一步发展马克思主义思考的异常努力，因

---

① 这个术语来自于一本开篇就声明"本书是一部马克思主义理论著作"的著作。B. Hindess and P. Q. Hirst, *Pre-capitalist Modes of Production*, London, 1975.

第十四章 马克思主义的影响：1945—1983年 >>>

而证明了马克思的惊人的严格性和吸引力。因为它们表明了两件事情：承认马克思主义需要严格的现代化——不停地探究创始人本人的思想可能存在的错误和不一致，与此同时又确信马克思本人的思想从整体上来看为认识和改变世界提供了一种必不可少的指南。

毫无疑问，时间将会清理这个理论灌木丛的一部分，部分原因是一些理论重构者将会遵循自己的论证逻辑，放弃马克思主义，而另一些理论重构者则会消失不见，等待寻找论文选题的博士生或者未来的多卷本马克思主义史。也有可能的是，在一些问题上将会再次形成某种共识：理论的哪些发展能够合法地来源于或者符合马克思本人的思想？能够抛弃马克思理论的哪些部分，而又不使马克思的整个分析失去它的融贯性？这是一个更有争议的问题。这样一来，马克思主义的传统可能重新建立自身的连续性，尽管不是以一种"正确"的马克思主义的形式，而是以重建领土的各种界限——在其中争论和分歧能够合理地声称它们与马克思之间的思想渊源关系——的形式。但是，即使要重建这样一种思想连续性，所谓主流的各种马克思主义也可能继续与所谓边缘的马克思主义共存。无论是出于何种原因，各种边缘的马克思主义都声称它们的思想具有马克思主义的血缘，尽管思想上的DNA检测没有证实它们的声称。就它们自称是马克思主义而言，它们是马克思主义史的一部分，而且在马克思主义史之外确实无法理解，犹如那些自称是基督教的边缘的或融合论的宗教和教派：

无论它们的学说与那些构成基督教共同基石的学说之间相距多么遥远,它们都是基督教历史的一部分。① 最后,主流的马克思主义和边缘的马克思主义将会——目前尚未——共存于这样一个日益扩大的(基本上但不完全是学术性的)地带:在这个地带上,马克思主义与非马克思主义之间无法划出明确的界线。

然而,有一件事看上去十分清楚。即使关于什么构成马克思主义主流(或支流)的共识再次形成,那么与过去相比,这种共识也可能是在与"经典作家"的原始文本相距更远的距离上形成的。这些原始文本不可能像过去那样经常会被当做具有内在连贯性的理论和学说的完整整体,被当做一种对当前经济和社会的直接有用的分析性描述,或者被当做马克思主义者当下行动的一种直接指南。马克思主义传统连续性的断裂大概无法完全修复。

"经典"文本不可能被轻易地当做政治行动的手册,因为马克思主义运动今天和未来可能发现自身处于这样一些境况中:这些境况与在马克思、恩格斯以及20世纪上半叶的社会主义运动和共产主义运动阐明其战略和策略时所处的境况没有什么共同之处(除非因为偶然和短暂的历史事件)。具有重要意义的是,在列宁去世半个世纪后,大多数旧的共产党仍然在本国内从事推翻资本主义的斗争,寻找新的战略,因而(尽管许多老党员怀念以前的确定性)抛

---

① 这并不意味着主流的马克思主义学说因此比那些边缘的马克思主义学说更正确,只是意味着它们更忠实于马克思。

第十四章 马克思主义的影响：1945—1983年

弃了像圣经原教旨主义一样的原教旨马克思主义。相反，在对旧确定性的渴望仍然盛行的地方，在马克思主义传授那些不得不予以"正确地"重构和应用的"教训"——尽管某个群体的"正确"是另一个群体的"错误"——的地方，这种类型的马克思主义在理论上已经萎缩了。它往往被归结为少数简单的原理，差不多被归结为各种口号：阶级斗争的根本重要性，对工人、农民或第三世界的剥削，对资本主义或帝国主义的拒绝，革命和革命斗争（包括武装）的必然性，对"改良主义"和"修正主义"的谴责，"先锋队"的不可或缺性，等等。这样一些简单化使马克思主义不可能接触现实世界的各种复杂性，因为分析只是为了证明那些已经以其纯粹形式宣布的真理。于是，它们可能同纯粹唯意志论的战略或者好斗分子所支持的一切战略相结合。实质上，原教旨主义的马克思主义——被当做行动指南——的这种残余形式由经典列宁主义的简单化原理构成，除非（就像在新无政府主义者中那样）这些原理实际上也蜕变成修辞。从过去斗争的经验中，从像列宁这样卓越的革命政治开拓者那里，而不是通过对过去及其文本的字面提及，显然有许多应该汲取的东西。

再者，虽然马克思关于资本主义发展的一般经济理论和分析可能必须是后来的马克思主义者的起点，但是某个时期的"经典"文本不能被当做对资本主义晚期阶段的描述。列宁按照惯常的现实主义承认了这一点。与其他一些尝试分析1900年后资本主义新阶段的马克思主义著作①相比,列宁的《帝国主义论》除了从讨论英帝国对英国工人阶级的影响的《马克思恩格斯通讯集》中引述两个相关段落外,根本没有参考马克思和恩格斯的文本。然而,在1917年以来的时期,大量关于资本主义当前发展状况的马克思主义著作没有遵循这个先例,反而投入许多时间和精力证明列宁的文本(或更罕见地证明其他某个马克思主义文本)仍然是一种对资本主义某个发展阶段的实质上有效的分析——列宁草率地把这一阶段称为"最后阶段",或者对列宁的文本进行批判性的评论,或者,在"二战"后的时期,当列宁的文本明显已经过时的时候,把1917年列宁偶然提出的术语进一步阐述为"国家垄断资本主义"理论。②到1983年,除了缩减旧教条主义正统的范围外,大多数马克思主义者不再认为自己负有如下义务:根据那些描述如今完全属于过去的阶段的文本来分析资本主义的当前阶段。

最后,现在已经普遍承认,就马克思以系统的方式阐述了他本人的理论而言,他的理论起码在一个重要方面上缺乏同质性。因此,我们可以认为,马克思的理论既包括对资本主义及其趋势的分析,同时也包括一种历史的希望。

---

① 例如经常提到马克思的著作:希法亭的《金融资本》和卢森堡的《资本的积累》。

② 这一术语出现在《国家与革命》中。把这种微不足道的文本权威赋予对20世纪70年代和80年代的分析,其结果是虔诚的列宁主义者感到不得不坚持,国家垄断资本主义在"一战"期间及其之后已经繁荣起来。参见"staatsmonopolistischer Kapitalismus" in *Wörterbuch der marxistisch-leninistischen Soziologie*, Berlin E., 1977, p. 624ff。

第十四章 马克思主义的影响：1945—1983年

这种希望是以强烈的先知式激情，并根据一种源于黑格尔的哲学和人类对完美社会——只有通过无产阶级才能实现这个完美社会——的永恒渴望来表达的。在马克思本人的思想发展中，历史的希望不仅先于对资本主义及其趋势的分析，而且在思想上不可能来源于这种分析。换句话说，下面两个命题之间存在质的差别：第一个命题是，资本主义就其本质而言制造了无法克服的矛盾，一旦"生产资料的集中和劳动的社会化，达到了同它们的资本主义外壳不能相容的地步"，这些矛盾必定不可避免地创造出推翻资本主义的条件；第二个命题是，后资本主义社会将会终结人的异化，实现所有个人的能力的全面发展。这两个命题属于同一话语的不同形式，虽然它们最终都可能被证明是正确的。①

此外，马克思没有留下一个完成了的体系性理论（实际上只完成了《资本论》第一卷），这一点从未遭到否认，而且也难以否认马克思并非总是成功地把"他的宏大构想"②变成令人满意的理论分析。于是，马克思的经济学存在一些"理论问题"，在马克思主义者中，这些问题"长期以来一直是争论的主题"，而且"对马克思主义理论的各种

---

① 在这个方面，真正重要的是那种认为青年马克思与成年马克思之间存在断裂的观点，这种观点的熟悉形式是阿尔都塞的"认识论断裂"。苏联正统马克思主义不愿意承认马克思的早期著作真正属于马克思主义的经典著作，就已经预示了这一点。问题并不在于马克思是否曾经抛弃了黑格尔的遗产或者1843年巴黎手稿的观点。毫无疑问，他没有这样做。问题在于把这两种构想未来的完全不同的方式相结合的后果。

② J. A. Schumpeter, *History of Economic Analysis*, London, 1954, p. 573.

解释也存在广泛的差别"。①这肯定促使理论家们仔细研究马克思的大量文本,但是他们把这些文本组成一个连贯一致、现实的整体的企图与把这些文本当做对"马克思主义教义"的权威论述的做法毫无共同之处。只有极少数训练有素的马克思主义经济学家曾经认为,对马克思政治经济学的流行解说(例如恩格斯的《反杜林论》第二篇或列宁的《马克思的学说》)是充分的。在对社会主义工人群众性政党党员和斗士进行马克思主义教育是这些政党的重要职责的时期,这些解说或者被当做这类解释的马克思的根本文本(例如《价值、价格和利润》)发挥了突出的作用。随着这些政党的变革和有时的弱化,随着一种单一的"正确的"马克思主义正统的衰落,那些解说的作用日益减少。无论如何,事实上主要面向知识分子——不论是具有战斗精神的知识分子还是学院派的知识分子或者这两类知识分子——提出的马克思主义理论,往往以批判的方式对待经典文本。②

最后,我们或许要谈谈20世纪50年代以来马克思主义思想的第四个特征。马克思主义者把他们的主要精力投入到人文科学和社会科学的领域中,因而自然地投入到那些与政治活动直接相关的问题上。自然科学技术是一个巨大

---

① P. M. Sweezy, *The Theory of Capitalist Development*, London, 1946, p. vii.
② 参见 M. Desai, *Marxian Economic Theory*, London, 1974。这是马克思主义经济学家为学生所写作的文献的优秀事例:"本书把马克思的经济学当做一项正在进行的研究计划,在这项计划中,许多尚未解决的问题仍然有待解决。"(p.6)

第十四章 马克思主义的影响：1945—1983年

而又重要的领域，是1947年后马克思主义者作为马克思主义者很少冒险进入的一个领域，因而，在某些地区，否认马克思主义在这个领域具有任何相关性，乃至否认它基本上除了"人化的自然"之外还关注"自然界"，这种做法甚至成为一种时尚。①这不仅同马克思和恩格斯形成了鲜明对比，他们显然非常关注他们曾经有所讨论的自然科学和思想（即使恩格斯比马克思对这个领域投入了更多的关注），而且与诸如20世纪30年代这样的时期形成了对比，当时许多自然科学家——无论如何在英国和法国——受到了马克思主义的吸引，渴望把它应用于自己的学科。今天，科学、社会事务和政治比以前更紧密地相互交织，许多科学家也肯定意识到了自身的社会角色和责任。有一些激进乃至革命的科学家，也有一些是马克思主义者的科学家，即使20世纪60年代以来年轻的"新左派"（经常在拒绝哲学"实证主义"的伪装下）也明显对科学技术本身存在一定的敌视。这种敌视大概降低了激进左派对从事这些职业者的吸引力，除了在生命科学的分支——这些分支显然不可能脱离关于人和社会的本质的观点——中（例如在遗传学中，当时自称为马克思主义者的最著名的科学家，美国人斯蒂芬·杰伊·古尔德就是如此）外。然而，激进科学家的马

---

① 参见 G. Lichtheim, "On the Interpretation of Marx's Thought", in *From Marx to Hegel*, NY, 1971, p.69: "显而易见，对马克思来说，唯一进入其思考的'自然界'是人自身及其通过'实践活动'所改造的周围环境。自在地存在的外部世界是无关紧要的。"

克思主义同他们的专业理论和实践之间没有什么关系。

有人或许会冒险猜测,1983年社会主义国家的大多数自然科学家和技术人员也可能认为,马克思主义与他们的专业活动毫不相干,尽管他们可能不愿公开地表达这一看法,尽管他们像所有认真的科学家一样对自然科学与社会的现在和未来之间的关系必然会有自己的看法。

这种状况明显缩小了马克思主义的范围。对过去的几代人来说,马克思主义的最强烈的吸引力之一恰恰在于它似乎构成了一种全面的、包罗一切的和启示性的世界观——人类社会及其发展仅仅构成世界的一部分。这种状况可能持续下去吗?现在不可能作出判断。有人可能只注意到一些反对把非人类世界完全排斥在马克思主义之外的迹象。[①] 有人也可能注意到,以所有"事实"只有通过人类心灵中的概念的先天结构化才存在为理由,否认世界的客观存在或可认识性,这曾经成为流行的哲学时尚,但现在已经不再流行。(与实践相结合确实困难,不论是与科学家的实践相结合,还是与那些希望通过政治行动来改变世界的人的实践相结合,都是如此。)

就上文所描绘的所有状况而言,难怪20世纪50年代之后的时代观察家会再次谈论马克思主义的危机了。就资本主义的未来、那些有望带来向新社会制度过渡的社会和政治力量、即将建立的社会主义的本质、那些已经声称实现

---

① 例如,Sebastiano Timpanaro, *On Materialism*, London, 1975。

第十四章 马克思主义的影响:1945—1983 年 >>>

这种变革的社会的本质和前景而言,旧有的确定性或者它们相互竞争的不同版本全都遭到了怀疑。事实上,它们已经不复存在。马克思主义的基本理论——包括马克思本人的基本理论——不仅遭到了深刻的批判性审查,而且遭到了许多相互竞争但在总体上意义深远的重构。大多数马克思主义者在过去接受的许多观点遭到了严重的质疑。倘若我们把社会主义国家的官方意识形态和一些总体上弱小的原教旨主义派排除在外的话,马克思主义者的所有思想努力都假定,马克思主义的传统理论和学说需要实质性的反思、修改和修正。另一方面,在马克思去世一百年后,任何一种反思或修正后的马克思主义都不可以说确立了自身的主导地位。

然而,我们已经看到,对传统马克思主义的质疑与马克思主义的思想吸引力和影响力在全球的显著增长同步进行。这显然不是因为充满活力和日益壮大的马克思主义政党(就像在 19 世纪 90 年代那样)所发挥的吸引力,因为在这一时期大多数马克思主义政党的记录并不令人欢欣鼓舞,更不是因为那些以各种方式声称代表"现实存在的社会主义"的国家所发挥的吸引力。相反,虽然在 1956 年以前对苏联——被正确或错误地视为第一个工人国家、第一场工人革命的产物和正在建设第一个社会主义社会——的认同真正地鼓舞了世界共产主义运动(和在 1945 年以前其他运动)的斗士,但是这种认同越来越疏离了知识分子和更广泛的公众。确实,20 世纪 50 年代以来,反马克思主义的主流往往实行一种简单的政治辩论方法,实质上基于如下理由拒绝各种修正过和扩展后的"新马克思主义":除非这些"新马克思主义"明确地抛弃马克思,否则它们必定不可避免地通向斯大林主义或者类似的东西。那些证明马克思的理论在思想上是无效的传统企图,尽管没有遭到抛弃,但是已经变得不那么明显了。现在,我们很少遇到那些把马克思和马克思主义者贬低为可以忽略不计的知识分子的企图了。

马克思主义影响力的提高是因为其他的因素。毫无疑问,20世纪50年代对意识形态阵地的某种清理起到了帮助作用。在一段时期内,右翼的激进主义是准革命话语的习惯用语。法西斯主义的失败实际上清除了右翼的激进主义,这是因为它与希特勒主义之间的种种联系。20世纪50年代,自由主义的社会批判经常变成一种自满的意识形态,称颂现存西方社会解决其所有问题的能力。这种社会批判的退位为马克思留下了自由活动的领域。事实上,许多人之所以成为马克思主义者,恰恰是因为他们感到需要从根本上批判资产阶级社会及其内部(例如在"第三世界")最明显的不平等和不正义形式,批判那些显然无法接受的政权。

大约在20世纪70年代,在出版自由的世界中,甚至在威权主义政府和军人政府处于退却或被推翻边缘的国家——例如西班牙、葡萄牙和希腊——中,马克思和马克思主义的全球思想浪潮达到了顶点。旧的和新的马克思主

第十四章 马克思主义的影响：1945—1983年

义文本倾泻而出，从德国激进分子的非法盗版物到在其他方面政治清白的出版社——例如英国企鹅出版社和联邦德国苏尔坎普出版社——的书目。牛津大学出版社出版了一部三卷本（充满敌视）的马克思主义史，麦克米伦出版社出版了一本（友好的）马克思传记。马克思主义者亲自创办了各种出版机构［例如新左派图书出版社（New Left Books）］，或者雄心勃勃地计划出版马克思恩格斯"全集"（英国）或者马克思主义史（意大利）。随着马克思逝世一百周年的临近，马克思主义者完全可以回顾半个世纪的非凡成就。

有一些迹象表明风向不再有利于马克思，但是几乎无人预见到风向逆转的速度和范围。当我参与启动由埃伊纳乌迪出版社出版的集体编写的《马克思主义史》（最雄心勃勃的马克思主义史计划）第一卷的时候，我也肯定没有预见到。当时，意大利共产党正在庆祝十年来最大的国家选举胜利。马克思逝世一百周年之后的25年将会成为马克思遗产历史上的最黑暗的岁月。

384

第十五章 退却时期的马克思主义：1983—2000年

在马克思逝世百年之际，马克思主义不论在政治上还是在思想上显然都处于快速的退却之中，未来的25年里也会如此，虽然在20世纪结束之时表现出可能复兴的某些迹象。矛盾的是，这种复兴最明显地表现在商业界的观察家之中，例如《纽约客》杂志的约翰·卡西迪（John Cassidy），他回忆了马克思关于资本主义经济全球化日益无法阻挡的预言。然而，在过去的25年里，马克思无疑不再被视为具有当代意义的思想家，在世界大多数地区，马克思主义被归结为数量缓慢减少的中老年人的思想。2004年，当50卷《马克思恩格斯全集》英文版——始于20世纪70年代——最后一卷终于出版之时，迎接它的是沉默。20世纪70年代另一项计划——122卷的新MEGA（马克思恩格斯全集）——取得了重大进展，乃至加速推进。新MEGA是从一项共产主义政权所计划和资助的事业到一种国际学术行

第十五章 退却时期的马克思主义:1983—2000 年

动的思想连续性的案例,它即使具有政治和意识形态意义,也已经遭到了抛弃。或许除此之外,它没有引起任何人的关注。

初看起来,马克思和马克思主义的这种巨大挫折似乎具有显而易见的原因。20 世纪 80 年代,欧洲官方上认同马克思和马克思主义的政权陷入了明显的危机,中国也急剧地改变了路线。苏联及其欧洲卫星国的崩溃不可避免地扫除了"马克思列宁主义"——"马克思列宁主义"是它们的国家宗教,由官方声称具有理论和事实权威的政治当局来宣传它的教义。在自称为"现实存在的社会主义"的地区之外,这实质上未影响到马克思主义者的思考,因为斯大林的《联共(布)党史简明教程》被普遍接受为"辩证唯物主义和历史唯物主义"——即使不是布尔什维克党史——标准教科书的时代已经成了遥远的过去。无论如何,教条的苏联正统马克思主义排除了任何对苏联历史和现实的真正的马克思主义分析。正如本书前几章所表明的那样,自 1956 年以来,非执政的共产党的大多数马克思主义思考公开或(遵循莫斯科路线的共产党)暗中批判了这种正统理论,而且 1956 年后的马克思主义者、托洛茨基主义者和毛主义者中的主流政治趋势是由它们对苏联意识形态和政权的敌视来界定的。

然而,不仅对所有共产主义者来说,而且对所有社会主义者来说,苏联和苏联模式的失败都是一种创伤,因为苏联尽管具有明显的缺陷,但却唯一真正进行过社会主义社会建设的尝试。苏联还带来了一个超级大国,在将近半个世纪的时间里充当了老牌资本主义国家的资本主义的全球制衡力量。正是在这两个方面,苏联的失败,更不用说它在大多数方面不如西方自由资本主义的明显劣势,是显而易见的,甚至对那些不赞同1989年后华盛顿意识形态学家的胜利情绪的人来说也是如此。资本主义失去了它的死亡警钟。社会主义者看到,苏联的死亡终结了全部的希望:一种不同的和更美好的社会主义(像"布拉格之春"所说的"人道面孔"的社会主义)可能从十月革命的遗产中诞生。在经过80年的实践之后,那些仍然怀有最初的社会主义希望——即在合作而不是竞争的名义下建设社会——的人不得不再度退入到思辨和理论之中。在这样一些人中,马克思主义者关于历史未来的理论预言不可避免地遭到了明显的失败。

　　这一切使非执政的社会主义者感到了凄凉和沮丧。在"现实存在的社会主义"的国家,这一切完全扫除了那种不再支撑亚洲国家幸存执政党的马克思列宁主义。在这些国家中,共产主义("先锋队政党")被指定为少数精挑细选的领导人和积极分子的学说,而不是对像罗马天主教和伊斯兰教一样的世界宗教的信仰。这往往只会使那些需要意识形态的领域之外的领域去政治化。当大多数人民团结起来的时候,使它们团结起来的除了作为所有儿童必须接受的道德/政治教育的残余外,还有把人民与国家连接起来的传统纽带,即历史的连续性、爱国主义、民族意识或其他

第十五章 退却时期的马克思主义：1983—2000年 >>>

的集体认同乃至形式上服从现存政权的习惯，而不是马克思列宁主义信仰。当共产主义制度崩溃的时候，它留下了连续性、记忆和象征，而不是对公民宗教的忠诚。

到20世纪80年代，大多数和可能越来越多的知识分子大概没有时间应对共产主义制度了，或者即使他们像许多人一样在解放时期变成了新政权的热情支持者，他们也走向了默默的或公开的不服从，例如担任波兰团结工会智囊的大学共产主义者。即使他们仍然信奉社会主义，也至少批评了"现实存在的"社会主义的缺点，希望进行改革。这甚至越来越成为体制内领导干部的状况。大约在1980年，在波兰的一位美国研究生指出，波兰统一工人党的官员全都拒绝自称为"共产主义者"。当她有机会能够向波兰统一工人党中央委员会的一位重要的中央委员问他是否是共产主义者时，这位中央委员在长时间的沉默后回答说："我是一个实用主义者。"①

马克思主义（不同于上级颁布的不可挑战的学说）在党员中也没有深厚的根基。对大多数党员或有志向的党员来说，重要的不在于他们的意识形态是否正确或者如何应用，而在于它是一种束缚。"如果像斯大林那样改变了路线会怎么样？"在莫斯科高级党校的一位英国留学生向他的苏联同学问道。"他看了看我，好像我是个政治文盲。'那么，

---

① 在英国科学院关于欧洲共产主义失败的研讨会上（2009年10月15—16日），诺曼·戴维斯谈到了这件事。

那变成了当前的真理.'"①当共产主义制度崩溃的时候,它的精英无疑对许多东西感到遗憾,包括失去全国性的意识形态,但是,很少有人会难以放弃马克思列宁主义思想,除非他们属于关心马克思列宁主义学说的特殊小群体,就像梵蒂冈的神学家一样。无论如何,他们毫不费力地适应了俄罗斯在后苏联时代的国家庇护关系、丛林资本主义和黑社会政权。

然而,我们不能简单地把从马克思主义中的退却归咎于马克思列宁主义和毛主义政权的崩溃或变革,因为这种退却显然在此之前就已经开始了。一个重要的因素是欧洲非执政的共产党逐渐变质和变化,并且这些政党主宰着左派的法国和意大利,它们失去了对"二战"后一代知识分子的霸权。由反法西斯主义、世界大战和抵抗运动所塑造的一代人退出了政治和文化的公共领域,我们对此也不应该低估。到20世纪80年代初,欧洲无论是非执政的共产党,还是社会党和政府,显然都陷入了危机。事实上,一度非常清楚的是,列宁在西方发达国家中已经不在议程之上,尽管1968年后激进化的学生运动仍然必须发现这一点。1973年后,自由放任政策在快速全球化的跨国经济中出现了世界性的复兴。在这样一个时代,作为费边主义国家干预的渐进改良主义的倡导者,伯恩施坦在西方发达国家也

---

① Jim Riordan, "The Last British Comrade Trained in Moscow: The Higher Party School, 1961 – 1963", Socialist History Society, SHS Occasional Paper 23, 2007.

第十五章 退却时期的马克思主义：1983—2000年

已经不在议程之上。这一点当时不是十分清楚，在里根和撒切尔时代和1981年法国总统密特朗的纲领失败之后才变得非常明显。然而，20世纪70年代，尽管新的时代已经开始，但是马克思主义在书店和研讨会上的影响达到了顶峰，并且政治和工会的战斗精神都获得了一些最明显的成功。

撇开政治不谈，马克思主义在知识分子当中已经处于退却之中，尽管这种状况直到20世纪80年代才变得一目了然。不仅马克思主义是如此，而且"二战"后曾经支配西方思考的关于人类社会的所有流行思想——马克思主义是其中的一个组成部分——也是如此。连自然科学也遭到了攻击，不仅是因为技术造成的潜在或现实的破坏，而且是因为它们作为认识世界的方式的有效性遭到了质疑。

这种状况在经济学中或许最不明显。在经济学中，马克思主义者一直处于边缘，尽管前十位诺贝尔经济学奖获得者中有三位早年曾经生活在苏联，或者仍然活跃于那里（瓦西里·列昂惕夫、西蒙·库兹涅茨、列昂尼德·坎托罗维奇）。然而，从1974年哈耶克获得诺贝尔经济学奖——仍然遭到他的意识形态对手冈纳·缪达尔（Gunnar Myrdal）的反对——和1976年米尔顿·弗里德曼获得诺贝尔经济学奖以来，经济学明显出现了放弃凯恩斯主义和其他干预主义理论的急剧转向，回到日益毫不妥协的自由放任理论。直到20世纪90年代末期，这种盛行的共识才开始出现了裂缝。

至少在美国之外，在社会科学和人文科学尤其是在社会学和历史学中，马克思主义者与非马克思主义者的共同的方法论立场而不是政治或意识形态的立场早就已经变得更加明显。自19世纪末期以来，社会学，即理解社会运作的企图，不仅与马克思存在重叠之处，而且与改变而不只是解释世界这个更一般的目标存在重叠之处。迪尔凯姆、马克思和韦伯取代了孔德和斯宾塞成为社会学的创始人，尽管我们没有理由相信马克思本人会认为社会学是一个独特和独立的研究领域。20世纪60年代以来，高等教育出现了惊人的扩张，从而社会学获得不同寻常的突出地位——目前，英国45所大学设立了社会学系或者社会学专业，而且政治激进化使社会学成为许多学生的专业选择。随着大学中的激进情绪逐渐消退，社会学的突出知识地位迅速下降。

历史学也与学生的激进主义存在关系，但它作为一个研究领域的演变更具有启示意义。在这里，马克思主义属于渴望为枯燥的传统历史编纂学提供营养的现代化流派。传统的历史编纂学敌视任何类型的归纳，在很大程度上局限于根据卓越人物的行为从政治、军事和制度上叙述历史事件的更替——主要通过运用当时快速发展的社会科学的洞见和方法。到19世纪末，改革派从不同的学科和意识形态走到一起，已经成为一种公认的存在，但除了在学院派历史学的森林边缘建立了"经济和社会历史学"的前哨外，远远没有摆脱他们所面临的困境。在两次世界大战之间，尤其是在20世纪30年代，他们取得了一定的进展，但直到

第十五章 退却时期的马克思主义:1983—2000年

"二战"后才成为一支重要的力量。

事实上,当时他们主要通过那些支持历史学与社会科学进行结合的杂志,尤其是马克·布洛赫和吕西安·费弗尔(Lucien Febvre)的著名杂志《社会和经济史年鉴》,启发并改变了历史学领域。自1929年以来,《社会和经济史年鉴》一直激烈反对法国旧的传统史学,并在斐迪南·布罗代尔的领导下——改名后——成为世界上最有影响的历史学杂志。布罗代尔在新成立的巴黎人文科学院中创办了社会科学高等研究院,而巴黎人文科学院实际上是旧大学的竞争对手。年鉴学派就其思想的起源或共鸣而言并不是马克思主义的学派,但却启发了英国马克思主义历史学家所创办的历史学杂志《过去与现在》。在旧式的学院不存在正式反对派机构的情况下,《过去与现在》的创办成为英语世界中一件更低调的事件。年鉴学派和《过去与现在》都影响了1960年后德国历史学以"历史的社会科学"为纲领的变革,而定位恰当的新大学尤其是比勒菲尔德大学的创办也加强了这一变革。马克斯·韦伯而不是马克思启发了德国的改革派。与此同时,美国创办了一份专门的跨学科杂志《社会和历史比较研究》,后来这份杂志发展成为目前仍然活跃的"社会科学历史协会"。

毫无疑问,到1970年,改革派设定了历史学的基调,使传统的历史学家处于守势。日益激进的大学生数量的巨大扩张强化了他们的影响,使"社会史学"以及更理论化的社会学变成了青年知识分子的选择武器。马克思和马克思主义在这些发展中的角色难以估量,但是,它们在1971年历史学领域调查的索引中遥遥领先于任何其他的历史学家或历史学派①,而且对1907—2007年英国历史编纂学的历史学家来说,恰恰是马克思主义的著作"至少告别了更偏僻的图书馆书架,其中一些是更早时期的教科书"②。然而,马克思主义少数派(除了在历史学家没有任何选择的共产党国家外)始终只是如今胜利在望的历史编纂学现代化伟大运动的一个组成部分。

难怪具有进步思维的历史学现代化派的自信和(像在法国那样)争论简单化使他们容易遭到批评。举一个明显的例子,忽视法国学者所贬低的"事件历史"和马克思主义者所排斥的"个人在历史上的作用",就不可能写出一部完备的希特勒德国史或斯大林苏联史。③然而,从20世纪70年代初期到中期,我们发现情况不只如此。通过社会科学来认识人类集体的结构和变化的企图,显然遭到了新的怀疑。与此同时,社会学和社会人类学发生了一种类似的反客观和反结构转向,并与各种版本的所谓的"批判理论"相融合,产生出一些极端形式的后现代主义的相对主义。

---

① Felix Gilbert and Stephen R. Graubard (eds.), *Historical Studies Today*, NY, 1971, 1972.
② Robert Evans, "The Creighton Century: British Historians and Europe 1907 - 2007", in David Bates, Jennifer Wallis, Jane Winters (eds.), *The Creighton Century 1907 - 2007*, London, Institute of Historical Research, 2009, p. 15.
③ 现代主义者的社会视野的扩大产生了一部历史杰作——但不是在1998—2000年之前,即伊恩·克肖(Ian Kershaw)所著两卷本《希特勒》。我们仍然等待一部关于斯大林时代的苏联的类似著作。

第十五章 退却时期的马克思主义：1983—2000年 >>>

新古典经济学把社会归结为一种由理性地追求自身利益的个人——结果是一种非历史的市场均衡——构成的集合。新的历史学家逃离了那些非常接近新古典经济学的方法，逃离了跨学科的社会变革的"大问题"，退回到叙述（尤其是政治叙述）而不是结构分析。他们一方面走向了文化和思想，另一方面又移情于个人的历史经验。一条重要的主线不仅拒绝历史和社会的一般化和可预测性，而且拒绝关于客观现实研究的思想。这种远离现在占据主导地位的"现代主义者"的关键转向不具有任何特殊的政治或意识形态倾向。布罗代尔及其《年鉴》像马克思一样是这种转向的牺牲品。尽管新修正主义的某些方面——例如历史的非决定性（这种非决定性在反事实的或"如果会怎么样"的历史学中带来了大量的操练）——适合传统的保守派，但是它的许多方面产生于1968年后的激进主义环境。一些所谓的历史学"后现代主义者"仍然属于革命左派。

于是，非共产主义世界从马克思主义中退却是20世纪70年代社会和人文科学的更一般变化的一部分。这种退却同冷战的意识形态、对苏联的敌视和异议者对这个或那个共产党的谴责没有明显的联系。尽管20世纪50年代和60年代这些方面具有强大的影响，但我们已经看到，它们与明显高涨的政治激进主义——包括思想上的马克思主义——共存。更不用说的是，它预示着欧洲共产主义政权的崩溃，即使那些憎恨这些政权的人直到崩溃发生之前不久才认真地预想这一点。我们也不能把从马克思主义中的退却归因于社会民主主义正在发展的危机,与以前相比,20世纪70年代社会民主党实际上在更多的欧洲国家中成为执政党。除了极少数例外,20世纪最后25年里同思想上的反马克思主义和反共产主义具有最广泛联系的名字并不是新的人物。1970年以前,即使那些谴责"失败的上帝"的人与各自的共产党也发生了决裂。1967年,在美国中央情报局撤销资助后,西方的"冷战斗士"通过"文化自由大会"来反击苏联人的"思想战"的系统尝试事实上已经难以为继了。

即使有的话,从马克思主义中的退却出现在旧的激进左派本身内部,尤其是因为各种革命版本的马克思主义所固有的一种冲突,即自动的历史演变与革命行动的作用之间的冲突。倘若历史的发展不可避免地带来资本主义的灭亡,因而据说为社会主义带来不可避免的胜利,那么除了当熟透的苹果从历史之树上掉落下来的时候外,意志的行动不可能扮演决定性的角色。即使在此时,革命的行动能够不只是捡起苹果吗?在实践上,这只是在社会革命没有任何前景的地方给坚定的革命者造成了难题。1914年以前的激进左派充满了对行动的渴望,拒绝一种支持德国社会民主主义进化论期望的马克思主义。青年葛兰西甚至谈到了"反对《资本论》的革命"。只有"一战"和俄国十月革命使他们的极端激进主义通过列宁回到了马克思。20世纪60年代,新的激进左派运动同样不惜一切代价地付诸行动主义,发生在西方资本主义成功的高潮时期,而日益上涨的收入、福利以及企业和工会的共生关系则巩固了

第十五章　退却时期的马克思主义：1983—2000年 >>>

西方资本主义的成功。它们无疑没有轻视马克思。当时，格瓦拉逐渐取代了马克思满面胡子的画像，成为唯意志主义造反的更合适形象，但马克思还是被确立为革命的偶像。

然而，对于马克思主义，新的激进左派运动所厌恶的与其说是社会民主主义者加入到马克思思想中不可避免的"工人前进征程"，不如说是列宁强加给马克思的僵化和集中化的政党组织。从革命的历史来看，这代表了一种从马克思到巴枯宁的逆转。对于苏联的共产主义，他们所憎恨的一切来源于纪律严明的集中化——从中央命令的真理和行为到对斯大林的受害者的大屠杀。自发性、日常的主动性，更不用说无限制的自我表达（"做你自己的事"）应该是行动的根源；领导人遭到了怀疑，并且决策应该诞生于基层大会的多重声音之中。相反，一些人继续追求马克思主义革命者的传统目标——夺取政权，但不再依赖那种在阶级压迫的社会中产生出列宁主义"革命形势"的历史。于是，他们日益把希望寄托在非法的小团体所谋划的造反或恐怖主义行为上，而传统上马克思主义者一直蔑视这样的行为。造反或恐怖主义行为在贫困的不发达国家之所以可能是合理的，是因为如下假设：这些地区永久地处在社会革命的前夜，一旦被像格瓦拉这样的外来游击队的行动"点燃"，就会爆发为熊熊大火。［实际上，20世纪60年代和70年代，无论雷吉斯·德布雷（Régis Debray）的阐述多么优雅，这种受到古巴启发的理论在它所选择的大陆上遭到了彻底的失败。]① 在富裕的经济体中,他们只能转而求助于"行动宣传"这个旧的无政府主义口号,求助于小团体的恐怖主义。在对头条新闻和戏剧性图片如饥如渴的媒介社会中,这种恐怖主义产生了意想不到的巨大影响。

因此,老(马克思主义)左派在1956年后的反叛活动和20世纪60年代的新文化激进主义催生了许多的流派。这些流派放弃了传统的马克思主义分析,同时又经常——尽管并不总是——继续把自身定位为左派:尤其是英国的"历史学工作组"运动和杂志、德国的"日常史学"、印度的"贱民学派"、各种形式的"批判理论"以及新女权主义和其他的身份史学——声称代表"新社会运动",它们希望"新社会运动"能够填补传统工人运动的危机所留下的空白。

同时,人类生产能力不可控制的增长将会造成未来的环境灾难这一发现(20世纪70年代初罗马俱乐部生动地表述)与马克思主义的吸引力相冲突。作为一种进化理论,马克思主义渴望一个更美好的未来。20世纪30年代,马克思主义认为"进步的危机"是穷途末路的资产阶级社会的特征。现在,这种危机转向了马克思主义者。进步的资本主义性质所产生的不正义和压迫一直遭到谴责,但是,现在这种进步本身遭到了攻击。左派运动的目标越来越是防范凌驾在自然之上的人类能力的发展,而它们的马克思主

---

① Régis Debray, *Révolution dans la révolution, et autres essais*, Paris, 1967.

第十五章 退却时期的马克思主义：1983—2000年 >>>

义先辈们本来会称赞这种发展，或者至少会视之为不可避免的（就像对全球化的看法一样）。马克思主义特别容易遭遇到"历史的不可避免"的视角从肯定到否定的这种逆转。

向政治左派的转变，尤其是在日益壮大和具有政治重要性的、接受过大学教育的阶层中出现的这种转变，可能恢复了马克思的好运，因为对马克思理论的兴趣在历史上通常同个人或某些群体的政治激进化有关，或者与在威权主义时期诞生的国家有关。西方从未发生这样的事情，尽管有某种迹象表明，政治行动主义在一些非欧洲国家和地区——例如1970年后的不同时期在巴西、台湾地区、韩国和土耳其——中增强了对马克思主义文献的兴趣。① 相反，西方左派的主要基地即以工人为基础的社会民主运动的危机消除了它们的社会主义抱负。就我意识到的状况而言，在过去的25年里，欧洲左翼政党的领导人没有宣称资本主义本身是一种无法接受的制度。唯一毫不犹豫地这样做的公众人物是教皇约翰·保罗二世。此外，最容易证明的事情莫过于把1968年的造反一代——这次是境遇主义者——纳入到一种繁荣兴盛的资本主义制度中，而这种资本主义制度比以前更考虑到个人趣味和生活方式的差异，越来越像由媒介驱动的公共景观的经济和社会那样运作和呈现自身。日益学术化的成功带来了金钱。20世纪90年代和21世纪前十年是第一个拥有研究学位的亿万富翁的时代。确

---

① 我是在把我本人著作的翻译和发行率作为一个指标。

实,一位幽默作家评论说,2008年的世界银行业危机是因为这样一个事实:精明的研究生而不是像过去那样的不那么聪明的人第一次进入金融业,因而发明了大多数资本家无法理解的算法系统。① 职业而不是社会变迁进入到那些思想最活跃的学生的视野之中。

此外,我们不应忘记一个更普遍的现象:普遍地抛弃所谓的18世纪启蒙运动的各种社会变迁意识形态;各种替代性的社会行动主义——尤其是传统宗教的各种策略性的现代化版本——的兴起或复兴。当这些在欧洲失去巨大吸引力的时候,它们在1979年伊朗革命——20世纪最后一次社会大革命——中第一次获得了巨大的成功。即便事实不是如此,20世纪下半叶的历史和思想发展也显然削弱了那些传统上源于马克思的政治分析、纲领和预测。马克思对资本主义运作和发展的基本分析保留了它的力量。然而,马克思主义未来要重新引起人们的兴趣,无疑需要建立在对各种传统的马克思主义观点进行实质性校正的基础之上。

倘若大多数共产主义政权没有崩溃,倘若其他的共产主义政权没有深思熟虑地放弃它们的传统方法和目标,倘若以工人为基础的社会民主主义没有同时出现危机,这不足以解释过去20年里马克思主义在知识话语中完全边缘化的状况。那些明显属于马克思主义的制度和那些曾经受到马克思启发的运动已经无法生存下去,或者放弃了它们的

---

① 参见 Calvin Trillin, "Wall Street Smarts", *International Herald Tribune*, 15 Oct. 2009, p.6。

第十五章 退却时期的马克思主义：1983—2000年

传统目标。既然如此，因此，花费许多时间来探究那些具有不光彩历史的理论，就不再具有重要的政治意义，在思想上似乎也没有必要。无论如何，冷战已经结束。矛盾的是，即使冷战的对象已经不复存在，但是愤怒的谴责仍然继续存在，就像波兰已经没有犹太人，但是反犹主义仍然继续存在一样。

冷战反共主义的论调继续存在，但是，这种论调的目标与其说是曾经恐惧的敌人，不如说是促进西方自由民主资本主义在世界范围内的优势和——充满希望的——霸权。普遍人权的意识形态证明了武力和软实力干涉的正当性。通过这种干涉，西方自由民主资本主义越来越自信地认为自己为混乱的世界创造了秩序。遭到谴责的不是马克思的理论和分析，而是他所说的革命前景（据说误导了理想主义的青年人），是他和其他的自由主义挑战者被认为暗示或提出的极权主义，更不用说社会主义的理想为市场社会的自我调节理性造成的阻碍了。总而言之，马克思被赋予的角色是恐怖和古拉格的先知，而共产主义者被赋予的角色实质上即使不是恐怖和克格勃的参与者，也是它们的卫士。在冷战时代，这种修辞究竟在多大程度上说服了那些尚未改变信仰的人，某些尚未从"失败的上帝"那里改变信仰的人？这并不是一个具有清楚答案的问题。我们难以看到的是，这些诅咒行动能够长期地存在下去，进入到一个即使今天也只有30多岁以上的人才对冷战岁月有所记忆的世纪。

然而，马克思最终应该出人意料地回到我们的世界。在我们的世界中，资本主义已经让人想起，它的未来之所以遭到了怀疑，不是因为社会革命的威胁，而是因为它的无拘无束的全球运作性质。事实已经证明，对于资本主义的全球运作性质，马克思是一位比自由市场的理性选择和自我纠正机制的信徒更敏锐的指导者。

第十六章　马克思和工人：漫长的世纪

本章的主题是有组织的工人阶级运动。这样的一章似乎适合作为一系列马克思主义史研究的终结篇。对马克思来说，无产阶级注定是"资本主义的掘墓人"、社会改造的主要主体。在20世纪，大多数有组织的工人阶级运动和政党都与马克思的新社会梦想（"社会主义"）存在联系，因而所有的马克思主义者几乎毫无例外地认为工人阶级的政党和运动是他们所选择的政治行动领域。然而，马克思主义和工人运动只能被理解为处在复杂多变的相互关系中的独立历史主体。事实上，它们对20世纪历史的影响也是如此。

《共产党宣言》的读者都知道工人运动历史更为久远，但是本章首先从19世纪末考察工人运动及其意识形态的做法具有一定的合理性。严肃的英国工人历史始于19世纪90年代，尤其是始于韦伯夫妇对工联主义的显著研究。第一次全球比较研究始于1900年：W.库列曼的《工会运动：世界工人工会组织的代表与雇主》（W. Kulemann, *Die Gewerkschaftsbewegung. Darstellung der gewerkschaftlichen Organisation der Arbeiter und Arbeitgeber aller Länder*）。新的社会主义政党所写作的第一批工人阶级历史著作出现在同一时期，例如1898年梅林的第一版德国社会民主党史。

更重要的是，正是在19世纪90年代，欧洲各国政府开始认识到稳固地组织化的工人运动的政治存在。1893—1894年，英国政府公布了它的第一份《工人统计提要》；1896年，比利时政府开始出版《工人杂志》。1894年，英国首相——即罗斯贝里勋爵——觉得应该亲自干预，解决雇主与工人之间的争端。五年后，法国总理瓦尔德克-卢梭（Waldeck-Rousseau）就效仿这一先例，受到施耐德-克勒索工厂罢工工人的邀请来解决争端。同年，法国政府采取了使工人政党或者至少社会主义政党走向中心舞台的措施。它任命了一位社会党人，40岁的亚历山大·米勒兰担任工商部长。直到那时，事实上在许多年里，社会主义者理所当然地认为，除非革命或者总罢工打败了资本主义，或者直到一个毫不妥协的社会民主主义政党独自赢得了选举胜利，否则他们不会成立或参加政府。在意识形态上，这是开创20世纪工人政治历史的危机。

为什么欧洲各国政府得出它们必须认真对待工人的结论呢？肯定不是因为工人的经济力量，即使有大量的雇主声称工会将会窒息工业。工会的组织化程度仍然不高，英国和法国是15%~20%，德国则更低。除了在德国外，工人也不是重要的政治存在。在德国，社会民主党是最强大的政治力量，获得了30%（男性）选民的支持。然而，如果选举民主很有可能引入的话，那么工人的政党将可能成为重要的选举力量，就像1941年前它们在斯堪的纳维亚和其他地区的情况那样。然而，政府真正担心的不是选举计算，而是工人明显的阶级意识，这种阶级意识在全新的和绝对"红色"的阶级政党中表现出来。正如1906年新改组的自由党政府贸易大臣温斯顿·丘吉尔所说，倘若旧的保守党与自由党两党体制被打破的话，英国的政治就会变成公开的阶级政治，也就是说，变成由阶级利益冲突所主宰的政治。在大多数人是或者自认为是"工人"的英国，这似乎是特别紧迫的问题，但是，避免阶级斗争政治是一个普遍的难题。

米勒兰危机迫使新的工人政党第一次——但不是最后一次——思考它们与它们活动于其中的制度之间的关系。提出这个问题的时机显然已经成熟，因为几乎与此同时（在1899年秋），德国马克思主义的早期支柱之一伯恩施坦发表了他的改良主义宣言《社会主义的前提和社会民主党的任务》，这本书导致国际运动内部爆发了激烈的争论。同时，这也是《马克思主义的危机》（已故的捷克斯洛伐克总统马萨里克所著）之类的著作开始出现的时期。

不论是米勒兰危机还是关于伯恩施坦的修正主义的争论，背后的核心问题都是：改良还是革命？到19世纪90年代末,资本主义没有出现马上崩溃的迹象,至少在发达经济体中是如此。就此而言,工人运动的历史职责是什么?换句话说,是否存在一条非革命的社会主义道路?米勒兰事件和伯恩施坦事件之所以是特别的丑闻,是因为无法避开它们借以提出上述问题的专横方式。之所以必须拒绝伯恩施坦,是因为他实际上提出了对马克思主义的公开修正,激怒了国际的所有支部,因而遭到了所有人的谴责。工人运动比较慎重地处理了米勒兰事件,因为米勒兰事件涉及个别人,并且社会主义理论本身并不是问题的核心。一个折衷的方案提了出来,在实践上使个人而不是党参与"资产阶级政府"成为可能。至于伯恩施坦,社会民主主义在实践上接受了他的如下论点:在资本主义的制度下改善工人的状况是运动的首要事务,同时又坚决拒绝他为改良主义提出的理论辩护。事实上,在1900年后,即使主要资本主义国家的马克思主义工人运动也毫不尴尬地与资本主义处于共生的关系之中,而不是处于战争状态之中。

尽管工人与社会主义似乎不可分离,但是它们两者的运动并不是一回事。米勒兰和伯恩施坦是社会主义而不是工人运动的危机。工人史学家的一场国际研讨会错误地辩论了"作为一项失败的现代性规划的工人运动"这个主题。工人运动和阶级意识并不是"规划",但在社会生产的某个阶段上,是雇佣工人阶级的逻辑上必然的和政治上不可避免的特征。"规划"一词更适用于社会主义,即以新的经济制度和社会取代资本主义的意图。除了在暴力和恐怖阻止

第十六章 马克思和工人：漫长的世纪

它们存在的地方外，工人运动出现在一切存在工人阶级的社会中。工人运动在美国的历史上发挥了重要的作用。它们在民主党内仍然发挥着重要的作用。与此同时，有人——尤其是1906年曾经的马克思主义者桑巴特——提出了"美国为什么没有社会主义？"的问题。桑巴特认为，不论作为意识形态还是作为政治运动，美国并不存在社会主义，或者社会主义在美国是无足轻重的。在英国，自由主义—工人的工会运动谋求对自由党的政治支持，但直到"一战"后才完全与自由党断绝了联系。在阿根廷，社会主义者和共产主义者长期处于沮丧之中，发现难以理解20世纪40年代阿根廷如何能够形成一种政治上独立且激进的工人运动——它的意识形态（庇隆主义）主要是对一位煽动性的将军的忠诚。

更重要的是，曾经出现过积极反社会主义的真正工人运动，例如波兰的"团结工会"，而且不论与其他的意识形态存在联系与否，工人运动同民族主义或各种宗教之间都存在特殊的关系。于是，20世纪70年代，新教工人阶级的大罢工粉碎了英国政府让天主教徒进入北爱尔兰政府的企图。相反，历史记录了既不具有阶级基础又不曾寻找这样一种基础的社会主义和共产主义运动，即正统和异端的天主教运动，而且矛盾的是，19世纪各种建设公社的"空想社会主义者"当时在美国比在其他任何地方更受欢迎。

当然，不可否认的是，从《共产党宣言》发表到20世纪70年代，工人运动无不与社会主义有关。确实，无论在哪一种类型的工人运动中,实际上都能发现社会主义者或在社会主义运动中成长起来的人发挥了重要作用。工人运动与社会主义的这种共生关系显然不是偶然的。两者都从彼此那里获得了好处,但是,"现实存在的社会主义"的制度除外,因为"现实存在的社会主义"以声称代表工人阶级的政党与社会主义的名义消灭了工人运动。

然而,工人运动和社会主义不必然是一回事。事实上,从考茨基到列宁的马克思主义理论家都认为,工人运动不会自动地产生社会主义,反而必须从外部把社会主义灌输给工人运动。这或许是一种夸张的说法。可以说,美国革命、法国大革命和工业革命的时代使之成为可能的是终结现存的秩序,代之以一种完全不同的、更美好的社会(是总体思想领域的一部分),至少在西方是如此。因此,工人争取更好的生活条件的斗争,实质上是争取更好的集体条件的斗争,包含着这样一种更美好即更公正的社会的可能性,事实上包含着一种建立在共同体和合作而不是竞争的基础上的社会的可能性。穷人的运动很可能赞同和支持这个方面。必须从外部灌输给工人的是其他东西:新社会的具体名称和内容、从资本主义向社会主义过渡的战略,最重要的是一种政治独立的全国性阶级政党概念。像工会、互助社和合作社这样的组织可以从工人的生活经验中自发地产生,但是政党则不会如此。

自《共产党宣言》发表以来,马克思恩格斯的根本贡献是:从逻辑上来看,工人的阶级组织必须在一个活跃于

第十六章 马克思和工人:漫长的世纪

整个国家乃至国外的政党中找到它的表现形式。(诚然,这只有在立宪的、自由主义的或资产阶级的民主国家中才有可能。)这是一个不仅对工人运动(不动员国家的支持来反对雇主,工人不可能实现其目标)而且对整个现代政治的结构具有巨大历史意义的主张。这个主张也已经证明是合乎实践的,因为一些仍然具有最初的阶级起源的这类政党——英国工党、西班牙工人社会党、瑞典社会民主工人党、挪威工党——诞生于马克思逝世之后,注定在非共产主义的欧洲国家中成为和继续成为执政党或反对党。这是我们大陆上一种具有前所未有的连续性和重要性的记录。顺便提一下,它使如下信念不再有效:工人运动必须成为或继续成为革命的工人运动,因为它们在资本主义条件下不可能获得立足之地。至于无产阶级因历史的必然性成为或者可能成为"真正革命的阶级"的假设,它显然已经证明是毫无依据的。此外,历史也教导我们,革命是一系列太复杂的事件,不可以被简单地视为阶级结构的摹本。工人的左翼理论家和历史学家像马克思主义者一样,试图解释大多数工人阶级政党为什么顽固地拒绝扮演赋予它们的革命角色,他们本该节省许多时间、努力和聪明才智。

总而言之,在发达资本主义的(立宪)国家,革命由于其他的原因而不在议程之上。工人运动内部或外部有一些革命者,但是,大多数有组织的工人,甚至具有阶级意识的工人,即使在他们的政党致力于社会主义的时候通常也不是革命的。俄罗斯帝国和奥斯曼帝国等国家的情况自然是不同的,在这些国家中,只有通过革命才可能实现争取更美好社会的政治变革。

因此,20世纪之初,发达资本主义的核心国家似乎没有什么会阻挡工人与欣欣向荣的经济制度之间的共生关系。在这一地区中,资本主义似乎看不到崩溃的迹象,自由主义和日益民主化的宪政亦是如此。资本主义的发展模式和世界的帝国主义结构似乎都没有处于危险之中,因为与"落后"世界相比,发达世界具有明显的经济的、文化的和至少军事上的优势。事实上,在"落后"国家中,革命是一种真实的前景,而不是一种单纯的修辞手段。对马克思主义者来说,资产阶级—资本主义的发展显然是唯一前进的道路。因而,在俄罗斯,所谓的"合法的马克思主义者"把马克思主义变成了一种资本主义工业化思想,但是,直到1917年,即使布尔什维克也相信即将到来的革命的直接目标是资产阶级—自由社会,因为只有这样才能为进一步走向无产阶级革命因而走向社会主义的进步创造历史条件。

"一战"使一切期望化成了泡影。从1914年到20世纪40年代末的"大灾难时代"处于战争、社会和政治崩溃与革命——尤其是俄国十月革命——的阴影之下。旧世界的一切都变成了错误。战争最终带来了革命和殖民地的动荡。资产阶级—自由和民主的立宪法治国家让位于1914年前无法想象的政权,例如希特勒的德国和斯大林的苏联。即使经济自由主义的市场经济在20世纪30年代初似乎也处在崩溃之中。或许除了一种废除民主和工人运动的形式外,资

第十六章 马克思和工人:漫长的世纪

本主义还能生存下去吗?只有全球资本主义的深度困境才能解释为什么——甚至在苏联之外——斯大林苏联的原始工业经济被认真地当做一种比西方的制度更有活力的制度,被当做资本主义的一种可能的全球替代。迟至20世纪60年代初,仍然有一些资产阶级政治家——例如英国首相麦克米伦——赞同赫鲁晓夫的信念,即社会主义经济可能在生产上超越西方经济。即使那些更怀疑苏联经济成就和潜力的人也不会否认它的全球政治重要性和军事实力。"一战"摧毁了沙皇帝制,"二战"使俄国变成了超级大国。对于"第三世界"绝大多数现在已经解放的殖民地和其他地区来说,苏联和社会主义实际上变成了一种摆脱落后状态的经济模式。

于是,在"大灾难时代",社会主义者和工人运动的政治议程从与资本主义共存变成了消灭资本主义。与通过当下的改良缓慢地走向遥远而又不认真追求的社会主义相比,革命和随后的新社会建设似乎是一种更美好的前景。20世纪30年代,英国费边主义者的启发者和渐进改良主义(实际上在19世纪90年代启发了伯恩施坦的修正主义)的倡导者韦伯夫妇放弃了改良主义,转而信仰苏联社会主义。

然而,虽然1917年后情况看起来非常不同,但是资本主义在其主要堡垒中既不存在最终崩溃的危险,也没有受到社会革命——革命仅限于资本主义体系边缘的国家——的威胁。彼得格勒的苏维埃革命并未发生在柏林,而且我们现在能够明白这样一种期望是不切实际的。因而,改良主义的共生关系仍然具有强大的基础。事实上，这种共生关系对于作为防范社会革命与全球共产主义运动幽灵的卫士的政治家和企业家来说变得越来越有吸引力，随着相互敌视的改良主义的社会民主主义政党与革命的共产主义政党之间现在出现了鲜明的区别，就更是如此了。在两次世界大战之间，经常被忽视的东西是繁荣，而繁荣则提供了向工人运动作出必要退让的手段。无论如何，即使在最严重的危机时期，这些国家工人运动内部的大多数人都拒绝从改良主义政党走向革命政党。在两次世界大战期间，共产主义政党只有在它们是合法政党的三个国家才赢得了群众的支持，而且即使在这三个国家中它们仍然弱于社会民主主义政党：德国、法国和捷克斯洛伐克。倘若共产党在芬兰是合法的政党，那么本该有四个这样的国家。在其他国家，共产主义政党在两次世界大战之间最多获得了6%的选票（比利时、挪威、瑞典），尽管这也只是短暂的成绩。

在"二战"后，改良主义的共处政策得到了更系统的贯彻，它是通过审慎的全面就业政策和后来的福利国家对西方资本主义进行结构性改良的政策的一部分，并且建立在1945年后数十年里（1947—1973）资本主义经济巨大进步的基础上。倘若没有两次世界大战之间大萧条的痛苦经历和希特勒德国的崛起，这种整合工人的自觉尝试会出现吗？这种尝试在多大程度上是因为对共产主义（它的力量在反法西斯主义的抵抗时期急剧增长）的恐惧？现在站在共产主义力量背后的是一个超级大国。没有斯大林和希特

第十六章 马克思和工人：漫长的世纪 >>>

勒，伯恩施坦（"运动就是一切，最终目的是微不足道的"）会取得胜利吗？这是不可能的。

因此，在资本主义的核心国家，工人运动的修正主义模式在西方资本主义的新"黄金时代"占据了主导地位。它的胜利象征是1959年德国社会民主党的《哥德斯堡纲领》正式放弃了马克思主义。除了情感的记忆，放弃马克思主义似乎没有失去什么，因为随着"黄金年代"（1947—1973）走向结束，改良主义实际上已经实现了它的目标，而且工人也过上了1914年以前即使最乐观的改良主义代表也无法想象的富足生活。尽管放弃了社会主义的"最终目标"，尽管遭到了内部传统左派的抨击，但是修正主义政党仍然植根于工人阶级之中。作为它们选举基础的体力工人阶级继续投票支持它们，直到后来才开始抛弃本阶级的政党。

事实上，直到20世纪70年代末，生产的惊人扩张仍然需要庞大的产业工人，因而产业工人仍然是或变成了选民的主体。与19世纪末相比，在20世纪70年代，资本主义的欧洲无论在绝对意义上还是在相对意义上都拥有更多的无产阶级。19世纪末，工人的新阶级意识突然产生了无产阶级的群众性政党。然而，现在也非常清楚的是，这些工人阶级政党——即使结合了改良主义者和革命者——从未获得半数以上的选票，即使到"二战"之后也是如此。

除了两次世界大战之间的时期外，资本主义核心国家的工人运动直到20世纪70年代后的危机时期的发展可以概括如下。

即使在"一战"之前，由于面临着日益扩大的政治民主（由于来自新的工人政党的压力而加速进行），统治阶级的政策也开始转向社会改革。在非法西斯主义国家，这一过程在两次世界大战之间的时期加速进行，但直到"二战"后在"充分就业"和"福利国家"的口号下才全面展开。即使在1914年之前，民主化和经济增长也推动了对温和派工人运动的价值的公开承认，尽管德意志帝国仍然是一个重要的例外。随后，工人运动和工人政党在实践上认同了它们的民族—国家。这一点只有在1914年大战爆发之时才变得非常明显。

"一战"结束之后，有组织的工人阶级在数量和实力上出现了惊人的增长。尽管这种增长在两次世界大战之间的时期不可能继续下去，但是它在"二战"期间及之后继续进行。除了法国和西班牙等传统上实力薄弱或者不稳定的工业化国家外，有组织的工人大概在20世纪70年代达到了力量的顶峰。因而，工人政党变成了维护国家和体制的力量。工人政党的代表在"一战"期间和之后加入了政府，不久独自成立了政府，尽管它们直到1945年后才能在没有非社会主义政党的支持下执政。这一发展也在20世纪70年代达到了它的顶峰，当时社会民主主义政府时而不时出现在奥地利、比利时、丹麦、芬兰、挪威、葡萄牙、后佛朗哥时代的西班牙、瑞典、英国和联邦德国，1981年法国和希腊加入社会民主党执政的国家之列。然后，危机来临了。

第十六章 马克思和工人：漫长的世纪

革命者在西方资本主义核心国家的工人运动中发挥了哪些作用呢？不论他们的理论如何，在实践上他们都不可能是革命的，因为资本主义的灭亡和社会主义的过渡都希望渺茫。另一方面，他们之所以被需要，是因为即使非社会主义的工人运动也依赖工厂的阶级斗争与对国家政府的政治压力的结合，更不用说那些表达其抱负的思想了。因而在工会强大的地方，革命者能够发挥重要的作用，因此，极少数共产主义者在英国和美国等国家能够发挥巨大的作用，而在这些国家，他们的政党在政治上可以忽略不计。20世纪70年代，共产党在英国工会运动中的影响达到了顶峰，这时恰恰是它处在死亡边缘之时。

在"大灾难时代"幸存下来的独裁政权——例如西班牙和葡萄牙——中，非法的共产主义者仍然是主要的反抗力量，并在20世纪70年代的民主转型中发挥了重大的作用，但是不久沦落到边缘。在意大利，欧洲最大的共产主义群众性政党由于美国的压力而被全面地排斥在政府之外，自动地远离了苏联，走向了社会民主主义模式。在法国，共产党在20世纪70年代实施了多年的改革政策，这种政策是类似密特朗提出的新"人民阵线"政策的一部分，而密特朗则已经改组了社会党。在1981—1984年的社会党总统时期，法国共产党短暂地进入政府，这是自1947年以来共产党第一次被允许进入政府。但是，不久法国共产党就转向了传统的强硬路线。由于1974年以来改组后的社会党人赢得了多数选票并且谋略取得了成功，法国共产党进入20

世纪80年代后失去了大众的支持。

资本主义核心国家,包括那些现在处在1917年和1945—1949年列宁主义革命的成功之下的国家,状况非常不同。俄国的布尔什维克开始以无产阶级的名义执政,而且他们的五年计划造就了一个庞大的产业工人阶级,但众所周知,他们消灭了工人运动。直到苏联的终结使工人的组织不再受到党和国家的控制,1945年后的成功共产主义国家只要拥有控制的权力,就遵从了一种控制工人组织的模式。我们有可能写一部共产主义世界工人阶级史,乃至一部工人冲突史,但不可能写一部共产主义世界工人运动史,20世纪80年代波兰的"团结工会"是一个重要例外。

世界其他地方(澳大利亚和少数其他国家除外)的社会主义工人运动或其他工人运动仅仅始于俄国十月革命。第二国际在这些地区几乎不存在,社会民主主义政策,更别说伯恩施坦主义政策,完全没有任何的基础。另一方面,在某些国家(主要是美洲国家),我们发现了一种旧世界由于历史原因而几乎不存在的现象,即善于煽动的国家领袖愿意把工人运动作为他们反对旧地主精英的斗争的一部分而予以支持。这就是阿根廷和巴西的状况。在墨西哥,革命后制度化的国家政党即革命制度党扮演了相同的角色。事实上,直到20世纪70年代真正的工业化开始之时,除了矿业、能源、交通、造船和纺织部门外,这些地区都难以发现可组织化的工人阶级。然而,自那时以来,有两个发展堪与100年前欧洲的状况相比:20世纪80年代韩国群众

第十六章 马克思和工人：漫长的世纪 >>>

性工会运动和巴西劳工党的崛起。（正统的或异端的）列宁主义对这些运动产生了重要的影响，但是，这种影响只有在少数国家才具有决定性。尽管如此，无论这些运动背后是什么样的意识形态或非意识形态，这一切实际上都发生在军事政变、革命、街头枪战比和平的民主政治更为常见的国家。在中国和越南，就像在苏联一样，大规模的工业化不会带来独立的工人组织。

于是，20世纪70年代之后，一切都改变了：列宁和伯恩施坦都失去了他们的希望。人人都知道，苏联的制度已经崩溃，而非执政的共产党则日渐衰落。更不常见的是伯恩施坦式的社会民主主义也被一扫而空。改良主义大厦建立在三重基础上。第一个基础是工人阶级的规模和发展、那种使许多不同的工人和或多或少贫困的人成为单独的阶级的意识以及资产阶级民主政府即使在1914年前也对这样一个重要选票阵营——只要它们的行为不要表现得过于激进——作出退让的意愿。不过，自20世纪70年代以来，资本主义核心国家（"第一世界"）的体力工人阶级出现相对和绝对的萎缩，在很大程度上失去了统一的阶级意识。这种状况是如此地严峻，以至于体力工人内部过去无条件支持运动的一些组织转向了经济自由主义政党，就像撒切尔时代的英国和里根时代的美国所发生的情况那样。20世纪80年代，我们也看到对工人阶级选民具有吸引力的极端民族主义右翼政党的崛起，尤其是在法国（由勒庞领导）和奥地利（由海德领导）。此外，在富裕的消费社会中，财富的巨大增长尽管也使工人阶级受益,但却削弱了如下根本的信念:只有团结和集体行动才能真正改善工人阶级的状况。

我们只能推测那些包括社会主义在内的植根于18世纪启蒙思想的左派意识形态所发挥的作用。在欧洲,左派意识形态的作用可能无足轻重,但是在亚洲和非洲尤其在穆斯林地区则不是如此。1979年的伊朗革命是克伦威尔时代以来第一场不是由世俗意识形态引发而是以宗教语言——即伊斯兰什叶派——诉诸大众的重大革命。随后,政治化的伊斯兰原教旨主义(逊尼派)开始出现在巴基斯坦和摩洛哥之间的各个地区,并获得了力量。与此同时,我们已经看到,马克思主义和社会民主主义左派急剧衰落,并且工人和学生出现了普遍的去政治化。

俄国革命为改良主义提供了第二个基础:对共产主义和苏联的恐惧。"二战"期间和之后的发展——至少在欧洲——似乎要求政府和雇主都提供一种充分就业和全面社会保障的反制政策。不过,苏联已经不复存在;随着柏林墙的倒塌,资本主义可能忘记了恐惧,因而对那些不可能拥有共同利益的人们失去了兴趣。无论如何,即使20世纪80年代和90年代的大规模失业似乎也失去了过去使失业者激进化的力量。

然而,就像凯恩斯和斯堪的纳维亚社会民主主义的瑞典经济学家所预测的那样,1945年后,政治和经济都已经证明需要改良主义尤其是充分就业。这是改良主义的第三个

第十六章 马克思和工人：漫长的世纪 >>>

基础。它不仅成为社会民主主义政府的政策，而且成为几乎所有政府（美国也不例外）的政策。这给西方国家带来了政治稳定和前所未有的经济成功。直到1973年后经济和战后改良政策不再具有这样一些积极结果的新时代，当时芝加哥经济学派提出的激进经济自由主义的个人主义意识形态才说服了一些政府。对这些政府来说，工人运动、工人政党事实上还有公共社会福利体制只不过是保证利润增长最大化的自由市场的障碍，只不过是经济的障碍，因而也是普遍福利的障碍。从理念上来说，它们应该予以消除，尽管这在实践上已经证明是不可能的。现在，劳动市场灵活性和"自然失业率"学说取代了"充分就业"。

这也是民族—国家在跨国的全球经济发展面前退却的时期。尽管拥有理论上的国际主义，但是工人运动只有在国家的范围内才能发挥作用，受到民族—国家的制约，在20世纪下半叶国家主导的混合经济和福利国家方面尤其如此。随着民族—国家的退却，工人运动和社会民主主义政党失去了最强大的武器。它们到目前为止未曾成功地实现跨国行动。

随着资本主义进入新的危机时期，我们发现自身处在工人运动历史的特定阶段结束之时。在快速工业化的"新兴经济体"中，产业工人不存在衰落的可能。在老牌的资本主义富裕国家，工人运动尽管仍然存在，但却主要从公共服务部门中汲取自己的力量，尽管这些国家出现了新自由主义运动，但是它们的公共服务部门并未表现萎缩的迹象。西方的工人运动之所以仍然存在,是因为正如马克思所预言的那样,经济上活跃的绝大多数人口依靠他们的工资而生存,因而认识到工资提供者和工资接受者之间的差别。因而,当双方出现冲突的时候,这些冲突包含着最终由工资接受者所采取的集体行动。因此,不论是否以政治意识形态为基础,阶级斗争仍然继续存在。

此外,不仅富人与穷人之间的差距继续存在,而且社会不同利益群体之间的分化也继续存在,不论我们是否把这样一些群体称为"阶级"。因此,无论不同的社会等级体系多么不同于一二百年前,政治仍然继续存在,尽管只是部分地作为阶级政治而存在。

最后,工人运动之所以继续存在,是因为民族—国家并未处在消亡之中。国家和其他的公共机构仍然是唯一能够从人的角度进行社会产品分配和满足市场满足不了的人类需要的机构。于是,政治过去和现在都仍然是争取社会改善的斗争的一个必要维度。确实,始于2008年的大规模经济危机——作为一种右翼的柏林墙倒塌——使人立即认识到,对于陷入困境的经济来说,国家是关键之所在,就像当政府通过系统的私有化和消除管制为新自由主义奠定基础时国家曾经是新自由主义取得胜利的关键之所在一样。

然而,对社会民主主义来说,1973—2008年这一时期的影响在于它抛弃了伯恩施坦。在英国,社会民主主义的领导人感觉到,他们别无选择,只能依靠诸如全球自由市场的经济增长自动带来的好处这样的利益,只能依靠社会

第十六章 马克思和工人：漫长的世纪 >>>

保障网自上而下提供的好处。"新工党"认同了由市场驱动的社会，直到2008年金融危机之时仍然如此，几乎切断了它与工人运动的有机联系。"新工党"是一个极端的例子，但在其他的堡垒中，改良主义的社会民主主义的境况（包括仅存的群众性共产党即意大利共产党的状况）也急剧恶化，或许现在已经统一的德国与西班牙除外。共产主义者分裂为温和的"欧洲共产主义者"和强硬的传统主义者，衰落到共产主义作为一种重要政治力量已经消失于西方的地步。

然而，随着2008年世界突然陷入资本主义自"大灾难时代"以来最严重的危机之中，这个时代也即将结束。就像开始一样，工人的状况是不协调的。在许多欧洲国家，工人的政党仍然单独执政，或者作为"大联盟"（西班牙、葡萄牙、英国、挪威、德国、奥地利和瑞士）的组成部分参与执政。由于雇主和工人要求政府救助剩下的民族工业，突如其来的金融危机使国家重新成为经济行动者。此外，工人的战斗性和公众的不满已经存在清楚的信号，尽管在工人当中"走上街头"（法语里说 *descendere dans la rue*）的老传统已经弱化——不过这种传统在一些欧洲国家和其他地方例如阿根廷仍然存在，并且具有重要的政治意义。重要的工会运动仍然存在，仍然主要由那些来自于社会主义传统——不论是社会民主主义还是共产主义——的人来领导。

从表面上来看，那些与意识形态左派相联系的工人运动此时似乎可能出现复兴。然而，实际上，它的短期前景并不那么令人鼓舞，即使对那些忘记了1929—1933年大萧条的直接政治后果是欧洲几乎所有国家都立即告别了工人运动和左派的人来说也是如此。作为工人的传统大脑，社会主义者像其他任何人一样不知道如何克服当前的危机。与20世纪30年代不同，他们不再能够举出任何免遭危机的共产主义政权或社会民主主义政权的例子，也提不出现实的社会主义变革建议。在西方去工业化的老牌资本主义国家，社会主义者的主要基础不论是产业基础还是选举基础，即产业工人阶级，已经出现了萎缩，并且可能继续萎缩。在状况不是如此的新兴国家中，工人运动很有可能扩大，但它们与社会解放的传统意识形态不存在进行合作的现实基础，这要么是因为它们与现实或以前的共产主义政权存在联系，要么是因为以前时期的"红色"运动与此同时出现了萎缩（我们暂且撇开拉美的异常事例）。

诚然，某种激进的或左翼的思维诞生于左派的旧意识形态破碎和衰落的时期，但却建立在中产阶级的基础上。它的各种要务——例如环境或者对这一时期的战争的强烈敌视——与工人运动的活动没有直接的关系。这些要务可能对抗工人运动的成员。在工人运动设想社会改造的地方，它们代表的是抗议而不是理想。我们很容易看到工人运动反对的是什么——它们是"反资本主义的"，尽管对资本主义没有清楚的认识——但是，我们不可能看出它们暗示了取代资本主义的是什么。这可以解释看上去像是巴枯宁派

第十六章 马克思和工人:漫长的世纪

无政府主义之类的东西的复兴。巴枯宁派无政府主义是19世纪社会主义理论的一个流派,对当旧社会被推翻的时候会发生的事情几乎一无所知,因而最容易适应一种没有前景的尖锐的社会不满状况。尽管无政府主义曾经作为一种通过造反、与警察的对抗,或许还有某些恐怖活动的新闻价值的宣传发动机发挥了作用,但是今天它实际上与工人运动的未来没有关系。今天仍然存在像19世纪"行动宣传"之类的东西,但是无政府—工团主义已经不复存在。

想象的族群、宗教、性别、生活方式的共同体和其他集体认同多大程度上能够填补社会主义左派的旧意识形态所留下的空白?这并不是一个具有清楚答案的问题。政治上的族群民族主义拥有最好的机会,因为它诉诸草根工人阶级的仇外和抗议主义的政治要求,这些要求在全球化和大规模失业的时代比以前得到更多的响应:"我们的"工业是为了民族,而不是为外国人;本民族的工作应该优先提供给本民族人;消灭外国富人的剥削和外国贫困的移民;等等。在理论上,像罗马天主教和伊斯兰教这样的世界宗教对排外主义施加了限制,但是族群和宗教的吸引力在于它们可能阻止危险的资本主义全球化,这种全球化摧毁了旧的生活方式和人类关系,却没有提供任何的替代。政治朝着民族主义极右翼或公开的煽动性的极右翼急剧地转向,这种转向的风险大概是欧洲前共产主义国家以及南亚和西亚的最大风险,更不用说拉丁美洲了。在美国,经济危机可能带来一种相对的左翼转向,就像大萧条时期在罗斯福治下所发生的那样,但这在其他地方是不可能的。

可是,情况已经好转。我们再次发现,资本主义不是解决问题的答案,而是问题本身。半个世纪以来,资本主义的成功是如此地理所当然,以至于它的名字把其传统上的消极关系换成了积极关系。商人和政客显然不仅会为"自由企业"的自由而自豪,而且会为成为坦诚的资本家而自豪。[①]自20世纪70年代以来,资本主义制度不仅忘记了那些在"二战"后促使它进行自我改革的恐惧,而且忘记了这种改革在西方经济体随后的"黄金年代"所带来的经济好处,转向了极端,甚至可以说转向了最终于2007—2008年爆发的病态的自由放任政策("政府不是解决问题的答案,而是问题本身")。大约在苏联制度终结20年后,资本主义的意识形态学家认为,他们已经实现了"历史的终结","经济和政治自由主义的一种不折不扣的胜利"(福山)[②],决定性的和永恒的、自我稳定的资本主义世界社会和政治秩序的增长——无论在理论上还是在实践上,资本主义既未曾遭到任何挑战,也是不可挑战的。

这一切都不再成立。在苏联经济公开破产之后,在1980—2008年的"市场原教旨主义"经济明确破产之后,

---

① 20世纪60年代,美国《福布斯》杂志已经自豪地把自己描述为"资本主义的工具",开创了新的时尚。

② F. Fukuyama, "The End of History", in *The National Interest*, summer 1989, p. 3.

第十六章 马克思和工人：漫长的世纪

20世纪把世界历史作为私人与公共之间、纯粹的个人主义与纯粹的集体主义之间的经济零和博弈的种种尝试也难以继续下去。回到哪一方都是不可能的。自20世纪80年代以来，马克思主义的或者其他的社会主义者显然没有留下他们为资本主义提供的传统替代而飘然离去了，至少除非或者直到他们反思他们所说的"社会主义"是指什么，抛弃了如下假设：（体力）工人阶级必然会成为社会改造的首要主体。不过，市场社会的1973—2008年谬误的信徒也是毫无帮助的。现在一种系统的替代制度可能尚未显现，但也不能排除现存制度解体乃至崩溃的可能性。双方都不知道在这种情况下将会或可能发生的事情。

悖谬的是，双方都有兴趣回到一位重大的思想家，这位思想家的精神实质既是对资本主义的批判，又是对那些没有认识到资本主义全球化走向——就像1848年他所预言的那样——的经济学家的批判。再次显而易见的是，既必须把经济制度的运作当做历史的一个阶段而不是终结来进行历史的分析，又必须从一种可能产生改变制度的周期性危机的内在机制，而不是从理想的市场均衡来进行现实的分析。本章的分析可能是其中的一种分析。再一次明显的是，即使在严重的危机期间，"市场"没有为21世纪面临的重大问题提供任何答案：在追求不可持续的利润过程中，无限制的和日益高科技化的经济增长创造了全球的财富，但是牺牲了一个日益可有可无的生产要素——人类的劳动，有人可能补充说，牺牲了全球的自然资源。经济自由主义和政治自由主义，无论是单独还是结合起来，都不可能为21世纪的种种问题提供解决的方案。现在又是应该认真地对待马克思的时候了。

索引

(条目后的数字为原书页码,见本书边码)

absolutist monarchies 绝对主义君主制,第 69 页

acmeists 阿克梅派,第 256 页

Addresses of the General Council 中央委员会报告,第 87 页

Adler, Max 阿德勒,马克斯,第 230、233 页

Adler, Victor 阿德勒,维克多,第 188、223、227、229、252 页

affluence 丰裕,第 12、412 页

Africa 非洲,第 142、172、214、271、352、354、357、412 页

agriculture 农业,第 138—139、143—144、146、148、150、153、155—157、164—168 页

Albania 阿尔巴尼亚,第 357 页

Alexander, Tsar 沙皇亚历山大,第 33 页

Althusser, Louis 阿尔都塞,路易,第 125、334、337、339、366—367、371—372 页

Amendola, Giorgio 阿门多拉,乔治,第 279 页

American Civil War 美国内战,第 68、79 页

American Revolution　美国革命，第268、403页

Americas, discovery of　美洲大发现，第146页

Amsterdam　阿姆斯特丹，第216、227、250、259—260页

Anabaptists　再洗礼派，第17页

anarchism　无政府主义，第105、217—218、222、225、251、359、416页

anarchists　无政府主义者，第45、47、61、84、119、201、218页

　and the arts　无政府主义者与艺术，第251—253、256页

anarcho-syndicalism　无政府—工团主义，第190、417页

Andersen Nexö, Martin　安德森·尼克索，马丁，第266页

Anderson, Perry　安德森，佩里，第321页

Anderson, Sherwood　安德森，舍伍德，第276页

Anti-Dühring　《反杜林论》第27、39、49、53—54、163、165、178—179、193、380页

antisemitism　反犹主义，第228—230、397页

appeasement　绥靖政策，第269页

Aragon, Louis　阿拉贡，路易，第282页

architecture　建筑学，第249—250、259页

Argentina　阿根廷，第124、195、271、403、411、415页

Aristotle　亚里士多德，第345页

Armenia　亚美尼亚，第234页

art nouveau　新艺术运动，第249—250页

artisans　艺术家，第26、46—47、249、259页

Arts and Crafts movement　工艺美术运动，第246、249—250、259页

Asia　亚洲，第74、271—272、352、357、412、417页

associationism 结社主义, 第 26、44、46 页

Attali, Jacques 阿塔利, 雅克, 第 3、6、12—14 页

Attlee, Clement 艾德礼, 克莱门特, 第 114 页

Auden, W. H. 奥登, W. H., 第 279 页

Australia 澳大利亚, 第 220—222 页

Austria 奥地利, 第 269、278、409、415 页

 and Austro-Marxism 和奥地利马克思主义, 第 227 页

 and greater Germany 和大德意志, 第 228—229 页

 and Jews 和犹太人, 第 228—230 页

 and Marxism 和马克思主义, 第 213、227—232 页

Austro-Hungary 奥地利-匈牙利的, 第 81—82 页

Austro-Marxists 奥地利马克思主义者, 第 123、230、239、373、375 页

Aveling, Edward 艾威林, 爱德华, 第 181 页

Aztecs 阿兹特克, 第 173 页

Babeuf, François-Noël 巴贝夫, 弗朗索瓦-诺艾, 第 22 页

Bagehot, Walter 巴杰特, 沃尔特, 第 243 页

Bahr, Hermann 巴尔, 赫尔曼, 第 252 页

Bakunin, Mikhail 巴枯宁, 米哈伊尔, 第 46、218、251、394 页

Balkans 巴尔干国家, 第 81、235、278 页

banking, medieval 中世纪银行业, 第 139 页

Baran, Paul 巴兰, 保罗, 第 363、371 页

Barbusse, Henri 巴比塞, 亨利, 第 266 页

Barcelona 巴塞罗那, 第 250 页

Barmen 巴门, 第 89 页

Baroja, Pío 巴罗哈, 第 223 页

Barone, Enrico 巴罗内, 恩里克, 第 9、240 页

Bastiat and Carey 《巴师夏与凯里》, 第 123 页

Bauer, Otto 鲍威尔, 奥托, 第 230、289、338、371 页

Bauer, Stefan 鲍威尔, 施蒂芬, 第 230 页

Bazard, Amand 巴扎尔, 阿芒, 第 28 页

Bebel, August 倍倍尔, 奥古斯特, 第 50、66、71、103、114、181、188 页

Belgian Labour Party 比利时工党, 第 225—226、249、251 页

Belgium 比利时, 第 114、223、225—226、232、241、248—249、251、258、407、409 页

Benét, Stephen Vincent 贝内特, 斯蒂芬·文森特, 第 276 页

Bengal 孟加拉, 第 214、272、278 页

Benjamin, Walter 本雅明, 沃尔特, 第 337、371 页

Bennett, Arnold 巴内特, 阿诺德, 第 223 页

Bentham, Jeremy 边沁, 杰里米, 第 21 页

Berdyayev, Nikolai Aleksandrovich 别尔嘉耶夫, 第 213 页

Berlage, H. P. 贝尔拉格, H. P., 第 250、259 页

Berlin 柏林, 第 89、103、127、407 页

Berlin Wall, fall of 柏林墙的倒塌, 第 413—414 页

Berlinguer, Enrico 贝林格, 恩里克, 第 336 页

Bernal, J. D. 伯纳尔, J. D., 第 275、293、295 页

Bernanos, Georges 伯纳诺斯, 乔治, 第 282 页

Bernier, François 贝尼耶, 弗朗索瓦, 第 138 页

Bernstein, Eduard 伯恩施坦, 爱德华, 第 9、13、54、75、81、183、188、190、370 页

and Fabianism 和费边主义,第217—218、406页

and twentieth-century reformism 和20世纪改良主义,第389、401—402、408、411、414页

Bismarck, Otto von 俾斯麦,奥托·冯,第71—72、79页

Björnson, Bjørnstjerne Martinius 比昂松,比昂斯滕·马丁努斯,第248页

Blackett, Patrick Maynard Stuart 布莱克特,帕特里克·梅纳德·斯图亚特,第275页

Blanc, Louis 勃朗,路易,第26、46页

Blanqui, Louis Auguste 布朗基,路易·奥古斯特,第22—23、46、56页

Bloch, Joseph 布洛赫,约瑟夫,第135页

Bloch, Marc 布洛赫,马克,第390页

Blum, Léon 布鲁姆,列昂,第267页

Blum theses 布鲁姆提纲,第299页

Blunt, Anthony 布朗特,安东尼,第279页

Bogdanov, Aleksandr 波格丹诺夫,亚历山大,第257、287页

Böhm-Bawerk, Eugen von 庞巴维克,欧根·冯,第213、229、239页

Bolivia 玻利维亚,第271页

Bolsheviks 布尔什维克,第10、104、114、183、285、306、312、329、386、405、410页

Bonapartism 波拿巴主义,第52、69—71页

Bonar, J. 博纳,J.,第201、205页

Bonger, W. 邦格,W.,第227页

Bosanquet, B. 鲍桑葵,B.,第204页

Bose, Subhas 鲍斯，苏巴斯，第272页

Bossuet, Jacques-Bénigne 波舒哀，雅克-贝尼涅，第19页

Bradford 布拉福德，第98页

Branting, Hjalmar 布兰廷，亚尔马，第223页

Braudel, Fernand 布罗代尔，费迪南，第374、391—392页

Bray, John Francis 勃雷，约翰·弗朗西斯，第35页

Brazil 巴西，第270、368、396、411页

Brecht, Bertolt 布莱希特，贝托尔德，第257、265、360页

Brentano, Lujo 布伦塔诺，路约，第240页

Brissot, Jacques Pierre 布里索，雅克·皮埃尔，第22页

Britain（England） 英国

  appeasement and pacifism 绥靖政策与和平主义，第269、274页

  bourgeois-aristocratic coexistence 资产阶级—贵族共存，第71页

  and early socialism 早期社会主义，第16、35—36、42—43、46页

  economic crisis 经济危机，第96—97页

  Georgian 乔治时代，第345页

  labour movement 工人运动，第44、55、59、212—213、220、400、402、410页

  market monopoly 市场垄断，第78—80、95页

  and markets 与市场，第145—146页

  and Marx-Engels corpus 与马克思恩格斯著作，第192—194、384页

  and Marxism 与马克思主义，第220—221、223—224、237、259、266、276页

  and political refugees 与政治难民，第262—263页

  and revolution 与革命，第63、75—76、80、95—96页

scientists 科学家，第 290—291、381 页

Victorian critics of Marx 维多利亚时代的马克思批评者，第 199—210 页

and war 与战争，第 77—79 页

working class 工人阶级，第 14、24、63、66、90—91、97—100、113—114、116—117、361—362、378 页

British Communist Party 英国共产党，第 106、262、266—267、291、410 页

British Museum 大英博物馆，第 3、109 页

Brooke, Rupert 布鲁克，鲁珀特，第 221 页

Brouckère, Henri de 布鲁凯尔、亨利·德，第 226 页

Browderism 白劳德主义，第 302、311 页

Bruckner, Anton 布鲁克纳，安东，第 252 页

Brussels 布鲁塞尔，第 226、250 页

Bryce, James 布赖斯，詹姆斯，第 243 页

Bucharest 布加勒斯特，第 77 页

Buchez, Philippe 比谢，菲利普，第 46 页

Budapest 布达佩斯，第 228 页

Bukharin, Nikolai 布哈林，尼古拉，第 287、371 页

Bulgaria 保加利亚，第 235—236 页

Bund 立陶宛、波兰和俄罗斯犹太工人总联盟，第 234 页

Buonarroti, Philippe 邦纳罗蒂，菲利普，第 22 页

Buret, Eugène 毕莱，欧仁，第 42、91 页

Burgess, Guy 伯吉斯，居伊，第 279 页

Burke, Peter 伯克，彼得，第 342 页

Burns, Mary 伯恩斯，玛丽，第 98 页

Buttigeig, Joseph 布蒂吉格，约瑟夫，第 338 页

Cabet，Etienne 卡贝，艾蒂安，第 17、19、24、27 页
Cafiero, Carlo 加非洛，卡洛，第 181 页
Calcutta 加尔各答，第 339 页
Calvin，John 加尔文，约翰，第 345 页
Cambridge Apostles 剑桥使徒会，第 221 页
Cambridge Scientists' Anti-War Group 剑桥科学家反战小组，第 275、291 页
Cambrige University 剑桥大学，第 206—208、266、291 页
Cammett，John M. 卡梅特，约翰·M.，第 340 页
Campanella, Tommaso 康帕内拉，托马斯，第 17、21 页
Capital 《资本论》，第 3、13、36、83、109、156、219、367、380、394 页
 and *Grundrisse* 与《大纲》，第 121—122、125—128、136、187 页
 and history 与历史，第 138—139、141—142 页
 and primitive communalism 与原始共产主义，第 162—163 页
 publication 发表，第 178—181、185—186、189、193—195、235 页
 and Victorian critics 与维多利亚时代的批评者，第 202—204、207—208 页
capitalism 资本主义，第 5—8、12、14 页
 and *Communsit Manifesto* 与《共产党宣言》，第 110—118 页
 and economic crises 与经济危机，第 65、79、94、96、117、414—416 页
 and nations 与民族，第 73—74 页
 and world market 与世界市场，第 354—355 页

Carey, F. S. 凯里,F. S.,第207页

Carlyle, Thomas 卡莱尔,托马斯,第28页

Carpenter, Edward 卡彭特,爱德华,第246页

Cassidy, John 卡西迪,约翰,第385页;

Castro, Fidel 卡斯特罗,菲德尔,第356页

Caudwell, Christopher 考德维尔,克里斯托弗,第292—293页

Cavour, Count 加富尔伯爵,第71、318页

Chamson, André 尚松,安德烈,第282页

Chaplin, Charlie 卓别林,第266页

Charlemagne 查理大帝,第166页

Chartism and Chartists 宪章主义与宪章派,第42、78、95、97—98、108页

Chayanov, Alexander 恰亚诺夫,亚历山大,第358页

Chervenkov, Vulko 切尔文科夫,瓦尔卡奥,第310页

Chile 智利,第270、327页

China 中国,第4、125、138、173、332、344、370、386、411页

  Cultural Revolution "文化大革命",第351、357页

  Japanese invasion 日本入侵,第269、271页

  and Marx-Engels corpus 与马克思恩格斯著作集,第191、193—194页

  split with USSR 中国分裂,第191、350、356页

Christianity 基督教,第352、377页

Churchill, Winston 丘吉尔,温斯顿,第272、280、311、401页

cities, medieval 中世纪的城市,第145、147、149、153、155、157、165、169页

City College, New York 纽约城市学院,第280页

civil society　市民社会，第51、320、323、338页

Civil War in France　《法兰西内战》，第103、178—179、189、192—193页

Class Struggles in France　《法兰西阶级斗争》，第67、87、178—179、193页

class-consciousness　阶级意识，第92、95、368、401—402、408、411—412页

classical antiquity　古典古代，第137、142、146页

Clausewitz, Carl von　克劳塞维茨，卡尔·冯，第77页

Cohen, G. A.　柯亨,G. A.，第372页

Cold War　冷战，第97、106、297、302、372、393、397—398页

Cole, G. D. H.　科尔,G. D. H.，第218—219、226页

Colette　柯莱特，第282页

Colletti, Lucio　科莱蒂，罗西奥，第371页

Colman, Henry　科尔曼，亨利，第99页

colonial countries　殖民地国家，第74、81、270—271、352、356—357、406页

communism　共产主义

  ascetic　苦修苦练的，第22页

  babouvist and neo-babouvist　巴贝夫主义的和新巴贝夫主义的，第23、46页

  Christian　基督教的，第17—18页

  primitive　原始的，第19—20页

  proletarian character of　无产阶级特征，第23—24页

Communist International, *see* Third International, Seventh World Congress　共产国际，参见第三国际第七次代表大会

Communist League 共产主义者同盟，第 22、50、60、64、101—103、109 页

Communist Manifesto 《共产党宣言》，第 5、22、36—38、40、55、59、61、101—120、146、352 页

    and communist parties 与共产党，第 108—109 页

    and interdependence of nations 与民族独立，第 73—74 页

    and labour movements 与工人运动，第 399、403—404 页

    language and vocabulary 语言和词汇表，第 107—108 页

    prefaces 序言，第 103—104 页

    publication 出版，第 103—106、178—179、185、192、194 页

    and revolutions of 1848 与 1848 年革命，第 102—103、107 页

    rhetorical style 修辞风格，第 110 页

communist parties 共产党，第 4、191、261—262、307—308、329、361、366 页

    American 美国，第 106、410 页

    British 英国，第 106、262、266—267、291、410 页

    French 法国，第 218、282—283、288、290、308、371、388、410 页

    inter-war and post-war 两次世界大战之间和战后，第 407、411 页

    Italian 意大利，第 193、279、308、314—315、317、326、335—337、384、388、410、415 页

    Soviet 苏联，第 106、335、350 页

    Spanish 西班牙，第 383 页

    Third World 第三世界，第 355 页

communist regimes 共产主义政权，第 8、345—346、350—352、357—358、386 页

collapse of 共产主义政权的崩溃，第386、393、397页

Comte, Auguste 孔德，奥古斯特，第208、241、243、245、390页

concentration camps 集中营，第268页

Comdition of the Working Class in England 《英国工人阶级状况》，第89—100、177—179页

Condorcet, Marquis de 孔多塞，第20页

Confucius 孔子，第19页

Congresses of Cultural Freedom 文化自由大会，第393页

Considérant, Victor 孔西德朗，维克多，第46页

Constantinople 君士坦丁堡，第77页

cooperative movements 合作社运动，第46、83—84页

Coutinho, Carlos Nelson 库蒂尼奥，卡洛斯·尼尔森，第334页

Crane, Walter 克兰，瓦尔特，第246、250页

"creative destruction" "创造性破坏"，第14页

credit reform 信贷改革，第36页

Critique of Hegel's Philosophy of Law 《黑格尔法哲学批判》，第194页

Critique of Political Economy 《政治经济学批判》，第48、127、141—142、178页

    preface (introduction) 序言（导言），第123、128—129、135—136、147、150、168、182、319页

Critique of the Gotha Programme 《哥达纲领批判》，第8、47、58、179、193页

Croatia 克罗地亚，第235页

Croce, Benedetto 克罗齐，第213、232、316页

Cromwell, Oliver 克伦威尔，奥利弗，第412页

Crosland, Anthony 克罗斯兰，安东尼，第10页

索引 >>>

Crusades 十字军东征，第 205、297 页

Cuba 古巴，第 270、351、356—357 页

Cubists 立体派，第 256 页

Cunningham, Archdeacon 坎宁安大主教，第 203、205 页

Curie, Marie 居里，玛丽，第 238 页

Czechoslovakia 捷克斯洛伐克，第 125、269、328、359、407 页

Czechs 捷克人，第 75、82、228 页

Darwin, Charles 达尔文，查理，第 5、212、219、347 页

Darwinism 达尔文主义，第 211—212、238、284、293、352 页

Das Kapital, see Capital 《资本论》，参见《资本论》

Dashnaks 亚美尼亚革命联盟，第 235 页

Dawson, W. H. 道森，W. H.，第 202 页

Day-Lewis, Cecil 丹尼尔·戴-刘易斯，塞西尔，第 279 页

De Amicis, Edmondo 德·亚米契斯，埃迪蒙托，第 231 页

Deborin, Abram 德波林，第 288 页

Debray, Régis 德布雷，雷吉斯，第 395 页

Debreczen 德布伦岑，第 77 页

Declaration of the Rights of Man 《人权宣言》，第 102 页

decolonisation 去殖民化，第 352、357 页

Della Volpe, Galvano 德拉·沃尔佩，加尔瓦诺，第 366 页

democracy 民主，第 31、43、51—52、72、84—85、119、345、406 页

　"new" or "people's" "新民主主义"或"人民民主"，第 304、306、309—311 页

Denis, Hector 丹尼斯，赫克托，第 226 页

· 545 ·

Denmark 丹麦，第409页

Descartes, René 笛卡尔，第205页

de-Stalinisation 去斯大林化，第174、315、348、350页

Destrée, Jules 德斯特里，朱尔斯，第226、251页

Deutsche Londoner Zeitung 《德意志伦敦报》，第102页

Deutsch-Französische fahrbücher 《德法年鉴》，第177页

Deville, Gabriel 德维尔，盖布里埃尔，第181页

Dézamy, Théodore 德萨米，泰奥多，第23页

Di Vittorio, Giuseppe 迪·维托诺里，朱塞佩，第317页

Dialectics of Nature 《自然辩证法》，第187、238、291、294页

Die Neue Zeit 《新时代》，第105、123、127、182、239、244、248、255页

Dietzgen, Joseph 狄慈根，约瑟夫，第221页

Dimitrov, Georgi 季米特洛夫，格奥尔基，第284、310页

Dirac, Paul 狄拉克，保罗，第294页

Disraeli, Benjamin 迪斯累利，本杰明，第228页

dissidents 持不同政见者，第351—352页

Dobb, Maurice H. 多布，莫里斯·H.，第158、353—354页

Dos Passos, John 多斯·帕索斯，约翰，第265、276页

Dostoyevsky, Fyodor 陀思妥耶夫斯基，费奥多尔，第248、252页

Dreiser, Theodore 德莱塞，西奥多，第266、276页

Dreyfus affair 德雷福斯事件，第224、300页

Ducpétiaux, Edouard 迪克珀蒂奥，爱德华，第42、91页

Dühring, Eugen 杜林，欧根，第202页

Durkheim, Emile 迪尔凯姆，埃米尔，第11、228、242、390页

Dutch Republic 荷兰共和国，第345页

East Berlin 东柏林,第 123、185、190 页

Eastern Question 东方问题,第 82 页

Eckstein, Gustav 埃克施泰因,古斯塔夫,第 230 页

Economic Doctrines of Karl Marx 《马克思的经济学说》,第 181 页

Economic-Philosophical Manuscripts of 1844 《1844 年经济学哲学手稿》,第 127、186 页

economics 经济学

    Austrian school 奥地利学派,第 229 页

    Chicago school 芝加哥学派,第 413 页

    and Marxism 与马克思主义,第 237、239—241、372—375、380、384、389 页

    Wisconsin school 威斯康辛学派,第 240 页

Edgeworth, Francis Ysidro 埃奇沃思,弗朗西斯·伊西德罗,第 209 页

education 教育,第 12、33、222、228、277—278、281、286、349、360—361、363—367、373、390 页

Eekhoud, Georges 埃克豪特,乔治,第 251 页

Egypt, ancient 古代埃及,第 137、170 页

Ehrenberg, R. 埃伦伯格,R.,第 243 页

18th Brumaire of Louis Bonaparte, The 《路易·波拿巴的雾月十八日》第 70、178—179、316、326、341 页

Einstein, Albert 爱因斯坦,阿尔伯特,第 5、238、291、294 页

Eisenstein, Sergei 爱森斯坦,谢尔盖,第 265 页

electrical industry 电子工业,第 9 页

Elementarbücher des Kommunismus 《共产主义基本著作》,第 106 页

Ellis, Havelock 霭理士,第 246 页

· 547 ·

Ely, Richard 伊利,理查德,第 202、220、240 页
Enfantin, Barthélémy Prosper 安凡丹,第 28 页
Engels, Frederick
    biography 恩格斯传记,第 287 页
    his communism 他的共产主义,第 97 页
    and *Communist Manifesto* 与《共产党宣言》,第 101—120 页
    and *Condition of the Working Class* 与《英国工人阶级状况》,第 89—100 页
    corpus of works 著作集,第 176—196、385 页
    correspondence 通信,第 187—188、192—193、378 页
    and early socialism 与早期社会主义,第 16—47、85 页
    and feudalism 与封建制度,第 164—169 页
    his historical knowledge 他的历史知识,第 137—142 页
    meeting with Marx 遇到马克思,第 90 页
    and state and politics 与国家和政治,第 48—88 页
England, see Britain 英格兰,参见英国
Enlightenment 启蒙运动,第 20—21、24、38、268、283、285、298—299、396、412 页
Enragés "狂人",第 22 页
environment 环境,第 12、118、395、416 页
Ercoli report 埃尔科利报告,第 304 页
Essays on "Capital" 《〈资本论〉论文集》,第 193 页
Ethiopia 埃塞俄比亚,第 269、271—272、357 页
Ethnological Notebooks 《人类学笔记》,第 189 页
eugenics 优生学,第 238 页
Eurocommunism 欧洲共产主义,第 320、336、339、415 页

existentialism 存在主义，第372页

"expropriation of the expropriators" "对剥夺者的剥夺"，第14—15、45、83、330页

Fabian Essays 《费边主义文集》，第209页

Fabian Society 费边社，第217、221、223、406页

Fabianism 费边主义，第217—218、267页

"false consciousness" "虚假意识"，第44页

family 家庭，第14、112、205页

fascism 法西斯主义，第70、319、383页

    and anti-fascism 与反法西斯主义，第267—313、388页

fatalism 宿命论，第218页

Faulkner, William 福克纳，威廉，第276页

Febvre, Lucien 费弗尔，吕西安，第390—391页

federalism 联邦主义，第54、74页

feminism 女权主义，第30—31页

Fénéon, Félix 费内翁，费利斯克，第251页

Fenianism 芬尼亚主义，第76页

Fernández Buey, Francisco 费尔南德兹·布恩伊，弗朗西斯科，第334页

Feuchtwanger, Lion 福伊希特旺根，列昂，第298页

feudalism 封建制度，第55、138—140、143—144、146—152、155—160、164—169、171—173、204页

    and the Third World 封建制度与第三世界，第353—356页

Feuerbach, Ludwig 费尔巴哈，路德维希，第34、40页

Finland 芬兰，第407、409页

Fiori, G. 费奥里，G.，第315、337页

First International 第一国际，第3—4、50、73、80、103、178页

Flanders 佛兰德斯，第145页

Flint, Robert 弗林特，罗伯特，第205—206、208页

folk music 民间音乐，第281页

Formen, see under *Grundrisse* 《形式》，参见《大纲》

Forster, E. M. 福斯特，E. M.，第221页

Foster, Rev. C. 福斯特，查，第138页

Fourier, Charles 傅立叶，查尔斯，第19—20、23、26—27、30—32、34、45页

Fourierism 傅立叶主义，第42、46页

Foxwell, H. S. 福克斯维尔，H. S.，第204、207—208、210页

France 法国

 and anarchism 与无政府主义，第222、251页

 appeasement and collaboration 绥靖政策与合作，第269、274页

 and early socialism 与早期社会主义，第16、20—34、42—43页

 labour movement 工人运动，第400、409页

 and markets 与市场，第145页

 and Marx-Engels corpus 与马克思恩格斯著作集，第190、193—194页

 and Marxism 与马克思主义，第217—218、224、242、263、372页

 and revolution 与革命，第63、74—76、78—79、82页

 and science 与科学，第295、381页

 Second Empire 第二帝国，第78页

Franco, General Francisco 佛朗哥将军，第275、307、383页

Franco-German war 法德战争，第71页

索引

Frankfurt School　法兰克福学派，第366、373页

Franklin, Benjamin　富兰克林，本杰明，第19页

French Communist Party　法国共产党，第218、282—283、288、290、308、371、388、410页

French Resistance　法国抵抗运动，第282页

French Restoration　法国复辟时期，第30页

French Revolution　法国大革命，第21—24、28—30、41、45—46、54—56、64、68、111、116—117、140、268、299—300、403页

French revolutionary wars　法国革命战争，第78页

Freud, Sigmund　弗洛伊德，西格蒙德，第5、212、230、347页

Friedman, Milton　弗里德曼，米尔顿，第389页

Friedmann, Georges　弗里德曼，乔治，第283页

Frühschriften　《早期著作》，第121—122、263、288页

Fukuyama, Francis　福山，弗朗西斯，第418页

Fustel de Coulanges, Numa Denis　菲斯泰尔·德·古郎士，第204页

Galbraith, J. K.　加尔布雷思，J. K.，第363页

Galileo　伽利略，第293页

Gandhi, Mahatma　圣雄甘地，第274页

Ganivet, Angel　加尼韦，安吉尔，第223页

García Lorca, Federico　加西亚·洛尔迦，费德里科，第265页

garden cities　花园城市，第250、260页

Garibaldi, Giuseppe　加里波第，朱塞佩，第318页

Geddes, Patrick　格迪斯，帕特里夏，第250页

genetics　遗传学，第381页

Geneva　日内瓦，第345页

George, Henry 乔治, 亨利, 第202、207、209页

George, Stefan 乔治, 斯蒂芬, 第255—256页

Georgia 格鲁吉亚, 第234页

German Democratic Republic (East Germany)
德意志民主共和国（东德）, 第122—123、177页

German Federal Republic (West Germany)
德意志联邦共和国（西德）, 第185、336、384、409页

German Ideology 《德意志意识形态》, 第19、126、142—143、145—146、163—164、186、193—194页

German Jacobins 德国雅各宾主义者, 第37页

German journeymen 德国流亡者, 第16、37、101页

German Peasant War 《德国农民战争》, 第178页

German Social Democratic Party 德国社会民主党, 第14、47、56、68、103、105、115、182、184、190、328、370、400页

 and Erfurt Programme 与爱尔福特纲领, 第105、181页

 and Godesberg Programme 与哥德堡纲领, 第408页

 and Marxism 与马克思主义, 第215、217、222、225、240页

German Sociological Society 德国社会学学会, 第241页

Germanic socio-economic system 德国社会经济制度, 第141、143—144、147、149—152、157—588、160页

Germany 德国

 communist movements 共产主义运动, 第16、37页

 and early socialism 与早期社会主义, 第36—41页

 and economics and social science 与经济学和社会科学, 第240—243页

 industrialisation 工业化, 第80、116页

labour movement 工人运动, 第 3、38、400、409 页

and Marx-Engels corpus 与马克思恩格斯著作集, 第 103—106、180—182、184—186、190—191 页

and Marxism 与马克思主义, 第 213、215、222、224—225、239—240、257 页

medieval 中世纪, 第 164、167 页

and nationalism 与民族主义, 第 74 页

Nazi 纳粹, 第 263、268—269、271、274、392、406—407 页

and revolution 与革命, 第 63、66—69、72、75、111 页

unification 德国统一, 第 71、74 页

Germany, Revolution and Counter-revolution 《德国的革命与反革命》, 第 193 页

Gerratana, Valentino 杰拉塔纳, 瓦兰蒂诺, 第 315 页

Gerstäcker, Friedrich 格斯塔克, 弗里德里希, 第 253 页

Glasgow 格拉斯哥, 第 250 页

globalisation 全球化, 第 11—12、112—113、385、389、395、413、417—418 页

Godelier, Maurice 古德里耶, 莫里斯, 第 358 页

Godwin, William 葛德文, 威廉, 第 21 页

Gorbachev, Mikhail 戈尔巴乔夫, 第 126 页

Gorki, Maxim 高尔基, 第 248、266、299 页

Gorter, Herman 戈特, 赫尔曼, 第 227 页

Gothein, Eberhard 戈特英, 艾伯哈德, 第 241 页

Gould, Stephen Jay 古尔德, 斯蒂芬·杰伊, 第 381 页

Graham, W. 格拉汉姆, W., 第 201 页

Gramsci, Antonio 葛兰西, 安东尼奥, 第 124、219、314—333、345、

371、394 页

and hegemony 与霸权，第 316、318、323—324、327—328、331—332、338 页

and intellectuals 与知识分子，第 323—325 页

and the party 与政党，第 328—329、331 页

and his reception 与接收，第 334—343 页

Gray, John 格雷，约翰，第 35—36 页

Great Depression 大萧条，第 266、363、407、415、417 页

Greece 希腊，第 235、384、409 页

Grigor'eva, Irina 格里克里娃，伊莉娜，第 335 页

Grün, Karl 格律恩，卡尔，第 38 页

Grünberg, Carl 格吕堡，卡尔，第 230 页

Grundrisse 《大纲》，第 121—129、182、185—186、189、194 页

and pre-capitalist formations (*Formen*) 与资本主义以前的社会形式（《形式》），第 127—175、187 页

Guéhenno, Jean 盖埃诺，让，第 282 页

Guesdistes 盖得派，第 224、251 页

Guest, David 格斯特，戴维，第 290 页

Guevara, Che 格瓦拉，切，第 394 页

guilds, medieval 中世纪行会，第 144—146、151、160—161 页

Guizot, François 基佐，弗朗索瓦，第 107 页

Gumplowicz, Ludwig 昆波罗维兹，路德维希，第 242—243 页

Habermas, Jürgen 哈贝马斯，于尔根，第 125、371 页

Haider, Jörg 海德，约克，第 412 页

Halbwachs, Maurice 哈尔布瓦什，莫里斯，第 242 页

Haldane, J. B. S. 霍尔丹，J. B. S.，第275、293—295页

Hamsun, Knut 哈姆森，克努特，第247—248页

Hanssen, G. 汉森,G.，第138页

happiness, pursuit of 追求幸福，第20页

Harrington, James 哈林顿，詹姆斯，第205页

Hartmann, Ludo M. 哈特曼，卢多·M.，第230页

Hauptmann, Gerhart 霍普特曼，哥哈尔特，第248、252页

Hayek, Friedrich 哈耶克，弗里德里希，第229、389页

Hébert, Jacques 阿贝尔，雅克，第22页

Hegel, Georg Wilhelm Friedrich 黑格尔，第16、30、34、41、89、129、133、138、236、239、290、379页

Heine, Heinrich 海涅，亨利希，第28页

Heisenberg, Werner 海森堡，沃纳，第294页

Helsinki 赫尔辛基，第250页

Helvetius, Claude Adrien 爱尔维修，克劳德·阿德里安，第19、21、41页

Hemingway Ernest 海明威，厄内斯特，第276页

Hepner, Adolf 赫普纳，鲁道夫，第103页

Herkner, Heinrich 赫克纳，海因里希，第213页

Herkomer, H. 赫尔科默，H.，第247页

Hess, Moses 赫斯，莫泽斯，第16—17、37—38页

Hessen, B. 海森，B.，第263、294页

Hicks, Sir John 希克斯爵士，约翰，第15页

Hildebrand, B. 西尔第布兰德，B.，第97页

Hilferding, Rudolf 希法亭，鲁道夫，第225、230、345页

Hilton, R. H. 希尔顿，R. H.，第159页

Hintze, Otto　辛策，奥托，第 243 页

history　历史

 Annales school　《年鉴》学派，第 374、391—392 页

 and class struggle　与阶级斗争，第 116—117 页

 Gramsci and　与葛兰西，第 340—342 页

 Marx's and Engels' knowledge of　马克思恩格斯的知识，第 137—142 页

 and Marxism　与马克思主义，第 242—245 页

 materialist conception of　唯物史观，第 50、109、134、136、205、242—244、266、319、372 页

 modernising trends in　现代化趋势，第 390—392、395 页

 periods and evolution　时期与演进，第 135—136、142—152、174 页

 of science　科学的，第 294 页

History of the CPSU (b): Short Course　《联共（布）党史简明教程》，第 185、187、193、262、288、386 页

Hitler, Adolf　希特勒，阿道夫，第 123、263、267—269、274—275、282、284、297—298、300、392、406—407 页

Hobbes, Thomas　霍布斯，托马斯，第 241—242 页

Hobson, J. A.　霍布森，J. A.，第 203、224 页

Hodgskin, Thomas　霍金斯吉，托马斯，第 35、208 页

Hofmannsthal, Hugo von　霍夫曼斯塔尔，胡戈·冯，第 230、255 页

Hogben, Lancelot　霍格本，兰斯洛特，第 295 页

Holbach, Baron d'　霍尔巴赫，第 21、41 页

Hollywood　好莱坞，第 281—282 页

Holy Family, The　《神圣家族》，第 33、55、178、194 页

Horta, Victor　奥赫塔，维克多，第 250 页

Housing Question, The 《住宅问题》, 第 193 页

Huber, V. A. 胡贝尔, V. A., 第 97 页

Hughes, H. Stuart 休斯, H. 斯图亚特, 第 336、340 页

human rights 人权, 第 397 页

Hume, David 休谟, 大卫, 第 204 页

Hungary 匈牙利, 第 125、228—229、350 页

Huysmans, Camille 胡斯曼, 卡米耶, 第 226 页

Ibsen, Henrik 易卜生, 亨利克, 第 246—248、252 页

illuminism 先觉主义派, 第 21 页

immigration 移民, 第 93—95 页

imperialism 帝国主义, 第 7、81、237、355—357 页

Impressionists 印象主义者, 第 248—249、251、254 页

Inaugural Address 《国际工人协会成立宣言》, 第 178 页

India 印度, 第 4、138、142、146、148、169、172、274、395 页

 and Marx-Engels corpus 与马克思恩格斯著作集, 第 193、195 页

 and Marxism 与马克思主义, 第 214 页

 and Second World War 与"二战", 第 271—272 页

Indian National Congress 印度国大党, 第 271—272 页

individualism 个人主义, 第 25、38、413、418 页

Indochina 印度支那, 第 272 页

Industrial Revolution 工业革命, 第 24、27、90—92、112、403 页

industrialisation 工业化, 第 9、14、24、29、43、65、76、112、355 页

 and the proletariat 与无产阶级, 第 23—24、90—95 页

"industrialists" "工业主义者", 第 28—29 页

inheritance, abolition of 废除遗产，第 36 页

International Institute for Social History 国际社会史研究所，第 184 页

International Press Correspondence 《国际新闻通讯》，第 264 页

International Workingmen's Association 国际工人协会，第 178 页

Internationale Marx-Engels Stiftung 国际马克思恩格斯基金会，第 177 页

internationalism 国际主义，第 265、369、413 页

Iranian revolution 伊朗革命，第 396、412 页

Ireland 爱尔兰，第 76、80、164、168、271 页

Irish immigrants 爱尔兰移民，第 93—95 页

Irmino of St Germain 圣日耳曼修道院院长伊尔米诺，第 140 页

iron and steel industries 钢铁工业，第 96、111 页

Israel 以色列，第 234 页

Italian Communist Party 意大利共产党，第 193、279、308、314—315、317、326、335—337、384、388、410、415 页

Italian Renaissance 意大利文艺复兴，第 318、324 页

Italian Resistance 意大利抵抗运动，第 335 页

Italy 意大利，第 145、228、314—315、317—319、330 页

 and fascism 与法西斯主义，第 267—268、271—272 页

 and Marx-Engels corpus 与马克思恩格斯著作集，第 181—182、193 页

 and Marxism 与马克思主义，第 219、222、231—233、239、384 页

 and reception of Gramsci 与葛兰西的接受史，第 335—337、339 页

 and revolution 与革命，第 319、326 页

 unification 统一，第 71 页

and war of 1859 与1859年战争，第79页

Jacobinism 雅各宾主义，第55—56、78、83、217—218、324页

Japan 日本，第142、157、189、214、221、269、271—272、353页

Jaurès, Jean 饶勒斯，让，第223、251页

jazz 爵士乐，第265、281、286页

Jerusalem 耶路撒冷，第345页

Jesus Christ 耶稣基督，第345页

Jews 犹太人，第154、224、228—230、234、268、278、397页

Joan of Arc 圣女贞德，第272页

Jogiches, Leo 约基希斯，列奥，第234页

John Paul II, Pope 约翰·保罗二世，教皇，第396页

Joliot-Curie, Irène 约里奥-居里，伊雷娜，第295页

Joll, James 乔尔，詹姆斯，第336页

Jones, Richard 琼斯，理查德，第138页

Jones, Sir William 琼斯，威廉爵士，第138页

Joyce, James 乔伊斯，詹姆斯，第257、265—266页

jurisprudence 法学，第50页

Kampuchea 柬埔寨，第345、358页

Kant, Immanuel 康德，伊曼努尔，第236页

Kantorovich, Leonid 坎托罗维奇，列昂尼德，第389页

Kareiev, N. I. 克雷夫，N. I.，第244页

Kathedersozialisten 讲坛社会主义者，第25页

Kaufmann, Rev. M. 考夫曼，雷夫·M.，第201、206页

Kautsky, Benedikt 考茨基，本尼迪克特，第190页

Kautsky, Karl　考茨基,卡尔,第13、50、82、105、123、180—183、188、194、218、225、230、252、284、320、371、403页
Kepler, Johannes　开普勒,约翰尼斯,第293页
Keynes, John Maynard　凯恩斯,约翰·梅纳德,第221、297、413页
Khnopff, Fernand　赫诺普夫,费尔南德,第251页
Khrushchev, Nikita　赫鲁晓夫,尼基塔,第5、126、406页
Kim Il-sung　金日成,第345页
Kirkup, Thomas　柯卡普,托马斯,第202页
Klimt, Gustav　克里姆特,古斯塔夫,第230页
Korolenko, Vladimir　柯罗连科,弗拉基米尔,第248页
Korsch, Karl　柯尔施,卡尔,第290、337、371页
Kovalevsky, M. M.　柯瓦列夫斯基,M. M.,第140、164、169页
Kraus, Karl　克劳斯,卡尔,第230、253页
Kugelmann, Dr　库格曼医生,第182、193页
Kulemann, W.　库列曼,W.,第399页
Kuznets, Simon　库兹涅茨,西蒙,第389页

La Pensée　《思想》,第218页
labour　劳动
　　reserve army of　后备军,第93—94、203、212页
　　social division of　社会分工,第130—133、142—145、147、150、203页
Labour Parties　工人政党,第115、404页
Labriola, Antonio　拉布里奥拉,安东尼奥,第231、243、245页
Lacan, Jacques　拉康,雅克,第372页
Lafargue, Paul　拉法格,保尔,第184、188、232页

Lahautière, Richard 拉奥梯埃尔，李夏尔，第 23 页

Lamprecht, Karl 兰普雷希特，卡尔，第 243—245 页

Lancashire 兰开夏，第 98、103 页

Langevin, Paul 朗之万，保罗，第 238、295 页

Laponneraye, Adbert 拉波纳雷，阿贝，第 23 页

Lassalle, Ferdinand 拉萨尔，费迪南，第 39、79、128、181 页

Lassalleanism 拉萨尔主义，第 46—47 页

latifundism 大庄园，第 355 页

Latin America 拉丁美洲，第 74、195—196、214、270—271、334、336、349、352、355—357、364、416—417 页

Lattimore, Owen 拉铁摩尔，欧文，第 173 页

Latvia 拉脱维亚，第 195 页

Laveleye, Emile de 拉弗莱，埃米尔·德，第 206 页

Le Pen, Jean-Marie 勒庞，让-玛丽，第 412 页

League of Nations 国际联盟，第 274 页

League of the Just 正义者同盟，第 22、101 页

League of the Outlaws 流亡者同盟，第 101 页

Leavis, F. R. 利维斯，F. R.，第 275 页

Leclerc, Théophile 雷克莱尔，泰奥菲尔，第 22 页

Lederer, E. 莱德雷，E.，第 87 页

Leeds 利兹，第 98 页

Lefebvre, Henri 列菲伏尔，亨利，第 289—290、337 页

Left Book Club 左派图书俱乐部，第 281 页

Leibl, Wilhelm 莱博尔，威廉，第 247 页

Leipzig 莱比锡，第 90 页

Lenin, V. I. 列宁，V. I.，第 13、63、82、92、200、223、306、

338、340、360、411 页

and the avant-garde 与先锋派，第 257 页

and corpus of Marxist works 与马克思主义著作集，第 182—183、186、190、192、262、289—290、378—379 页

and electrification 与电气化，第 9、285 页

Imperialism 《帝国主义论》，第 378 页

and labour movement 与工人运动，第 403 页

and Marxism 与马克思主义，第 80、119、344—345、388、394 页

Materialism and Empiriocriticism 《唯物主义与经验批判主义》，第 291、293 页

opposition to Kant 反对康德，第 236 页

and the party 与政党，第 324—325、328 页

and the state 与国家，第 51—54 页

The Teachings of Karl Marx 《卡尔·马克思的学说》，第 182—183、380 页

Leninism 列宁主义，第 5、287、346、349、378、411 页

Leontief, Wassily 列昂惕夫，瓦西里，第 9、389 页

Lethaby, W. R. 莱瑟比，W. R.，第 250 页

Lévi-Strauss, Claude 列维-施特劳斯，克劳德，第 372 页

Levy, H. 莱维，H.，第 295 页

libraries, miners' 矿工图书馆，第 360—361 页

Lichtheim, George 利希特海姆，乔治，第 36、116、125、341、363、366 页

Liebermann, Max 利伯曼，马克斯，第 247 页

Liebknecht, Wilhelm 李卜克内西，威廉，第 71、103、188 页

Liszt, Franz 李斯特，弗朗兹，第 28 页

Lithuania 立陶宛，第 234 页

Llewellyn-Smith, Hubert 莱威林-史密斯，休伯特，第 206—207 页

Locke, John 洛克，约翰，第 19 页

Lombroso, Cesare 龙勃罗梭，切萨雷，第 231 页

London 伦敦，第 98 页

London School of Economics 伦敦经济学院，第 280 页

Loos, Adolf 卢斯，阿道夫，第 230 页

Loria, Achille 洛里亚，阿基里，第 242 页

Louis Napoleon 路易·拿破仑，第 64 页

Loutchisky, Ivan 卢切斯基，伊万，第 244 页

Low Countries 低地国家，第 81、226、248 页

Ludwig Feuerbach 《路德维希·费尔巴哈》，第 179、193、284 页

Lukacs, Georg 卢卡奇，格尔奥格，第 229、257、263、265、299、338、366、371 页

Lunacharski, Anatoly 卢那察尔斯基，安纳托里，第 257 页

Luppol, Ivan 卢波尔，伊万，第 288 页

Luxemburg, Rosa 卢森堡，罗莎，第 223、225、227、234、255、320、345、371 页

Lycurgus 莱库古，第 19 页

Lyons 里昂，第 40 页

Lysenko affair 李森科事件，第 296 页

Mably, Gabriel Bonnot de 马布利，加布里埃尔·博诺·德，第 21—22、41 页

Macedonia 马其顿，第 236 页

Mach, Ernst 马赫，恩斯特，第 230 页

如何改变世界：马克思和马克思主义的传奇

Machado, Antonio　马查多，安东尼奥，第 223 页

Machajski, Jan Waclaw　马查斯基，扬，第 234 页

Machiavelli, Niccolò　马基雅维利，尼可罗，第 316、318、321、324、331、339 页

machine-wrecking　破坏机器，第 95 页

MacLeish, Archibald　麦克利什，阿奇博尔德，第 276 页

Maclean, Donald　麦克林，唐纳德，第 279 页

Macmillan, Harold　麦克米伦，哈罗德，第 406 页

Maeterlinck, Maurice　梅特林克，莫里斯，第 251 页

Maeztu, Ramiro de　马叶兹度，拉米罗·德，第 223 页

Mahler, Gustav　马勒，古斯塔夫，第 230、252 页

Malraux, André　马尔罗，安德烈，第 265、282 页

Manchester　曼彻斯特，第 40、44、89、98—99 页

Mann, Heinrich　曼，亨利希，第 298—299 页

Mao Zedong　毛泽东，第 14、125、338、345、351、370 页

Maoism and Maoists　毛主义与毛主义者，第 320、359、386 页

Marcuse, Herbert　马尔库塞，赫伯特，第 338、366、371 页

Mariátegui, José Carlos　马里亚特吉，何塞·卡洛斯，第 371 页

Maritain, Jacques　马里坦，雅克，第 282 页

Mark, The　《马尔克》，第 139—140、167 页

Marks, Louis　马克斯，路易，第 340 页

Marshall, Alfred　马歇尔，阿尔弗雷德，第 208—210 页

Martov, Julius　马尔托夫，尤利乌斯，第 320 页

Marx, Eleanor　马克思，爱琳娜，第 180、246 页

Marx, Karl　马克思，卡尔，

　　biographies　传记，第 191—192 页

564

and *Communist Manifesto* 与《共产党宣言》, 第 101—120 页

contempt for capitalist society 对资本主义社会的蔑视, 第 162—163 页

corpus of works 著作集, 第 176—196、385 页

correspondence 通信, 第 187—188、192—193、378 页

and early socialism 与早期社会主义, 第 16—47、85 页

and *Grundrisse* 与《大纲》, 第 121—126 页

his historical knowledge 他的历史知识, 第 137—142 页

meeting with Engels 会见恩格斯, 第 90 页

and pre-capitalist formations 与资本主义以前的社会形式, 第 127—175 页

and the state 与国家, 第 48—88 页

theory of revolution 革命理论, 第 54—58、61—62 页

Marx-Engels Archiv 《马克思恩格斯文库》, 第 184、238 页

Marx-Engels Institute 马克思恩格斯研究院, 第 122、183—185、188、190 页

Marxism 马克思主义

and anti-fascist era 与反法西斯主义时代, 第 261—313 页

appeal to intellectuals 对知识分子的吸引力, 第 349、360、363—369、372—374、382 页

and the arts 与艺术, 第 245—260、265—266 页

"crisis" in 的"危机", 第 213、215、252、289 页

and economics 与经济学, 第 237、239—241、372—375、380、384、389 页

and educated culture 与高雅文化, 第 236—245 页

and "fellow-travellers" 与"同路人", 第 297—298 页

and history　与历史，第 242—245 页

influence 1880 – 1914　1880—1914 年的影响，第 211—260 页

influence 1929 – 1945　1929—1945 年的影响，第 261—313 页

influence 1945 – 1983　1945—1983 年的影响，第 344—384 页

influence 1983 – 2000　1983—2000 年的影响，第 385—398 页

and labour movements　与工人运动，第 399—416 页

and natural sciences　与自然科学，第 238 页

rethinking of　反思，第 375—384 页

and scientists　与自然科学家，第 290—296、381 页

and social sciences　与社会科学，第 241—243、349、365、380、390—393 页

and Soviet orthodoxy　与苏联正统，第 284—290、296 页

Western　西方，第 288、291、300、337、339 页

Marxism Today　《今日马克思主义》，第 174 页

"Marxists, legal"　"合法马克思主义者"，第 13、405、220 页

Masaryk, Tomáš　马萨里克，托马斯，第 228、401 页

Matisse, Henri　马蒂斯，亨利，第 265 页

Maupassant, Guy de　莫泊桑，居伊·德，第 248 页

Maurer, Georg von　毛勒，格奥尔格·冯，第 138—140、162、167、169 页

May Day　"五一"劳动节，第 215 页

Mayer, Gustav　迈耶尔，古斯塔夫，第 184、287 页

Mehring, Franz　梅林，弗朗兹，第 182—183、192、248、319、400 页

Meillassoux, Claude　梅拉苏，克劳德，第 358 页

Meitzen, August　梅茨恩，奥古斯特，第 138 页

Menger, Carl　门格尔，卡尔，第 207—208、229、239 页

索 引 >>>

Mensheviks 孟什维克，第 234 页

mercantilism 重商主义，第 146 页

Merleau-Ponty, Maurice 梅洛-庞蒂，莫里斯，第 372 页

Metternich, Klemens von 梅特涅，克莱门斯·冯，第 107 页

Meunier, Constantin 梅乌涅尔，康斯坦丁，第 249 页

Mexico 墨西哥，第 270、359、411 页

Micheles, Vera 米歇尔，维拉，第 319 页

Michels, Robert 米歇尔斯，罗伯特，第 213、224、243 页

Middle Ages 中世纪，第 139—140、142、150、152、168 页

Middle East 中东，第 137、142、272 页

Milan 米兰，第 232、279 页

Mill, John Stuart 穆勒，约翰·斯图亚特，第 28、138、268 页

Millerand, Alexandre 米勒兰，亚历山大，第 400—402 页

Milner, Alfred 米尔纳，阿尔弗雷德，第 202 页

Mises brothers 米瑟斯兄弟，第 229、240 页

Mitterrand, François 密特朗，弗朗索瓦，第 389、410 页

modernism 现代主义，第 265 页

Mommsen, Theodor 莫姆森，泰奥多，第 137 页

monasteries 修道院，第 166 页

money 货币

    bullion 金银，第 141、146 页

    currency manipulations 操纵，第 36、47 页

    invention of 的发明，第 131 页

    and wages 与工资，第 170 页

Mongolia 蒙古，第 357 页

Montesquieu 孟德斯鸠，第 351 页

Montherlant, Henry de 蒙泰朗，亨利·德，第282页

Moore, G. E. 摩尔，G. E.，第221页

More, Thomas 莫尔，托马斯，第17页

Morelly 摩莱里，第21—22、41页

Morgan, Lewis 摩尔根，刘易斯，第140—141、162、164页

Morocco 摩洛哥，第412页

Morozov, Ivan 莫洛佐夫，伊万，第257页

Morris, William 莫里斯，威廉，第224、246、249—250、258—259页

Mosca, Gaetano 莫斯卡，加塔诺，第243、318页

Mouffe, Chantal 墨菲，尚塔尔，第337页

Munich Agreement 《慕尼黑协议》，第269页

Munich soviet 慕尼黑苏维埃，第254页

Musil, Robert 穆齐尔，罗伯特，第230页

Mussolini, Benito 墨索里尼，贝尼托，第269、275、317页

Myrdal, Gunnar 缪达尔，岗纳，第389页

Naples 那不勒斯，第232、279页

Napoleon Bonaparte 拿破仑·波拿巴，第33、55页

Napoleon III 拿破仑三世，第52、57、71、79、326页

Narodniks 民粹主义者，第162—163、217、219—220、228、235、244、358、360、365页

national liberation movements 民族解放运动，第75页

"national question" "民族问题"，第75、237、258、289、320、360页

national separatism 民族分离主义，第360页

nationalisation 国有化，第9—10、40页

nationalism 民族主义,第 7、73—74、217、228、234—235、370、412、417 页

nations 民族,第 54、73—75 页

nation-states 民族—国家,第 11、111、413 页

 and labour movements 与工人运动,第 409、413—414 页

Natural Law 自然法,第 18 页

"natural philosophy" "自然哲学",第 39 页

natural sciences 自然科学,第 238、264、284—285、290—296、380—381、389 页

naturalism 自然主义,第 247—248、258—259 页

Needham, Joseph 李约瑟,第 293 页

Negri, Antonio 内格里,安东尼奥,第 125 页

Nehru, Jawaharlal 尼赫鲁,贾瓦哈拉尔,第 272 页

Netherlands 荷兰,第 13、218、226—227、271、287 页

Neue Rheinische Zeitung 《新莱茵报》,第 50、60、102—103 页

New Labour 新工党,第 415 页

New Left Books 新左派图书出版社,第 384 页

New Left Review 《新左派评论》,第 124 页

New Poor Law 《新济贫法》,第 94 页

"New Woman" "新女性",第 223 页

New York Daily Tribune 《纽约每日论坛报》,第 138、178 页

New Zealand 新西兰,第 221 页

Newton, Isaac 牛顿,伊萨克,第 263、294、347 页

Nicaragua 尼加拉瓜,第 357 页

Nicolaus, Martin 尼古劳斯,马丁,第 124 页

Nietzsche, Friedrich 尼采,弗里德里希,第 254 页

Nigeria 尼日利亚，第 173 页

"noble savage" "高贵的野蛮人"，第 19、351 页

North Korea 朝鲜，第 371 页

Northern Ireland 北爱尔兰，第 403 页

Norway 挪威，第 407、409、415 页

nuclear weapons 核武器，第 9、296、301—302 页

October Revolution 十月革命，第 104—105、194—195、305、319、329、336、387、394、406 页

Olivier, Sydney 奥利维尔，西德尼，第 209 页

Oppenheimer, J. Robert 奥本海默，J. 罗伯特，第 301—302 页

oriental history 东方历史，第 138、148、172 页

Origin of the Family 《家庭、私有制和国家的起源》，第 32、52、54、70、140、158、163—164、171、179 页

Orwell, George 奥威尔，乔治，第 297—298 页

Ostrogorski, Moisey 奥斯特洛戈斯基，莫依谢耶夫，第 243 页

Ottoman Empire 奥斯曼帝国，第 405 页

Outline of a Critique of Political Economy 《政治经济学批判大纲》，第 33 页

Owen, Robert 欧文，罗伯特，第 21、24、26—27、33、35、45—46 页

Owenites 欧文主义者，第 25—27、33、35 页

pacifism 和平主义，第 274 页

Pakistan 巴基斯坦，第 412 页

Palestine 巴勒斯坦，第 234 页

索 引 >>>

Palmerston, Lord 帕默斯顿勋爵，第 78 页

Pannekoek, A. 潘涅库克，A.，第 227 页

Pareto, Vilfredo 帕累托，维弗雷多，第 232、240、243、318 页

Paris 巴黎，第 40、102、117、235、254 页

Paris Commune 巴黎公社，第 52、56—58、62、65、103 页

"Parvus" "帕尔乌斯"，第 225 页

Pearson, Karl 皮尔逊，卡尔，第 238 页

Peasant War 《农民战争》，第 65、180 页

Pecqueur, Constantin 皮魁尔，康斯坦丁，第 36 页

Perrin, Jean 佩林，让，第 295 页

Peru 秘鲁，第 344 页

Petrograd soviet 彼得格勒苏维埃，第 407 页

Philby, Kim 费尔比，金，第 279 页

Picard, Edmond 皮卡德，埃德蒙德，第 226 页

Picasso, Pablo 毕加索，巴勃罗，第 265 页

Pillot, J.-J. 皮佑，J.-J.，第 23 页

Pirenne, Henri 皮朗，亨利，第 244 页

Pissarro, Camille 毕沙罗，卡米耶，第 251 页

Pivert, Marceau 皮维特，马索，第 308 页

Planck, Max 普朗克，马克斯，第 294 页

Plato 柏拉图，第 17、19 页

Plebs League 人民同盟，第 287 页

Plekhanov, Georgi 普列汉诺夫，格奥尔基，第 13、223、239、249、251—252、256、262、320 页

Plutarch 普鲁塔克，第 19 页

Pokrovsky, M. N. 帕克洛夫斯基，M. N.，第 353 页

· 571 ·

Pol Pot 波尔布特，第345页

Poland 波兰，第77、234、253、328、350—351、359、368、397页

    and collapse of communism 与共产主义的崩溃，第387—388页

    and Solidarity movement 与团结工会运动，第387、403、410页

Poles 波兰人，第82页

political economy 政治经济学，第26、33—34、42—43、109、373页

Politzer, Georges 波利采尔，乔治，第290页

popular culture 大众文化，第342—343页

Popular Front 人民阵线，第282、295、410页

population growth 人口增长，第93—94、145、203

Porshnev, Boris 波尔什涅夫，鲍里斯，第159页

Portugal 葡萄牙，第328、384、409—410、415页

Poulantzas, Nicos 普郎查斯，尼克斯，第367页

Poverty of Philosophy, The 《哲学的贫困》，第34、178—179、193页

Prague 布拉格，第230、250、282页

"Prague Spring" "布拉格之春"，第350、387页

pre-capitalist formations 资本主义以前的社会形式，第127—175页

pre-Columbian civilisations 哥伦布发现新大陆之前的文明，第141—142页

Pre-Raphaelites 前拉斐尔主义者，第250页

Prescott, William Hickling 普雷斯科特，威廉·希科林，第141页

prices, sixteenth-century 十六世纪的价格，第141页

Private Property and the State 《私有财产与国家》，第179页

proletariat 无产阶级

    and Communist Manifesto 与《共产党宣言》，第113—117、119页

    dictatorship of 专政，第52、56—57、62、65、86、304—305、

310 页

and early socialism 与早期社会主义，第 41—42、45 页

and industrialisation 与工业化，第 23—24、90—95 页

and pauperisation 与贫困化，第 96、115 页

and revolution 与革命，第 48、52、55—58、61—66、117 页

Prothero, M. 普罗瑟罗，M.，第 204 页

Proudhon, Pierre-Joseph 蒲鲁东，第 21、23、26、34、36、45—47、208 页

Proust, Marcel 普鲁斯特，马塞尔，第 266 页

Prussia 普鲁士，第 51 页

psychoanalysis 精神分析，第 236、372 页

Pythagoras 毕达哥拉斯，第 19 页

Quakers 贵格派，第 274 页

Quetelet, Adolphe 凯特勒，阿道夫，第 241 页

radicalism 激进主义，第 125、350、358—360、363—369、373—374、389—393、395 页

Rae, John 雷，约翰，第 202—203 页

Raffles, Stamford 莱佛士，斯坦福，第 138 页

railways 铁路，第 96—97、111 页

Ranke, Leopold von 兰克，利奥波德·冯，第 372 页

Rappites 拉普派，第 18 页

rationalism 理性主义，第 20、38、296、298 页

Raynal, Guillaume 雷纳尔，纪尧姆，第 19 页

Reagan, Ronald 里根，罗纳德，第 389、412 页

Red Army 红军，第 308、311 页

Red Brigades 红色旅，第 359—360 页

Redesdale, Lord 雷德斯代尔勋爵，第 280 页

Redon, Odilon 雷东，奥迪龙，第 251 页

Reformation 宗教改革运动，第 205、297 页

reformism 改良主义，第 218、253、303、329、378 页

    twentieth-century 20 世纪，第 401—402、406—408、411—413 页

religion 宗教，第 27、40—41、95、285、344、348、370、396、412、417 页

Renner, Karl 伦纳，卡尔，第 230 页

rent 租金，第 36、139、159 页

revisionism 修正主义，第 7、10、190、215、225、236—237、239、363、370、375、378 页

    twentieth-century 21 世纪，第 401—402、406—408 页

revolution 革命

    and continuity 与连续性，第 330 页

    and early socialism 与早期社会主义，第 23 页

    "from above" "来自上层"的，第 72 页

    international 国际革命，第 73—83 页

    and labour movements 与工人运动，第 404—405、407 页；

    Marx's theory of 马克思的理论，第 54—58、61—62

    permanent 不断的，第 14、64、71 页

    and rural peasantry 与农民阶层，第 64—65、70 页

Revolution and Counterrevolution in Germany 《德国的革命和反革命》，第 178 页

revolutions of 1848 1848 年革命，第 3、46、50、55—56、69、71、

77、97、359 页

and *Communist Manifesto* 与《共产党宣言》, 102—103、107、117 页

Rhineland 莱茵兰, 第 269 页

Ricardo, David 李嘉图, 大卫, 第 35、202—203、210 页

Rilke, Rainer Maria 里尔克, 莱纳·玛利亚, 第 230 页

Risorgimento 意大利复兴运动, 第 232、318 页

Rodbertus-Jagetzow, J. K. 洛贝尔图斯-亚格措夫, J. K., 第 39、208、210 页

Rogers, Thorold 罗杰斯, 索罗尔德, 第 139、205 页

Roland-Holst, Henrietta 罗兰-豪斯, 亨丽埃塔, 第 227 页

Rolland, Romain 罗兰, 罗曼, 第 266、298—299 页

Romains, Jules 罗曼, 于勒, 第 282 页

Roman society 罗马社会, 第 143—144、153、157、173 页

Romania 罗马尼亚, 第 139、228、235 页

Romanticism 浪漫主义, 第 28、38 页

Roosevelt, Franklin D. 罗斯福, 富兰克林·D., 第 310、417 页

Rosdolsky, Roman 罗斯多尔斯基, 罗曼, 第 123、125 页

Rosebery, Lord 罗贝里斯勋爵, 第 400 页

Rossi-Doria, Manlio 罗西-多拉, 曼利奥, 第 279 页

Rousseau, Jean-Jacques 卢梭, 让-雅克, 第 19、21—22、24、51、85 页

Roux, Jacques 勒鲁, 雅克, 第 22 页

Rubel, Maximilien 吕贝尔, 马克西米利安, 第 190 页

Ruskin, John 拉斯金, 约翰, 第 250、259 页

Russell, Bertrand 罗素, 伯特兰, 第 221 页

Russia 俄国

    1905 revolution 1905年革命，第215、234、305—306页

    intelligentsia 知识分子，第223、233—235页

    and Marxism 与马克思主义，第214、219—220、233—235、239、257页

    post-communist 后共产主义的，第335、388页

    and revolution 与革命，第74、76—78、80—82、142、162、405页

    and serfdom 与农奴制，第139、142页

    socialist movement 社会主义运动，第81—82页

    tsarist 沙皇，第13、173、179、195、214、345、353页

    village communities 村社，第13、162页

    and villeinage 与隶农制，第168页

    and war 与战争，第77—79页

    see also USSR 也可参见苏联

Russian Revolution 俄国革命，第6、104、183、195、215、254、257、261、268、285、298、305、310、344、411—412页

    see also October Revolution 也可参见十月革命

Ryazanov, David 梁赞诺夫，达维德，第123、125、176、182—183、187、238、291、320页

Saint-Just, Louis Antoine de 圣茹斯特，安东万·路易·德，第20页

St Petersburg 圣彼得堡，第77页

Saint-Simon, Henri de 圣西门，第26—30、33—34、53页

Saint-Simonians 圣西门主义者，第25、27—33、35—36、45页

Salgado, Plinio 萨尔加多，普利尼奥，第270页

Salonica 萨洛尼卡，第104页

Sansculottes　无裤党人，第 44 页

Sardinia　撒丁岛，第 317 页

Sartre, Jean-Paul　萨特，让-保罗，第 266、371 页

Sassoon, Anne Showstack　肖斯塔克，安尼·萨松，第 337 页

Saussure, Ferdinand de　索绪尔，费迪南德·德，第 372 页

Say's Law　萨伊定律，第 35 页

Scandinavia　斯堪的纳维亚，第 81、218、225—226、401、413 页

Schäffle, A. -E.　谢费尔，A. -E.，第 206、240 页

Schliemann, Heinrich　施里曼，海因里希，第 137 页

Schlumberger, Jean　斯伦贝谢，让，第 282 页

Schmoller, Gustav von　施穆勒，古斯塔夫·冯，第 240 页

Schnitzler, Arthur　施尼茨勒，阿瑟，第 230 页

Schoenberg, Arnold　勋伯格，阿诺德，第 230—231 页

Schonfield, Andrew　肖恩菲尔德，安德鲁，第 363 页

Schrödinger, Erwin　薛定谔，埃尔温，第 294 页

Schumpeter, Joseph　熊彼特，约瑟夫，第 6—7、14、134、229、239 页

scientists　科学家，第 290—296、301—302、381 页

Second International　第二国际，第 50、67、83、105—106、115、180、190、212、217、222、234—235、284、320、360、411 页

 and intellectual life　与思想生活，第 238、257—260、262—264 页

sectarianism　宗派主义，第 60—61 页

Separatists　分离派，第 18 页

Sereni, Emilio　塞雷尼，埃米利奥，第 279 页

serfs and serfdom　农奴与农奴制，第 29、138—139、144、147、151、154—156、161、164、166、168—169、354 页

Seventh World Congress　第七次世界代表大会，第 303—304、309—

310、335 页

sexual liberation 性解放,第 31、246 页

Shakers 震教徒,第 18、345 页

Shaw, George Bernard 萧伯纳,第 209、213、223、246、252 页

Shchukin, Sergei 舒金,谢尔盖,第 257 页

Sheffield 谢菲尔德,第 98 页

Shield Nicholson, J. 谢尔德·尼克尔森,J.,第 203、206 页

shipbuilding and shipping 造船业与航运业,第 161 页

Sicily 西西里岛,第 232 页

Sidgwick, Henry 西季威克,亨利,第 209、221 页

Silone, Ignazio 西洛内,伊尼亚齐奥,第 265 页

Simmel, Georg 西美尔,乔治,第 241 页

Sinclair, Upton 辛克莱,厄普顿,第 276 页

Sismondi, Jean Charles Léonard de 西斯蒙第,第 19、36 页

Situationists 境遇主义者,第 396 页

slaves and slavery 奴隶与奴隶制,第 29、143—144、146、149、151、153—156、165—166、171—173 页

Slavs 斯拉夫人,第 74 页

Small, Albion 斯莫尔,阿尔比恩,第 241 页

Smart, William 司马特,威廉,第 203—204 页

Smith, Adam 斯密,亚当,第 5、10、138、204、346 页

social democracy 社会民主主义,第 8—11 页

social-democratic parties 社会民主主义政党,第 67—68、105、114—115、191、216、329、348、361、366、393、407 页

social evolution 社会演进,第 130—133 页

social sciences 社会科学,第 241—243、349、365、380、390—

393 页

socialism 社会主义

    and labour movements 与工人运动，第 399—406 页

    Marxian transformation 马克思的变革，第 43—45 页

    pre-Marxian 前社会主义，第 16—47、203、348 页

    "scientific" "科学"，第 45、47 页

    and "socialist science" 与"社会主义科学"，第 69 页

    Third World 第三世界，第 352—353 页

    utopian 空想社会主义，第 17、20、23—33、42、46、348、403 页

Socialism, Utopian and Scientific 《社会主义：从空想到科学》，第 179、181、185、192 页

socialist parties 社会主义政党，第 66—67、79—80、82、114 页

socialist realism 社会主义的现实主义，第 265 页

"socialists" "社会主义者"，第 24—25 页

"socialists, Ricardian" "李嘉图派社会主义者"，第 35—36 页

sociology 社会学，第 365、390—391 页

Socrates 苏格拉底，第 19 页

Solidarity 团结工会，第 387、403、410 页

Somalia 索马里，第 357 页

Sombart, Werner 桑巴特，沃纳，第 213、402 页

Sorel, Georges 索雷尔，乔治，第 6、219、243、316、318 页

South Africa 南非，第 229 页

South Korea 韩国，第 396、411 页

South Wales 南威尔士，第 360—361 页

South Yemen 南也门，第 358 页

Soviet Communist Party 苏联共产党，第 106、335、350 页

Soviet Union，参见 USSR

Spain　西班牙，第 115、124、193—194、222—223、383—384、409—410、415 页

Spanish Civil War　西班牙内战，第 267—270、273—276、280、298、301、305—309、313 页

Sparta　斯巴达，第 22 页

Spencer, Herbert　斯宾塞，赫伯特，第 4、219、390 页

Spender, Stephen　斯班德，斯蒂芬，第 279 页

Spengler, Oswald　斯宾格勒，奥斯瓦尔德，第 339 页

Spinoza, Baruch　斯宾诺莎，第 373 页

spiritualists　唯灵论，第 246 页

Stalin, Josef　斯大林，约瑟夫，第 106、122、268、287、335、345、352、388、392、406、408 页

 and anti-communism　与反共产主义，第 338、394 页

 and corpus of Marxist works　与马克思主义著作集，第 185—187、192—193、262、289 页

 Dialectical and Historical Materialism　《辩证唯物主义与历史唯物主义》，第 135、171、284 页

 Khrushchev's denunciation　赫鲁晓夫的批判，第 5、126 页

 and *Short Course*　与《联共（布）党史简明教程》，第 185、187、193、262、386 页

 and Teheran Conference　与德黑兰会议，第 311 页

Stalinism　斯大林主义，第 371、383 页

Stammler, Rudolf　施塔姆勒，鲁道夫，第 213 页

state, the　国家

 communist theory of　共产主义理论，第 52—54 页

disappearance of 的消亡，第53—54页

Gramsci's theory of 葛兰西的理论，第323—324页

Lenin's theory of 列宁的理论，第319—320页

non-Marxist theory of 非马克思主义的理论，第242—243页

Stein, Lorenz von 施泰因，洛伦茨·冯，第23、37、43页

Steinbeck, John 斯坦贝克，约翰，第276页

Strachey, John 斯特雷奇，约翰，第363页

Strachey, Lytton 斯特雷奇，利顿，第221页

Strauss, David 施特劳斯，大卫，第40页

strikes 罢工，第95、97页

Strindberg, August 斯特林堡，奥古斯特，第247—248页

structuralism 结构主义，第236、372页

Struve, Peter 司徒卢威，彼得，第213页

subaltern studies 贱民研究，第339、342、395页

Sudermann, Hermann 苏德尔曼，赫尔曼，第248页

suffrage, universal 普选权，第56、67、253页

surplus population 剩余人口，第93—94页

Sweden 瑞典，第407、409页

Sweezy, Paul M. 斯威奇，保罗·M.，第159、354、363、371页

Switzerland 瑞士，第415页

symbolism 象征主义，第249、251—252、254、258页

syndicalism 工团主义，第216—218、254页

syndicalists 工团主义者，第47、219页

Szabo, Erwin 查保，欧文，第229页

Taiwan 台湾，第396页

Tanner, J. R. 坦纳，J. R.，第 207 页

Teheran Conference 德黑兰会议，第 311 页

terrorism 恐怖主义，第 394、416 页

textile industry 纺织业，第 96 页

Thatcher, Margaret 撒切尔，玛格丽特，第 389、412 页

Theories on Surplus Value 《剩余价值理论》，第 36、123、180 页

theosophists 神学家，第 246 页

Theses on Feuerbach 《关于费尔巴哈提纲》，第 179、344 页

Thierry, Augustin 梯叶里，第 29—30 页

Third International 第三国际，第 82、105、360 页

   see also Seventh Congress 也可参见共产国际第七次世界代表大会

Third World 第三世界，第 112、124、317、349—350、352—353、355、357—358、365、378、383、406 页

Thirty Years War 三十年战争，第 205 页

Thompson, E. P. 汤普逊，E. P.，第 342 页

Thompson, William 汤普逊，威廉，第 35、208 页

Thorez, Maurice 多列士，莫里斯，第 272、308 页

Times Literary Supplement 《泰晤士报·文学副刊》，第 340 页

Tito, Josep Broz 铁托，约瑟普·布罗兹，第 312 页

Tocqueville, Alexis de 托克维尔，第 99、204、243 页

Togliatti, Palmiro 陶里亚蒂，帕尔米罗，第 193、305—306、312、314—315、326、335 页；*see also* Ercoli 也可参见 Ercoli

Tolstoi, Leo 托尔斯泰，列夫，第 220、248、257 页

Tönnies, Ferdinand 滕尼斯，费迪南，第 241 页

Tots and Quots "托兹与奎兹"俱乐部，第 295 页

Toynbee, Arnold 汤因比，阿诺德，第 205 页

trade unions 工会，第 59、83、95、323—324、363—364、389、394 页

    and labour movements 与工人运动，第 399—400、409—410、415 页

Trevor-Roper, Hugh 特雷弗-罗珀，休，第 200、204 页

Troelstra, Pieter Jelles 特罗尔斯特拉，皮特·耶利斯，第 223、227 页

Troeltsch, Ernst 特洛尔奇，恩斯特，第 241 页

Trotsky, Leon 托洛茨基，列昂，第 233、255、262、273、287、320、338 页

Trotskyism 托洛茨基主义，第 261、288 页

Trotskyites 托洛茨基主义者，第 273、312、386 页

Tugan-Baranowsky, Mikhail 杜冈-巴拉诺夫斯基，米哈伊尔，第 213 页

Turati, Filippo 屠拉梯，菲利普，第 223 页

Turgot, Anne-Robert-Jacques 杜尔阁，安-罗伯特-雅克，第 20 页

Turin 都灵，第 231—232、317、323、329 页

Turkey 土耳其，第 396 页

Unamuno, Miguel de 乌纳穆诺，米格尔·德，第 223 页

unemployment 失业，第 203—204、212、266、268、413、417 页

Unwin, George 昂温，乔治，第 205、244 页

urbanisation 城市化，第 92、94—95、150 页；see also cities, medieval，也可参见中世纪城市

Uruguay 乌拉圭，第 327 页

USA 美国，第 16、26、51、81、104、114、123、358、368、412—

413、417 页

Browder episode　白劳德事件，第 302、311 页

and imperialism　与帝国主义，第 355—356 页

industrialisation　工业化，第 65、80 页

isolationism　孤立主义，第 274 页

labour movement　工人运动，第 220、402—403、410 页

and Marxism　与马克思主义，第 220—221、276 页

and political refugees　与政治难民，第 262—263 页

and radicalism　与激进主义，第 359 页

USSR（Soviet Union）　苏联，第 158、177、191、320、325、406 页

and anti-communism　与反共主义，第 392—394、410、412—413 页

and anti-fascist era　与反法西斯主义时代，第 267—268、283—284、298—300、308、311 页

and the arts　与艺术，第 265—266 页

collapse of　解体，第 4—5、386、411、418 页

de-Stalinisation　去斯大林化，第 174、315、348、350 页

economy　经济，第 7、10、374、406 页

Hitler's invasion　希特勒的入侵，第 123 页

and labour movement　与工人运动，第 410—411 页

and Marx-Engels corpus　与马克思恩格斯著作集，第 106、182、185—188、194—195 页

and Marxism　与马克思主义，第 349—352、362—363、370、383、386 页

and publication of *Grundrisse*　与《大纲》的出版，第 122、125 页

and reception of Gramsci　与葛兰西的接受状况，第 336 页

and revolution　与革命，第 75 页

and science 与科学，第 295—296 页

usury 高利贷，第 159 页

utilitarianism 功利主义，第 35 页

Valle-Inclán, Ramón del 巴列-因克兰，拉蒙·德尔，第 223 页

value, theory of 价值理论，第 109、203—204、208、375 页

Value, Price and Profit 《价值、价格与利润》，第 192、380 页

Van de Velde, H. 凡·德·威尔德，亨利，第 250 页

Van Gogh, Vincent 梵高，文森特，第 249 页

Vandervelde, Emile 王德威尔德，埃米尔，第 223、226、251 页

Veblen, Thorstein 凡勃伦，斯特恩，第 220、240 页

vegetarians 素食主义者，第 246 页

Verga, Giovanni 维尔加，吉奥瓦尼，第 248 页

Verhaeren, Emile 凡尔哈伦，艾米尔，第 251—252 页

Vico, Giambattista 维科，詹巴蒂斯塔，第 339 页

Vienna 维也纳，第 228、230、252—253 页

Vierteljahrschrift für Sozial-und Wirtschaftsgeschichte 《社会与经济史季刊》，第 230 页

Vietnam 越南，第 351、357、411 页

Vietnam War 越南战争，第 368 页

Villermé, Louis-René 维勒梅，路易-勒内，第 42、90 页

Vinogradov, Paul 维诺格拉多夫，保罗，第 244 页

Voltaire 伏尔泰，第 268 页

Vorländer, Karl 福尔兰德，卡尔，第 239 页

Waddington, C. H. 瓦丁顿，C. H.，第 293 页

Wade, John　韦德，约翰，第 35 页

Wage Labour and Capital　《雇佣劳动与资本》，第 179、192 页

wages　工资，第 93、170、203 页

Wagner, Richard　瓦格纳，理查德，第 246、252、254 页

Waldeck-Rousseau, Pierre　瓦尔德克-卢梭，皮埃尔，第 400 页

Wallas, Graham　瓦尔拉斯，格拉汉姆，第 209 页

Wallerstein, I.　沃勒斯坦，I.，第 354 页

war　战争，第 153 页

 and fascism　与法西斯主义，第 269 页

 global　全球，第 77、80、269 页

 and revolution　与革命，第 76—79、82 页

Warsaw　华沙，第 77 页

weaving　纺织，第 145、161 页

Webb, Sidney and Beatrice　韦伯，西德尼和比阿特丽斯，第 9、209、223、267、399、406 页

Weber, Max　韦伯，马克斯，第 11、216、241—242、245、372、390—391 页

Wedekind, Frank　魏德金，弗兰克，第 255 页

Weimar Republic　魏玛共和国，第 106 页

Weitling, Wilhelm　魏特林，威廉，第 26、34 页

welfare　福利，第 12、114、407、409、413 页

Weller, Paul　韦勒，保罗，第 122 页

Wells, H. G.　威尔斯，H. G.，第 223 页

Welsh　威尔士，第 278 页

Wicksell, Knut　维克塞尔，克努特，第 226 页

Wicksteed, Philip　威克斯蒂德，菲利浦，第 208—209 页

Wieser, Friedrich von 维塞尔，弗里德里希·冯，第 229 页
Wilde, Oscar 王尔德，奥斯卡，第 246 页
Wilder, Thornton 怀尔德，桑顿，第 276 页
Williams, Gwyn A. 威廉斯，格温·A.，第 340—341 页
Williams, Raymond 威廉斯，雷蒙，第 342、361—362 页
Winiarski, Leon 维尼亚尔斯基，列昂，第 241—242 页
Wittfogel, Karl August 魏特夫，卡尔·奥古斯特，第 124 页
women, emancipation of 妇女解放，第 30—31、223、246、278 页
Workers' Educational Association 工人教育协会，第 102、209 页
working-class life 工人阶级的生活，第 361—362 页
world market, development of 世界市场的发展，第 145—146、152 页

Yalta Memorandum 《雅尔塔协定》，第 336 页
Yugoslavia 南斯拉夫，第 278、350、357、359 页

Zasulich, Vera 查苏利奇，维拉，第 164、189 页
Zhdanov, Andrei 日丹诺夫，安德烈，第 264 页
Zionism 犹太复国主义，第 38、229、234、345 页
Zola, Emile 左拉，埃米尔，第 248、298 页
Zürich 苏黎世，第 238 页
Zweig, Arnold 茨威格，阿诺德，第 298 页

译后记

160多年前,马克思恩格斯在《共产党宣言》中说道:"一个幽灵,共产主义的幽灵,在欧洲游荡。"这句话套用到当下的时代,我们或许可以说:"一个幽灵,马克思或马克思主义的幽灵,在全世界游荡。"2008—2009年的全球金融危机让人们重新想起了马克思或马克思主义,但人们只是召唤来了马克思或马克思主义的幽灵,却从未让它安息而去。然而,这恰恰是马克思的当代意义之所在。具体地说,我以为,马克思的当代意义并不在于马克思对当下时代尤其是全球化时代的准确预言,而在于两个层面上的含义。第一个层面是马克思所提出的问题仍有待于回答和解决。诚然,随着资本主义100多年来的发展,马克思关于资本主义的许多论述已经过时。然而,马克思所指出的资本主义的基本问题仍然没有得到回答,更不用说解决了。自苏联解体尤其是进入新世纪以来,资本主义进入了金融资本主义的新阶段(这与20世纪初的金融垄断资本主义存在不同的质的规定性)。以思维所特有的方式,把这个阶段的资本主义作为一个精神上的整体具体地再现出来,而不是以马克思主义祭司的身份使用生产力和生产关系等抽象规定来进行分析和批判以及预言资本主义的灭亡,仍然是马克思主义者所必须肩负的艰巨任务。简而言之,"解释世界"仍然是马克思主义者的第一任务。第二个层面是马克思恩格斯所说的"每个人的自由发展是一切人的自由发展的条件"的社会理想。这个理想至今仍然是无法超越的,也是尚未实现的对人类未来的想象。以其来关照过去的历史和当下的现实,任何一种制度,哪怕是1917年以来的"现实存在的社会主义",连"每个人的自由发展"都未曾实现过,更不用说"一切人的自由发展"了。或许,理想之为理想,就在于它尚未实现,给自满者以警醒,给绝望者以希望,给荒谬的现实以意义。正是在这个意义上,"改变世界"这件"主要的事情还没有做"。

尽管霍布斯鲍姆活着进入了21世纪,但他仍然是属于20世纪的西方马克思主义者,因为就其自身的经历和顽固地或"不屈不挠地"坚守马克思主义信仰而言,现在的西方世界恐怕难以找到类似的马克思主义者了。因此,霍布斯鲍姆的去世意味着20世纪的西方马克思主义者的最终谢幕。与西方马克思主义大师辈出、群星璀璨的20世纪相比,21世纪显得十分寂寥。或许历史正在生成,等待新一代的马克思主义者来"解释世界"和"改变世界",我们能做的似乎就是回到跌宕激扬的马克思主义历史之中,寻找未来的前进方向，就此而言，霍布斯鲍姆的《如何改变世界：马克思和马克思主义的传奇》一书似乎来得正是时候。在我们这个碎片化和娱乐化阅读的时代，能够坐下来潜心阅读一本谈论严肃主题而又篇幅漫长的历史著作是一件困难的事情，但却是值得的。

在本书的翻译过程中，霍布斯鲍姆于2012年10月1日去世。这是我最引以为憾的事情，未能及时将其生前出版的最后一本著作翻译出来，献给这位世纪不屈不挠的马克思主义者。不过，能将其著作翻译为使用人数最多的文字，使其得到更广泛的阅读和更长久的流传，或许是对霍布斯鲍姆的最好纪念了。

我以前从未想过做翻译，更未想过翻译大部头的著作，但因缘巧合，竟然干上了翻译，幸得家人和同事们的体谅，才能做到如今，不务正业已经10年有余，现在也应该是告一段落的时候了。我要感谢我的好友谢礼圣博士，每次他都不厌其烦地担任我的译作的第一位读者，正是他的悉心阅读，纠正了本书的许多谬误之处。本书是我近年来花费时间和用力最多的一本译著，但愿没有辜负他们的期望。当然，作为本书的译者，错误和疏漏理应由我一人负责，恳请读者们批评指正。

吕增奎

2013年12月13日